GOTTFRIED BENN

PROSA
UND SZENEN

Gesammelte Werke in vier Bänden
herausgegeben von Dieter Wellershoff
Zweiter Band

KLETT-COTTA

Vierte Auflage
Verlagsgemeinschaft Ernst Klett — J. G. Cotta'sche
Buchhandlung Nachfolger GmbH, Stuttgart
Fotomechanische Wiedergabe nur mit
Genehmigung des Verlages
© Limes Verlag, Wiesbaden und München, 1978
Printed in Germany
Umschlag: Heinz Edelmann
Druck: Poeschel & Schulz-Schomburgk, Eschwege
ISBN 3-608-20600-0
ISBN 3-8090-2060-5, Limes

PROSA

NOCTURNO

Anni . . .

Da ging er zu Bekannten. Ein Mann und eine Frau, der Mann spielte. Sein Kopf hing aus einem Urwald hervor. Um seine Arme wanden sich dicke feuchte Ranken.

Die Frau lag vor ihm. Sie hatte Netze von blauer Mütterlichkeit über den Augen. Das tat ihm wohl, der er nicht hatte, wo er sich bergen sollte. Dann sah er auf ihr Haar. Das war fruchtbar, schwer, der Liebe gehörig. Ein Reif darin sang rauh aus grünen Steinen: wie sind die Nacken der Frauen so sanft!

Da sah er sie und ihren Mann sich begehren und stillen, und wie hernach die Erde gegen sie wuchs und sie an sich nahm und trug, und die Nacht, die über sie sank.

Da durchstach ihn seine Einsamkeit. Da krümmte ihn ein Schmerz. Da fühlte er seinen Leib dürr, krank geschlagen, mit einer lächerlich großen Wunde. —

Nun fühlte er sie stärker noch als schon den ganzen Tag und alles, was er verloren hatte: die ganze wehende Süße, wenn sie neben ihm geschritten war, der Stirne prunkende Gebärde, das Haar – o nicht zu denken an dies Haar!

Die Zähne schlugen ihm aufeinander. Er sah dies Haar sich vor einem andern Manne öffnen. Der strich darüber. Das war es nun. In Oberitalien würde es sein. Auf den Borromeischen Inseln vielleicht. In einem Hotel: die Tür zum Balkon stand offen und ließ die Nacht herein und das Meer.

Er hörte einen Schrei. Die ganze Erde schrie, als es dann geschah. Ein Röcheln war es wie aus einem fernen Untergang. —

Da erhob er sich und ging. Wenig Menschen kamen. Ein Fräulein kam mit Ohrringen. Wohlwollen heischend war die dunkelrote Form von ihrem Hut. Ein Trupp junger Männer kam. Froh, laut, voll beruflichen Ansehens, denen wenig fehlschlug. Sie lachten und waren vorbei. –

Dann war er im Walde. Noch einmal überfiel es ihn: zu fliehen und zu reisen. Ägypten lag ihm sehr am Herzen. Asien dämmerte auf. Häfen, Möwen, braune Kutter waren da; weißer Oleander die Ufer hoch.

Was aber dann, sagte er sich? dann? Überall würden Städte sein, in denen sie nicht war. Man konnte Meere durchfahren und sie blieb doch verloren. –

Dann ging er weiter.

Nun trug er sie zum letzten Mal durch den Abend, an den schlafenden Wassern vorbei. Er labte ihre Lippen mit der Süße des hellen Mondlichts. Er gab ihr von den zarten Nebeln an die Schläfen. Um die Schultern tat er ihr das Weiche aus den Wölbungen der Uferwälder gegen den hellen Nachthimmel.

Dann stand er still. Entkleidete sich. War nackt. Nun schöpfte er mit den hohlgebogenen Händen tief von unten an sich empor bis über die Stirne, als höbe er etwas aus sich hervor: wie lange trug er sie nun schon als das Liebste in seinem Blute; das Schönste, das an ihm war; Fernstes, Weiches, Verborgenes, Brüderliches: sie.

Das hielt er nun in die Höhe. Bewegte leise die Hände. Streute es in die Nacht wie Staub, wie Geruch, wie eine Wolke.

Ganz, ganz leise regte er die Hände. Mit einer letzten schluchzenden Zärtlichkeit. Mit fast geschlossenen Augen, als fühlte er, wie es entwiche.

Dann fanden die Hände und taten ihr letztes Werk. –

HEINRICH MANN. EIN UNTERGANG

Jahre waren es, die lebte ich nur im Echo meiner Schreie,
hungernd und auf den Klippen des Nichts. Jenseits von Gut
und Böse – dummes Literatenwort. Jenseits von Krebs und
Syphilis und Herzschlag und Ersticken – das ganze grauenvolle Leben der Götter war es, ehe sie ihre Erde schufen.

Früher in meinem Dorf wurde jedes Ding nur mit Gott
oder dem Tod verknüpft und nie mit einer Irdischkeit. Da
standen die Dinge fest auf ihrem Platze und reichten bis in
das Herz der Erde.
Bis mich die Seuche der Erkenntnis schlug: es geht nirgends
etwas vor; es geschieht alles nur in meinem Gehirn. Da
fingen die Dinge an zu schwanken, wurden verächtlich und
kaum des Ansehens wert. Und selber die großen Dinge:
wer ist Gott? und wer ist Tod? Kleinigkeiten. Wappen-
tiere. Worte aus meiner Mutter Mund.
Nun gab es nichts mehr, das mich trug. Nun war über allen
Tiefen nur mein Odem. Nun war das Du tot. Nun war alles
tot: Erlösung, Opfer und Erlöschen. Bis ich den Ausweg aus
mir fand: in Siedelungen aus meinem Blut. Die sollten Heimat werden, Trost, Erde, Himmel, Rache, Zwiegespräch. –

Und Bild für Bild: jedes war wie der letzte Atemzug eines,
dessen Mund schon unter den Wellen ist. Ich stieß sie hervor; ich röchelte sie ins Dasein. Es handelte sich gar nicht
darum zu malen. Es handelte sich darum zu leben. Etwas
ganz Primitives stand in Frage. Etwas wie die Atmung.
Ich setzte Strich bei Strich und jeder war wie ein Schrei
und meine Hände kamen aus einem Abgrund. –
Als es kein Entrinnen mehr gab, machte ich kurzerhand
Schluß und fuhr.

Es war Schnee gefallen. Es kam Frost, harter, unnachgiebiger.
Mittags, als die Fahrt begann, waren ein paar Dinge
schwarz: Wälder, Krähen. Buschwerk an Gräben laub-
braun; das andere weiß.
Über allem lag das Licht: eingefroren, starr, lang hinge-
worfen. Blankes, auf das ich fiel, sah vernichtend aus: nicht
anrühren, sonst gibt es Wunden und Schorf. Alles war
eines Sinnes: Hügel, Flüsse, Dörfer.
Und als gegen Abend das laue Rot begann, sanft sich hoch-
wölbend und wie aus der Haut von Früchten, opferte es sich
hin über das ganze Land.
Bis die Stunde kam, wo dies eintrat: alle Farben hatten sich
erhoben und sahen der Sonne nach. Unter ihnen aber
dehnte sich eine weite flache Schicht: grausam leer und
grausam kalt; darin lag die Erde, grau und bitter. Die
Raben in den Birkenkronen gehörten dazu und die Wege,
die rasch auflebten und wieder zuwuchsen. Es stand alles
vernichtet auf einem Ufer, das unaufhaltsam abfiel zu
einem toten eisigen Fluß. Und dann begann die Nacht. –

Am nächsten Morgen war Italien da. Ich wußte kaum die
Stadt, in der er wohnte, aber ich fand hin. Schließlich kam
er auch aus seinem Haus.
Er schielte nicht und der Kopf war ihm nicht schief auf-
gewachsen. Er war keine Mißgeburt. Auch roch ich nichts
an seinen Kleidern, das um ihn aufstiege. Und er sagte, er
wüßte nichts von einem Gifte, das er täglich zu sich nähme.

Nein, dies alles war es nicht.
Die Dinge kamen zu ihm wie zu allen andern. In ihm erst
wuchsen sie um. In irgendeinem Zwielicht, vielleicht hinter
den Augen.

Nein, er ist groß. Ihn trösten Madonnen. Er hat irgendwo einen verborgenen Gott.

Auch ging er lässig, gelassen und unzerfurcht durch diese Stadt bunt hingebreitet, von Gärten durchbrochen, nahe am Meer. —

Nun heißt es reisen. Wie weit das Land blüht. Wie tief, über Berge, morgendlich.

Wie es stürmt: immer tiefer in den Süden: von Lippen über Brüste in den Schoß.

Hier wäre Wundreißen. Hier könnte Blut verströmen. Wenn hier immer zu wohnen wäre – dann vielleicht. –

Ich wandere. Ich schluchze über die Dörfer. Vorbei an Heimaten; an Schlaf voll Traum; an Abendheimkehr; an Gesängen.

Es weint in mir. In der Brust irgendwo. Ein heißes Wasser. Es gibt nicht Ruhe. Es schlägt hin und her: Heimat, Heimat. — —

Ich wohne am Rande einer Ebene. Ich habe ein einstöckiges Haus.

Mein Schreibtisch steht in einem Zimmer mit einem einzigen großen weiten Fenster und so ist das Land: ohne Spiel von Wäldern und Verstecken, meerähnlich, grenzenlos.

Alle Arbeit ist getan.

Aller Abschied ist vollbracht.

Es gibt keine Eltern mehr, die sich um verlorene Kinder grämen. Es gibt keine Geschwister mehr, die arm sind und sich hocharbeiten müssen – aber die Borromeischen Inseln dämmern über ihren veilchenfarbenen See und die Nilmündung ist da: mit Barken und Licht, das aus der Wüste kommt.

Ich war ein arktisches Tier. Weißes Blut. Nördlicher als die Rosenmöwen.

Nun bin ich der Einzug eines Bacchusfestes an einem warmen Mittag durch bedrängte Tore.

Nun stehe ich wie ein Knabe auf einem Hügel: nackt und an eine Säule gelehnt und treibe durch das gelassene Land.

Keine Armut mehr. Nein, keine Armut mehr. Kein Erliegen. Keine Jagd.

Ich stehe in einem Wirbel von Glück. In alle Furchen rinnt es. Aus Wolkenbrüchen der Erfüllung.

Ich wandere ihm zu wie einem Flötenlied.

Ich steige zu ihm nieder wie ans Meer.

Helles, gestilltes Herz. —

GEHIRNE

Wer glaubt, daß man mit Worten lügen könne, könnte meinen, daß es hier geschähe.

Rönne, ein junger Arzt, der früher viel seziert hatte, fuhr [1] durch Süddeutschland dem Norden zu. Er hatte die letzten Monate tatenlos verbracht; er war zwei Jahre lang an einem pathologischen Institut angestellt gewesen, das bedeutet, es waren ungefähr zweitausend Leichen ohne Besinnen durch seine Hände gegangen, und das hatte ihn in einer merkwürdigen und ungeklärten Weise erschöpft.
Jetzt saß er auf einem Eckplatz und sah in die Fahrt: es geht also durch Weinland, besprach er sich, ziemlich flaches, vorbei an Scharlachfeldern, die rauchen von Mohn. Es ist nicht allzu heiß; ein Blau flutet durch den Himmel, feucht und aufgeweht von Ufern; an Rosen ist jedes Haus gelehnt, und manches ganz versunken. Ich will mir ein Buch kaufen und einen Stift; ich will mir jetzt möglichst vieles aufschreiben, damit nicht alles so herunterfließt. So viele Jahre lebte ich, und alles ist versunken. Als ich anfing, blieb es bei mir? Ich weiß es nicht mehr.
Dann lagen in vielen Tunneln die Augen auf dem Sprung, das Licht wieder aufzufangen; Männer arbeiteten im Heu; Brücken aus Holz, Brücken aus Stein; eine Stadt und ein Wagen über Berge vor ein Haus.
Veranden, Hallen und Remisen, auf der Höhe eines Gebirges, in einen Wald gebaut — hier wollte Rönne den Chefarzt ein paar Wochen vertreten. Das Leben ist so allmächtig, dachte er; diese Hand wird es nicht unterwühlen können, und sah seine Rechte an.
Im Gelände war niemand außer Angestellten und Kranken; die Anstalt lag hoch; Rönne war feierlich zu Mute;

umleuchtet von seiner Einsamkeit besprach er mit den
Schwestern die dienstlichen Angelegenheiten fern und kühl.

Er überließ ihnen alles zu tun: das Herumdrehen der Hebel,
das Befestigen der Lampen, den Antrieb der Motore, mit
einem Spiegel dies und jenes zu beleuchten — es tat ihm
wohl, die Wissenschaft in eine Reihe von Handgriffen aufgelöst zu sehen, die gröberen eines Schmiedes, die feineren
eines Uhrmachers wert. Dann nahm er selber seine Hände,
führte sie über die Röntgenröhre, verschob das Quecksilber
der Quarzlampe, erweiterte oder verengte einen Spalt,
durch den Licht auf einen Rücken fiel, schob einen Trichter
in ein Ohr, nahm Watte und ließ sie im Gehörgang liegen
und vertiefte sich in die Folgen dieser Verrichtung bei dem
Inhaber des Ohrs: wie sich Vorstellungen bildeten von Helfer, Heilung, guter Arzt, von allgemeinem Zutrauen und
Weltfreude, und wie sich die Entfernung von Flüssigkeiten
in das Seelische verwob. Dann kam ein Unfall und er nahm
ein Holzbrettchen, mit Watte gepolstert, schob es unter den
verletzten Finger, wickelte eine Stärkebinde herum und
überdachte, wie dieser Finger durch den Sprung über einen
Graben oder eine übersehene Wurzel, durch einen Über-
mut oder einen Leichtsinn, kurz, in wie tiefem Zusammenhange mit dem Lauf und dem Schicksal dieses Lebens er
gebrochen schien, während er ihn jetzt versorgen mußte wie
einen Fernen und Entlaufenen, und er horchte in die Tiefe,
wie in dem Augenblick, wo der Schmerz einsetzte, eine
fernere Stimme sich vernehmen ließe.
Es war in der Anstalt üblich, die Aussichtslosen unter Verschleierung dieses Tatbestandes in ihre Familien zu entlassen wegen der Schreibereien und des Schmutzes, den der
Tod mit sich bringt. Auf einen solchen trat Rönne zu, be-
sah ihn sich: die künstliche Öffnung auf der Vorderseite,

GEHIRNE   15

den durchgelegenen Rücken, dazwischen etwas mürbes
Fleisch; beglückwünschte ihn zu der gelungenen Kur und
sah ihm nach, wie er von dannen trottete. Er wird nun nach
Hause gehen, dachte Rönne, die Schmerzen als eine lästige
Begleiterscheinung der Genesung empfinden, unter den
Begriff der Erneuerung treten, den Sohn anweisen, die
Tochter heranbilden, den Bürger hochhalten, die Allgemein-
vorstellung des Nachbars auf sich nehmen, bis die Nacht
kommt mit dem Blut im Hals. Wer glaubt, daß man mit
Worten lügen könne, könnte meinen, daß es hier geschähe.
Aber wenn ich mit Worten lügen könnte, wäre ich wohl
nicht hier. Überall wohin ich sehe, bedarf es eines Wortes,
um zu leben. Hätte ich doch gelogen, als ich zu diesem sagte:
Glück auf!
Erschüttert saß er eines Morgens vor seinem Frühstückstisch; er fühlte so tief: der Chefarzt würde verreisen, ein
Vertreter würde kommen, in dieser Stunde aus dem[2] Bette
steigen und das Brötchen nehmen: man denkt, man ißt,
und das Frühstück arbeitet an einem herum. Trotzdem verrichtete er weiter, was an Fragen und Befehlen zu verrichten
war; klopfte mit einem Finger der rechten Hand auf einen
der linken, dann stand eine Lunge darunter; trat an Betten:
guten Morgen, was macht Ihr Leib? Aber es konnte jetzt
hin und wieder vorkommen, daß er durch die Hallen ging,
ohne jeden einzelnen ordnungsgemäß zu befragen, sei es
nach der Zahl seiner Hustenstöße, sei es nach der Wärme
seines Darms. Wenn ich durch die Liegehallen gehe — dies
beschäftigte ihn zu tief — in je zwei Augen falle ich, werde
wahrgenommen und bedacht. Mit freundlichen und ernsten
Gegenständen werde ich verbunden; vielleicht nimmt ein
Haus mich auf, in das sie sich sehnen, vielleicht ein Stück
Gerbholz, das sie einmal schmeckten. Und ich hatte auch
einmal zwei Augen, die liefen rückwärts mit ihren Blicken;

jawohl, ich war vorhanden: fraglos und gesammelt. Wo bin ich hingekommen? Wo bin ich? Ein kleines Flattern, ein Verwehn.

Er sann nach, wann es begonnen hätte, aber er wußte es nicht mehr: ich gehe durch eine Straße und sehe ein Haus und erinnere mich eines Schlosses, das ähnlich war in Florenz, aber sie streifen sich nur mit einem Schein und sind erloschen.

Es schwächt mich etwas von oben. Ich habe keinen Halt mehr hinter den Augen. Der Raum wogt so endlos; einst floß er doch auf eine Stelle. Zerfallen ist die Rinde, die mich trug.

Oft, wenn er von solchen Gängen in sein Zimmer zurückgekehrt war, drehte er seine Hände hin und her und sah sie an. Und einmal beobachtete eine Schwester, wie er sie beroch oder vielmehr, wie er über sie hinging, als prüfe er ihre Luft, und wie er dann die leicht gebeugten Handflächen, nach oben offen, an den kleinen Fingern zusammenlegte, um sie dann einander zu und ab zu bewegen, als bräche er eine große, weiche Frucht auf oder als böge er etwas auseinander. Sie erzählte es den anderen Schwestern; aber niemand wußte, was es zu bedeuten habe. Bis es sich ereignete, daß in der Anstalt ein größeres Tier geschlachtet wurde. Rönne kam scheinbar zufällig herbei, als der Kopf aufgeschlagen wurde, nahm den Inhalt in die Hände und bog die beiden Hälften auseinander. Da durchfuhr es die Schwester, daß dies die Bewegung gewesen sei, die sie auf dem Gang beobachtet hatte. Aber sie wußte keinen Zusammenhang herzustellen und vergaß es bald.

Rönne aber ging durch die Gärten. Es war Sommer; Otternzungen schaukelten das Himmelsblau, die Rosen blühten, süß geköpft. Er spürte den Drang der Erde: bis vor seine Sohlen, und das Schwellen der Gewalten: nicht mehr durch

sein Blut. Vornehmlich aber ging er Wege, die im Schatten
lagen und solche mit vielen Bänken; häufig mußte er ruhen
vor der Hemmungslosigkeit des Lichtes, und preisgegeben
fühlte er sich einem atemlosen Himmel.

Allmählich fing er an, seinen Dienst nur noch unregelmäßig
zu versehen; namentlich aber, wenn er sich gesprächsweise
zu dem Verwalter oder der Oberin über irgendeinen Gegenstand äußern sollte, wenn er fühlte, jetzt sei es daran, eine
Äußerung seinerseits dem in Frage stehenden Gegenstand
zukommen zu lassen, brach er förmlich zusammen. Was solle
man denn zu einem Geschehen [3] sagen? Geschähe es nicht so,
geschähe es ein wenig anders. Leer würde die Stelle nicht
bleiben. Er aber möchte nur leise vor sich hinsehn und in
seinem Zimmer ruhn.

Wenn er aber lag, lag er nicht wie einer, der erst vor ein
paar Wochen gekommen war, von einem See und über die
Berge; sondern als wäre er mit der Stelle, auf der sein Leib
jetzt lag, emporgewachsen und von den langen Jahren geschwächt; und etwas Steifes und Wächsernes war an ihm
lang, wie abgenommen von den Leibern, die sein Umgang
gewesen waren.

Auch in der Folgezeit beschäftigte er sich viel mit seinen
Händen. Die Schwester, die ihn bediente, liebte ihn sehr;
er sprach immer so flehentlich mit ihr, obschon sie nicht
recht wußte, um was es ging. Oft fing er etwas höhnisch an:
er kenne diese fremden Gebilde, seine Hände hätten sie
gehalten. Aber gleich verfiel er wieder: sie lebten in Gesetzen, die nicht von uns seien und ihr Schicksal sei uns
so fremd wie das eines Flusses, auf dem wir fahren. Und
dann ganz erloschen, den Blick schon in einer Nacht: um
zwölf chemische Einheiten handele es sich, die zusammen-
getreten wären nicht auf sein Geheiß, und die sich trennen

würden. ohne ihn zu fragen. Wohin solle man sich dann sagen? Es wehe nur über sie hin.

Er sei keinem Ding mehr gegenüber; er habe keine Macht mehr über den Raum, äußerte er einmal; lag fast ununterbrochen und rührte sich kaum.

Er schloß sein Zimmer hinter sich ab, damit niemand auf ihn einstürmen könne; er wollte öffnen und gefaßt gegenüberstehen.

Anstaltswagen, ordnete er an, möchten auf der Landstraße hin und her fahren; er hatte beobachtet, es tat ihm wohl, Wagenrollen zu hören: das war so fern, das war wie früher, das ging in eine fremde Stadt.

Er lag immer in einer Stellung: steif auf dem Rücken. Er lag auf dem Rücken, in einem langen Stuhl, der Stuhl stand in einem geraden Zimmer, das Zimmer stand im Haus und das Haus auf einem Hügel. Außer ein paar Vögeln war er das höchste Tier. So trug ihn die Erde leise durch den Äther und ohne Erschüttern an allen Sternen vorbei.

Eines Abends ging er hinunter zu den Liegehallen; er blickte die Liegestühle entlang, wie sie alle still unter ihren Decken die Genesung erwarteten; er sah sie an, wie sie dalagen: alle aus Heimaten, aus Schlaf voll Traum, aus Abendheimkehr, aus Gesängen von Vater zu Sohn, zwischen Glück und Tod — er sah die Halle entlang und ging zurück.

Der Chefarzt wurde zurückgerufen, er war ein freundlicher Mann, er sagte, eine seiner Töchter sei erkrankt. Rönne aber sagte: sehen Sie, in diesen meinen Händen hielt ich sie, hundert oder auch tausend Stück; manche waren weich, manche waren hart, alle sehr zerfließlich; Männer, Weiber, mürbe und voll Blut. Nun halte ich immer mein eigenes in meinen Händen und muß immer darnach forschen, was mit mir möglich sei. Wenn die Geburtszange hier ein bißchen

GEHIRNE

tiefer in die Schläfe gedrückt hätte ...? Wenn man mich immer über eine bestimmte Stelle des Kopfes geschlagen hätte ...? Was ist es denn mit den Gehirnen? Ich wollte immer auffliegen wie ein Vogel aus der Schlucht; nun lebe ich außen im Kristall. Aber nun geben Sie mir bitte den Weg frei, ich schwinge wieder — ich war so müde — auf Flügeln geht dieser Gang — mit meinem blauen Anemonen-schwert — in Mittagsturz des Lichts — in Trümmern des Südens — in zerfallendem Gewölk — Zerstäubungen der Stirne — Entschweifungen der Schläfe.

DIE EROBERUNG

*Ich wollte eine Stadt erobern, nun streicht ein
Palmenblatt über mich hin.*

Aus der Ohnmacht langer Monate und unaufhörlichen Ver-
triebenheiten —: Dies Land will ich besetzen, dachte Rönne,
und seine Augen rissen den weißen Schein der Straße an
sich, befühlten ihn, verglichen ihn mit den Schichten nah am
Himmel und mit der Helle der Mauer eines Hauses, und
schon verging er vor Glück in den Abend, in die deutliche
Verlängerung des Lichtes, in dieses kühle Ende eines Tages,
der voll Frühling war.

Die Erstürmung[1] ist zu Ende, sagte er sich; es ist fester Fuß
gefaßt. Sie tragen ihre Ohnmacht noch in Farben an ihren
Hüten, in Schleifen, rot und gelb, und kleinen Fahnen an
der Jacke; aber vertrieben werden wir hier zunächst nicht
werden. Dagegen alles, was geschieht, geschieht erstmalig.
Eine fremde Sprache, alles ist haßerfüllt und kommt zögernd
über einen Abgrund her. Hier will ich Schritt für Schritt
vorgehen. Wenn irgendwo, muß es mir hier gelingen.

Er schritt aus; schon blühte um ihn die Stadt. Sie wogte auf
ihn zu, sie erhob sich von den Hügeln, schlug Brücken über
die Inseln, ihre Krone rauschte. Über Plätze, vor Jahrhunderten liegen geblieben und von keinem Fuß berührt,
drängten alle Straßen hernieder in ein Tal; es war ein
Abstieg in der Stadt, sie ließ sich sinken in die Ebene, sie
entsteinte ihr Gemäuer einem Weinberg zu.

Er verhielt auf einem Platz, sank auf eine Mauer, schloß
die Augen, spürte mit den Händen durch die Luft wie durch
Wasser und drängte: Liebe Stadt, laß dich doch besetzen!
Beheimate mich! Nimm mich auf in die Gemeinschaft! Du
wächst nicht auf, du schwillst oben nicht an, alles das er-

DIE EROBERUNG

müdet so. Du bist so südlich; deine Kirche betet in den Abend, ihr Stein ist weiß, der Himmel blau. Du irrst so an das Ufer der Ferne, du wirst dich erbarmen, schon umschweifst du mich.

Er fühlte sich gefestigt. Er schwang über die Boulevards; es war ein Wogen hin und her. Er ging beschwingt; die Frauen trug er in seinen Falten wie Staub; die Entthronten: was gab es denn: kleine Höhlen und ein Büschel Erde in der Achsel. Einer Blonden wogte beim Atmen eine Rose hin und her. Die roch nun mit dem Blut der Brust zusammen irgendeinem Manne zu.

Ihr trieb er nach in ein Café. Er setzte sich und atmete tief: ja, hier ist die Gemeinschaft. Er sah sich um: Ein Mann versenkte sein Weiches in ein Mädchen; die dachte, es käme von Gott und strich sich glatt. Der Unterkiefer eines Zurückgebliebenen meisterte mit Hilfe von zwei verwachsenen Händen eine Tasse, die Eltern saßen dabei und verwahrten sich. Auf allen Tischen standen Geräte, welche für den Hunger, welche für den Durst. Ein Herr machte ein Angebot; Treue trat in sein Auge. Weib und Kind verernsteten seine Züge. Einer bewertete sachlich ein Gespräch. Einer kaute eine Landschaft an, der Wände Schmuck. Ja, hier ist das Glück, sagte er sich und blähte seine Nüstern, als versenke er sich[2]. — Nehmt mich auf in die Gemeinschaft!

Schon erhob er die Blicke wie zu seinesgleichen. Seine Augen schweiften wie die des Kauenden. Nicht mehr leugnen ließ sich, daß das Licht auf der Straße sich verdunkelte, und daß tief gebeugt ein Mädchen sang. Klar zutage lagen die Lüste zwischen den Soldaten und den Frauen, und der Kellner gewann an Geltung. Und er fühlte, wie er wuchs und still ward, so kühl umstanden[3] von lauter Dingen, die geschahen.

Nun wurde er kühner; er entlastete sich auf die Stühle, und siehe — sie standen da. Er verteilte, was er unter der Stirne trug, um der Säulen Samt. Die Marmorplatten wuchsen sich aus, die Klinken traten selbständig hervor. Er schweifte sich innen aus: auf die Borde, auf die Simse häufte er aus allen Höhlen und Falten Last um Last.

Nun hing sogar ein Bild an der Wand: eine Kuh auf einer Weide. Eine Kuh auf einer Weide, dachte er: eine runde, braune Kuh, Himmel und ein Feld. Nein, was für ein namenloses Glück aus diesem Bild[4]! Da steht sie nun mit vier Beinen, mit eins, zwei, drei, vier Beinen, das läßt sich gar nicht leugnen; sie steht mit vier Beinen auf einer Wiese aus Gras und sieht drei Schafe an, eins, zwei, drei Schafe — die Zahl, wie liebe ich die Zahlen[5], sie sind so hart, sie sind rundherum gleich unantastbar, sie starren von Unangreifbarkeit, ganz unzweideutig sind sie, es wäre lächerlich, irgend etwas an ihnen aussetzen zu wollen; wenn ich noch jemals traurig bin, will ich immer Zahlen vor mich her sagen; er lachte froh und ging.

Himmel um sein Haupt, blühte er durch das leise Spiel der Nacht. Sein waren die Gassen, für seine Gänge, ohne Demütigung vernahm er seiner Schritte Widerhall. Er fühlte ein Erschließen, er stieg auf; eine Pore war er, aus der es grünen wollte, eingeebnet fühlte er sich in das Schlenkern der Arme eines Mannes, der hastig über die Straße schritt, gehürnt von einem Ziel.

Weich und mahlend bewältigte er die Schaufenster durch Gedanken über Gegenstände in den Läden, stand herum prüfenden Blickes, als beabsichtige er einzukaufen, ging weiter, nicht befriedigt von dem, was man ihm bot.

Hart heran an Gangart und Gesichtsausdruck von anderen Männern trat er, schloß sich dem an, glättete seine Züge, um sie gelegentlich offenbar aufzucken[6] zu lassen in der

DIE EROBERUNG   23

Erinnerung an ein Vorkommnis im Laufe des Tages, sei es
heiterer, sei es ernster Art. Einen belebten großen Platz
vollends nahm er wahr, um plötzlich stehenzubleiben, er-
schrocken mit der Hand an die Stirn zu fassen und den
Kopf zu schütteln: nein, zu ärgerlich! nun hatte er etwas
vergessen; entfallen war ihm etwas, das zu tun ihm oblag;
ein Versäumnis lag vor, das trotz aller bevorstehenden
Verabredungen des Abends unverzüglich nachzuholen ihm
die Pflicht gebot. Weitergehen erübrigte sich. Es hieß jetzt,
der Umkehr ins Auge sehen und vollbringen, was einmal
als recht [7] erkannt.
Erregt machte er kehrt; die einreihenden Gedanken der
Nachblickenden wärmten ihn und trieben ihn an: Vielleicht
erzählte nun einer von ihm zu Hause, vielleicht spöttelte er
ein wenig, vielleicht sagte er etwas schadenfroh: ein Herr,
der etwas vergessen hatte — vielleicht kam er nun zu spät
zu seiner Verabredung — vielleicht blieb ihm nun die Tür
verschlossen während der Ouvertüre —, er mußte noch einmal zurückgehen — wahrscheinlich in sein Büro —, wahrscheinlich ein Brief an einen Geschäftsfreund —, man kennt
das ja selbst — ja ja, so ist das Leben — man erzieht sich
selbst — man muß manches opfern — aber nur den Kopf
nicht sinken lassen — erhebt die Herzen — Sursum corda —
der gestirnte Himmel — das dienende Glied.
Er bog in ein Friseurgeschäft und unterzog sich der Pflege.

Ein Herr bekam den Hinterkopf gepudert. Warum, fragte
sich Rönne, ich bekomme ihn nicht gepudert. Er überlegte.
Er war blond. Es geht daraus hervor, daß das Prinzip des
Weißen mit dem Prinzip des Blonden für diesen Zweck
identisch ist. Es dürfte sich um den Lichtreflex handeln, um
den Brechungskoeffizienten sozusagen. Jawohl, Brechungs-
koeffizient, sehr gut, und er verweilte einen Augenblick.

Man muß nur an alles, was man sieht, etwas anzuknüpfen
vermögen, es mit früheren Erfahrungen in Einklang bringen und es unter allgemeine Gesichtspunkte stellen, das
ist die Wirkungsweise der Vernunft, dessen entsinne ich
mich.

Stark und gerüstet dehnte er sich in dem Rasierstuhl. Der
junge Mann tänzelte herum, tupfte hin und her und
puderte und strich.

Er war wieder auf der Straße. Eine Frau bot einen flachen
Korb herum mit Veilchensträußen, blau wie Stücke der
Nacht, mit Orchideenbündeln, weichen Zusammenflusses
aus Hellblau und Orange.

Die Orchidee, lachte er selbstgefällig, die Blüte des heißen
Afrika, der Liebling der Sammler, der Gegenstand so
mancher Ausstellungen des In- und Auslandes, jawohl, ich
weiß Bescheid, jawohl, ich bin nicht unkundig, selbst zu
einem Fachmann fände ich Beziehungen.

Da fiel sein Blick auf die Inschrift eines Hauses, die hieß
etwa: Schlachthof.

Nun mußte er sich eingehend über Schlachthof äußern. Der
Dresdener Schlachthof vergleichsweise, erbaut Anfang der
siebziger Jahre von Baurat Köhler, versehen mit den
hygienisch-sanitären Vorrichtungen modernsten Systems
— bahnbrechend war in dieser Richtung die Entdeckung des
Dänen Johannsen. Es war ein Junitag des denkwürdigen
Jahres der finnischen Expedition. Da ging er am Morgen
durch die Östergaade und sah zwei Kühe ankommen, alter
jütländischer Art — — heraus aus einer solchen Fülle des
Tatsächlichen sprach er: so äußerte er sich, so stand er Antwort und Rede, klärte manches auf, half über Irrtümer
hinweg, diente der Sache und unterstand der Allgemeinheit, die ihm dankte.

Messer und Geräte, Griffe und Anerkennung des Raumes

Erforderndes, traten ihm entgegen. Nun wurde er gar ein
Jäger, eine starke, geschlossene Gestalt. Er scheute sich
nicht, durch grüne Joppe und Hornknöpfe Aufschluß über
sein Gewerbe jedem Vorübergehenden zu geben. Er war
wetterhart und gebräunt und einen kräftigen Schluck zum
zweiten Frühstück, jawohl die Herren, und noch einmal! Er
erzählte in einem größeren Kreise von dem Sechserbock,
wie er den Drilling an die Backe nahm, und das Silberkorn
flimmerte in der Kimme. Er prüfte und begutachtete einen
Standhauer, erinnerte an die ungünstigen Erfahrungen mit
dem Modell eines Försters aus der Nachbarschaft; er nickte
bedächtig, schüttelte mit dem Kopf und sprach starken
Atems in die rauhe Morgenluft, kurz, er war der geachtete
Mann, dem im Umfang seines Faches Vertrauen zukam, eine
bodenständige Natur, festen Schrittes und aufrechter Art.
Nun erkrankte ihm vollends sein Kind; an einem Frühlingsmorgen, das junge Geschöpf! Er schluchzte mit seinem
Weibe; aber mit dem kurzen Daumen des Broterwerbers
strich er sich durch den Bart, den Schmerz zu meistern. Er
stand demütig vor dem Unbegreiflichen; aller Rätsel
wurde auch er nicht Herr; das Mythische ragte in sein
Leben hinein, die guten und die bösen Dinge, die Träne
und das Blut.
Allmählich aber war die Nacht tiefer geworden und schloß
ihn ein. Nun schwoll wirklich um ihn der Wald. Er sank
auf Moos unter Stern und stillen Lauten. Blau stand zwischen Bäumen, Tier und Dorf. In ihrem Bett die Quelle.
In ihrem Silberheim die Hügel. Und im Schauer seiner
Haut, im Sprunge seiner Glieder, im Trunk der Augen, in
seines Ohres Rausch: er, als der Blüten eine, er, als der
Tiere Beischlaf, unter einem Himmel, unter einer Nacht —
Im Taumel halb, und halb weil Klänge riefen, stieg er die
Stufen hinunter in den Saal.

Da tanzte eine hinter Schleiern, die Brüste gebunden, und ein Korallengaumen, aus dem sie lachte. Zwei wehten mit ihren Händen an ihren Leibern vorbei und trieben Geruch und Lust den Männern zu. Eine stieß Leib und Brüste hervor nach Enthüllungen. Zwei, die sich lieben wollten, streiften die Ringe ab, die hatten rauhe Steine.

Er aber spürte die Hände alle auf den Hüften, den Drang, sich abzuflachen auf die Erde, die Zuckungen, das Zusammenströmen und den Aufwuchs, und plötzlich stand vor ihm die Schwangere: breites, schweres Fleisch, triefend von Säften aus Brust und Leib; ein magerer, verarmter Schädel über feuchtem Blattwerk, über einer Landschaft aus Blut, über Schwellungen aus tierischen Geweben, hervorgerufen durch eine unzweifelhafte Berührung.

Da sprang er eine an, brach sie auf, biß in Gebein, das wie seines war, entriß ihm Schreie, die wie seine klangen, und verging an einer Hüfte, erstürmt von einem fremden Rund. —

Dann stieß der Morgen hervor, rot und siegreich. Rönne schritt durch die Wellen der Frühe, durch das Meer, das über die Wolken brach.

Rein und klar sah er hinter sich die Nacht, nun ging er den Weg zu den Palmengärten am Rande der Stadt.

Das Licht wuchs an, der Tag erhob sich; immer der gleiche ewige Tag, immer das unverlierbare Licht.

Die letzten Straßen, Brut quoll aus den Kellern; vorbei schabte ein Mönch, der Triumph des Inhalts; Frauen, Geruch aus Nestern und Begattung hinter sich herschleifend, führten ihre bejahenden Versenkungen dem Nachbar zu. Zu ihnen gehörten sie alle: Der Jäger und der Krüppel, der Vergeßliche und der Tänzer — alle glaubten, versteckt oder frei, an die großen Gehirne, um die die Götter schwebten.

DIE EROBERUNG

Er, der Einsame; blauer Himmel, schweigendes Licht. Über
ihm die weiße Wolke: die sanftgekappten Rande, das
schweifende Vergehen.
Er wehte sich über die Stirn: Am Abend, als ich ausging,
schien ich mir noch des Schmerzes wert. Nun mag ich unter
Farren liegen, die Stämme anschielen und überall die
Fläche sehen.
Die Türen sanken nieder, die Glashäuser bebten, auf einer
Kuppel aus Kristall zerbarst ein Strom des unverlierbaren
Lichts: — so trat er ein —
Ich wollte eine Stadt erobern, nun streicht ein Palmenblatt
über mich hin.
Er wühlte sich in das Moos: am Schaft, wasserernährt,
meine Stirn, handbreit, und dann beginnt es.

Bald darauf ertönte eine Glocke. Die Gärtner gingen an
ihre Arbeit; da schritt auch er an eine Kanne und streute
Wasser über die Farren, die aus einer Sonne kamen, wo
viel verdunstete.

DIE REISE

Sinnlos und das Ende um allen Saum.

Rönne wollte nach Antwerpen fahren, aber wie ohne Zerrüttung? Er konnte nicht zu Mittag kommen. Er mußte angeben, er könne heute nicht zu Mittag kommen, er fahre nach Antwerpen. Nach Antwerpen hätte der Zuhörer gedacht? Betrachtung? Aufnahme? Sich ergehen? Das erschien ihm ausgeschlossen. Es zielte auf Bereicherung und den Aufbau des Seelischen.
Und nun stellte er sich vor, er säße im Zug und müßte sich plötzlich erinnern, wie jetzt bei Tisch davon gesprochen wurde, daß er fort sei; wenn auch nur nebenbei, als Antwort auf eine kurz hingeworfene Frage, jedenfalls aber doch so viel, er seinerseits suche Beziehungen zu der Stadt, dem Mittelalter und den Scheldequais.
Erschlagen fühlte er sich, Schweißausbrüche. Eine Krümmung befiel ihn, als er seine unbestimmten und noch gar nicht absehbaren, jedenfalls aber doch so geringen und armseligen Vorgänge zusammengefaßt erblickte in Begriffen aus dem Lebensweg eines Herrn.
Ein Wolkenbruch von Hemmungen und Schwäche brach auf ihn nieder. Denn wo waren Garantien, daß er überhaupt etwas von der Reise erzählen könnte, mitbringen, verlebendigen, daß etwas in ihn träte im Sinne des Erlebnisses?
Große Rauheiten, wie die Eisenbahn, sich einem Herrn gegenüber gesetzt fühlen, das Heraustreten vor den Ankunftsbahnhof mit der zielstrebigen Bewegung zu dem Orte der Verrichtung, das alles waren Dinge, die konnten nur im geheimen vor sich gehen, in sich selber erlitten, trostlos und tief.

DIE REISE   29

Wie war er denn überhaupt auf den Gedanken gekommen,
zu verlassen, darin er seinen Tag erfüllte? War er toll-
kühn, herauszutreten aus der Form, die ihn trug? Glaubte
er an Erweiterung, trotzte er dem Zusammenbruch?
Nein, sagte er sich, nein. Ich kann es beschwören: nein. Nur
als ich vorhin aus dem Geschäft ging, nach Veilchen roch
man wieder, gepudert war man auch, ein Mädchen kam
heran mit weißer Brust, es erschien nicht ausgeschlossen,
daß man sie eröffnet. Es erschien nicht ausgeschlossen, daß
man prangen würde und strömen. Ein Strand rückte in den
Bereich der Möglichkeiten, an den die blaue Brust des
Meeres schlug. Aber nun zur Versöhnung will ich essen
gehn.

                              ∗

Durch Verbeugung in der Türe anerkannte er die Individualitäten. Wer wäre er gewesen? Still nahm er Platz.
Groß wuchteten die Herren.
Nun erzählte Herr Friedhoff[1] von den Eigentümlichkeiten
einer tropischen Frucht, die einen Kern enthalte von Ei-
größe. Das Weiche äße man mit einem Löffel, es habe
gallertartige Konsistenz. Einige meinten, es schmecke nach
Nuß. Er demgegenüber habe immer gefunden, es schmecke
nach Ei. Man äße es mit Pfeffer und Salz. Es handelte sich
um eine schmackhafte Frucht. Er habe davon des Tages
drei bis vier gegessen und einen ernstlichen Schaden nie
bemerkt.
Hierin trat Herrn Körner das Außerordentliche entgegen.
Mit Pfeffer und Salz eine Frucht? Das erschien ihm ungewöhnlich, und er nahm dazu Stellung.
Wenn es ihm doch aber nach Ei schmeckt, wies Herr Mau
auf das Subjektive des Urteils hin, gleichzeitig etwas wegwerfend, als ob er seinerseits nichts Unüberbrückbares sähe.

Außerdem so ungewöhnlich sei es doch nun nicht, führte Herr Offenberg zur Norm zurück, denn zum Beispiel die Tomate? Wie nun vollends, wenn Herr Kritzler einen Oheim aufzuweisen hatte, der noch mit siebzig Jahren Melone mit Senf gegessen hatte, und zwar in den Abend-stunden, wo derartiges bekanntlich am wenigsten bekömm-lich sei?

Alles in allem: Lag denn in der Tat eine Erscheinung von so ungewöhnlicher Art vor, ein Vorkommnis sozusagen, das die Aufmerksamkeit weiterer Kreise auf sich zu lenken geeignet war, sei es, weil es in seinen Verallgemeinerungen bedenkliche Folgeerscheinungen hätte zeitigen können, sei es, weil es als Erlebnis aus der besonderen Atmosphäre des Tropischen zum Nachdenken anzuregen geeignet war?

So weit war es gediehen, als Rönne zitterte, Erstickung auf seinem Teller fand und nur mit Mühe das Fleisch aß. Ob er aber nicht doch vielleicht eine Banane gemeint habe, bestand Herr Körner, diese weiche, etwas mürbe und längliche Frucht?

Eine Banane, wuchs Herr Friedhoff auf? Er, der Kongo-kenner?? Der langjährige Befahrer des Moabangi? Nein, das nötigte ihm geradezu ein Lächeln ab! Weit entschwand er über diesen Kreis. Was hatten sie denn für Vergleiche? Eine Erdbeere oder eine Nuß, vielleicht hie und da eine Marone, etwas südlicher. Er aber, der beamtete Vertreter in Hulemakong, der aus den Dschungeln des Jambo kam?

Jetzt oder nie, Aufstieg oder Vernichtung, fühlte Rönne, und: wirklich nie einen ernstlichen Schaden bemerkt? tastete er sich beherrschten Lautes in das Gewoge, Erstaunen malend und den Zweifel des Fachmanns: Vor dem Nichts stand er; ob Antwort käme?

Aber saß denn nicht schließlich auf dem Stuhl aus Holz er,

DIE REISE   31

schlicht umrauscht von dem Wissen um das Gefahrvolle der
Tropenfrucht, wie in Sinnen und Vergleichen mit Angaben
und Erzählungen ähnlicher Erlebnisse, der schweigsame
Forscher, der durch Beruf und Anlage wortkarge Arzt?
Dünn sah er durch die Lider, vom Fleisch auf, die Reihe
entlang, langsam erglänzend. Hoffnung war es noch nicht,
aber ein Wehen ohne Not. Und nun eine Festigung: mehreren Herren schien in der Tat die nochmalige Bestätigung
dieser Tatsache zur Behebung von etwa aufgestiegenen
Bedenken von Wert zu sein. Und nun war kein Zweifel
mehr: einige nickten kauend.
Jubel in ihm[2], Triumphgesänge. Nun hallte Antwort mit
Aufrechterhaltung gegenüber Zweiflern, und das galt ihm.
Einreihung geschah, Bewertung trat ein; Fleisch aß er, ein
wohlbekanntes Gericht; Äußerungen knüpften an ihn an.
zu Ansammlungen trat er, unter ein Gewölbe von großem
Glück; selbst Verabredung für den Nachmittag zuckte
einen Augenblick lang ohne Erbeben durch sein Herz.
Aus Erz saßen die Männer. Voll kostete Rönne seinen
Triumph. Er erlebte tief, wie aus jedem der Mitesser ihm
der Titel eines Herrn zustieg, der nach der Mahlzeit einen
kleinen Schnaps nicht verschmähte und ihn mit einem be-
scheidenen Witzwort zu sich nimmt, in dem Ermunterung
für die andern, aber auch die entschiedene Abwehr jeglichen übermäßigen Alkoholgenusses eine gewisse Atmosphäre der Behaglichkeit verbreitete. Der Eindruck der
Redlichkeit war er und des schlichten Eintretens für die
eigene Überzeugung; aber auch einer anderweitigen Auffassung gegenüber würde er gern zugeben: da ist was Wahres dran. Geordnet fühlte er seine Züge; kühler Gelassenheit, ja Unerschütterlichkeit auf seinem Gesicht zum Siege
verholfen, und das trug er bis an die Tür, die er hinter sich
schloß.

*

Schattenhaft ging er durch den Gang, nun wieder im Gefühl des Schlafes, in den man sank ohne einen Wirbel über sich zu lassen, negativ verendet, nur als Schnittpunkt bejaht. Zwei Huren wuschen den Gang auf, von weitem schon ihn wahrnehmend, aber sich in die Arbeit versunken stellend, bis er da war. Nun erst trat in die Augen das jähe Erkennen, Keuschheit und Verheißung aus der Reife des Bluts.

Rönne aber dachte, ich kenne euch Tiere, über dreihundert Nackte jeden Morgen! aber wie stark ihr die Liebe spielt! Eine kannte ich, die war an einem Tag von Männern einem Viertelhundert der Rausch gewesen, die Schauer und der Sommer, um den sie blühten. Sie stellte die Form, und es geschah das Wirkliche. Ich will Formen suchen und mich hinterlassen; Wirklichkeiten eine Hügelkette, o von den Dingen ein Gelände.

Er trat aus dem Haus. Helle Avenuen waren da, Licht voll Entrückung, Daphneen im Erblühn. Es war eine Vorstadt; Armes aus Kellern, Krüppel und Gräber, so viel Ungelacht. Rönne aber dachte, jeder Mensch, dem ich begegne, ist noch ein Sturm zu seinem Glück. Nirgends meine schwere, drängende Zerrüttung.

Er ging langsam, er schürfte sich vor. Es war eine ungewohnte Straßenstunde, ihm seit Monaten nicht mehr bekannt. Er blätterte das Entgegenkommende behutsam auseinander mit seinen tastenden, an der Spitze leicht ermüdbaren Augen.

Aufzunehmen gilt es, rief er sich zu, einzuordnen oder prüfend zu übergehn. Aus dem Einstrom der Dinge, dem Rauschen der Klänge, dem Fluten des Lichts die stille Ebene herzustellen, die er bedeutete.

Es war eine fremde Gegend, durch die er ging, aber es mochte immerhin ein Bekannter kommen und fragen, woher und wohin. Und obschon er einen Patienten jederzeit

DIE REISE

hierfür zur Hand gehabt hätte, so war es doch nicht der Fall, und ihm graute vor dem Erlebnis, vor dem er stehen würde: daß er aus dem Nichts in das Fragwürdige schritt, im Antrieb eines Schattens, keiner Verknotung mächtig, und dennoch auf Erhaltung rechnend.

Scheu sah er sich um; höhnisch standen Haus und Baum; unterwürfig eilte er vorbei. Haus, sagte er zum nächsten Gebäude; Haus zum übernächsten; Baum zu allen Linden seines Wegs. Nur um Vermittelung handelte[3] es sich, in Unberührtheit blieben die Einzeldinge; wer wäre er gewesen, an sich zu nehmen oder zu übersehen oder, sich auflehnend, zu erschaffen? Ein bißchen durch die Sonne gehen, mehr wollte er ja nicht; es warm haben, und der Himmel hatte ein Blau: nie endend, mütterlich und sanft vergehend.

Weit war er noch nicht von seinem Krankenhaus entfernt, da übermannte ihn schon die Not. Wohin trug er sich denn, etwa in das All? War er der Träumer denn, weich streifend den Hang, oder der Hirt auf den Hügeln? Trat an die Maikastanie vielleicht er, den Ast beklopfend mit dem Hornmesser, bis in Saft vom Zweige die Rinde glitt und wurde die gehöhlte Flöte? Gesänge, hatte er sie? War er vielleicht der Freie, der in Segeln schritt, und überall die Erde, löschend mit seinem Blick? Oh, er war wohl schon zu weit gegangen! Schon schwankte vor der Straße Feld unter gelben Stürmen gefleckter Himmel, und ein Wagen hielt am Saum der Stadt. Zurück! hieß es; denn heran wogte das Ungeformte, und das Uferlose lag lauernd.

Nun nahm ihn wieder die Straße auf, schnurgerade und unter einem flachen Licht. Von Tür zu Tür lief sie, und sachlich um den Fuß der Botenfrau; aus den Kellern über sie wehte die Küche Nahrung und Notdurft; vor dem Spiegel der Herr kämmte achtbar seinen Bart; klang der Fuß auf Metall, sorgte für Entwässerung das Gemeinwohl; lag ein Gitterchen an der Mauer, kam im Winter nicht der Frost, und in ihr Recht traten Förder und Schacht?[4]

Da trat ein Herr auf ihn zu, und ha ha, und schön Wetter ging es hin und her, Vergangenheit und Zukunft eine Weile im kategorialen Raum. Als er fort war, taumelte Rönne.

Sie alle lebten mit Schwerpunkten auf Meridianen zwischen Refraktor und Barometer, er nur sandte Blicke über die Dinge, gelähmt von Sehnsüchten nach einem Azimut, nach einer klaren logischen Säuberung schrie er, nach einem Wort, das ihn erfaßte. Wann würde er der erzene Mann, um den tags die Dinge brandeten und des Nachts der Schlaf, der gelassen vor einem Bahnhof stände, wieviel Erde es auch gäbe, der Verwurzelte, der Unerschütterliche?

Reisen hatte er gewollt; aber nun schienen Gleise über die Straße, und schon sank sein Blick. Oh, daß es eine Erde gab, wirklich grün, stark irden, silbern verfernt, über die die Augen strichen wie ein Flügel, und Städte, flache weiße, an Küsten und Kutter, braune, die man hinnahm, liebte und vergaß.

Oder ein Leben um das Radwerk einer Uhr. Um Hyazinthenknollen die Hand. Die Schulter, die das Fischnetz zog, silbern und ihr Abwurf auf den Strand.

Da, durch die helle dünne Luft, in die die Knospen ragten, und unter dem ersten Stern, kam eine Frau vorbei und roch blau und langte Rönne nach dem Schädel und legte ihn tief in den Nacken, bettend, und über der Stirn stand die frühe Nacht.

Rönne schluchzte auf: wer knirschte so tief wie ich unter dem Stoff, wer ist so geknechtet von den Dingen nach Zusammenhang als ich, aber eben dies schweifende Gewässer,

DIE REISE

tief, dunkel und veilchenfarben, aus dem Aufklaff einer
Achsel – mich stäubt Zermalmung an.
Zwischen die Straßen rinnt Nacht, über die weißen Steine
blaut es, es verdichtet sich die Entrückung; die Sträucher
schmelzen, welches Vergehn! –
Nun fiel ein Regen und löste die Form. Wohnungen traten
unter laues Wasser, in Frühlingsgewölke stand alle Stadt.
Über ihr aber schwebte er, entrückt, einsam, mit einer Krone
irgendwoher. Jäh wurde er der Herr mit Koffer, der auf
die Reise ging durch Aue und Land. Schon wogten Hügel
heran, weich bewäldert; nun brüderlich die Äcker, die Versöhnung kam.
Er sah die Straße entlang und fand wohin.
Einrauschte er in die Dämmerung eines Kinos, in das Unbewußte des Parterres. In weiten Kelchen flacher Blumen
bis an die verhüllten Ampeln stand rötliches Licht. Aus
Geigen ging es, nah und warm gespielt, auf der Ründung
seines Hirns, entlockend einen wirklich süßen Ton. Schulter neigte sich an Schulter, eine Hingebung; Geflüster, ein
Zusammenschluß, Betastungen, das Glück. Ein Herr kam
auf ihn zu, mit Frau und Kind, Bekanntschaft zuwerfend,
breiten Mund und frohes Lachen. Rönne aber erkannte ihn
nicht mehr.
Er war eingetreten in den Film, in die scheidende Geste, in
die mythische Wucht.
Groß vor dem Meer wölkte er um sich den Mantel, in hellen
Brisen stand in Falten der Rock; durch die Luft schlug er
wie auf ein Tier, und wie kühlte der Trunk den Letzten des
Stamms.
Wie er stampfte, wie rüstig blähte er das Knie. Die Asche
streifte er ab, lässig, benommen von den großen Dingen,
die seiner harrten aus dem Brief, den der alte Diener
brachte, auf dessen Knien der Ahn geschaukelt.

Zu der Frau am Bronnen trat edel der Greis. Wie stutzte
die Amme, am Busen das Tuch. Wie holde Gespielin! Wie
Reh zwischen Farren! Wie ritterlich Weidwerk! Wie Silber-
bart!
Rönne atmete kaum, behutsam, es nicht zu zerbrechen.
Denn es war vollbracht, es hatte sich vollzogen.
Über den Trümmern einer kranken Zeit hatte sich zusam-
mengefunden die Bewegung und der Geist, ohne Zwischen-
tritt. Klar aus den Reizen segelte der Arm; vom Licht zur
Hüfte, ein heller Schwung, von Ast zu Ast.
In sich rauschte der Strom. Oder wenn es kein Strom war,
ein Wurf von Formen, ein Spiel in Fiebern, sinnlos und
das Ende um allen Saum.
Rönne, ein Gebilde, ein heller Zusammentritt, zerfallend,
von blauen Buchten benagt, über den Lidern kichernd das
Licht.
Er trat auf die Avenue. Er endete in einem Park.
Dunkel drohte es auf, bewölkt und schauernd, wieder aus
dem Gefühl des Schlafs, in den man sank, ohne einen Wirbel über sich zu lassen, negativ verendet, nur als Schnittpunkt bejaht; aber noch ging er durch den Frühling, und
erschuf sich an den hellen Anemonen des Rasens entlang
und lehnte an eine Herme, verstorben weiß, ewig mar-
morn, hierher zerfallen aus den Brüchen, vor denen nie
verging das südliche Meer.

DIE INSEL

Daß dies das Leben sei, war eine Annahme, zu der Rönne, einen Arzt, das von leitender Stelle aus Geregelte seiner Tage, das staatlich Genehmigte, ja Vorgeschriebene seiner Bestimmung wohl berechtigte.

Tat es etwas, daß die Insel klein war, übersehbar von einem Hügel, ein Streifen Stein zwischen Möwen und Meer – es gab das Gefängnis da mit den Sträflingen, daran Arzt zu sein er ausersehen, und dann gab es Strand, eine große Strauchwiese voll Gezwitscher, ein Vogelhort, und weiter unten ein elendes Dorf mit Fischern, das allerdings galt es noch näher zu beleuchten.

Ein Rachen war bepinselt, einer Meineidigen das Knie massiert, da erhob sich Rönne und verließ das ummäuerte Gehöft. Davor lag weißer Strand; darauf blühte Hafer und Distel; denn der Sommer war über das Meer gekommen wie ein Gewitter: der Himmel donnerte von Bläue und es goß Wärme und Licht.

Unter Gedanken, wie die freie Zeit, die ihm nach Erledigung seiner Dienstpflichten zur Verfügung stand, zweckmäßig zu verwenden sei, welches ihr Sinn sei in Hinsicht des Staates und der Person, schritt er aus. Er atmete tief die reine Seeluft ein, die schmächtige Brust ihr entgegenspülend, dem Gesundheitlichen, das sie bekanntermaßen dem Wanderer bot, willig hingegeben. Eins fühlte er sich mit dem Geiste, der ihn hierherberufen und gestellt, der sich ohne Zaudern zur Sicherstellung der vorwärtszielenden bürgerlichen Verrichtung entschloß; der dem Schutze galt, die[1] die Öffentlichkeit dem strebenden Bemühen schuldete, mit einem Wort: der die Ausmerzung des Schädlings anstrebte, ohne jedoch selbst hier außer acht zu lassen das allgemein

Menschliche noch des Gefallenen und in einer Art stummer Anerkenntnis des großen allumschließenden Bandes des Seelischen schlechthin nicht die Vernichtung wollte, sondern den Arzt beigab.

Und nun, die karge Schindel der ersten Hütte, war sie nicht Hut gegen Sturm und Regen, der Unbill Abwehr, Traute und Behaglichkeit bedachend? Das Netz, das vom Fang kommend der Gatte ausbreitete, sorgsam über Pfahl und Stein, war es nicht umwittert vom Geruch der Diele, wo es sich vollzog, das Natürliche, das Urgesunde? Und nun wehte gar ein Windstoß an eine Ölkappe, und ein Arm griff an die Krempe —: jawohl, auf Reize antwortete hier Organisches; betrieben wurden seine Symptome: der Stoffwechsel und die Vermehrung; der Reflexbogen herrschte, hier war gut ruhn.

Vor einer Kneipe saßen Männer. Ihr Sinn? Sie saßen! Sie gingen nicht, sie schonten Kraft. Sie tranken aus Krügen! Reine Lust? Niemals! Nährwert war nicht zu leugnen. Und wenn? Erholung von Mann zu Mann?! Erfahrungsaustausch?! Bestätigungen!!!?

Und der Düstere abseits? Der Grübeler, der sich ernster nahm? Flammte nicht auch auf seiner Stirn noch durch das Dämonische, selbst gegen Götter gerichtet, der geschlossenere Akt, der stärkere Aufbau, das Lichtbringerische in eventuellen Abgrund?

Kurz und gut: lauter Wahrnehmungen, die wohl befriedigen durften. Nirgends eine Störung, überall Sonne und heller Ablauf.

Rönne setzte sich. Ich habe etwas freie Zeit, sagte er sich, jetzt will ich etwas denken. Also, eine Insel und etwas südliches Meer. Es sind nicht da, aber es könnten da sein: Zimtwälder. Jetzt ist Juni, und es begönne die Entborkung,

DIE INSEL 39

und ein Zweiglein bräche dabei wohl ab. Ein überaus lieb-
licher Geruch würde sich verbreiten, auch beim Abreißen
eines Blattes ein aromatisches Geschehen.
Denn alles in allem: vier bis sechs Fuß hohe Stauden, weiche
grüne lorbeerähnliche Blätter, indes der Blütenstempel gelb
getönt ist. Ist der Schößling daumenstark, tritt die Ein-
sammlung heran und es erfordert viele Hände, Bündel,
krumme Messer, Rinde und Bast; mit diesen Worten ist
manches schon erwiesen, aber erst in der Hütte wird das
Häutchen abgeschält.
Ja, das war eine Insel, die in einem Meer vor Indien lag.
Es nahte sich ein Schiff, plötzlich trat es in den Wind, der
das Land umfaßt hatte und nun stand es im Atem des
bräunlichen Walds. Der Zimtwald, dachte der Reisende,
und der Zimtwald, dachte Rönne. Schneeweiß war der Boden, und die Staude saftig. Und durch die Insel schritt er,
zwischen Roggen und Wein, abgeschlossen und still um-
grenzt. Sein Urteil ist Begehren, der Satzbau Stellung nehmend. Er grübelt, doch über die Polle einer Pflanze, denn
er ist gewillt, sie einzusäen. Ferne ist die Zeit der Trauer,
da er in der Bahn hierher fuhr mit den Damen: das ist sehr
hübsch hier, sagte die Mutter zu den Töchtern, seht doch
mal! und nun verarbeiteten sie aus den Kupeefenstern heraus die Hügelkette, matt im blauen Dunst, davor das Tal
und eine Stadt, die hinter Wäldern und Klee versank; denn
wenn die Mutter es nicht gesagt hätte, mußte Rönne immer
denken, wäre der Aufstieg nicht erfolgt.
Hier aber herrschten keine solchen vagen Ausrufe. Hier
wurde hingenommen, was ins Auge traf. Sachliche Verar-
beitung trat ein in bezug auf ein Netz, im Hinblick auf eine
Reuse. Und auch wenn er wie eben etwas dachte, lag Anders-
artiges vor, keine Bereicherung, mehr ein Traum.
Hell saß er am Strand. Er fühlte sich leicht und durch-

sichtig und schien sich nicht mehr unsauberer zu sein als ein
bewegter Stein, als ein abgerundeter Block, gehalten von
einer leichten Organisation.
Und wenn er auf die Insel aus dem Gefühl einer Aufgabe
heraus gekommen war, an Gegenständen, die er möglichst
isoliert unter wenig veränderlichen Bedingungen beobachten
konnte, den Begriff nachzuprüfen, so spürte er jetzt schon
etwas wie Erfüllung: Die Begriffe, schien ihm, sanken
herab. Wie hatte zum Beispiel Meer auf ihm gelegen, ein
sprachlicher Bestand, abgeschnürt von allen hellen Wässern,
beweglich, aber doch höchstens als Systemwiesel, das Ergebnis eines Denkprozesses, ein allgemeinster Ausdruck.
Jetzt aber, schien es ihm, wanderte er dahin zurück, wo es
unabsehbare Wässer gab im Süden und im Norden brackige
Flut, und Wellen eine Lippe unerwartet salzten. Leise
schwand der Drang, es schärfer aufzurichten, es unantastbarer zu umreißen gegenüber Dünen und einem See. Leise
fühlte er ihn vergessen, ihn zurückerstatten an seine Wesen-
heit, an die Möwe und den Tang, den Sturmgeruch und
alles Ruhelose. —————

*

Rönne lebte einsam seiner Entwicklung hingegeben und
arbeitete viel. Seine Studien galten der Schaffung der neuen
Syntax. Die Weltanschauung, die die Arbeit des vergangenen Jahrhunderts erschaffen hatte, sie galt es zu vollenden.
Den Du-Charakter des Grammatischen auszuschalten, schien
ihm ehrlicherweise notwendig, denn die Anrede war my-
thisch geworden.
Er fühlte sich seiner Entwicklung verpflichtet und die ging
auf Jahrtausende zurück.
Die Umgestaltung der Bewegung zu einer Handlung unter
Vorwegnahme des Zieles lag im Unentschleierbaren, wo der

DIE INSEL

Mensch begann. Das war gegeben. Auch daß er hin und her die Augen aufschlug: in helle Himmel, über Wüsten, am Nil, und an den Myrtenlagunen die Geigenvölker — — aber hier im Norden drängte es zur Entscheidung: zwischen Hunger und Liebe war der dritte Trieb getreten. Aus dem schlechten Atem der Asketen, aus ermatteten Geschlechtlichkeiten, unter den verdickten Lüften der Nebelländer wuchs sie hervor, die Erkenntnis, Hekatomben röchelnd nach der Einheit des Denkens, und die Stunde der Erfüllung schien gekommen.

Hatte Cartesius noch die Zirbeldrüse für den Sitz der Seele angenommen, da ihr Äußeres dem Finger Gottes: gelblich, langgestreckt, milde und doch drohend, gleichen mochte, so hatten die Hirnphysiologen festgestellt, wann beim Einstich in die Hirnmasse Zucker im Harn, wann Indigo auftrat, ja wann korrelativ der Speichel floß. Die Psychologie hatte den Begleitcharakter des Gefühls zu den Empfindungen erkannt, den ihnen zustehenden generellen Wert der Abwehr des Schädlichen in genauen Kurven festgelegt, die Ablesbarkeit der individuellen Differenzen war vollendet. Die Erkenntnistheorie schloß ab, mit der Erneuerung Berkeleyischer Ideen einem Panpsychismus zum Durchbruch zu verhelfen, der dem Wirklichen den Rang kondensierter Begriffe in der Bedeutung geschlechtlich besonders betonter Umwelt zum Zwecke bequemer Arterhaltung zuwies.

Dies alles gilt als ausgemacht, sagte sich Rönne. Dies wird seit Jahrfünften gelehrt und hingenommen. Wo aber blieb die Auseinandersetzung innerhalb seiner selbst, wo fand die statt? Ihr Ausdruck, das Sprachliche, wo vollzog sich das?

Unter Grübeln trat er vor ein Feld mit einem Mann, den er aus der Anstalt mitgenommen hatte:

„Mohn, pralle Form des Sommers", rief er, „Nabelhafter:

PROSA UND SZENEN

Gruppierend Bauchiges, Dynamit des Dualismus: Hier steht
der Farbenblinde, die Röte-Nacht. Ha, wie du hinklirrst!
Ins Feld gestürzt, du Ausgezackter, Reiz-Felsen, ins Kraut
geschwemmt, — und alle süßen Mittage, da mein Auge auf
dir schlief letzte stille Schlafe, treue Stunden[2] — — An deiner Narbe Blauschatten, an deine Flatterglut gelehnt, ge-
wärmt, getröstet, hingesunken an deine Feuer: angeblüht!:
nun dieser Mann —: auch du! Auch du! — — An meinen
Randen spielend, in Sommersweite, all mein Gegenglück —
und nun: wo bin ich nicht?"
Wo bin ich nicht, dachte er, und wandte sich in der Richtung
nach der Anstalt, und wo tritt das Ereignis nicht in das
Gegebene? Da unten sind Zimmer. An Tischen sitzen Männer, Direktoren und Beamte, zwischen Denkanstößen geht
der Zahnstocher hin und her.
Aus Ereignissen des täglichen Daseins und Rennberichten
spielt der psychische Komplex sich ab. Es tritt auf das Be-
fremdende, das Abweichende, ja bis zum Widersprechenden
stellt es sich ein. Wachgerufen wird in den Bewußtseins-
abläufen das Bestreben, das Ungeklärte zu entwirren, das
Zweifelhafte sicherzustellen, der Überbrückung des Zwie-
spalts gilt das Wort. Es tritt die Erfahrung hervor, Beweis
und Abwehr gibt sie an die Hand; und die Beobachtung,
hier und da gemacht, wenn auch nicht eindeutig, soll sie
völlig wertlos sein? Schon weicht das Dunkle. Schon glättet
sich das Krause, und daß kein Widerspruch mehr besteht,
nun blaut es herab.
Immer blaut bald etwas herab, zum Beispiel der Kalbsbraten, den doch jeder kennt. Jäh tritt er an einem Stamm-
tisch auf, und es ranken sich um ihn die Individualitäten.
Geographische Besonderheiten, Eigentümlichkeiten des Ge-
schmacklichen werden hervortreten, der Drang zur Nuance
um ihn sein. Es wird branden der Streit und das Erschlaf-

DIE INSEL

fen, der Angriff und die Versöhnung um den Kalbsbraten, den Entfesseler des Psychischen.

Und das Morgendliche, wem begegnet es? Einer Frau, die sich außergewöhnlich in der Frühe erhebt; alle Kühle und sein Tau rinnen in das Wesen, das schreitet. Weiterleitung tritt ein, ein Ausruf wird erfolgen, Bestände von Erzählungen über frühe Gänge werden gebildet: — Überall stehen die Verarbeitungsbehälter und was war und wird, ist längst geschehen.

Wann gab es Umströmte? Ich muß alles denken, ich muß alles zusammenfassen, nichts entgeht der logischen Verknüpfung. Anfang und Ende, aber ich geschehe. Ich lebe auf dieser Insel und denke Zimtwälder. In mir durchwächst sich Wirkliches und Traum. Was blüht der Mohn, wenn er sich entrötet; der Knabe spricht, aber der psychische Komplex ist vorhanden, auch ohne ihn. —

Die Konkurrenz zwischen den Assoziationen, das ist das letzte Ich — dachte er und schritt zurück zur Anstalt, die auf einem Hügel am Meere lag. Hängt aus meiner Tasche eine Zeitung, ein buchhändlerisches Phänomen, bietet es Anknüpfungen zu Bewegungsvorgängen an Mitmenschen, sozusagen zu einem Geschehnis zwischen Individualitäten. Sagt der Kollege, Sie gestatten das Journal, liegt ein Reiz vor, der wirkt, ein Wille, der sich auf etwas richtet, motorische Konkurrenzen, aber jedenfalls immer das Schema der Seele, die Vitalreihe ist es, die die Fallen stellt.

Wir sind am Ende, fühlte er, wir überwanden unser letztes Organ. Ich werde den Korridor entlanggehen, und mein Schritt wird hallen. Denn muß im Korridor der Schritt nicht hallen? Jawohl, das ist das Leben, und im Vorbeigehen ein Scherzwort an die Beamtin? Jawohl, auch dies! —

❊

Da landete das Schiff, das alle Wochen an die Insel kam, und mit den Gästen stieg eine Frau ans Land, die eine Weile hier wohnen wollte.

Rönne lernte sie kennen, warum sollte er sie nicht kennenlernen: einen Haufen sekundärer Geschlechtsmerkmale, anthropoid gruppiert.

Aber bald fragte er sich beunruhigt, ich suche ihren Umgang, doch das Denkerische ist es nicht, was aber ist es? Sie ist mittelgroß, blond, mit Wasserstoff gebleicht und grau an den Schläfen. Ihre Augen liegen in der Ferne, unverrückbar grau von Nebel die Pupille – aber ich spüre es wie Flucht, ich muß sie beformeln:

Ihr Wesen: sie liebt weiße Blumen, Katzen und Kristalle und sie kann des Nachts allein nicht schlafen, denn sie liebt es so, ein Herz zu hören, wo aber soll das Prinzip ansetzen und die Zusammenfassung erfolgen? Nie begehrt sie eine Zärtlichkeit, aber wenn man sich ihr nähert, tritt man unter das Dach der Liebe, und plötzlich steht sie über mir in einer Stellung, die ihr Schmerzen machen muß, unbeweglich und lange — — welch erschütternde Verwirrung!

Witternd Gefahr, hörend aus der Ferne einen Strom, der herangurgelte, ihn aufzulösen, schlug er um sich die soziologischen Bestände.

Wie, auf der Nachbarinsel war die Hirse stockig? War es gut gehandelt an dem kleinen Mann? Wo blieb Redlichkeit und Bruderkuß? Wenn dies verging, was blieb? — Oder: wirklich hingegeben an die übliche Menge gemahlenen Tees, in einer Flasche geschüttelt, gefüllt, gekorkt und nochmals geschüttelt, und die übermittelt dem Bekannten, dem Nachbar oder dem Wißbegierigen redlichen Sinnes und helfender Gesinnung, was blieb dann noch der Verführung zugänglich; er, der schlichte Schamträger in seiner staatlichen Verquickung, – nun durfte wohl Friede sein, endlich, ja?

DIE INSEL

Aber schon wieder war die Lockung da, die Frau, das
Strömende, und befreit atmete er der Wärterin entgegen,
die kam: ein krankes Knie! Wie verdichtet es sich zur Wirklichkeit. Welch starke Formel! Amtlich verpflichtet zur Anerkennung meinerseits! Kniekrankheiten, Schwellungen,
Entzündungsvorgänge. – Fester Boden – Männlichkeiten!

Dann wieder: Jede Erscheinung hat ihr oberstes Prinzip,
und er schritt getröstet an den Strand; es gilt nur festzu-
legen, welches das ihre ist; das System ist allgültig, es enthält auch sie. Es enthält auch sie, die keine Treue und
keinen Wortbruch kennt, die zur Stunde nicht kommen
kann, weil die Fischerin eine Angel trug, und die Salpen
glänzten – Erfahrung sammeln, Deduktionen, sein stiller
Himmel auch über ihr! Aber dann: Ihre Hüfte, wenn sie
neben ihm ging, rauschte wie das Sinnlose und ihre Schulter
war behaart vom Chaos.
Tiefer warf er sich über seine Bücher, hämmernd seine Welt.
Aber wie? In den angesehensten naturwissenschaftlichen
Journalen konnten neuerdings Raum finden, ja anerken-
nend besprochen werden Arbeiten dieses eigentümlichen
Inhalts?
Das Werk eines unbekannten jüdischen Arztes aus Danzig,
der wörtlich über die Gefühle aussagte, daß sie tiefer reichten als die geistige Funktion? Daß das Gefühl das große
Geheimnis unseres Lebens sei und die Frage seiner Entstehung unbeantwortbar?? Um es vollends zu Ende zu
denken: das Gefühl gehöre nicht mehr zu den Empfindungen??
Wußte er denn, was es bedeutete, wenn die Gefühle nicht
mehr vom Reiz abhingen, wie er, Rönne, gelernt; wenn er
sie den dunklen Strom nannte, der aus dem Leibe brach?
Das Unberechenbare?

Wußte der Verfasser wohl, vor welche Fragen die Konsequenzen seiner neuen Lehre führten, wußte dieser völlig unbekannte Mann wohl die ganze Schwere seiner Behauptung, die er ohne jede Ankündigung, ohne Sichtbarmachung auf dem Titelblatt einfach in einem Buch mit farblosem grauen Deckel in die Welt schickte, wußte es vielleicht, daß er die Frage beantwortete, ob es Neues gäbe?

Rönne atmete tief. War dies etwa schon eine neue Wissenschaft[3], die nach ihm kam? Jede Befruchtung enthielte den Keim eines unerhört Neuen, der Zusammentritt von Einheiten war in der Generationsfolge fortgesetzt in der Gestalt der Zweigeschlechtlichkeit, und in ihr galt es, die gewaltige schöpferische Macht anzuerkennen, die das Leben zur Höhe erhoben hatte?

Rönne bebte. Er sah nochmals auf das Journal, das die Besprechung gebracht hatte, auf den Namen des Referenten, der die Kritik gezeichnet hatte: er war sein Lehrer gewesen.

Schöpferischer Mensch! Neuformung des Entwicklungsgedankens aus dem Mathematischen ins Intuitive —: was aber wurde aus ihm, dem Arzt, gebannt in das Quantitative, dem beruflichen Bejaher der Erfahrung?

Trat er vor einen Rachen, und die Schwellung war bedrohlich — war sie intuitiv coupierbar? mußte er sich nicht zusammenraffen zu analytischen Phänomenen, Empirien, zielstrebigen Gesten, dem ganzen Grauen bejahter Wirklichkeiten, zu einer Hypothese von Realität, die er erkenntnistheoretisch nicht mehr halten konnte, um des Kindes willen, das schon blau war, des Rachens halber, der erstickte, und der Geld abwarf und von Amts wegen?

Plötzlich fühlte er sich tief ermüdet und ein Gift in seinen Gliedern. Er trat an ein Fenster, das in den Garten ging. In dem stand schattenlos die Blüte weiß, und voll Spiel die

Hecke; an allen Gräsern hing etwas, das zitterte; in den Abend lösten sich Düfte aus Sträuchern, die leuchteten, grenzenlos und für immer.

Einen Augenblick streifte es ihn am Haupt: eine Lockerung, ein leises Klirren der Zersprengung, und in sein Auge fuhr ein Bild: klares Land, schwingend in Bläue und Glut und zerklüftet von den Rosen, in der Ferne eine Säule, um-wuchert am Fuß; darin er und die Frau, tierisch und ver-loren, still vergießend Säfte und Hauch.

Aber schon war es vergangen. Er fuhr sich über die Augen. Schon sprang der Reifen wieder um seine Stirn und eine Kühle an die Schläfen: was lag denn hier vor? Er hatte mit einer Frau zusammengelebt und hatte einmal gesehen, daß sie Rosenblätter, die welkten, von einer Kante zusammen-gelesen hatte, zusammen zu einem kleinen Haufen auf einen gesteinten bunten Tisch; dann setzte sie sich wieder, ver-loren an einen hellen Strauch. Das war alles, was er wirk-lich von ihr wußte; der Rest war, daß er sich genommen war, es rauschte und er blutete — — — aber wo führte das hin?

Hart wurde sein Blick. Gestählt drang er in den Garten, ordnend die Büsche, messend den Pfad. Und nun kam es über ihn [4]: er stand am Ausgang eines Jahrtausends, aber die Frau war stets; er schuldete seine Entwicklung einer Epoche, die das System erschaffen hatte, und was auch kommen mochte, dies war er!

Fordernd jagte er seinen Blick in den Abend und siehe, es blaute das Hyazinthenwesen unten Duftkurven reiner For-meln, einheitliche Geschlossenheiten, in den Gartenraum; und eine versickernde Streichholzvettel rann teigig über die Stufen eines Anstaltsgebäudes unter Glutwerk berechen-barer Lichtstrahlen einer untergehenden Sonne senkrecht in die Erde. —

DER GEBURTSTAG

*Manchmal eine Stunde, da bist du: der Rest ist
das Geschehen. Manchmal die beiden Fluten
schlagen hoch zu einem Traum.*

Allmählich war ein Arzt über neunundzwanzig Jahre geworden und sein Gesamteindruck war nicht darnach, Emp-
findungen besonderer Art zu erwecken.
Aber so alt er war, er fragte sich dies und das. Ein Drängen
nach dem Sinn des Daseins warf sich ihm wiederholt ent-
gegen: wer erfüllte ihn: der Herr, der rüstig schritt, den
Schirm im Arm; die Hökerin, die vor dem Flieder saß, der
Markt war aus, im Abendwehn; der Gärtner, der alle
Namen wußte: Kirschlorbeer und Kakteen, und dem die
rote Beere im toten Busch vorjährig war?
Aus der norddeutschen Ebene stammte er. In südlichen
Ländern natürlich war der Sand leicht und lose; ein Wind
konnte — das war nachgewiesen — Körner um die ganze
Erde tragen; hier war das Staubkorn, groß und schwer.
Was hatte er erlebt: Liebe, Armut und Röntgenröhren;
Kaninchenställe und kürzlich einen schwarzen Hund, der
stand auf einem freien Platz, bemüht um ein großes rotes
Organ zwischen den Hinterbeinen hin und her, beruhigend
und gewinnend; herum standen Kinder, Blicke von Damen
suchten das Tier, halbwüchsige Jugend wechselte die Stellung, den Vorgang im Profil zu sehen.
Wie hatte er das alles erlebt: er hatte Gerste eingefahren
von den Feldern, auf Erntewagen, und das war groß: Man-
del, Kober und Kimme vom Pferd. Dann war der Leib eines
Fräuleins voll Wasser und es galt Abfluß und Drainage.
Aber über allem schwebte ein leises zweifelndes Als ob: als
ob ihr wirklich wäret Raum und Sterne.

DER GEBURTSTAG   49

Und nun? Ein grauer nichtssagender Tag würde es sein,
wenn man ihn begrub. Die Frau war tot; das Kind weinte
ein paar Tränen. Es war wohl Lehrerin und mußte abends
noch in Hefte sehen[1]. Dann war es aus. Beeinflussung von
Gehirnen durch und über ihn zu Ende. Es trat in ihr Recht
die Erhaltung der Kraft.
Wie hieß er mit Vornamen? Werff.
Wie hieß er überhaupt? Werff Rönne.
Was war er? Arzt in einem Hurenhaus.
Was schlug die Uhr? Zwölf. Es war Mitternacht. Er wurde
dreißig Jahre. In der Ferne rauschte ein Gewitter. In Maiwälder brach die Wolke auf.
Nun ist es Zeit, sagte er sich, daß ich beginne. In der Ferne
rauscht ein Gewitter, aber *ich* geschehe. In Maiwälder
bricht die Wolke auf, aber *meine* Nacht. Ich habe nörd-
liches Blut, das will ich nie vergessen. Meine Väter fraßen
alles, aus Trögen und Stall. Aber ich will mich, sprach er
sich Mut zu, auch nur ergehen. Dann wollte er sich etwas
Bildhaftes zurufen, aber es mißlang. Dies wieder fand er
bedeutungsvoll und zukunftsträchtig: vielleicht sei schon die
Metapher ein Fluchtversuch, eine Art Vision und ein Mangel an Treue.

*

Durch stille blaue Nebel, vom nahen Meer in das Land getrieben, schritt Rönne, als er am nächsten Morgen in sein
Krankenhaus ging.
Das lag außerhalb der Stadt und aller Pflasterwege. Er
mußte über Boden gehen, der war weich, der ließ Veilchen
durch; gelöst und durchronnen schwankte er um den Fuß.
Da aus Gärten warf sich ihm der Krokus entgegen, die
Kerze der Frühmett des Dichtermunds, und zwar gerade
die gelbe Art, die Griechen und Römern der Inbegriff alles

Lieblichen gewesen, was Wunder, daß sie ihn in das Reich
der Himmlischen versetzten? In Teichen von Krokussäften
badete der Gott. Ein Kranz von Blüten wehrte dem Rausch.
Am Mittelmeer die Safranfelder: die dreiteilige Narbe;
flache Pfannen; Roßhaarsiebe über Feuern, leicht und
offen.
Er trieb sich an: arabisches Za-fara, griechisches Kroké. Es
stellte sich ein Corvinus, König der Ungarn, der es verstanden hatte, beim Speisen Safranflecke zu vermeiden.
Mühelos nahte sich der Färbestoff, das Gewürze, die Blü-
tenmatte und das Alpental.
Noch hingegeben der Befriedigung, so ausgiebig zu assozi-
ieren, stieß er auf ein Glasschild mit der Aufschrift: Ciga-
rette Maita, beleuchtet von einem Sonnenstrahl. Und nun
vollzog sich über Maita — Malta — Strände — leuchtend —
Fähre — Hafen — Muschelfresser — Verkommenheiten — der
helle klingende Ton einer leisen Zersplitterung, und Rönne
schwankte in einem Glück. Dann aber betrat er das Hospital:
ein unnachgiebiger Blick, ein unerschütterlicher Wille: die
heute ihm entgegentretenden Reize und Empfindungen anzuknüpfen an den bisherigen Bestand, keine auszulassen,
jede zu verbinden. Ein geheimer Aufbau schwebte ihm vor,
etwas von Panzerung und Adlerflug, eine Art napoleonischen
Gelüstes, etwa die Eroberung einer Hecke, hinter der er
ruhte, Werff Rönne, dreißigjährig, gefestigt, ein Arzt.
Ha, heute nicht einfach, Beine breit und herab vom Stuhl,
mein Fräulein, die feine blaue Ader von der Hüfte in das
Haar, die wollen wir uns merken! Ich kenne Schläfen mit
diesen Adern, es sind schmale weiße Schläfen, müde Gebilde, aber diese will ich mir merken, geschlängelt, ein Ästchen Veilchenblut! Wie? Wenn nun das Gespräch auf
Äderchen kommt — gepanzert stehe ich da, insonderheit
auf Hautäderchen: An der Schläfe?? O meine Herren!! Ich

DER GEBURTSTAG 51

sah sie auch an anderen Organen, fein geschlängelt, ein
Ästchen Veilchenblut. Vielleicht eine Skizze gefällig? So
verlief sie — soll ich aufsteigen? Die Einmündung? Die
große Hohlvene? Die Herzkammer? Die Entdeckung des
Blutkreislaufes — — —? Nicht wahr, eine Fülle von Eindrücken steht Ihnen gegenüber? Sie tuscheln, wer ist der
Herr? Gesammelt steht er da? Rönne ist mein Name, meine
Herren. Ich sammle hin und wieder so kleine Beobachtungen;
nicht uninteressant, aber natürlich ganz[2] belanglos, kleiner
Beitrag zum großen Aufbau des Wissens und Erkennens
des Wirklichen, ha! ha!
Und Sie, meine Damen, wir kennen uns doch! Gestatten
Sie, daß ich Sie erschaffe, umkleide mit Ihren Wesenheiten,
mit Ihren Eindrücken in mir, unzerfallen ist das Leitorgan,
es wird sich erweisen, wie es sich erinnert, schon steigen
Sie auf.
Sie sprechen den Teil an, den Sie lieben. In sein Auge
sehen Sie, geben Seele und Hauch. — Sie haben die Narben
zwischen den Schenkeln, ein Araberbey; große Wunden
müssen es gewesen sein, gerissen von der lasterhaften Lippe
Afrikas. — Sie aber schlafen mit der weißen ägyptischen
Ratte, ihre Augen sind rosarot; Sie schlafen auf der Seite,
an der Hüfte das Tier. Seine Augen sind gläsern und klein
wie rote Kaviarkörner[3]. In der Nacht befällt sie der Hunger.
Über die Schlafende steigt das Tier. Auf dem Nachttisch
steht ein Teller mit Mandeln. Leise steigt es zurück an die
Hüfte, schnuppernd und stutzend. Oft erwachen Sie, wenn
sich der Schwanz über die Oberlippe schlängelt, kühl und
hager.
Einen Augenblick prüfte er in sich hinein. Aber machtvoll
stand er da. Erinnerungsbild an Erinnerungsbild gereiht,
dazwischen rauschten die Fäden hin und her.

Und Sie aus dem Freudenhaus in Aden, brütend an Wüste und Rotem Meer. Über die Marmorwände rinnt alle Stunde bläuliches Wasser. Aus Gittern am Boden steigen Wolken aus räucherndem Kraut. Alle Völker der Erde kennen Sie nach der Liebe. Ihre Sehnsucht ist ein bescheidenes Haus am dänischen Sund. Kommen letzte Wallungen, ein Billard, vor dem Knaben im leichten Anzug spielen. — Und Sie, in dem Bordell, durch das der Krieg gezogen, zwischen Geschirr und Leder täglich hundertfach zerborsten unter unbekannten Gliedern oder auch unter Ballen aus Blutungen und Kot.

Verklärt stand er vor sich selbst. Wie er es hervorspielte, ach spielte! regenbogente! grünte! eine Mainacht ganz unnennbar! Er kannte sie alle. Gegenüber stand er ihnen, sauber und ursprünglich. Er war nicht schwach gewesen. Starkes Leben blutete durch sein Haupt.

Er kannte sie alle; aber er wollte mehr. An ein sehr gewagtes Gebiet wollte er heran; es gab wohl ein Bewußtseinsleben ohne Gefühle oder hatte es gegeben, aber unsere Neigungen — dieses Satzes entsann er sich deutlichst — sind unser Erbteil. In ihnen erleben wir, was uns beschieden ist: nun wollte er eine lieben.

Er sah den Gang entlang, und da stand sie. Sie hatte ein Muttermal, erdbeerfarben, vom Hals über eine Schulter bis zur Hüfte, und in den Augen, blumenhaft, eine Reinheit ohne Ende und um die Lider eine Anemone, still und glücklich im Licht.

Wie sollte sie heißen? Edmée, das war hinreißend. Wie weiter? Edmée Denso, das war überirdisch; das war wie der Ruf der neuen sich vorbereitenden Frau, der kommenden, der ersehnten, die der Mann sich zu schaffen im Gange

DER GEBURTSTAG 53

war: blond, und Lust und Skepsis aus ernüchterten Gehirnen.

Also: nun liebte er. Er spürte in sich hinein: Das Gefühl.
Den Überschwang galt es zu erschaffen gegen das Nichts.
Lust und Qual zu treiben in den Mittag, in ein kahles
graues Licht. Aber nun mußte es auch flirren! Es waren
starke Empfindungen, denen er gegenüberstand. Er konnte
in diesem Land nicht bleiben –: Südlichkeiten! Überhöhung!

Edmée, in Luxor ein flaches weißes Haus oder in Kairo den
Palast? Das Leben in der Stadt ist heiter und offen, be-
rühmt ist das Licht, klar vor Glut, und plötzlich kommt die
Nacht. Du hast unzählige Fellachenfrauen zu deiner Be-
dienung, zu Gesang und Tänzen. Du wirst zu Isis beten, die
Stirn an Säulen lehnen, deren Kapitäle an den Ecken die
platten Köpfe mit den langen Ohren tragen; zwischen
Stelzvögeln in Schluchten von Sykomoren stehen.

Einen Augenblick suchte er. Es war etwas wie Kopte auf-
gestiegen, aber er vermochte es nicht zu fördern. Nun sang
er wieder, der Weiche im Glück.

Der Winter kommt und die Felder grünen; einige Blätter
des Granatstrauchs fallen, aber das Korn schießt auf vor
deinen Augen. Was willst du haben: Narzissen oder Veilchen das Jahr hindurch in dein Bad geschüttet morgens,
wenn du dich spät erhebst; willst du nachts durch kleine
Nildörfer streichen, wenn auf die krummen Straßen die
großen klaren Schatten fallen durch den hellen südlichen
Mond? Ibiskäfige oder Reiherhäuser? Orangengärten, gelb-
flammend und Saft und Dunst über die Stadt wölkend in
der Mittagsstunde; von Ptolemäertempeln einen geschnittenen Fries?

Er hielt inne. War das Ägypten? War das Afrika um einen
Frauenleib, Golf und Liane um der Schultern Flut? Er

suchte hin und her. War etwas zurückgeblieben? War Hinzufügbares vorhanden? Hatte er es erschaffen: Glut, Wehmut und Traum?

Aber was für ein eigentümliches Wehen in seiner Brust! Eine Erregung, als ströme er hin. Er verließ das Untersuchungszimmer, durchschritt die Halle in den Park. Es zog ihn nieder, auf den Rasen zog es ihn, leichthingemäht.

Wie hat es mich müde gemacht, dachte er, mit welcher Stärke! Da durchschlug ihn, daß Erblassen die Frucht sei und die Träne der Schmerz —: Erschütterungen! Klaffende Ferne!

Üppig glühte der Park. Ein Busch auf dem Rasen trug Blattwerk wie Farren, jeder Fächer groß und fleischig wie ein Reh. Um jeden Baum, der blühte, lag die Erde geschlossen, ein Kübel, ihn tränkend und ihm völlig preisgegeben. Himmel und Blüten: weich, aus Augen, kamen Bläue und Schnee.

— Schluchzender, Edmée, dir immer näher! Eine Marmorbrüstung beschlägt das Meer. Südlich versammelt Lilien und Barken. Eine Geige eröffnet dich bis in dein Schweigendes hinein —

Er blinzelte empor. Er zitterte: Gegen den Rasen stürmte der Glanz, feucht aus einer goldenen Hüfte; und Erde, die den Himmel bestieg. Am Ranft gegen die Schatten rang gebreitet das Licht. Hin und her war die Zunge einer Lokkung: aus ihrem Gefieder Blütengüsse entwichen der Magnolie in ein Wehen, das vorüberrieb.

Edmée lachte: Rosen und helles Wasser.

Edmée ging: durch Steige, zwischen Veilchen, in einem Licht von Inseln, aus osmiumblauen Meeren, kurz von Quader und Stern; Tauben, Feldflüchter, hackten Silber mit den Schwingen.

Edmée bräunte sich, ein bläuliches Oval. Vor Palmen spielte

DER GEBURTSTAG 55

sie, sie hatte viel geliebt. Wie eine Schale trug sie ihre
Scham kühl durch die Beugung des erwärmten Schritts, auf
der Hüfte die Hand schwer, erntegelb, unter Korn und
Samen.

Im Garten wurde Vermischung. Nicht mehr von Farben
hallte das Beet, Bienengesumm nicht mehr bräunte die
Hecke. Erloschen war Richtung und Gefälle: eine Blüte,
die trieb, hielt inne und stand im Blauen, Angel der Welt.
Kronen lösten sich weich, Kelche sanken ein, der Park ging
unter im Blute des Entformten. Edmée breitete sich hin.
Ihre Schultern glätteten sich, zwei warme Teiche. Nun schloß
sie die Hand, langsam, um einen Schaft, die Reife in ihrer
Fülle, bräunlich abgemäht, an den Fingern, unter großen
Garben verklärter Lust — — :

Nun war ein Strömen in ihm, nun ein laues Entweichen.
Und nun verwirrte sich das Gefüge, es entsank fleischlich
sein Ich — :

— Es hallten Schritte über das Gefälle eines Tals durch eine
flache weiße Stadt; dunkle Gärten schlossen die Gassen.
Auf Simsen und Architraven, die zerfallend Götter und
Mysterien herhielten, verteilt durch ein florentinisches Land,
lagen Tropfen hellen Bluts. Ein Schatten taumelte zwischen
Gliedern, die stumm waren, zwischen Trauben und einer
Herde; ein Brunnen rann, ein splitterndes Spiel.

Im Rasen lag ein Leib. Aus Kellern spülte ein Dunst, es
war Essenszeit, Pfeifen und Grieben, der schlechte Atem
eines Sterbenden.

Aufsah der Leib: Fleisch, Ordnung und Erhaltung riefen.
Er lächelte und schloß sich wieder; schon vergehend sah er
auf das Haus: was war geschehen? Welches war der Weg
der Menschheit gewesen bis hierher? Sie hatte Ordnung
herstellen wollen in etwas, das hätte Spiel bleiben sollen.
Aber schließlich war es doch Spiel geblieben, denn nichts

war wirklich. War er wirklich? Nein; nur alles möglich,
das war er. Tiefer bettete er den Nacken in das Maikraut,
das roch nach Thyrsos und Walpurgen. Schmelzend durch
den Mittag kieselte bächern das Haupt.
Er bot es hin: das Licht, die starke Sonne rann unaufhaltsam zwischen das Hirn. Da lag es: kaum ein Maulwurfs-
hügel, mürbe, darin scharrend das Tier.

*

Was aber ist mit dem Morellenviertel, fragte er sich bald
darauf? Hinter dem Palast, um dessen Pfeiler Lorbeer
steht, brechen Gassen in die Tiefe, den Hang hinunter steht
Haus bei Haus klein herab.
Einäugige lungern um Schneckenwagen. Sie legen Geld
hin. Frauen kerben die Schale auf. Ein Schnitt im Kreis
und das Fleisch hängt rosa aus der Muschel. Sie tauchen
es in eine Tasse mit Brühe und beißen. Die Frau hustet,
und sie müssen weiter.
Wahrsager mit Hilfe von Ideenübertragung klingeln unaufhörlich schrill namentlich an Damen gewandt und haben
Batterien.
Zigeunerinnen vor Karren, Rochen, flacher, violett und
silbern, mit abgehackten Köpfen; welche zur Hälfte ge-
spalten, eingekerbt und zum Trocknen gehangen; dazwischen
krumme, dürre Fische, kupfern und schillernd.
Es riecht nach Brand und alten Fetten. Unzählige Kinder
verrichten ihre Notdurft, ihre Sprache ist fremd.
Was ist es mit dem Morellenviertel, fragte sich Rönne. Ich
muß es bestehen! Auf! Hinab! Ich schwor mir, nie will ich
dieses Bild vergessen: des Sommers, der eine Mauer schlug
mit Büschen, flammend von Gefieder, mit Strauchgerten,
beißend von dichten, blauen Fleischen, gegen eine Mauer,
die nicht strömte, die feuchte, blaue Ranke!

DER GEBURTSTAG   57

Er jagte herunter. Um die hohe Gasse rann es zusammen:
kleine Häuser, unterwühlt von langen schmalen Höhlen,
die spien Gebein aus, Junges strotzend, Altes mürbe, hoch-
gegürtet die Scham.
Was wurde verkauft: Holzpantoffeln für die Notdurft,
grüne Klöße für das Ich, Ankerschnäpse für die Lust, Nötig-
stes des Leibes und der Seele, Salbenbüchsen und Madonnen.

Was ging vor sich: kleine Kinder vor Knieenden, dicht, eben
ihrer Brust entsprungen; rauhe Stimmen, verkommen über
verbranntes Gestein; tiefer als denkbar grub ein Herr in
die Tasche; Schädel, eine Wüste, Leiber, eine Gosse, tretend
Erde, kauend: Ich und du[4].
Er floh tiefer in die Gasse. Aber da: ein kleines Denkmal:
dem Gründer eines Jugendstifts: die Menschenseele, das
Gemeinsystem, die Lebensverlängerung und der Stadtrat
strotzten Vollbart und Vermehrung. Der Aufbau tat sich
auf: Proben der Tüchtigkeit wurden abgelegt, und zwar
dies wiederholt, Untersuchungen vorgenommen, die zu Fest-
stellungen führten.

Wo war sein Süden hin? Der Efeufelsen? Der Eukalyptos,
wo am Meer? Ponente, Küste des Niedergangs, silberblaue
die Woge her!
Er hetzte in eine Kaschemme; er schlug sich mit Getränken,
heißen, braunen. Er legte sich auf die Bank, damit der
Kopf nach unten hinge wegen der Schwerkraft und des
Bluts. Hilfe, schrie er, Überhöhung!
Stühle, Gegenstände für Herren, die bei nach vorn gebo-
genen Knien einen Stützpunkt unter der Hinterfläche der
Beine haben wollten, trockneten dumpf und nördlich. Tische
für Gespräche wie diese: Na, wie geht's, schelmisch und
männlich und um die Schenkel herum liefen ehrbar durch

die Zeit. Kein Tod schleuderte die triefäugige Mamsell
stündlich, wenn die Uhr schlug, vor das Nichts. Krämer
scharrten; keine Lava über den toten Schotter!
Und er? Was war er? Da saß er zwischen seinen Reizen,
das Pack geschah mit ihm. Sein Mittag war Hohn.
Wieder quoll das Gehirn herauf, der dumpfe Ablauf des
ersten Tages. Immer noch zwischen seiner Mutter Schenkel –
so geschah er. Wie der Vater stieß, so rollte er ab. Die Gasse
hatte ihn gebrochen, zurück: die Hure schrie.
Schon wollte er gehen, da geschah ein Ton. Eine Flöte
schlug auf der grauen Gasse, zwischen den Hütten blau ein
Lied. Es mußte ein Mann gehen, der sie blies. Ein Mund
war tätig an dem Klang, der aufstieg und verhallte. Nun
hub er wieder an.
Von Ohngefähr. Wer hieß ihn blasen? Keiner dankte ihm.
Wer hätte denn gefragt, wo die Flöte bliebe? Doch wie Gewölke zog er ein: wehend seinen weißen Augenblick und
schon verwehend in alle Schluchten der Bläue.
Rönne sah sich um: verklärt, doch nichts hatte sich verändert. Aber ihm: bis an die Lippen stand das Glück. Sturz
auf Sturz, Donner um Donner; rauschend das Segel, lohend
der Mast: Zwischen kleinen Becken dröhnte gestreckt das
Dock: Groß glühte heran der *Hafenkomplex:*
Über die Felsen steigt das Licht, schon nimmt es Schatten
an, die Villen schimmern und der Hintergrund ist berg-
erfüllt. Eine schwarze Rauchpinne verfinstert die Mole,
indes mit der gekräuselten Welle das winzige Lokalboot
kämpft. Über die Landungsbrücke, die schwankt, eilt der
geschäftige Facchino; Hojo – tirra – Hoy, klingt es; es
flutet der volle Lebensstrom. Gegen tropische und sub-
tropische Striche, Salzminen und Lotosflüsse, Berberkara-
wanen, ja gegen den Antipoden selbst steht der Schiffs-
bauch gerichtet; eine Ebene, die die Mimose säumt, entleert

DER GEBURTSTAG 59

rötliches Harz, ein Abhang zwischen Kalkmergel den fetten
Ton. Europa, Asien, Afrika: Bisse, tödliche Wirkungen,
gehörnte Vipern; am Kai das Freudenhaus tritt dem An-
kömmling entgegen, in der Wüste schweigend steht das
Sultanhuhn. —

Noch stand es schweigend, schon geschah ihm die *Olive.*

Auch die Agave war schön, aber die Taggiaska kam, fein-
ölig, die blauschwarze, schwermütig vor dem Ligurischen
Meer.

Himmel, selten bewölkt; Rosen ein Gefälle; durch alle
Büsche der blaue Golf, aber die endlosen lichten Wälder,
welch ein schattenschwerer Hain!

Wurde um den Stamm das Tuch gebreitet, lag Arbeit vor.
Gemisch von Hörnern, Klauen, Ledern und wollenen Lumpen, jedes vierte Jahr war Speisung gewesen. Jetzt aber
schlugen Männer, sonst dem Kegelspiel mit spannungsvol-
lem Eifer hingegeben, die Kronen, jäh den Früchten zugewandt.

In der Mulme der Rüsselkäfer. Eine Zygäne flackernd aus
der Myrte. Kleine Presse wird gedreht, schieferner Keller
still durchgangen. Ernte naht sich, Blut der Hügel, um den
Hain, bacchantisch, die Stadt. — Kam *Venedig,* rann er über
den Tisch. Er fühlte Lagune, und ein Lösen, schluchzend.
Scholl dumpf das Lied aus alten Tagen des Dogen Dan-
dolo, stäubte er in ein warmes Wehn.

Ein Ruderschlag: Ein Eratmen; eine Barke: Stütze des
Haupts.

Fünf eherne Rosse, die Asien gab, und um die Säulen sang
es: manchmal eine Stunde, da bist du; der Rest ist das Geschehen. Manchmal die beiden Fluten schlagen hoch zu
einem Traum. Manchmal rauscht es: wenn du zerbrochen
bist.

Rönne lauschte. Tieferes mußte es noch geben. Aber der Abend kam schnell vom Meer.

Blute, rausche, dulde, sagte er vor sich hin. Männer sahen ihn an. Jawohl, sagte er, ihre Sommersprossen, ihr kahler Hals, über dessen Adamsapfel das Haar stachelt — unter meine Kreuzigung, ich will zur Rüste gehen.

Er bezahlte rasch und erhob sich. Aber an der Tür nahm er den Blick noch einmal zurück an das Dunkel der Taverne, an die Tische und Stühle, an denen er so gelitten hatte und immer wieder leiden würde. Aber da, aus dem gerippten Schaft des Tafelaufsatzes neben der leckäugigen Frau glühte aus großem, sagenhaften Mohn das Schweigen unantastbaren Landes, rötlichen, toten, den Göttern geweiht. Dahin ging, das fühlte er tief, nun für immer sein Weg. Eine Hingebung trat in ihn, ein Verlust von letzten Rechten, still bot er die Stirn, laut klaffte ihr Blut.

Es war dunkel geworden. Die Straße nahm ihn auf, darüber der Himmel, grüner Nil der Nacht.

Über das Morellenviertel aber klang noch einmal der Ton der Flöte: manchmal die beiden Fluten schlagen hoch zu einem Traum.

Da enteilte ein Mann. Da schwang sich einer in seine Ernte, Schnitter banden ihn, gaben Kränze und Spruch. Da trieb einer, glühend aus seinen Feldern, unter Krone und Gefieder, unabsehbar: er, Rönne.

DIESTERWEG

Er schritt gelöst, im Zug geschmückter Masken,
vorbei an Genien, den Fuß in einen Brunnen,
deutend, wie das Glück zerrann.

Drei Jahre dauerte der Krieg.[1] In tiefer Einordnung lebte
daher, da er kriegstüchtig war, auch der in Frage stehende
Arzt. Des Morgens erhob er sich in betreff des Dienstes;
die Stunde führte den Gedanken das Erforderliche zu; Blut
und Leiber: Schutt und Schlacken, in der Ferne das eine
Ziel; ja, völlig entleert des eigenen Lebens, hatte er seines
Namens selbst vergessen: es galt den Arm, es galt das
Messer, und auch die Säge war mit ihm da.
Gelegentlich jedoch in letzter Zeit, zum Beispiel, wenn ein
Geruch ihn traf aus einem Garten, der verwelkte, oder von
einer Frau in Flammen und Klang, lehnte sich das andere
Leben wieder hinein, in der Nuance oder Grenzfall zum
Verweilen lud[2] oder das Schwingende, das eben anklang,
und aus dem Haufen, in dem er lag, hob er die Blicke hin
und her.
Bei Kasinoversammlungen oder Besprechungen freieren
Charakters sah er sich prüfend danach um. Denn auch
dessen erinnerte er sich und hatte es kürzlich wieder gelesen, es galt ja dieser große Kampf gar nicht materiellen
Gütern, nein, er galt dem Schutze und der Wahrung einer
Kultur, deren Standardbegriff, soweit er sich hatte unter-
richten können, die Persönlichkeit war, sei es, daß sie
biologisch als der einzigartige und nie wiederkehrende Fall
organischer Synthese definiert oder ethisch als unersetz-
barer menschlicher Wert oder künstlerisch als ein frei-
geborener und schöner Trotz dargestellt und betrachtet
wurde.

Sah er sich nun bei solchen Gelegenheiten um, so war zunächst der Chefarzt da, dem es oblag, die Versammlung zu eröffnen, und der gleich anfangs mit einigen scherzhaften Redewendungen darauf hinwies, daß hier sozusagen wenig Lorbeer zu erernten sei, da dem Vernehmen nach eine Abrechnung hinsichtlich der Ausgaben vorgelegt werden dürfe, die vielleicht hie und da eine kleine Überraschung dem einen oder dem anderen bereiten würde in bezug auf die noch zu erstattenden rückständigen Beträge.

Ein Schmunzeln machte sich bei diesen liebenswürdigen Worten des Sitzungsleiters geltend, die doch die Aufforderung eines sozusagen übergeordneten Lazarettgeistes darstellten, einer natürlich etwas ärgerlichen, aber, so wie die Verhältnisse nun einmal lagen, doch eben unvermeidlichen Angelegenheit mit Ruhe und einer Portion Humor gegenüberzutreten.
Und in der Tat war dann auch ein schöner Erfolg zu verzeichnen. In einmütiger Solidarität wurde dem Antrage, die Schuldbestände durch eine einmalige Umlage zu bestreiten, als dem Zweckmäßigsten ganz allgemeine Zustimmung erteilt, ja, einige Stimmen klangen fast aus der Stimmung einer Art Aufschwung und tieferen Gemeinsamkeit, als sie andeuteten, daß dieses alle gleichmäßig treffende gemeinsame Schicksal sie doch vielleicht nur noch enger aneinanderschließen und die Kameradschaft heben und den ganzen Ton nur noch gemütlicher machen könne.
Doch da — anscheinend ein Störenfried — erhob sich und stand. Der beobachtende Arzt fröstelte in Erwartung, denn das Antlitz drüben zuckte und war gespannt. Jetzt würde der Kampf beginnen, Stoß gegen Stoß, Rauch und Flammen und, wenn auch zerrissen und verwundet, würde donnern Profil gegen das ungefärbte Nichts.

Von der Geschäftsordnung ging er aus, wahrscheinlich als Hintergrund, als der Winkel, aus dem er lockte. Daß dies erst Punkt Zwei der Tagesordnung sei, gab er von sich. Daß dies unstatthaft sei, trat er den übrigen gegenüber. Dies wolle er bemerken, hielt er nicht zurück.

Hier erhob sich also der Einspruch gegen das Vorliegende. Der Widerspruch trat auf, auf den man stieß; die Geister hatten sich zu sondern, die Wasserscheide lag vor, natürlich fordernd.

Bewundernd sah der prüfende Arzt über die Versammlung hin. Jawohl, hier war Krisis und Mittelpunkt von Konflikt. Die freie Meinung, hier ihre Stätte; der Ausdruck ganz individuellen Daseins, hier daheim!

Und in der Tat wurde im weiteren Verlauf noch diese oder jene Ansicht ausgesprochen und manche Überzeugung vertreten, ehe jedesmal das ausgleichende Moment hervortrat, das sich schließlich zu einem geselligen Zusammensein steigerte, das den Abend zu einer Erinnerung an schöne, unter den eigenartigen äußeren Verhältnissen ganz besonders eng verbindende Stunden machte. Da gab dann jeder rückhaltlos das ganz Persönliche, Herkunft der Braut, verschnittenen Anzug, gestundetes Geld, da öffnete sich der Mann dem Manne, da fiel Schranke, lief über Herz. Und stieg dann etwa zur mitternächtlichen Stunde Gesang empor wie: Freunde, trinkt mit vollen Zügen musenstädtschen Gerstensaft, fühlte jeder tief aufs neue das große gemeinsame Band, das sie alle umschlang, und Ernst und Größe zeitgenössischen Geschehens.[3]

Da tiefer als jemals in früheren Zeiten fühlte der Arzt, wie das Leben hier *geschah*. Wie hier in einem engen Raum auf verlassenem Posten der Mensch saß, der sich öffnete, sich sättigte und schloß; das Abgegrenzte spürte er, die Sicherheiten des Geformten.

Er sah noch einmal die Tische entlang, und jeder, der ihm
entgegentrat, war geballt von Gültigkeiten und Erfüllung,
hatte einen Namen, und sein Vorstellungsleben spielte hin
und her. Sei es, daß er Neues von seinem Nachbar ent-
gegennehmend dem bereits vorhandenen Bestande an-
schloß, sei es, daß er[4], sozusagen versunken, aus den eigenen Gedanken den Augenblick mit Inhalt füllte — jedenfalls sauber saßen sie auf ihren Stühlen, gesammelt und verklärt von der Sendung ihrer Form.
Da begann es: er grübelte, er suchte, er bog sich weit zurück.
Und plötzlich sah er auch die Nacht, in der sie alle schliefen, und den Traum, entfesselt und verwirrt, an dem die
Wirklichkeit sich maß.
Da überstürzte ihn, wie weit er abseits stand, und es
drängte ihn, sich auch zu schließen. Nach einem Damm rief
es in ihm, nach einer Hürde, die Vollendung strebte er an,
die er hier gewahrte. Er grübelte, er suchte, er bog sich
weit zurück. Er, seinerseits, er wässerte, er triefte von den
Erden und Flüssen, und schließlich litt er gar zu sehr: ich
will mich Diesterweg nennen, sagte er vor sich hin, ich will
eintreten, ich will wieder heißen, und Diesterweg soll mit
geschehn.
Womit? Zunächst im Anzug, Diesterweg, daß er die Scham
verdecke und den Schritt gefällig mache und wegen des
verlorenen Haarkleids hier im Nebelland![5] Dann schniefe[6]
ein wenig Flüssiges durch die Nase, regelmäßig, rhythmisch, das nimmt ein: ein bißchen unerzogen, denkt der
Übergeordnete, einfache Familie, unäußerlich, doch sachlicher Mann!
Sammlersinn! Freude am Vergleichen! Organisches Seelen-
leben! Dies zu Anfang.
Doch der Arzt, solide, griff alles an der Wurzel an.[7]
Früher hatte sich Diesterweg wohl hie und da gefragt,

warum dieser Mahn heiße und jener Matzke. Sie behaup-
teten und widersprachen, und ihr Erfahrungsleben war die
Unterlage. Jetzt aber erstand vor ihm Matzke, durch dessen
Hämmerchen der Fortschritt schlug.

Bedenken Sie doch auch jene dunklen Epochen vergangener
Jahrhunderte, äußerte sich eine neue Stimme, demgegenüber wir: ungetrübt, freie Forschung, Wasserspülung bis in
die Zirbeldrüse: und dies war Matzke, scharf hob sich sein
Profil ab als das des Verwerfers des Mittelalters. Vollends:
überhaupt die ganze romanische Kultur, vernahm man ein
drittes Organ, Rechtschaffenheit und Impfzwang sei doch
die Hauptsache —: nun trat gar der hervor, der in die
Zukunft sah.

Da: Er habe überhaupt etwas Ironisches an sich, bemerkte
ein neuer Herr, und gemeint war Matzke.

Diesterweg befiel es wie ein Schlag. Matzke hatte also
etwas mitbekommen oder an sich herausgearbeitet bis zu
einem Grade, daß es einem Mitherrn ein Urteil darüber
abzugeben Veranlassung gab. Es ging — und das war nicht
zuviel gesagt — ein Eindruck von ihm aus. Er war reell be-
eigenschaftet. Es trat etwas entgegen — kurz, wie der Herr
eben treffend bemerkt hatte — er war nicht nur jemand,
nein, er hatte etwas an sich.

Diesterweg sah an sich herunter. Längst wollte er etwas
an sich haben. Er überlegte. Vielleicht ginge es mit einem
Tick, etwa einer bestimmten Bewegung mit der Hand;
etwa ein kurzes, rasches Wischen mit dem Zeigefinger an
der Backe, ein nervöses Wischen — jawohl, das war es: ein
nervöses Wischen, unterbewußt, in Gedanken versunken,
eine Art Naturzwang, höchst persönlich; niemand könnte
ihm das Eigentümliche bestreiten, man könnte es vielmehr
geradezu etwas bloßstellend finden, bereits schon etwas
wenig beherrscht, jedenfalls stark würde es an ihm hervor-

PROSA UND SZENEN

treten, es würde Diesterwegisch sein, ein nervöses Wischen
mit dem Zeigefinger an der Backe.
Er spann den Gedanken weiter. Schon sah er sich von hier
versetzt. Er würde in einem neuen Kreis auftauchen. Er
stellte sich vor, man ging zum erstenmal zum Essen, man
lachte und trank, und immer würde er diese kleine Bewegung an sich haben als einer, hinter dessen etwas ner-
vösem Wischen eine ungewöhnliche Persönlichkeit sich bergen mochte, die reich und stark genug in sich selber ruhte,
um die Aufmerksamkeit einer beobachtenden Umgebung
an einer vielleicht etwas bloßstellenden, weil zwangs-
mäßigen Fingerbewegung unbeachtet hinzunehmen.
Er träumte weiter. Er würde hierher zurückkehren, wo er
jetzt wenig galt. Gebräunt von einer Sonne ganz unbestimm-
barer Glut, in Abenteuerfarben, vielleicht mit einer Narbe
und lässig an Rock und Schuhen. Es würde Diesterweg sein,
aber ein anderer, den ein Leben schuf, vielleicht auf Inseln
oder Fahrten, aus verhängten Zeiten, wo niemand um ihn
war. Von da auch dieses Wischen an der Backe. All das
Unbestimmte, dessen Spuren er trug, Züge über das Meer
und südliche Schlachten, eingegraben in die reifgewordene
Stirn und vielleicht ein wenig sie verwirrend.
Benommen von Taten, die aus seinen Armen gingen, von
der Werke Rauschen, die er schuf. Des Tages Dinge hüllten
nicht mehr seinen Blick; der ging zurück an Jähigkeiten,
die ihn formten, an Schauer und Erliegen, denen er sich
gegenübersah.
Der neue Diesterweg, der südliche. Alle diese kärglichen
Dinge seines Lebens — nur das Spiel auf einem Fächer,
zart und in das Vergehen gemalt. Er war der Herr mit
Tick, der Überhöhte, vor dem das Wirkliche erlag; an
einem Hain, in dem ein Opfer rauchte, und einer Wiese,
die in Kränzen stand.

Mit tiefen Augen sah er durch den Saal: Dies war der Mensch, der Fremde, der sich nannte; doch er sah hell das Wogen des Geschehns; das Formen warf zum Abspiel seiner Schalen und auftrank, wenn die Glieder sich erfüllt.

Hier lief, hier haschte man um armes Gut. Er aber wanderte im Schaum von Blüten; aus Licht, aus Schatten. zwischen Säulen, die auf Löwen standen, über Tempelwangen — der Blüte Flug. Er schritt, gelöst, im Zug geschmückter Masken, vorbei an Genien, den Fuß in einen Brunnen, deutend, wie das Glück zerrann.

Dann hielt er still vor einem Becken, über das sich, alternd, ein Quell verlief. Da war ein Mal, eine kleine Narbe vom tausendfältigen Mund der Knaben um einen Zug, im Lauf, aus Hainen, einst als die Welt, die endete, begann — [8]

Das sind Wirklichkeiten[9], birst es in Diesterweg, und ganz persönlich gehen diese Herren! Bewaffnet mit allen Erfordernissen, die Zusammenhänge zu erspähen, das ist unlogisch, rufen sie im Ton des Vorwurfs und sind säuberlich und prompt.

Durch prophylaktische Maßnahmen stellen sie Einzelwesen sicher, doch was sie retteten in ihren hundert Jahren — da sehen Sie, meine Herren, hinab, unten, wo die Tannen stehn: die Reihe bestriemt von den Metallen — zurück, zurück, Lemurenbataillone! Schwindel, der ganze Auftrieb! Oh, unseres ersten Menschen Nymphenstirn!

Die Herren sind etwas betreten, beachten ihn jedoch nicht weiter und verarbeiten gemeinsam die andererseits eintretenden Wahrnehmungen im Sinne des Gesprächs.

Sind die Gräber fertig und die Gestänke zugeworfen, übertreibt Diesterweg seine Gedankengänge, bleibt ein Granatsplitter als Berloque an ihrer[10] Uhr — Lebenserinnerungen, Enkelgeschwätz, Boudoirgeschmuse —: aber die Blinden, die Krüppel, die aus den Schlachten kommen

— heran zu mir, wir wollen den Herrn zerfetzen, der das
Hauptwort handhabt wie ein Messer, mit dem er Fische
frißt.

Die Herren treten ein Stück zurück, ihr Gespräch hat sich
erweitert, sein Inhalt gehört zum Teil der Vergangenheit
an, Jugendvorkommnis wird mit Schmerz eingeflochten,
Fotografie gezeigt: dies Tal, dies Hügel.

Unbestreitbar, tritt Diesterweg an sie heran, zu unbestreitbar! Die Bilder her, meine Herren, *wir wollen ein Land
beschreiten, das der Kamera entgeht.* Wo die Pesten, wo
die Seuchen, wo die Hungersnöte rauschen, wo ein namenloses Pack an den Ufern lungert und die Flüsse übertreten.
Oder wo Chinchilla. In Winterröte steht der Tag, in Reif
die Halde, auf tote Meere stößt der Alke Schrei, oder wo
Harpune. [11]

Er setzte sich an einen Tisch und die Unterhaltung schlug
hervor. Unter Gerüchen nach Nahrung spielte die Ansicht
wieder eine Rolle, schuf voraufgegangenes Erlebnis die
Unterlage persönlich gefärbter Stellungnahme.

Besonders deutlich trat zutage, daß Aufenthalt in fremden
Ländern Worten erhöhtes Gewicht verlieh und ein Vergleich aus tropischen Breiten Widerspruch im Keime
dämpfte.

Was den Erfolg der Gespräche anging, so war oft keine
Harmonie zu erzielen, oft gab es weder Sieger noch Besiegte.

Diesterweg sah durch das Fenster in das Graue, das der
Abend war. Eine schwere Zerstörung lag über den Formen,
unter denen er einst die Hügel wußte, auch der Himmel
hatte sich begeben und die Erde rann: das war das Chaos,
die Ungestalt. Nun war er wieder in dem Saal und um ihn
die Wesen heiserten an seinem Saum, nein, er fühlte ihren
Atem kochen und die Flanken heiß.

Aus der Ferne kam es, traumhaft trat es in ihn ein. Es ist Staub, der redet, fühlte er; die Wüste warf es hin. Dann, immer voller trat die Stunde um das Haus; ein Schlag aus Nebel, gelöst und pressend, ein Windstoß murmelte an die Mauer prüfend, was sie hielt.

Irgend etwas ging vor sich; niemand wußte was. Die Herren waren erregt und fliegend, sie bäumten sich vor Rede und Gegenrede, wurden zackig vor Stellungnahme und von Eigenstem rauh.

Schon bogen sich die Fenster, schien es Diesterweg, ins Zimmer, und die Herren: sie traten von einem Fuß auf den andern und traten wie auf Wasser, als ob sie sich absonderten und festigten, jeder einzelne in sich hinein, und da fuhr einer mit der Handfläche an seinen Linien auf und ab, um seinen Schädel, ob er nicht zerfiele.

Vor dem Fenster aber, schien es Diesterweg, stand das Weiße eines Auges, der heiße Strich eines Pfiffes scholl ums Haus — das ist der Dämon, schrie Diesterweg, der holt alles heim, das er einst geschieden, in Wasser und in Veste — und rüstete den letzten Gang. Da war der Saal und da waren die Tische. Da waren die Ärzte, da war der Herr. Da war der Mensch, der sich zu schaffen trachtete, der sich in Formen trieb in Ängsten vor dem All, da war die Menschheit, die das Bewußtsein trug, doch nie erlitten hatte — und da war er, dem dies geschehn. Er hatte es erlitten, er erlebt. Er war gehürnt mit seinem Drängen, seinen Aufbau trug er wie ein Fell, er schüttete es hin, er lächelte, die Schläfe ein wenig blaß vom Glück der Untergänge.

Er schob den Stuhl fort und trat hinaus.

Wer tritt hinaus, fragte er sich noch grade. Etwa Diesterweg, ein Arzt, der seinen Dienst versehen hat, trefflich und genau? Wer sinkt hinunter, wen zieht es in die Nacht,

die ist doch ohne Sterne, die ist doch ohne Klang, in die
stumme, die unsägliche?

Diesterweg galt als erkrankt und wurde nach Berlin
zurückgeschickt.

Er landete an einem Tag, an dem über Dach und Straße
Schnee lag, doch nahe am Zergehen. Es war bald nach
Jahresanfang, doch gegen Abend stand im Westen schon
etwas vom erneuten Licht.

Er nahm eine Wohnung, die auf einen freien belebten
Platz ging. Er arbeitete tagsüber, doch abends gegen fünf
Uhr stand er in einem Fenster seiner Wohnung, die er
dunkel hinter sich ließ, und atmete es bis ins Blut, wie
lange sich aus Schnee und Kühle hingeströmt die Helle
hielt, wie es andrang aus erloschenen Scheinen. Er nahm es
hin, als ihm gewährt. In dieser Stadt, wo er nichts war, wo
er kämpfte ein Nichts mit anderen Nichtsen um Brot, um
Kleidung, um einen Trambahnplatz, spürte er seit so vielen
Jahren zum erstenmal wieder eins: Das Wehn. Mag es mit
den Maschinen sein, sagte er sich, wie es will, und mit der
Menschheit und dem Wissen, eines jedenfalls ist süß: am
Hals, an den Augen, die etwas vortreten, oder in den
Nüstern, die sich weiten, fühlen, wie das Licht beginnt.

Über Wälder noch unter Reif, über Wälder mit ihren
Füchsen, vorbei an Bahnen, die nicht ich befahre, vorbei
an Menschen, gänzlich mir befremdet — o wo ist alles hin,
welch ein Fest vor meinem Herzen, meine Hand ernährt
mich, und das Licht beginnt.

Er strich durch die Stadt, die er lange nicht gesehn. Er trat
in das Haus, wo er seinen Lauf begonnen hatte. Er schritt
durch die Säle, wo die Bücher standen, treppauf, treppab
Werk bei Werk. Das war sein Rausch gewesen, alle zu
bezwingen; jetzt ging er durch die Säle und dachte: alle
Worte aller Welt.

Er trat vor ein Regal und griff nach dem Buch, das ihm das tiefste schien und alle anderen wert, und das doch niemand kannte außer ihm: *Entwicklung ist immer fertig,* las er, *und doch nie zu Ende* — stellte es zurück und trat hinaus. Über die Runde[12] träuft es, dachte er, und unsäglich ist die Stunde, so alle Worte sind vergessen, ich trage sie im Traum, die Welt.

Er spürte in das Licht, in die Spitze dieses Lichtes, das aus dem Park kam, der sich rundete zum Flaum. Er fühlte sie, die Tage, die begannen, die zitterten von kleinem Krokus, all ihr Schluchzen und Vergehn. Er schritt vorbei an einer Statue: ein Gaul, der stumm Jahrhunderte zertrat, ein Panzer, vor dem Geschlechter barsten — doch zum Beispiel die Colonna, dachte er, und die Burgen und Basalte, jetzt wohnen Hirten an den Bergen, die Äcker schweigen und die Fieber wehn. Der Abend nahm ihn auf und verschlang das Diesterwegsche. Ich will tief in mich hinein, sang eine Stimme, ich mein Herz und meine Krone, ich mein Schatten und mein Glanz —

Gemischt mit Kühle aus erwachtem Wald —: Ich sehe Stunden, eine Reihe, groß, überall und durch alle Tage, im Wein der Frühe, im Gebälk der Nacht —

Schon durch der Schatten Namenlos —: Unwiederbringlicher, die Stunde ruft zu Blicken, die sich füllen und verlieren, von Atem zu Atem und von Zug zu Zug.

QUERSCHNITT

Weil alles kürzer ist als das Wort und die Lippe,
die es will sagen, weil alles über seinen Rand
zerbricht, zu tief geschwellt von der Vermischung.

Ein Wald war es gewesen. Aus dem Grunde schossen weit-
hin die Blüten zart, um aufzufliegen oder zu verwehn.
Drosseln und Grün – gewiß auch dies, doch über den Fuß
hatten die Anemonen geschienen, zwischen ihnen war der
Gang erfolgt. Aber es war nur ein Wald geblieben, zwischen den Stämmen feines kleines Kraut; anderes würde
kommen in das Unendliche hinein: Anemonenwälder und
über sie hinaus Narzissenwiesen, aller Kelche Rauch und
Qualm, im Ölbaum blühte der Wind, und über Marmor-
stufen stieg, verschlungen, in eine Weite die Erfüllung –
heute aber wußte er, dies war der Anemonenwald gewesen,
um ihn gebreitet, am Saum den[1] Hauch.
Er lag und ruhte. Unter ihm war eine Sängerin, die sang
und trieb: an fernen Meeren stand das Haus; eine Frau,
die harrte zwischen Pinien, die vergingen immer über das
Wasser, das stumm zerschlug. Aller Wellen Schauer, aller
Möwen Schrei –
Oder sich erheben, an das Fenster etwa würde eine Wärme
schlagen, nichts Strahlendes, doch etwas, in dem Blüte
stand, und dann sich neigen und hinnehmen dies: der
Zweige Hauch, das blasseste Entschleiern – kurz: das Unumgängliche, würde es in dem Garten sein? –
Ein schmales Bett, eine dünne Decke, aber dazwischen: wie
genannt? Wenn es sich begab, wer konnte es zwingen? Sich
entäußernd, wer auf ihm bestehen? Wenn in sein Auge die
Woge trat, wer ihn fordern – mit andern Worten: was war
es denn, das in das Horn stieß, rauh durch eine schlafende

QUERSCHNITT

Nacht, daß das Lager sich erhob und, was lag, erstand, aus den Mulden anzuströmen?

Aber da war ein Laut: an die Tür und dröhnend: der Wärter klopfte, und es war vier Uhr. Hier war Gebot, und der Arzt erhob sich; auf der Station lag zwischen weißen Tüchern schon ein Glied und schlug.

Jod und Zange umwob der Sinn; aber vor allem wichtig war die Hohlsonde, ja auf ihr basierte das Gelingen, mehr: Entscheidendes kam ihr zu. Spannte sie die Haut nicht straff in der Mitte, konnte das kosmetische Ergebnis ein befriedigendes nicht sein, der Ausgang in einen wünschenswerten Heilerfolg mußte als in Frage gestellt gelten, und naturgemäß darüber hinaus das Problem des Dauerresultats als unentschieden offengelassen werden, ja nur allzuleicht verschob gerade sie die Grenze zum Unerfreulichen vom Angestrebten.

Nun handelte es sich freilich nicht um einen bedeutenden Eingriff, eine wesentliche Höhle kam nicht in Betracht; leicht reizbare Häute, diesen und jenen schädigenden Einflüssen nur allzu offen preisgegeben, lagen außerhalb des Wundbereichs, aber immerhin: auch um die Vorhaut kreiste das All, sie galt es einzustellen in die Fülle des sich stündlich neu erschaffenden Kosmos, sie zu umkleiden mit dem Feuchten, dem Trächtigen, der ewigen unaufhörlichen Schwangerschaft, die runde Dinge warf, Blut und Sterne, doch dann sie auftrank in Sturz und Schauer.

Also, die gerade Schere! Nicht die gebogene, die oft von der gewollten Richtung wich! Hier mußte der Schnitt enden – auf nach dort!

Doch dies war keine reine Frage der Ausführung, Zielsetzung war unausweichlich, Lehrbücher, Hilfskurse, Fundamentalbegriffe: über ihn!

Hautschnitt! Er versammle sich um Hautschnitt! Rückhalt-
lose Umgruppierung der Gesamtnatur um Hautschnitt!
Schärfste Pupille: jahrzehntelange chirurgische Erfahrung:
Quintessenz: letzte Formulierung: dorsaler Querschnitt!
Die Lokalanästhesie ist völlig ausreichend. Die Quaddel
an der Wurzel des Organs einwandfrei. Die Lösung tut
absolut ihre Schuldigkeit. Es handelt sich nur um: Querschnitt!
Der Patient fühlt gar nichts. Der Puls ist vollkommen. Die
Desinfektion des Operationsfeldes mustergültig. Den letzten veröffentlichten Ergebnissen des Spezialfaches Rechnung tragen: . . . Scherenschlag!!
Zuviel Bejahung! Der Arzt steht regungslos. Ihn schauert
vor dem Fragwürdigen, das er vor sich sieht. Tod, wo ist
dein Stachel, Hölle, wo ist dein Sieg, aus Höhlen und Grot-
ten stürzt und blüht es[2], die Fackel in der Hand.
Schwester, Pinzette! Hautfalte!! Alle Wucht auf Hautfalte!
Letzte Rettung! Absturzfröste! Doch da wiederum: tief röt-
lich, und über die Schulter wie ein Fell: der Weidende.
Er sieht auf. Er sieht deutlich vor sich: es geht ein Herr
über den Kasernenhof, er trägt eine Aktenmappe, dies ist
drin: Schon die Steinaxt sich Rückschluß und Aussonderung
dankend, die Baumhütte bereits sehr zweckmäßig erdacht.
Der Nagel schabt schlecht, Quarz dringt tiefer. Organver-
stärkung mittels Stein und Gräte: anerkannt! Aber Vergleich liegt vor! Doch so scharf er auch blickt, nicht darin
sind die Ausflüge tibetanischer Studenten, sie leben in Fel-
senzellen und kleinen Zelten, sie gehen aus mit Hacke,
Stock und ledernen Beuteln, Ende des Sommers, und mit
Mehlproviant. Nicht darin ist der Urin der Lamaärzte, sie
schlagen ihn mit einem Spachtel, dann horcht man am
Gefäß nach dem Grad des Brausens; nicht darin Oleander,
nicht Wesen, die stündlich mit ihrem Absturz rechnen.

QUERSCHNITT 75

Der Herr trägt eine Brille, schärfer zu erfassen das Um-
weltliche. Doch da ein Schauer: Sankt-Anna-Blumen: Klo-
sterhof: Beginengarten: doch dies ist Nebensache, aber: die
Blüte, die rote – bunte – scharf umrissen: Blüte: gestoßen
von der Farbe, unter der Peitsche des Gefleckten, unmöglich: zwischen Buchs, unmöglich: Abgestecktes –: nein:
Randüber – Stürmisches –: Entfesselungen: Die Sommer-
blüte: da ist nichts zu eräugen. Der Herr tost Oberingenieur.
Aber da: weißer Garten: matter Wulst die Hecke; Licht,
gekeltert in der Blüte; Strauch bei Strauch, eine Herde im
Traum.
Der Arzt sieht auf die Hautfalte. Es fließt etwas Blut.
Nadel, Klemme, allerhand: kurz: er sticht sich in die Fin-
gerkuppe, jetzt hat er die Krankheit in der Hand, die sie
hier alle haben, gut.
Die Vernähung der eingerissenen Hautfalte gehört nicht zu
dem geplanten Eingriff. Dieser steht noch bevor. Er muß
von vorne anfangen. Also endlich: Querschnitt!
Nein, das verpflichtet ihn zu folgendem:
Sonntagnachmittag: Häuser des Vertrauens bieten Haschees
zur Schau. Konfirmandinnen erhalten Lakritze. Stelzfüße.
Beinverlust. Sattelnase. Grammophone. Kurz: Gemütswert –
Ferner: Begängnis. Der Geistliche zerrt an der Auferste-
hung des Fleisches. Vertreter der weltlichen Obrigkeit ist
durchaus fein empfindend, doch das Männliche obwaltet.
Die übrigen Herren: das dem Unausbleiblichen Unterstellte,
doch im Vordergrund steht das Fassungwahrende –
Desgleichen: Kolonialvertrag[3]: nämlich: Gesichtsfelderwei-
terung mittels Länderstrich.
Alles in allem: Weltbild, nirgends Neugeburt.
Ausgeschlossen.
Der Wärter räuspert sich. Er hat sich nicht zu räuspern.

Aber schließlich: Seele und Leib, Körper und Geist, Sarx und
Pneuma, logisch, ethisch, empirisch, griechisch, paulinisch,
elektrisch: stürzt, schreit, brandet, Düne, Düne, Thalatta,
Thalatta, Geliebtester, Hügel der Errettung: *Einheit!*
Er soll sich räuspern. Die Schwester soll ihn anstarren. Wie
ist er einsam. Wie sieht er in der Ferne. Durch Gebüsch,
feuchtrankig, kaum erspähbar ist die Stätte: da lehnt an
Kelche sich der Tag, da rauscht die Dolde, im Park strömt
über seinen Traum der Pan.
Verwunderungen. Doch hier Erblassen. Hinbruch auf Felle.
Gelähmtes. Süße malmt sich das Fleisch, Widder und Ado-
niden.
Finale. Kasernenhof vergangen. Aktenmappe Überschat-
tung. Zwischen die Stadt an des Nebels Borden rankt und
bricht es: Schlangen, Rosen, funkelnde Brut – Zerspren-
gungen.
Er wendet sich:
Röte: ein Südlicht: Marmor und Haine, großes, fernes,
verlorenes Blut.
Er unendlich; hinter ihm die Wärter.
Er lacht. Ein Beet ist da, heller Kelch. Narzisse, in die
der Jüngling ging, der Vermischte, sich Mann, sich Weib.
Er fühlt etwas in seinen Gliedern rinnen: es schabt. In der
Hand schlägt es: die Kuppe.
Da: blaue Güsse: der Himmel funkelt in die Narbe des
Kelchs.
Um seine Füße flattert der Grund: hell und matt: der
Anemonenwald.
Menschheit, wandte er sich ab[4]. Menschheit, in den Dünsten
der Empordringlinge, auch Vermittlung ist Gewerbe – ;
Menschheit in der Säure des Ysop, Menschheit im Leber-
geruch des Gefesselten, laß alle Geier schreien – Ver-
vertikalte![5]

QUERSCHNITT 77

Es ist Schmutz: die Schulter stemmen, es ist Schmutz: der
Niobide. Schmutz: Ilioneus: aus dem Fleische an die Sterne,
empor und Qual und in das Knie gestürzt –: eine Erde
schon ihm hingelebt, die Blüte vorgestreut, die Polle in das
Meer geschüttet, alle Ranken ihm geschleift – oh, sieh den
Jüngling endlich, der sich salbt, und die Alte, die den
Weinkrug schwenkt!

Wohin stäubst du? Welch ein dürrer Gang?[6]

Oh, Bruder! Als wir noch auf Wurzelstrünken lange vor
dem Einbaum die großen Ströme hinuntertrieben hinter
dem Bären, braun und von der Traube berauscht! Als
Taube da war, Spechthain, Amberbaum, als der Büffel
durchschritt, hochbetagt, die Flut, mit den Hörnern an den
Augen und dem grauen, schlammbedeckten Bart! Als es
noch rauher Laut war, Brunst, Auer-Fleisch!

Oh, welch Weg! Welch ein kleiner Winkel nur –: abwärts –! Endlich: Sie! Später! Früher! Kreuze, Minaretts,
Kupferkuppeln, Jenseits-Dächer und Vertikalgebäude –
zwölf Jahrtausende lang, und wo man hinsieht: Gram und
schweres Herz! Wenn man aber lehrte, den Reigen sehen
und das Leben formend überwinden, würde da der Tod
nicht sein der Schatten, blau, in dem die Glücke stehen?

Blau: Sie: In Ihrer Wiege aus Moos, zwischen den Ästen
einer Palme, blau: ich: auf meinem[7] Lagunenriff und wei-
dend die Koralle, blau, wir: gekeltert aus fernen Festen,
und blau die Hand, die Sie jetzt schneidet: aus eines tieferen Auges Traum?

So etwa, mit dürren Worten, begann die Operation. Organisches und Anorganisches vereinigte sich zu einem Vorgang, der schließlich anschwoll in den Donner der Aktion[8],
was aber – fragte sich der Arzt, die Hände in Sublimat tau-

chend – soll aus mir werden, wenn jede meiner Handlungen so schwer wird von allem Überwundenen?[9]
Die Sprache[10] wäre einschränkbar. Hier vielleicht ein Dutzend Instrumente, im Kasino die drei männlichen Grundbegriffe und des Nachts manchmal etwas Unartikuliertes. Aber meine Bewegungen werden so morsch. Es gälte eine Pädagogik zu propagieren, die nur in der dritten Form erzieht, denn das Leben ist nicht unseres, sondern das Laster eines Gottes, der verborgen bleibt.

Nach Einführen der Sonde, – sprach er dem protokollführenden Wärter zu: – aber: könnte ich den Verlauf dieser Operation nicht sternheimsch diktieren: mit Worten pflastern, einen fabelhaften Zement? Oder Schickele: etwas Blühendes und einen tiefen Schwung? Wie aber müßte ich es beschreiben als i . ., ich meine als der Arzt, der operiert hat, über den sich doch nicht viel aussagen läßt, ja eigentlich sozusagen gar nichts, es fehlt ihm, um mich so auszudrücken, jedes Spezifische, denn was ist es, das mit ihm geboren ist?

Kaum erwähnenswert ist, daß Worte Gemeingut sind. Der Hafenarbeiter verfügt über hundertachtzig, Shakespeare besaß fünftausend; das ist nachgeprüft. Verbreitet ist das Wandbrett mit dem Lexikon. Selbst das Grimmsche Wörterbuch ist erreichbar gegen Leihgebühr. Kurz, wie ist es eigentlich erklärbar, daß ich nicht bekannt bin als der vermögendste Stilist?

Zum Beispiel das Rhododendronbeet, an das eben die Flut der Blüte pocht, oder das Haus, um das die Trauben der Glyzinie klingen – wo wäre etwas, das sich nicht zersplittern ließe in Regenbogen und Fontänen und in den Rausch der Zusammenhangsentfernung?

Weil alles stirbt, *weil alles kürzer ist als das Wort und die Lippe, die es will sagen, weil alles über seinen Rand zer-*

bricht, zu tief geschwellt von der Vermischung. Weil ich kein Ich mehr bin, sind meine Arme schwer geworden.[11]

Da hüpfte Herr Stabsarzt Mahn herein, der immer und überall das Gefühl für das Rechte sich bewahrt hatte. Gewiß, ging man des Sonntags mit dem Chefarzt und dessen Frau durch die eindrucksvolle, sozusagen lebendurchwogte Stadt und machte aufmerksam auf dies und das, so kam es natürlich auch wohl vor, daß man gegen etwas auftrat, denn schließlich war man Mensch und Mann und hatte sich gewissermaßen eine eigene Meinung über diese oder jene Frage gebildet. Aber immer erwies sich doch, daß sich das scheinbar Verschiedenartige auf ein größeres Allgemeines zurückbezog und nie war jener biologische Wert ernstlich in Frage gestellt, der als harmonische Lösung und Beruhigung letzten Endes das Ziel jedes sprachlichen Gegenübertretens darstellte.[12]

In dieser Gestalt trat Mahn[13] ein, parallel konstruiert, Logik und Gefühl reziprok und jedem das Seine, lobte den prächtigen Schnitt, die Methodik und verbreitete um sich jenen Samengeruch, daß alles dies von jeher schön gewesen sei.

Da erkannte der Operateur zu seinem Erstaunen, daß dies der Herr gewesen war, den er über den Kasernenhof hatte schreiten sehen. Zum erstenmal in jener Stunde, als die schlichte Zellteilung der Amöbe verblieb und aus dem Organischen das Muttertier hervorgetreten war. Dann etwas rastlos und erhitzt, auch die Mauer streifend, aber alles in allem befangen von Glück.

Versunken nähte er weiter. Fragend aber hob er dann den Blick vorbei an dem Stabsarzt, durch das Fenster in das Freie, suchend sah er sich um: in alle Runde, über alle Horizonte, vom Eis durch die Wüste bis ans Meer: nirgends trat ein anderer auf.

Einmal hatte einer gelebt, der war lange tot. Jetzt, fühlte

er, war er das beziehungsloseste Gebilde und von überall,
wo irgendwo zusammengeballt tellurischer Staub eine Erde
täuschte, die geschlechtsentfernteste Synthese. Da teilte ihm
Stabsarzt Mahn mit, daß er nur gekommen sei, den Chefarzt
anzumelden, der sogleich folgen würde, die Instrumente zu
revidieren. Und kaum hatte der Arzt Zeit, die Wunde zu-
zudecken, da trat der Vorgesetzte auch schon ein.
Zentraleuropäisch durchschritt er den Saal, hell meckerte
sein kleiner Spitzbart in den Raum, gebräunt war das un-
entstellte Antlitz von dem Ausgang unzähliger Jahrhunderte.
Denn längst war das seine Rundungen umschwebende Luft-
meer durch das Barometer entlarvt als ein in stetig wech-
selndem Auf und Ab Begriffenes, von dem im wesentlichen
das Wetter abhing. In regelrechter Männeratmung hob und
senkte sich seine Brust, völlig im Gegensatz zur Frau, die
mit dem Leibe sog. Ein assyrischer Streitwagen gewiß, sozusagen ein Räderfuhrwerk, ein Vehikel für Bogenschützen,
alles in Stein gehauen – aber heutzutage Queenstown –
Sandy Hook in achtundvierzig Stunden[14].
Also, nun der Gummischlauch zum Beispiel! Fürwahr!
Welch Gebilde! Achtlos geht man im allgemeinen vorbei an
Gummischläuchen, aber dies Zweckmäßige in der Gestaltung derselben: zum Stauen, Dehnen, Stillen, Saugen –
kurz: welche Fülle von Eindrücken und Maßnahmen, von
Menschenschweiß, Polarzonen und Wissenschaftserweite-
rungen sozusagen schlicht verkörperlicht in diesem einfa-
chen Riemen mit Kautschukgeruch!
Noch stand die Umgebung tief unter dem Eindruck des
Gummis und Fürwahrs, als der rastlos um das Wohl seines
Krankenhauses besorgte Chefarzt bereits eine Spritze er-
griff und der nimmer ruhende Menschengeist sich voll in
ihm auswirkte.

QUERSCHNITT 81

Denn abgesehen von dem Gummistempel, der ihm auch
hier wieder entgegentrat – die gesamte Glasindustrie Böh-
mens drängte sich ihm sozusagen doch in verantwortlicher
Stellung auf. Das wunderbare Walten der Zeit, das neue
Leben, das immer wieder aus den Ruinen aufblüht, des
Tages Arbeit und des Abends Gäste zogen gebieterisch an
ihm vorüber.[15]

(Denn[16] ohne uns zu überheben – führte Stabsarzt Mahn
den Gedanken aus[17] – wie stehen wir heutzutage da? Allein
zum Beispiel der Regenschirm Ihrer Frau Gemahlin, den
ich kürzlich zu tragen den Vorzug hatte: der Stock in der
bekannten Stockfabrik von Meyer und Schulze in Osterode
angefertigt, aber aus einem Holz, das in Venezuela gewachsen und sogar mit einem Lack aus Japan bezogen worden
war. Der Elfenbeingriff, denn um einen solchen handelte es
sich, aus dem Zahn eines Elefanten, eingebettet in das Eis
des fernen Sibiriens, angelegt, von einer Stiftfabrik Süd-
schwedens der Vollendung zugeführt.[18] Ich will gar nicht
erst von den Anilinfarben anfangen, von den Steinkohlen-
teeren, vom Saargebiet, vom Meßbildverfahren. Denn werfen Sie doch nur einen Blick – strömte der Chefarzt unter-
brechend hin – in die führenden Journale[19] – ein Leben
und Weben, ein reges Hin und Her! Doch auf zu Geistigem,
empor den Blick an den Firnenschnee, in die erhebende
Rundschau über das großartigste Hochgebirgspanorama,
früher nur äußerst rüstigen Bergsteigern nach den Anstren-
gungen mühevollen Emporklimmens zugänglich, jetzt eine
Stunde Fahrt für Mutter und Kind und selbst der Greisin
mittels Zahnrad zuführbar.)[20]

Der operierthabende Arzt wollte grade dem Vorgesetzten
die Spritze, die in Gefahr geriet, abnehmen, da spürte er
einen starken Schmerz in seinem Arm und eine Glut, die
ihn durchzog. Er ließ die Spritze nicht fallen, doch einen

Augenblick schwankte er unter dem ersten Schlag. Jäh sah er die Szene hell erweitert: an einem schmalen Rand der Lippe Murmeln, doch dahinter die Woge stumm und weiß. Wer hatte sich[21] denn nun errichtet, wer getrotzt und wer den Fuß gefelst? Um den es spülte, um den es rann: Der!

Doch dies war schon vorbei[22]. Denn gerade schritt der Chefarzt mit einer unzweifelhaft großen Gebärde an das Gasgebläse und entzündete mittels eines Feuerzeugs den Bunsenbrenner. Und so umständlich und oft langwierig das früher gewesen war mit dem Glasstäbchen, an dessen Ende Schwefel haftete und das es in einen Behälter mit Vitriol zu stoßen galt, ganz abgesehen von dem noch mit der Lichtputzschere geschnäuzten Talglicht oder der Rüböllampe, von Prometheus ganz zu schweigen – so leicht ließ sich jetzt das stolze Schöpfungswort: Es werde Licht! in ausgiebiger und auch wohlfeiler Weise erfüllen.
Und während der Chefarzt den Raum verließ, strahlte aus dem Glanz mehrstelliger Kerzenstärken ein eigentümlicher Schimmer hinter ihm her. Das große Leuchten über der Stirn des Weltensiegers – das war es nicht. Vielmehr schien es ein schieferiger Glanz und eine Art Dunst, in dem es sich bewegte. Zunächst war es nur Gliederbleiches, Greifklaue, Sprungsehne und eine Gesäßschwiele, doch dann entwirrte sich ein stummer Tanz: aber nicht mehr zwischen Ast und Ast und hinter einer Nuß in heißen Wäldern –: zwischen Phantomen hin und her, die verteilt auf rauhen Lauten ruhten: da sprang der alte Affe, nur den Geruch verändert und enthaart.[23]
Sicher aber lag der Operateur im Schlagen seines entzündeten Bluts. Er wandte sich wieder dem Kranken zu, und über seine Hände strömte es, Schnitt für Schnitt. Nahm er die Schere, griff er das Glied, *es war ein Mischen und*

*Sichtrennen, es war ein Stellen von Gebärden und ein
Spiel im Schatten, wo die Glücke stehn.*
Die letzten Nähte: unter einem Bruch von Rosen, unaus-
blühbar und sommerrot. Und nun die Fäden: abgeschoren:
blätternd über des Querschnitts Drang; Jod achtlos bräu-
nend.
Dann war die Operation zu Ende, der Arzt nahm Abschied
von den Gegenständen und wandte sich wieder seiner
Wohnung zu.
Da würde die Sängerin noch sein, die sang und trieb,
und der Garten vor dem Fenster; doch das Unumgängliche
war abgetan. Denn es würde zu Ende gehen vielleicht im
nächsten Monat, vielleicht nach einem Jahr. Jedenfalls darauf konnte er sich jetzt verlassen: der Rest war nur vor-
übergehend, und es war alles schon entflammt. Ob er vor
einer kleinen Kneipe saß auf einem Boulevard, über den
der Abend strich und die Frauen gingen, den Nacken still
beschlafen von warmem Haar, und Händler hielten die
Wanderer mit Sträußen an eines hellen goldenen Mohnes
– nein: sie beuteten ihn dar, etwas Altbiblisches mußte man
anwenden, um der Fülle willen, Kanaanitisches, in dem
Milch und Honig floß, aus dem ersehnten Land. Oder ob
er einfach ging und es in den Schultern fühlte: das Augenblickliche, das sich begeben hatte eines langen Glanzes und
im Verwehen sich erschloß.
Oder ob in Gärten die Rosen standen rot und der Sommer
pochte – von überall schritt er hernieder und tief der Woge
zu und hell ans Meer.

DER GARTEN VON ARLES

*Das ist reines Gelb. Das löst wie Zuckerei. Da
kann Gott nicht weit sein. Was heutzutage Gott
ist: Tablette oder die Originalstaude mit Pottasche oder Coquero.*

In seiner Wohnung in Berlin saß ein Privatdozent der
Philosophie und schrieb: man kann die ganze Menschheit
einteilen in deskriptiv oder metaphysisch Gerichtete, Ho-
mer oder Simmel, uralte Wirbel – jetzt auf welcher Flut?

Drei Vasen voll Herz des Gartens schleiernd den Herbst
vor seine Stirn: man kann die ganze Menschheit einteilen
in jene mit dem Zug zur Singularität und jene mit dem
Zug zur Universalität, ist, was ich sehe, jetzt die Synopse?

Es war Nachmittag, er sah auf. Auf der Straße gingen die
Menschen, darunter ein Rechtsanwalt, den er kannte, der
war klein, flink, grau und gut angezogen und stäubte sich
den Rock ab.
Es stäuben sich in diesem Augenblick viele Herren den Rock
ab, erhob sich der am Schreibtisch, es ist kein nur dem
Rechtsanwalt zugehöriges Geschehen. Schon wieder betreibt
er Simultanes, man braucht nur aufzusehen, sofort ist der
eine Stützpunkt da dieser ungeheuren Spannung von der
Stabilisation zu dem fraglos Weiten, grauenvoll immer
diese tödliche Antinomie des Drangs zum Ansatz und des
Rücklaufs zum Absoluten.
Zurückgelehnt im Sessel dachte er an Ephesos. Plötzlich war
dies Tal des Kaystros da, durch das die Königstraße der
Perser ging – nun war das Meer gewichen aus der Bucht,
das einst das Artemision bespülte, nun war zwischen Trüm-

DER GARTEN VON ARLES

mern die Zypresse und in den Lagunen in Binsengeflechten
eine Herde von Fischern, die nach Muscheln ging.
Hier war es gewesen, daß das Ich begann, in dessen letzten
Flammen jetzt die Blumen um ihn trieben. Hier war der
Rauch entstiegen, zwischen diesen Quadern, vielleicht, wo
jetzt die Pferdeköpfe langsam sich verwuschen, die aus dem
matten Marmor, die aus der kleinen Rasse, die auf dem
Parthenon unsterblich standen.
Oder war es in Tyrrha gewesen, das in Oliven ganz versank? Vielleicht hier, entwichen aus der Stadt, wo jeder
gleich war und ein Mitmensch herrschte, ein Demokrat, ein
völkischer Tribun, vielleicht hier zwischen Rosen und
schweigendem Wein schrieb er, daß es dieselben Flüsse
nicht mehr sind, auch wenn wir in dieselben Flüsse steigen:
εἶμέν τε καὶ οὐκ εἶμεν.
Merkwürdiges chaotisches Jahrhundert, dem ähnlich es nur
noch zwei gegeben hatte bis in diese Zeit. Ein Schwung von
Schlachten über Asien und dem Ägäischen Meer, ein Schauern in den Hirnen und Gebärden zwischen Ionien und der
mütterlichen Stadt, ein Flammen aus Zahlen und aus Kurven an Vasen und Triangeln zu Erstgeburten jenes anderen
Reichs.

Aber nun entwickeln, was in ihm selber nur Schatten war,
nun darstellen in der einzigen Stunde, die ihm morgen
blieb, die Geschichte dieses abendländischen Ich in einer
Weise, daß seine Hörer es sahen, wie unausweichlich, wie
bedingungslos, wie von völliger Gültigkeit sich heute diese
Wendung vollzog, die er zur Stunde nicht anders bezeichnen konnte, als zur hyperämischen[1] Metaphysik:
Meine Herren, würde er sagen, wenn Sie morgen früh erwachen, ist, der vor Ihnen spricht, auf dem Wege nach Ba-
tavia. Er verläßt Europa, er umsegelt Ihren Kontinent, er

streift entlang noch einmal die Maschen des weit ausein-
andergeschlagenen Schleiers seiner Sensationen und Produkte, ihn rührt noch einmal der Saum seiner fächerhaft
weit entfalteten Zivilisation, deren Spangen zeitlich rückwärts sich schneiden auf einer Insel südlich des Ionischen
Meers.

Durchfährt er die Levantische See, streift er die Syrten,
sieht er ein flaches, ausdrucksloses Land. Da ist Sandbank
voll Melone, da ist Palme, die die Menschenhand bestäubt,
da bäckt vor Hütte aus Flußschlamm nebst zerhacktem
Schilf Fellachenfrau das Durrabrot, doch das ist kein Flußschlamm, das ist Nilschlamm, das ist Eierstockschlamm von
Ur-Europa, da fuhren sie an, die ersten Okzidentalen mit
Bäumen des Libanon für die Pharaonenhäfen und brachten
die Zeichen des Opferkruges, der Bienen und des Palastes
aus dem Niltal mit nach Hause.

Er hielt inne, vor diesem Minoischen Reich: um riesige Bin-
nenhöfe Kriegspaläste labyrinthisch getürmt, im Fächern
warmer Winde Fresken, Feste und Fayencen, aus Spielen,
Aufzügen, Wettkämpfen ein jagender Traum – verweht,
zertreten von den thrazischen Kohorten – auf geschnittenen
Steinen und Sarkophagen noch eine letzte feierliche Liturgie – ja, er entsann sich einer bemalten Vase oder einer
Art Ölbehälter aus jener Zeit, weißgelb auf einem rötlichen
Grund eine Gauklerin, die auf den Armen ging, ihre Brüste
trug sie in den Händen, mit den Füßen schoß sie vom Bogen
einen Pfeil – und nun erschien es ihm merkwürdig, daß
dieses sich gerettet hatte, durch so viele Jahrtausende, gewissermaßen das Sinnlose, die Pflanzenranke und die
Gauklerin.

Drang zum Sinn oder Drang zum Ding, wiederholte er,
uralte Wirbel, jetzt auf welcher Flut? Auf dieser, sah er
auf und erblickte seine Zuhörer vor sich, die morgen vor

ihm sitzen würden, in alten Uniformstücken die meisten,
dürftig, hungrig, unelegant, Söhne von Bauern, Söhne von
kleinen Beamten, Söhne dieses mühseligen Volks, das der
große abendländische Rausch des neunzehnten Jahrhunderts verführt hatte zu jenem Traum von Macht, zu
jenem Traum eines Glückes, das Mill, der Engländer, verkündet hatte. „Dasein soweit als möglich frei von Leid und
so reich als möglich an Genüssen, nach Quantität und
Qualität zugleich –" verführte und nun geschlagene Söhne,
Treber essend, in totem Land.

Aber er wollte sie erwecken, er wollte sie verachten lehren
dies Jahrhundert der abgestandenen Kategorien, er wollte
die Woge sein, die sie trug an die fernen tragischen Gestade
mit den schweigenden Altären und der Tempel fallendem
Fries.

„Fühlen Sie nicht, meine Herren, wie die Stunde glüht,
spüren Sie sich nicht wie in der Flamme eines Mittags,
durch den die Pollen treiben und das Südmeer zieht, spüren
Sie nicht in Ihrem Hirn, in Ihrem Blut oder in dem Schwanken Ihrer Vertikalen es wie den Anrausch eines großen
Traums?

Könnte ich ihn über Sie legen, könnte ich Sie bannen in die
Vision des einzigen, durch die ganze Geschichte der Menschheit immer wieder nur einzig kosmisch-repräsentativen Ich,
könnte ich Sie bannen in die Vision seiner großen schmerz-
lichen und tiefen Glücke wie in eine Rosenstunde, wie in eine
Blüte des Narziß, es naht sich wieder aus den Reichen, wo
das Schicksal gilt."

War es die Fülle des Stoffes, die ihn erregte, oder der Som-
merausgang, das Tief-Herbstliche der Blumen, das ihn
trieb, ganz von ihm gewichen war jener mörderische Drang,
sein Denken zur Fixierung[2] zu resultieren, die Materie zu
annullieren zugunsten der einheitleitenden Idee, mitten um

ihn war der Strom der Stunde, das Unabsehbare der Zeit, von der jeder wußte, daß sie zu Ende war, und keiner, wohin sie sich wandte, mitten um ihn das Chaos seiner eigenen Disziplin, die Erfolglosigkeit ihrer Geschichte, die Sinnlosigkeit dieses Schlachtfelds um den Sinn.[3]

Heraklit, schrieb er, erster einsamer Schöpfer, es ziehen Wolken aus deiner Wüste, aus deinem trümmervollen Land. Dunkler, wie war dein Tal begrünt und voll Lärm der Quelle: das Absolute ist der Traum.

Es schabt, es fegt, es rüsselt wie ein Maulwurf durch die Erde, Haufen werfend aus irgendeinem verletzten Trieb; es schnaubt, es spreizt, es schminkt sich die Lefzen im Reiz eines Gegners, im Sturz auf ein zu packendes Geblüt.

Neunzehntes Jahrhundert, schrieb er, Beutezug durch die Singularitäten, Konkretismus triumphal, gebrochen nun wie keines unter das Gesetz der Stilisierung und der synthetischen Funktion – Gesetz, Gültigkeit, Wahrheit, Geschrei aus tausend Pilatusschnauzen, doch es schweift, es schweifert, es wichst, es weibert, es ist flach und steil und beides zugleich, das Ich ist außerhalb des Logos und die Krankheit über der Welt.

Unverlöschbar durch System, nicht abregbar durch Material beherrschendes Gesetz, ja ja die Oberlippe, nein nein die Unterlippe: Wort ungesund, travaux forcés[4] auf dem Arm, aus dem Bagno von Toul, lebenslänglich, mit der grünen Mütze, unentrinnbar, bis zur Katakombe –

Durchbruch aus der Zone des Gedankens in die des Seins, letzte Dränge des Zeitlich-Gültigen in das Unendlich-Zeitlose, fiebernde Jaktationen des Individuums in das Unbedingte – jawohl, zwei Sonnen waren auf dem Bild, gewirbelt zwischen die Zypressen, und ein Kornfeld, auf das der Himmel schrie –: eine flache Stirn, eine fliehende Stirn, eine Verbrecherstirn: der Idiot von Arles.[5]

DER GARTEN VON ARLES

Wenn er bloß durch Marseille ging und Marseille ist eine
sonderbare Stadt. Da will jeder eine[6] Bastide haben, ein
kleines Landhaus, weiß, besonders gegen das Wüstenfahl
der Crau. Französische Sahara genannt, dem gegenüber er
sich immer dunkel trug, dunkler Kittel, das war Mittelpunkt, das war abheberisch, das war Konzentrationsmittel-
punkt, Rotation um den vom Drentischen Bach.

Wenn er bloß durch Marseille ging, Kalades die kleinen
Stufenstraßen; lauter, ja zahllose flache weiße Häuser, ohne
Stadtmauer, ohne Maximaldosis, in unbegrenzter Zahl –
eine ganz ausschweifende Stadt.

Und Sonnenblumen, natürlich immer Sonnenblumen, das
kann jeden reizen, erstens steht es immer an der Bahn und
dann schlürft es, schlurft es, ölt es, bebaumölt es direkt mit
Hellgelb.

Er wußte es, stand er auf, er wußte es, der in der Provence
malte unter jenem Himmel, einem Himmel über Oliven
und Wein. Er malte, er war besessen von der Unerinnerlichkeit; er war purpurn von der Blindheit, er schlug es hin
und er vergaß und schuf so das Erträgliche.

Und auch der in Algier wußte davon. Aus dem vollkom-
menen Vergessen des Gestern schaffe ich die Neuheit jener
Stunde – „ach, Michel, das Glück gleicht dem Wasser der
Quelle Ameles, das sich, wie Plato erzählt, in keinem Ge-
fäß bewahren ließ" – zwischen Granat und Oleander, im
Glanz der Wüste, auf einem Kabylenfels schrieb er es an
Daniel und Dionysos – doch aus dem Norden mußte er
kommen, der dies zerbrach.

Kant, dachte er, Kreuzspinne, Unzüchtiger des Geltungs-
werts, Sklavenmarkt, martiniquisch, schematisierbarer Ver-
dinglichungen, Drahtsträhniger, Vernetzer aller Fisch- und
Fluchtwerte in die Schädelreusen –[7]

Kant, dachte er, Manufakturist in Goldenen Schnitten, gro-

ßer Einkurver der Materie, Beziehungsbalanceur, Drängler
– auf Systemwegen – zu Kosmos triumphal –[8]
Kant, dachte er, behagliche Affäre, Gelehrtenstübchen,
Schattenriß des achtzehnten Jahrhunderts, gestirnter Himmel über dem Jabot – versackender Kontinent. Brühe aus
Rattenschwänzen, die das Wrack verpeilen, koppheister –
flüchtig – transatlantisch.
Die Wüste wächst, dachte er, weh dem, der Wüsten birgt.[9]
Ägyptisch abgesprungen, Nil-Ich, mehrtausendjährige Klabusterbeere, satt der Einerseits- und Andrerseitsbalance,
mit Europens Imperien vereint emporgeschwindelt, gemeinsam in die Brüche – verdufte dein Gesetzaroma, verblute
deine Gültigkeitszypresse.
Hoch der Palmwein, an dem die Palme stirbt! Hoch das
Beduinen-Ich in der Gegend etwa des Wendekreises, betrachten wir diese einfachen Mahlzeiten aus Sorghummehl,
aus Mais im Delta, ich meine das *Frontal*-Ich, das gegen-
übersteht und sich nichts dabei[10] denkt.
Betrachten wir das Fellachen-Ich: Saubohnen spielen da
eine Hauptrolle, ich meine das Lattich-, Rettich-, Huflat-
tich-Ich, bei Ortsvorsteher kommt Fleischkost-Ich dazu.
Meine Herren, ich muß[11] sagen, Sie sind einem ganz sub-
tilen Schwindel zum Opfer gefallen, einem Gesetzschwin-
del, einem Konklusionsschwindel, einem Abrundungs-
schwindel – hoch paraboloid!
Er stand am Fenster und sah die Straße entlang, die stand
so sauber da, mit Häuserfront, mit Gaslaternen, mit Ab-
zugsrohr, mit Lüftungsklappe, geschniegelt, gefettet, ge-
klebt, gescheitelt auf dem Kahlkopf des Substantivlers –[12]
dahinter fühlte er dumpf das Land, die weite Brotfrucht,
das Behauerische –, dies Weltbild bestimmt durch Gruppen-
bildung und Veränderungsfolge, diesen viertausendjähri-
gen Schwindel des angeblich kontinuierlichen Ich – Eisen-

klammer rief er aus, Eisenklammer, nördlich angesiedelt,
Kantkrone, wer schlägt den Reif aus deiner Stirn – zwei
Sonnen waren auf dem Bild gewirbelt zwischen die Zypres-
sen und ein Kornfeld, auf das der Himmel schrie –, es ist ein
Garten in der Ferne, Sprunggarten und Lemuren-Ich.
Olive sanfte, Agave ranfte, die Grüne und das Felsenfahl;
aus Trümmer-Glücken, aus Herzens-Stücken, dein Trunk,
dein Mahl. Olive glühe, Agave sprühe doch hin das Licht
des anderen Raums, schon rundet sich's am Giebel meiner
Augen und ist mit Tauben an der Lider Klang, am frühen
Tag schon und mit Schilf in Blüte – baumlose Insel meines
Traums.
Antinomien, bräunlich hingesprenkelt, einst vorgestreckt
ins Nördlich-Diskursive, hier weiden sie sich matt in fallend
Blut. An Laub entlang, an dem versiechten, aus Schwaden,
Gräbern allem Glück, aus Himmeln, tödlich hingestürmten,
gehn Lachen Herbst, gehn Weiher des Vergangs.
Aus Antithesen-Spalt, aus Hirn-Riß, aus Monistisch-aufge-
sprungenem: Lemuren-Ich, gesalbt vom Rauch der Herden,
Brotbaumtitanen, Affentranszendenzen, ein violetter Zion.

Der Himmel ist die Flut, das Land die Flamme, wo seine
Golfe brennend niedergehn; es ist Gemisch, es ist auf
einem Kamme, rechts Yggdrasil und links die Pinien stehn
– es ist Ort, wo das Auge schuf.
Frei-Auge. Algier-Auge. Süße Unerinnerlichkeitsbraue.
Vogel-Schau. Polyphemblick zwischen all den Hirtenschlä-
fen, taub dem Taumel, zischend in das Ich – über Tyrrha,
durch die Eleaten, durch Hegels Identität und Troeltschs
Dynamik angetreten zur Querschnittskurve, Dynamo schräg
gestellt zum Wind der Dinge – zum Diagonalmotiv in den
Garten von Arles:
Da kann sich matt schöpfen an den Wiesen, an der Barre

von Iris, die die Stadt bespangt. Schon soll Gemäh werden, gegen Löwenzahn, gegen Taraxacum, als Tee, als Kaffeesurrogate, nun muß ich eilen, Sommer wird zu Laub, bald kann Vergehen kommen, was Verschleierung bringt.

Irrsinnig diese Doldensteppe, ganz irrsinnig diese Hälse oder auch Keulen, dieser Wasserkopf von Gelb, diese Sultanszeltbahn einheitlicher Farbengebung, dieses Elefantendickhäutrige – kurz das ist *reines Gelb*.

Das löst wie Zuckerei. Da kann Gott nicht weit sein. Was heutzutage Gott ist: Tablette oder die Originalstaude mit Pottasche für den Coquero (Koks)[13].

Mein Betelgott, mein bittres Brennchen am Gaumen, mein kleiner Durststiller, welch ein Garten! Gegärte vielmehr, ein ganz nüffiges Geständer, Geträcht der Erde, Wirrwarr mit Rohrtendenz, Farbe Zick-Zack.

Nun Weide da, die soll es speilen; nein, Zypresse, von Tränen wund. Nein Baum, Baumiges, das Allgemeinste, das Allumfassendste, das Giergierigste: von Lappenföhre bis zur Araukarie, das Zersprengerischste, der Inbegriff.

Und immer ohne Haus[14]. Was soll Haus da? Störte Haus. Trautes Haus, Tisch- und Betthaus, Heim-Haus, rauschloses Begriffs-Haus – doch die weiße, weiße Wand: Samum des Lichts, zerspellt in Sprühweiß, in Orinokobreitweiß, Entgegenwurf von Materiellem zwecks Raketisierung von Funkweiß, *geplatztes* chromatisches System mit Weißgeiser – O Briefträger zwischen Hebephrenie-Valeurs! Achtbare[15] Tasche am Bauchgurt, Inhalt: sachlicher Postwert und in den Vollbart gerollt: Gummizelle; noch Blick, starr aus Tiergesicht, an den Rand des Seins, von Ephesos bis Einstein diese schwere Antinomie, der Jochbogen ganz Spinoza: determinatio est negatio – Doch Motiv der Sonnenblume, das ist Übergang, da ist sanftes Lied, ionische Tragödie, am Ranft des Abgrunds Falterschlag: Olive sanfte, Agave ranfte, die

DER GARTEN VON ARLES

Grüne und das Felsenfahl, aus Trümmer-Glücken, aus Herzens-Stücken, dein Trunk, dein Mahl. Olive glühe, Agave
sprühe doch hin das Licht des anderen Raums, Arleser-
garten, Lemurenfahrten, baumlose Insel meines Traums.

Die Stadt zerfiel in Blöcke des Untergangs, ein Donner
schlug auf den Markt, das nackte Blut. Da stand der Wil-
derer, der im Anschlag, der in der Nacht[16], der Verströmte
der Verderbnis.
Die Völker paarten sich, die Loden krachten; die Rudel
gingen hock mit Fellbiß, das Fleisch trieb blind und gäulig,
wie rosenpurpurn um den Schlaf. Mich schauert der Vergängnis, mich bohrt dies Himmelhoch des Abfalls, des Ver-
rats der Schurzbedeckten – wo ist die Egge Gottes für die
Saat der Treu?
Überall, wohin ich sehe, ist Peru: mit den Dschungeln, die
dampfen, und mit dem größten Gummiwald der Welt; da
sind Wüsten, in die es alle neun Jahre einmal regnet, da
ist Völkerschaft, Inka oder aus Tahiti, verschollen, fortgewischt, vertrocknet oder ersoffen, in Tiahuanaco am Titicacasee; da ist der Tempel überlebensgroß, trümmernd,
fladenhaft aus einem Menschheitsteil verkrümelter Ge-
hänge, mit Sinnbildern unenträtselbar an einem Tempel-
tor –: da ist kein Laut, keine Sage, kein Klang, kein Zeichen – da ist der Tempel einzig und verworren.
Das ist Arles. Überall ist Möwe des Meers, der Flucht.
Überall wogt es wie um Stätten, die erlöschen.
Da ist eine Insel dem Mond geweiht, doch Laub der Trauer
an den Strömen – Ende, Ende – – in Rosenkränzen, als
Adonai mit Thyrsosstab, in Fichtengrün, in Hügel und Hal-
den: – nevermore, nevermore.
Wo ist der Schädel von Hadrian, sein Fang war Städte,
Könige und Länder, wo ist der süße Hadriansschädel, über

den die Lust floß aus Eutern, wo ist der feiste, weiche
Badeschädel – fort wie Ramsch, mit einem Schluck Fenchel
unter der Zunge.

Oder wo ist die Schlange – nach dem Meer hin, auf das die
Fenster gingen, soll eine Spur von ihrem Gang gewesen
sein –, wo ist sonst die Schlange, die die Ägypterin zerstach,
die Enkelin so vieler Könige, die Venus von Asien, die zu
Bacchus kam?

Das ist Arles; Arles aus der Dorer Jauchzen, Quader der
Erde, Aue des Zeus – Wandel der Worte, Streuung der
Werte – Schatten und Asche – ποταμοί – ποταμοί.

DAS LETZTE ICH

Blutäugige Nacht der wesenlosen Flucht.

Jetzt wird die Insel blühn, dachte er, nun liegt ein Glück im
Meer, ein Rauch über einem Riff von Flammen. Sie steigt
gesäugt von der erstandenen Flut in Rosenfalken, sie stößt
ins Blau, sie hat Blüten wie Frucht und Blüten wie Stein,
geädert oder marmorweiße.
Ich sehe es, sie liegt am Ende der Welt. Da ist Demetrios,
der Spieler über der Erde, der Entfesselte von höchstem
Rang; stürmisch und üppig, zwischen Reichen hin und her
und Schlachten, nun ekelt ihn das Lager und die Gesichte
der Asiaten, nun will er den Kopf der Pallas sehn. Wo er
vom Wagen steigt, einen Altar dem niederblitzenden Dionysos und alle eleusinischen Weihen an einem Tag; eine
Lampe der Kypris für Lamas Nacht, eine Chlamys, bestickt
mit allen Welten und Sternenwelten – eh' der Saum ge-
säumt, ein verworfener Gott, kehrt, fett, versoffen zwischen
Roßzüchtern und Elefantenwärtern.
Da ist die Tulpe, gestürzt aus den heftigen Sommern Tur-
kestans, die Lieblingsblume des Propheten, es ist ein heißes, ewiges Licht auf der Heide, wo sie waltet, uralte
ahnenhafte Tulpe.
So sank jeden Abend, wenn die Weite sich schloß und die
Welt sich selber überhängte, wenn aus der sinnlosen Folge
kausal subordinierter Konnexe der Spiegel trat, der sammelte und brach: vielleicht der Wasserspiegel, der die hohe
Bläue tief trug zwischen Schilfrohr und Libellen, vielleicht
die Lache, darin trauerte der Baum, so sank an seinen
Holztisch Er, der über den Schnee kam, hell, wie aus den
Häuptern der Narzissen.

Nichts Brütenderes, nichts Einäugig-Triefenderes, nichts Feucht-Gesäugteres als der Mitternachtssonne brandiges Mal: hier ist sie bei den Horden im Renntierfell, den Raidenpilgern, wenn das Gras verwelkt, den Wandernden zwischen Tau und Flechten.

In allen Erdteilen wirken Papuas, Indianer, Mongolenhorden, nur über Europas scharf gewordenen Breiten brennt der Aposterioristik tödliches Fanal. Hier ist Er bei seines Kontinents letzten Nomaden, den Ruhelosen zwischen Meer und Tau.

Da ist die Lappenföhre, sie hält Gerüche über den Schnee, eine Nadel verläßt sie in die stille Weite, sie ist umgangen von überall; letztes Land, geläutertes Organisch, fern der Völker Samenlied zum Gemurmel der Geschlechter, hier ist tote Halluzination, hier ist Problematik statt Synthese, Verlust von allem Drängen zu Profil, hier ist einheitliche Farbengebung unter Eis und Schweigen, Hyperboreerbaum unter Schöpfungsschnee; am Fuß das Stürmend-Erstarrte, am Ast das wellig-ungeflossene Meer; Fjällenkuppen, Fjällenrücken: *im Sturz und traumbetäubt.*

Da ist der Gipfelkranz, die Weinhecke, gekeltert unter Nacht und Brand, mit Flut der neuen Lippe, voll Flut der letzten Götter, des Einsamen, der mit seinem Schatten sprach: O ewiges Überall, o ewiges Nirgendwo, o ewiges Umsonst; des Juden, der sich selbst sich übergab, das Weltall schweigt zu tief; und am Gipfel der weißen Treppe, umschwankt von Rosenketten, Mnais, den windigen Morgen auf ihren spiegelnden Hüften, hoch und allein.

Hier ist die letzte Rose, die Eis- und Edenrose, bereifte Röte und zerbrannter Stern. Alle Kultur bisher eingestellt, bezogen, aufgestellt von dem Individual-Ich, in Kunst, Gesetz, Erkenntnis Geltung geschaffen der ersten Person, psychologisch typisiert, hier schwankte vor eine neue Form,

DAS LETZTE ICH

ein Linsen-Ich, das sammelte und brach, aprioristische Ek-
thesen, Vulkanisch-Funktionelles, flatternd, eine Vorgeburt, wie am Ende tiefer Fluchten oder im Nebel über
jenen Wassern, eh' Jahve in den Garten ging.
Immer an der Wand lang, ruft nachts Europens Fernster;
nachts fahren alle Schlitten heftiger, die Hunde jagen vor
Frost und Wolf und Qualm der eigenen Brust – nun jage
dich, das Rauchholz ab, die Stangen; gordone dich, du
Knote psychophys!
Die Schaufeln 'runter, hoch den ganzen Möff: begreifendes
Erkennen, Dahlem-Institute – wer erinnerte sich nicht in
diesem Zusammenhange des Prinzessinnenkopfes aus der
Zeit Amenophis IV., der Nil trat über, zehntausend Fel-
lachen gingen an Mangel von Kiemen zugrunde, die Sky-
then feisterten sich in Arabien voll, die Sonne furchte sich
durch die Wüste und brannte Karnak aus: erledigt,
schnuppe, total passé, aber dieser kleine Pharaonenstengel,
überlebt, müde, zart, behaart, dieses rotbraune Sykomoren-
fellchen: intensiv rotiert?
Letzten Endes, was ist es denn mit diesem sogenannten
Menschheitsgut, das in Gesetzen kondensiert? Der Aufstieg
war schwer, sie bluteten, das Feuer fraß sie, auch gaben sie
der Masse ein Gerüst, Syntax, Glauben, Gesangbücher,
aber was für eine überlebte Attitüde. Hin und her, zere-
brale Semele, mentale Mondsucht und Wrackigkeit der
antithetischen Struktur – abgeblendet, Stall und Krippe her,
ein[1] Morgenstern den Hirten auf dem Felde: – die Men-
schenlehre Europas, als Fiktion individuell existenter Sub-
jekte, hat nur noch einen kommerziellen Hintergrund. Der
als Persönlichkeit bezeichneten räumlich betonten Stelle im
wesentlichen östlich von Greenwich wird als Waffenträger
und Arbeitnehmer die Vorstellung der Einkörperung des
Universalgeistes in ihre somatische Gegebenheit mit den

handlungsbestimmenden Hauptworten der Verantwortlich-
keit und Eigengesetzlichkeit durch eine über das ganze Land
verteilte Macht der Erziehung, Einrichtungen und öffentlichen Meinung inflatiert unter besonderer Betonung des
unersetzlichen Wertes der einzelnen Leiblichkeit für den
Fall politischer Malencontres. Das Eigenleben, bezogen aus
den schofelsten Pressephrasen, verklebt mit Zitaten aus den
Oeuvres von Villenbesitzern, deren Innerlichkeit nach Ausdruck ringt in den Kategorien der Popularität und der
Tantieme, stellt sich dar als Parthenogenesis innerhalb des
industriellen Unternehmens, das die moderne Nation bedeutet, mit Dividenden nach Rentabilität der Frucht, als
der Mutterkuchen, bei dem beide Kontrahenten partizipie-
ren nach Maßgabe des Kurses der geltenden Idole, zur Zeit
ist es die karitative Wabe, deren Seim sich kapitalisiert.
An zweiter Stelle ist notiert Morgenland, Hegelsche Renaissance und Damenalmanache, und in immer gleichblei-
bender kräftiger Grundstimmung der Entwicklungsge-
danke, die proletischste Idee des Abendlands.
'ran die Fotografen, rechts 'rüber, die Herren Abendblatt-
salbader, bitte links die Galerie, der neueste Start betreffend Geistesgut, physikalisches Geschwöge, Formelfick mit
Kosmikappretur: Relativitätstheorie.
Der Bürger will seinen großen Mann haben – Blende auf,
eine Seite Großoktav: – Newton glänzend, wenn er bis ins
Mittelalter herabreicht – substantieller Lichtäther – enorm,
das brennt wohl? jedenfalls Beruhigung hinsichtlich geistiger Entwicklung „in guten Händen", er kann pennen gehn,
Schmunzel heißt das Vieh, gekalbt von Mutter Behaglichkeit, geborenen Bildungsgut.
Ist in dieser Weise der Begriff des Individuums politisch
eine gesunde und konkrete Größe, verhält es sich anders
hinsichtlich seiner philosophischen Struktur. Als zähe un-

DAS LETZTE ICH

aufhörliche Masse, als fadenziehende Nachgeburt aus Nilschlamm und Pendschabgrütze ringt seit vier Jahrtausenden
die Menschheit um das sogenannte erkenntnistheoretische
Problem. Erscheinung und Ding an sich, Brahman und
Maja, höchste Realität und Blendwerk der Gesichte, Substanz und Individuation, überall die psychophysische Struktur, überall das Röcheln nach dem absoluten Wert[2], und
doch in allen Epochen auf allen breiten Blutbächen der
geistigen Existenz schaluppend, dreimasternd, über Topp
geflaggt das todsichere Wissen, daß die Welt systematisch
einheitlich nicht gedacht, daß sie begrifflich diskursiv nur
dualistisch oder pluralistisch ergriffen werden kann.
Abendlanduntergänge, Kulturherbste, kommunistische Regenerationen – es ist kein Untergang und kein Auferstehen,
es ist kein Marmor und es ist kein Meißel, es ist nur das
Bewußtsein und das Nichts. Schwefel statt Weihrauch in die
Jahve-Türme – dieser Gartengänger, dieser Lehmpriester,
dieser Odembläser, und das Geblaste trabte über Feld und
Au, trabte um Baale und schabte um Sphinxe, schwanger
mit Spreu und stäubend mit Stoppel – Geistesschätze und
Menschheitsgut – Schnee und Brache, die lösche Weite.
O Ich, kaudinisch einsam unter der Verneinung, blutäugige
Nacht der wesenlosen Flucht, nördlicher Zapfenstreich der
Inselträume, die Föhre bellt hyperboreer-tannig aus allen
Ästen hunde – hunde – nichts –
Dich öffnet nun nichts mehr, dir gibt nichts mehr die Dinge
heim so weichen Fells, kaninchensüß; die Straßen enden
weit von dir, Hütte Landlos, Zelt Finisterre –
O Rosen-Letztes und Levkoien-Welle, und Holz und Erde,
alles ist vertilgt, es schweigt um dich, wie nie es schwieg: die
Menschen, Götter und die Sterne, du bist dahin und von dir
abgetan wie hier der Hirten Hütte – ich will dir eine
Losung sagen, laß alle Nächte dämmern, aus dunklen

PROSA UND SZENEN

Schluchten laugt die letzte Nacht, da bersten Früchte aus
Lavinias Körben, in Hesperidenblüten ruht dein Haar, ich
sehe es, das Bergfest, die Synthese, das Siegel auf dem
dämmernden Altar –
In Dschungelluft, mephitisch stummer Nacht der Tiger-
inseln, Ganges-Holofernen, magischen Mahlen und sakra-
lem Akt, schwülend Kalkuttas Phallen Süd-Monsune, die
Globen glühn wie Erz die Steppe Flammen, asiatische
Sunde, pulvriges Astral –
Auf Pfauenthronen, auf Smaragdgeflügel, lichtweißem
Marmor, fjordigem Geblau, aus kleinem Vogel Salangane
baut Nest aus Gallert hochbewährt für Suppe, aus Mammut
reinem Fleisch aus Eis getaut von weißem Bär und Hunde
stumm verschlungen, aus Straßen, indischen, wie Tulpen-
beete: Schwertschlucker, Schlangenzauberer, Haibeschwörer
– Verwirrten, Grüblern, Irren, Katatonen –: gibt es ein
Paradies auf Erden, so ist es hier – so ist es hier – Es treten
Blumen auf, armgroßes Grauen, jäh über Nacht stiellos aus
Baum gehockt, es gibt ein Institut in Gowindpure, wo arme
Leut von Floh, Gelaus, Gewanze sich quälen läßt vor Geld
von die Matros' – Aspasien, Phrynen, tabische Hetären
und die aus Glut aus Golf gefällte Nacht – aus Onyx-
brunnen, aus Sakijekrügen, aus süßen Wassern die Ver-
worfenheit –
Auf Taubentürme sinkt der Palmenfittich, Schatten er-
brausend vom Antillenmeer, die Baie blauen aus, die Gräber wanken, Ustrinen stürzen und die Schlacken spein – die
Ströme höckern sich zu Gangesgondeln, zu Prunkfeluken
der verblaßte Nil: Austreibungsstunde, zuckendes Geschleu-
der zu großem Sturz und Schlund und Endigkeit –
Der Herr der Welt, verwurmten Sarkophags, um dessen
Wände nicht der Lorbeer steht, geschminkter Krone, ble-
cherner Insignie, Räude vom Krebs zum letzten Föhrenflor

DAS LETZTE ICH   101

– verbrannt zu Kalk, Ton, Wüste, Feuerländer. Weide für
Strauße, wo sein Brunnen stand – das letzte Sinnklistier
der Abschlußodem, aus Lungenkatafalken angebohrt –
Hauswirte, Schieber, Buchverleger, Kausalgesindel, Norm-
Geschmeiß: Mitropa-Neophyten-Schwemme, Aktivitäts-
Minette banale –: verkehrten Lustrausch, Rattenhandel,
Wurm, Fosenschlack auf die Velours!
– „der neue Mensch", das letzte Lügenfieber aus dem vom
Abgang schon geschwollnen Maul –: mein ist die Rache,
stößt es von den Sternen, die Wüste[3] naht, der Gobicrack,
der Saul:
Mäßigste Zone, bäuchlings abgefertigt Olivenländer und
Oasenflucht, die Steppe klirrt, die Dromedare heulen apo-
kalyptisch: du bist abgebucht –: Baumeister, Harnarzt,
schofle Geodäten, Hebammen zu dem powersten Alraun,
dem tätig-frei kausalen Alphabeten: in Wasserstiebeln,
Faust, und Buhnen baun –
Zurück zum Karawanenschritt, zum Lorbeerbusch des hag-
ren Hesychasten, zu trocknem Fisch, gebrühter Pisangknolle
und dünnem Wachs im alten Psalmenwehr, man spricht von
Fächern gleich[4] Limonenwäldern, Zypressenstürzen, Ole-
anderdämmen bis an das dunkle Amarantenmeer –:
Im Purpurbusch verlorner Athoniten, Oszillativem des spi-
nalen Mark, Abgängern, Mastixräuschen, Brüchigkeiten,
Blutspalten, Schluchzen, hüpfendem Gehirn –: das letzte
Ich, Galopp final, malaiig, die Sirifrucht am abgeschliffenen
Zahn –: Osiris – Typhon, Gott der Staubgefilde und Gott
der Frucht; Adonis, Schattenhaar –: und Doppelblut, schon
färbst du ja die Erde, schon malmst du dich in Schatten und
in Glanz –: Schlange am Haupt der großen Pharaonen:
Fichte in der Mänaden stäubend Heer –: und Lotos Spei-
chernes und Traube Nabe: Sansaras Rad und Schatten-
Wiederkehr.

ALEXANDERZÜGE
MITTELS WALLUNGEN

Im Sturz und traumbetäubt.

Es ist Winter, starker Frost, morgens geradezu ein wenig dunstig vor Kälte. Ein zarter blasser Dunst[1] begleitet die Sonne in dritter Distanz – spricht sich der Geographieleitfaden aus –, der sich auf große Entfernung hin in die Bahnen der nächsten Planeten erstreckt: es ist das Tierkreis- oder Zodiakallicht, wie ein Schimmer der Milchstraße erscheint es in pyramidaler Gestalt – von diesem zarten und blassen Dunst erscheint des Morgens etwas in der Weite, besonders in den Vormittagsstunden, wenn die Sonne brandrot und langsam über die Gneisenaustraße sich erhebt.

Es ist die Zeit der Tag- und Nachtgleiche, etwas mit den Wendekreisen geht vor. Man mag zu dem Entwicklungsproblem stehen, wie man will, ein gregorianisches Jahr steht jedenfalls vor seinem Ende, man altert, die Schläfen werden grau. Nichts Abnormes, kein spezifisches Phänomen, anatomisch tritt Luft in die Haarschäfte, in manchen Familien schon in den zwanziger Jahren, im vorliegenden Falle im siebenunddreißigsten Jahre.

Es ist Weihnachtsabend; der Fall, um den es sich handelt, ist allein, aber nicht ganz unbeschenkt. Ganz unerwartet überbrachte ihm ein Bote ein kleines Paket, es schlug darin wie Wasser, es ergab sich ein kleiner dreieckiger Karton, ein phantastisches Glas, ein Name aus einem Märchen, will sagen ein Parfüm wie aus dem Pendschab, asiatisches Raffinement, Ortsbezeichnungen wie Champs Elysées enthielten Näheres, und Mouchoir de Monsieur beeinflußte vollends aufs stärkste das gesamte Milieu: durfte es nicht einen Augenblick die Vorstellung erwecken, durfte sich nicht der

ALEXANDERZÜGE MITTELS WALLUNGEN   103

Empfänger einen Moment in die Illusion verlieren, als sei
er der gedanklich bedachte Monsieur, ein Herr, eine Art
Mitglied aus der Sphäre der Gemeinschaft, das Batisttuch
im Jackett, das er diskret, fein abgestimmt und mit voll-
kommener Ruhe zu verwenden sich erzogen hatte, nicht
übertrieben: ein sonores Etwas, dessen Nahen und besonne-
nem Auftreten man entgegensah, ein nicht unbeträchtlicher
Mittelpunkt, um den sich dies und das gruppierte, und um
es zu vollenden, eine gesellschaftliche Erscheinung, der der
gesamte modern-zivilisatorische Komplex ohne viel Aufhebens entströmte, ein Niederschlag der Zeit und Reflex ihrer
mannigfachen Phosphoreszenz –: wie eine Blähung lag es
über ihm, gerötete Gesichts- und Halsorgane, und er tastete
sich weiter durch dies und das.
Das ist Rönne, Arzt, mittelgroß, von gesunder Konstitution,
linkes Augenlid hängt leicht herunter, meistens mißver-
gnügt, Dyspepsie im Gehirn, Neigung zu Fettansatz und
Transpiration; in seiner Jugend hatte er wohl mancherlei
Eindrücke aus sich gewonnen, auch verbunden mit Eröff-
nungsstimmungen, Aufschwüngen, Verflüchtigungen, jetzt
stellte sich das seltener ein, woher Eindruck, wohin Öffnung, alles hatte den Wurm im Bauch, war eine seiner
Äußerungen; wohin man blickte, alles ein öffentlicher Miß-
stand, Faust wurde Nebbich, Don Juan Kondomfabrikant,
Ahasver lernte Rhönflüge, die Mythe des Menschen schrie
nach Exekution.
Früher hatte man auch wohl[2] gelegentlich gewissermaßen
gedacht, aber man stieß dabei immer so schnell auf ein
gewisses Etwas. Begann man, wo man wollte, begann man
mit dem Geschäftsführer der Weltvernunft nach Hegel oder
dem Sichtbarwerden der kleinsten Veränderungen bei dem
Reifwerden der Umschichtung, war es die synoptische oder
die kausalgenetische Methode, galt es dem Individuellen

oder dem Kollektiven, dem Einheitlichen oder dem Katastrophalen[3] – schon über diese Vorfragen gab es nur unentschiedenes Gelalle, doch seinetwegen Schwamm drüber, kein Vorwurf, alles zugegeben, aber was so dicht dahinter stand: diese Penetranz zur Amalgamisierung, diese Tendenz zum Resultat, die so fatal einen Drang nach Sicherung bedeutete, die war es, die er nicht mehr teilen konnte.

Rönne hatte das letzte Jahr ziemlich eindruckslos verbracht. Nach einem Frühling, der keiner war, nach einem Sommer voll Exzessen war er allerdings im Spätjahr manchmal benommen gewesen, auch schwankend in der Struktur. Da stand dann wohl ein Herbsttag über Berlin, eine Weihe aus Blau, eine Klärung von Verdecktem, in die Blicke schlug sich, in die Nähe Fernher; man schlürfte sich durch das Licht, es war etwas hinten im Nacken, eine Art Vermischung, eine Nähe aus Fernher; auch war Geruchliches da, das ihn löste, und Geruchliches, das ihn schwächte: nach Süden hin, von Fruchtmärkten, schwer und doldentiefen.

Er hatte aber das letzte Jahr nicht nur eindruckslos, sondern auch völlig zurückgezogen verbracht. Die öffentlichen Menschen betrachtete er als den Abschaum von Lächerlichkeit und Gemeinheit, einem Ruhm nachjagend, den sie selber bezahlten, auf die Idiotie der Enkel spekulierend. Fuhr ein Tenor nach Riga, erschien ihm das ein weitverzweigter Skandal. Der Blätterwald rauschte, die Büros machten Dampf. Lichtbildhersteller hatten gute Tage, Träger nobler und distinkter Haltung, Einwohner, wurden in Angelegenheiten verwoben, die völlig unsolide waren: Aufstieg in Tönen, Schöpfung und die Welt noch einmal – ah! – die Welt noch einmal, das war es, mit dem der Naive und Haltungwahrende auf die Knie gezwungen werden sollte, das Schöpferische, dieser Mangel an Skepsis, dieses Surrogat

ALEXANDERZÜGE MITTELS WALLUNGEN 105

für eine mürbe tödliche Erkenntnis, der letzte große Fetisch
in den Klauen von Aasgeiern den leichenblauen Kontinenten vorgewedelt – er, Rönne, hatte einen Patienten in der
lettischen Stadt[4], einen Ingenieur, wahrscheinlich Angestellten in einem Unternehmen, den er einmal behandelt
hatte, seinem Eindruck nach ein ruhiger, mittelständiger,
nobler Mann, das waren *seine* Beziehungen zu Riga und
das erschien ihm weit billiger, weit eindeutiger als das
Gewölke dieser gefirnißten Buffowanzen.
Oder fuhr ein Politiker auf die Dörfer, gab es so viel
Schamlosigkeiten sonst noch irgendwo unter einer Haut?
Ewig diese entscheidenden Augenblicke und welthistori-
schen Momente, vormittags schon und wenn sie ein Pissoir
einweihten, diese kommunale Prophetie, diese Latrinendä-
monie – daß ein Schädeldach eine solche Unsumme zere-
bralen Unrats zielgetrieben gegen Witterungseinflüsse ab-
deckte – ein Naturwunder, wahrhaftig ein Naturwunder
bei der sonst so kühlen Reserve des Anorganischen gegen
das organische Juchhu, ja nach Säuberung schrie es geradezu
in ihm und er bewegte sich etwas voluminös zum Fenster:
da war Schnee, süßer Schlaf der Farben, tiefe Unbesambarkeit der Weiße, Schnee und Sterne, Leere des All.
Oder wenn das Leben verlangte sich mit einem Ingenieur
zu unterhalten, wo die Fortschritte der Ölfeuerung oder irgend etwas mit Umdrehung und Nabe im Vordergrund
stand, gewiß, zugegeben, allerlei – aber was drängte denn
schließlich so, großes Schlafmotiv der Verbesserung, großes
Beischlafsmotiv von der Profilierung der Kultur – aber
womit befaßte er sich denn überhaupt, das waren ja schon
mehr Gedankengänge, und dabei fröstelte ihn, geradezu
zusammengezogen fühlte er sich, keine halluzinatorische
Wärme, keine Hyperämie, dunkel war das Zimmer, kühl
die Nacht um das Haus im Schnee, einen dieser Blicke, die

PROSA UND SZENEN

sich nicht rührten, führte er stumm in die Weite, an das
Auge voll Tränen, an das Antlitz des Lebens, dunkel und
wundenvoll.
War denn überhaupt, seit die Welt stand, irgend etwas
geschehen? Er war in der Stimmung, es zu bezweifeln, zum
Beispiel der Alexanderzug, war der denn geschehen? Tausend Wurfgeschosse und die Tragödie mit den Sturm-
böcken, gewiß allerlei, aber hier stand er, kleiner Mann,
mittelständig, ohne viel Anhang und von geringer Wirkung, existierte denn irgend etwas aus diesen Zusammenhängen für ihn, trug es ihn, belebte es seine Flächen oder
selbst die Patienten, die Kunden von gestern, was war damit, wo waren sie, erhoben sie sich irgendwo – keine Ahnung, leer abgefallen, absolut fortgewischt – *wie sollte da*
auch ein Austausch stattfinden: Rönne, der in die Nacht sah
und völlig ohne Wallungen und diese Spurlosigkeiten, sogenannte Persönlichkeiten, Spasmen der Leere, Keuch-
husten des Nichts –: das Leben war eine Angelegenheit
von Stunden, von leeren und von angefüllten, das war die
ganze Psychologie. Der institutionell strukturierten, vom
Gedächtnis accouchierten, der sozialen Personalität, dem
empirischen Phänotyp mit der ausgeglichenen Blutfülle
stand der andere gegenüber: Stakkatotyp, Manometer auf
Bruch, akute Hyperämie, Schwelltyp mit der Simultan-
Vision, der Halluzinatorische mit dem schiefen Blick –:
Kain und Abel, Klante und Zoroaster, lächerliche Nuancen
der gleichen Clownerie, aber einmal muß es sich entscheiden, rief Rönne, umfassende Ideen, Perspektiven von Dimensionen treten mir nahe, auf, wir wollen die Welt erobern, Alexanderzüge mittels Wallungen, da ist Balerm,
die Sarazenenstadt, die Flocke auf dem weißen Felsen mit
Arabesken sinnlos und bedrängt, da ist das Berberblut, die
Gobimöwe, im Sturz und traumbetäubt.

URGESICHT

Eine Klarheit ohnegleichen kam über mich, als ich die Höhe des Lebens überschritten sah. Ich blickte in den Tag, der ohne Besonderheiten einer der Tage in der Wiederkehr der Zeiten war, Novemberanfang, leicht kühl, Insignien des Herbstes auf der Straße, lau und wahllos spielte die Erde ihn hin.

Eine Leichtigkeit fiel mir auf, die mich bewegte. So waren wohl die Dinge, ich unter ihnen, wir alle durchsichtig im Gefälle der Welt. Ein Kommen und Gehn, ein Drang und ein Versagen, und dazwischen nicht berührbar der Weg des Seins. Der Anfang unausdenkbar, das Ende eine Sage, eine Lache, die verdunstete, das Heute und Hier. Fern und gelöst die Jahre der Jugend, die Züge des Stürmens, die Krankheit des großen Flugs. Fern und gelöst jenes Dickicht und Gelände, „wir gehen nicht mehr in den Wald, die Lorbeerbüsche sind geschnitten".

Man liest aus dem Jahrhundert der Alterung der Antike einen sonderbaren Bericht. Es kam den Leuten im Römischen Reich vor, als begönnen die Flüsse seichter zu werden und die Berge niedriger; auf dem Meer sah man den Ätna nicht mehr aus so weiter Ferne wie früher, und vom Parnaß und Olymp verlautete dasselbe. Der Kosmos, meinten die Naturbeobachter, sei als Ganzes im Niedergang begriffen. Dies Nieder, räumlich, empfand ich so sehr. Überall sah man durch die Stämme, und wo man früher lauschte, heute überhörte man Ruf und Schrei. Topographisch weit durchblickte ich das Gelände, und merkwürdig plastisch überzog mich der Raum mit einer Nähe aus Fernher.

So war es auf dem Lande, wenn ich sonntags dahin einen

PROSA UND SZENEN

Ausflug unternahm, so auch in der Stadt, wo meine Wohnung über allem schwebte. Über dem Jahrzehnt, heute,
nach Beendigung des Kriegs. Den vierzig Jahren seit
Nietzsche, als dem Ausgang der Triebpsychologie. Den
hundert Jahren, seit in der Stadt die erste Gaslaterne
brannte, jenem berühmten Jahr, in dem Europa erhielt:
ein festländisches Eisenbahnnetz, überseeische Dampfer-
fahrten, den Telegrafen, die Fotografie, verbesserte Mikroskope und die Mittel zur Erzielung des künstlichen Schlafs.

Ja, diese Stadt, doch wahrhaftig nicht aus Tau und Vogel-
sang, vielmehr voll Gegenstandsgedränge, wie lautlos und
leicht in meinem Raum! Draußen, wenn man sie bemerkte,
welch Leben und Weben, welch Chaos, welche Paradoxie:
Antikes und Experimentelles, Stadien und Neurosen,
Atavismen und Ambivalenz. Bizarre Epik des Augenblicks:
Kollektivismus, aber selbst die Obstkähne organisieren
sich, und die Bretterbuden machen Dividende; fünf Prole-
tarier in einem Bett, aber die Griffons, paarweise, müssen
dem Gesicht der Dame ähneln, die Parfüms aus Trüffeln
und die Gerichte aus Palmenmark. Dichten und Denken:
der fünfte Teil der Volksschüler geht aus Armut morgens
ohne Nahrung in die Klasse, aber die Dahleminstitute
bauen für mehrere Millionen ein Boardinghouse für den
ausländischen wissenschaftlichen Besuch. Der gestirnte
Himmel: Raketenautos an den Mond, Projektilaviatik an
die Sterne, und die letzte Droschke fährt vom Wannsee
nach Fontainebleau, die Familie mit Kind und Kegel im
Hundewagen hinterher; zwei Kellner gehen zu Fuß in
Frack und weißer Binde von Brandenburg nach Genf, um
einen Kranz am Vereinsgedenkstein niederzulegen; drei
Hindus nähern sich, sie radeln um die Welt – alles wahrhaftig doch erwähnenswerte und wirklichkeitserfüllte

Dinge, aber in meinen Räumen wurden sie lautlos und gestillt.

Von diesen Räumen gingen drei auf die Straße, einer in den Hof. In den Hof ergoß sich ein Musikcafé, das belauschte ich oft, entführende Weisen. Manchmal, wenn ich nachts in mein Schlafzimmer trat, ertönte die Musik. Ich öffnete das Fenster, ich löschte das Licht. Ich stand und atmete den Laut. Lange stand ich. Ich sah in die Nacht, die nichts mehr für mich barg, nichts mehr als den Dämmer meines Herzens, eines Herzens, das altert: vage Luft, Ergrauen der Affekte, wem man gibt, dem verfällt man, aber Geben und Verfallen, das war sehr weit.

In die anderen Räume fiel die Röte der Stadt. Da ich Ninive nicht sah mit seinem Grund aus Jaspis und Rubin, da ich Rom nicht sah im Arm der Antonine, betrachtete ich diese, sie trug die Mythe, die in Babylon begann. Eine Mutterstadt, ein Schoß ferner Zeiten, neuer Schauer mittels Step und Injektion. Was in den Epochen der Mönche durch Stundenbücher und Korollarien, in den Jahrhunderten der Rationalisten durch Spekulationen und Kosmogonien, ging heute durch die Beugen ihrer Tänzerinnen, im Murmeln ihrer Kniegelenke eröffneten sie den Daseinsausdruck ganzer Völkerzüge. Und Jenes, das wir nicht kennen, sah ich treiben durch ihr Fleisch und Stein. Es riß Findlinge aus den Feldern und trieb Kommunalblöcke aus ihren Weichen, es schmierte Asphalt durch ihre Wälder für eine Menschheit, die Vermehrung treibt. Eine menschliche Masse, die im letzten Jahrhundert ihr Lebendgewicht mehr als verdoppelt hat, jährlich um zwölf Millionen Individuen weiterwuchs und in weniger als hundert Jahren nochmals mit hundert Prozent im Da capo steht. Also Riesenzentren, Übervölkerung. Brot teurer als Kinderfleisch. Melonen in die Ausgüsse, Kartoffeln in das

Blumenbeet — das würde die Welt werden weit über mich hinaus, weit über meine Zeit, weit über meine Räume, weit über diese Stunde, in der ich stand, diese November-nacht, dort ihre Röte und hier ihr Schweigen.

Nach Jahren des Kämpfens um Erkenntnis und die letzten Dinge hatte ich begriffen, daß es diese letzten Dinge wohl nicht gibt. Nicht unbeteiligt an diesem Begreifen war die Bekanntschaft mit einem älteren Herrn gewesen, der sich eines Abends in geselliger Weise als Landsmann von mir vorstellte, ein Ohrenarzt, Inhaber einer Klinik, bayerischer Oberstabsarzt, wie er in den ersten Sätzen bemerkte, und der von gemeinsamen Bekannten sprach. Einigen jungen Leuten, die viel in seinem Elternhaus verkehrten, Tauge-nichtse, Faulenzer, Tagesschreiber, Trunkenbolde — längst verschollen. Den einen habe er vor Jahren noch einmal getroffen und ihm behilflich sein wollen, bei einer Zeitung eine Stellung zu erhalten, aber der Betreffende sei zu der verabredeten Stunde gar nicht erst gekommen, einige Tage später sei er bei ihm in der Wohnung erschienen, völlig unnüchtern, er habe ihn, wie er sich ausdrückte, „hinaus-weisen lassen", wenige Wochen darauf sei er dann im Delirium zugrunde gegangen.

So rief er die Vergangenheit wach und war in der Tat an Lebenshaltung, Bekleidung, Umfang des Wirkens dem Toten über, er übertraf ihn an Widerhall, Klinikbesitz und militärischem Rang ganz erheblich, ja er stellte eigentlich alles an ihm in Schatten, aber war deswegen der Jugend-freund völlig unvollendet gestorben, ohne Symbol, nutz-los, ohne daß das Ungeheuerliche des Lebens durch seinen Lauf hindurchschien, sein Unermeßliches an Rausch und Trieb, seine Indifferenz gegen Individuelles, sein fleisch-licher Zerfall, in diesem Rhythmus sank doch auch er nach sicherlich anfangs engelreinen Jahren in die Tiefe, beschrieb denn dieser hier einen größeren Kreis, trug ihn durch die Ohrenklinik ein geheimnisvolleres Erleben? Ich war unschlüssig, ich konnte mich nicht entscheiden, es zu bejahen. Da das Leben doch bei dem Verstorbenen in vollem Maße am Werke gewesen war, mußte es seine Zeichen auch in dieser, an dem Oberstabsarzt gemessen, niederen Form zur Geltung gebracht haben. Allerdings konnte ich im Augenblick nicht sagen, welcher Art dieses Zeichen eigentlich war.

Die Unität des Lebens, so bildete sich in mir die Idee, war es, die ich hier gegen einen Angriff zu verteidigen sah. Das Leben will sich erhalten, aber das Leben will auch untergehen, immer klarer begriff ich diese chthonische Macht. Richtete ich meine Gedankengänge auf das Tierreich, die Gattung, das Kommen und Sterben der Typen, so hatten natürlich hereinbrechende Meere in geologisch kurzer Zeit ganze Rassenteile abgeschwemmt und die ungeheuren Aschenregen vulkanischer Ausbrüche große Tiergemeinschaften erstickt; aber gerade das Aussterben von Typen, das Vergehen von Einheiten, hatten diese geologischen Ereignisse nie bewirkt. Das Aussterben von Typen und nicht weniger das gleichzeitige spontane Erscheinen von neuen stellte sich immer mehr als ein erdgeschichtliches Faktum dar, das den Eindruck einer einheitlichen inneren Ursache machte. So traten in der Erdgeschichte gleichzeitig mit den Blütenpflanzen die Schmetterlinge und honigsaugenden Formen auf, mit bestimmten riffbauenden Korallen die an ihren Riffen hausenden und mit ihnen in Lebensgemeinschaft wohnenden Stachelhäuter und Krebse, um mit ihnen gemeinsam zu verschwinden. Ohne Bezug auf elementare Ereignisse, ohne ersichtlichen Zusammenhang mit Milieuveränderungen, keiner Erklärung zugängig, nur als Phänomen von innen her zu deuten. Eine erlöschende Formspannung, ein Altern, eine Abnahme an Zahl und Lebensraum auf der einen, ein Quellen und Dasein auf der andern Seite schien sich auszusprechen; eine Polarität des Gestaltungsdrangs, eine innere Spannung zwischen den Formenzügen vorzuliegen; in Schalen, von Göttern gehalten, schien das Dasein zu ruhn, einmal war dort mehr Wasser und einmal dort mehr Land, hier eine Koralle und dort ein Muscheltier, ruhend am Fuß, steigend und fallend um die Gestalt des Menschen, der Tiere ausströmte und Pflanzen abspaltete, er, unentrinnbar in Gewalten eines weiteren Geschehens, der Schalenträger und ihrer Ferne —: denen also wäre auch der Verstorbene erlegen, und in großen Zusammenhängen senkte sich seine Formenreihe in ein früh erschlossenes Grab.

Geringfügige Veranlassung, rein persönlich motivierbare Gedankengänge; aber mich brachte das Ereignis dahin, diesen Mann schärfer ins Auge zu fassen, diesen Herrn auf der Höhe seiner Zeit, den Führer weiter Schichten, den Träger der positiven Idee, den kausalgenetischen Denker. Ich sah ihn vor mir mit seinen Instrumenten, dem Ohrentrichter, der Pinzette, keimfrei und vernickelt, weit hinter ihm die maurische Epoche, das Zeitalter der Bruch- und Steinschneider, das galenische Dunkel, die Mystik der Alraune. Ich erblickte seine Klinik, gewichst und gebürstet, ganz etwas anderes als die Kräutergärten und Destillierherde der mittelalterlichen Harnbeschauer. Plastisch umfing mich sein sonores und voluminöses Organ mit seinem suggestiven und hypnotischen Reiz und verdrängte völlig die Erinnerung an jene Besprechungen und Lieder der Walen, von denen ich gelesen hatte, der kimbrischen Priesterinnen, die in weißen leinenen Gewändern, umschlungen mit einem ehernen Gürtel, ihrer sogenannten

Heilkunst oblagen. Nur wenn ich darüber nachdachte, daß sich die Menschheit doch so lange erhalten hatte, obschon man die Geburtshilfe bis vor kurzem unter den Kleidern und im geheimnisvollen Dunkel betrieb, sich so lange erhalten hatte trotz allen Aussatzes und Pesten, Seuchen, Würmern und Bakterien, die doch erst unser Repräsentant seit verhältnismäßig kurzer Zeit wirkungsvoll zu bekämpfen sich darstellte, streiften wohl meine Gedanken in die Richtung jener auffallenden Hypothese der jüngsten amerikanischen Rasseforscher, die darauf hinauslief, daß für die Mehrzahl der Menschen der Zeitpunkt des Todes als durch Erblichkeit bestimmt anzusehen sei, ja für achtzig Prozent der Menschheit berechneten sie, daß die Krankheit keine ausschlaggebende Bedeutung für die Lebensdauer besitze, die Erbbestimmung vielmehr enthalte den Faktor auch für diesen Teil des individuellen Geschicks. Und wenn ich weiter eine Bestätigung dieser Hypothese in gewissen statistischen Sonderbarkeiten fand: daß die von der modernen Wissenschaft errechnete ideale Lebensdauer, gleich normaler Sterblichkeitszahl, diese Standardzahl, kontrolliert über Zeiträume von Fünfjahrperioden während eines Jahrhunderts und einer räumlichen Ausdehnung von zweihundertsechsundsiebzig Distrikten, beispielsweise Englands, das ich studierte, schon für das erste Drittel des neunzehnten Jahrhunderts sich ergeben hatte, also für einen Zeitpunkt lange vor dem sogenannten Siegeszug der modernen Biologie, so konnte es geschehen, daß, wenn ich in solchen Augenblicken des Ohrenarztes und seiner Pinzette, allgemeiner der Beziehung zwischen Krankheit und Menschheit gedachte, ich die mit Runen bedeckten Stäbe der Zauberer und die an heiligen Stätten dargebrachten Opfer unserer Ahnen nicht hindern konnte, sich in mein Begreifen vorzudrängen.

Jedenfalls, da stand er also vor mir: der Biologe, der Keimblattmarxist, der Anilinexporteur, der Villenzusammenforscher, der als Lamm entstieg und als Drache sprach. Das Zeitalter Bacons, das Mannesalter des Denkens, das gußeiserne Säkulum, das nicht Götter mit dem Beil machte, aber Teufel mit den Erzen: vierhundert Millionen Individuen auf einen winzigen Kontinent zusammengepfercht, fünfundzwanzig Völkerschaften, dreißig Sprachen, fünfundsiebzig Dialekte, inter- und intranationale Spannungen von Ausrottungsvehemenz, hier Kampf um Stundenlohnerhöhung von zwei Pfennigen, dort Golfmatch des Carlton-Club im blütendurchfluteten Cannes, Fürsten im Rinnstein, Landstreicher als Diktatoren, Orgie der Vertikaltrusts, Fieber der Profite: die begrenzten Reichtümer des Erdteils ökonomisch, das heißt mit Aufschlag zu verwerten.

Auflösung der klassischen Systeme vom Ural bis Gibraltar. *Hochkapitalismus:* Erdbeben in Südeuropa, große Zeit für Baufirmen und Innenarchitekten; Eisen- und Stahlvertreter erst den Segen vom Berg Athos, dann rüstig ins Marizatal! Vorne beweinen wir die Opfer und hinten die Trauerrandprofite; im Leitartikel die Gebrechlichkeit der Welt und fürs Geschäftliche die geologischen Bruchfalten und die wirtschaftlich gesunde Erdbewegung! *Sozialismus:* geregelte Nahrungszufuhr, körperliche Unsterblichkeit, gesundheitliches Überdauern —: Hesperidentraum der Innungskrankenkasse.

Und drüben stand das große Land mit der Mythe aus Philadelphia, dem Mann, dem mit einem Stück Bleirohr der Schädel eingeschlagen wurde, weil er am 14. Mai einen Strohhut trug. Der heilige Aloysius vom Delaware, der jungfräuliche Märtyrer, der außerhalb der Saison einen Strohhut tragen wollte. — Wer hatte mit dreißig Jahren

mehr auf der Bank: Dempsey oder Hölderlin? — „Wo sind
die prominenten Bürger von New Salem?" fragte Lincoln,
als er die Stadt betrat. Antwort: „New Salem hat keine
prominenten Bürger, hier ist jeder ein prominenter Bürger", und da standen sie: ehrliches Bekenntnis zur Volks-
gleichheit vom Eiscreme bis zum Hosenschnitt.
Einheitsidole, Schemen im Drilltanz, Stapelware. Kult
unter Scheinwerfern, Abendmahl mit Jazz, Gethsemane als
Rekordekstase, Christus der erfolgreiche Unternehmer,
Gesellschaftslöwe, Reklamegenie und Begründer des modernen Geschäftslebens, der auf der Hochzeit von Kana
auch mit einem mäßigen Jordankrätzer die Situation zu
retten verstand, der geborene Manager, der selbst in einer
Zeit, wo neue Religion nicht gefragt war, den reichen Niko-
demus zum Diner laden konnte. Denn Dollar war gott-
gewollt, Bodenbesitz an sich sittlich positiv; darum Bibel-
stunden gegen Abflauen der Konjunktur, den Pentateuch
gegen die Bodenfixer. D᷿ Keepsmilingprophet der Neuen
Welt und der Anilinmetaphysiker der Alten mit Shake-
hands über den Atlantik gleich Kodekabeln betreffend Oil-
shares und die Petroleumexegese. Knockout Mitropa — der
neue Typ: mit seinen Malen fleckt er die Erde: die Schwebe-
brücke von Manhattan zum Fort Lee, die 1932 fertig sein
wird, 1067 Meter lang, getragen von vier Kabeln von je
914 Millimeter Durchmesser, einer noch bei keiner Kabel-
brücke erreichten Dicke; bei der 1888 erbauten Brooklyn-
brücke erreichte die Kabeldicke nur 400 Millimeter — Dif-
ferenz 514! — Durchmesser. Mit Flug und Feuer kompri-
miert er die Zenite, er überwindet Raum und Zeit, sonderbaren Raum, sonderbare Zeit, Treibriemenkategorien,
Akkordbegriffe, er *verbessert* Raum und Zeit, die Ur-
gesichte.
Dies mein Jahrhundert! Wäre es mein Jahrhundert — ach,

es war die Äone; es war die Geschichte, die Horde, der Aurignac, der Wuchs im Dunkel, die Zügellosigkeit der Schöpfernacht. Einmal das grüne Gewächs des Steinkohlenwaldes, einmal die Eroberungszüge der Wirbeltiere in die Meere der Vorzeit, einmal diese Rasse, von den Gletscherrändern Asiens, mit dem nach rückwärts verschleierten Gedächtnis, ruhelos und selbst die Erdperioden kürzend.

Irgendeine Masse lag im Verdeckten, und irgend etwas trieb sie zu Realisationen eines Zwangs. Uralte Dränge! Die Hochburgen der diluvialen Industrie in Frankreich und Österreich, sehr nahe den modernen: Creuzot und den Skodawerken — glänzendes Können! Die Lorbeerblattspitze der Solutréenkultur — das Höchstmaß technischer Steinbearbeitung! In der warmen Mitte der Zwischeneiszeit die Schönheit von Willendorf, primärer Stiltrieb, konstruktivistisch Autochthones. In den Lößfundstätten Mitteleuropas neben neunhundert Mammutresten fünfundzwanzigtausend Artefakte! Als das Magdalénien von der Steinbehauung zur Knochenbearbeitung überging, begrüßte man die Morgenröte einer neuen Zeit, der Silberstreif war der quartäre Jäger mit der Hornharpune.

Reiz und Verdrängung. Technisches Heute, maschinelles Gestern. Der erste Einbaum soziologisch folgenreicher als U-Boot und Fokker; der erste Pfeil tödlicher als Phosgen. Gelegenheiten mit Wasserspülung waren der Antike geläufig, nicht weniger Lifts, Flaschenzüge, Uhren, Flugmaschinen, Automaten; Monomanie in Tunnels, Gängen, Leitungen, Aquädukten —: Termiten mit Raumneurose, Zwänge zu Griffen.

Masse in Trieben. Hirnblasen in die Ausgüsse, Keimblätter ins Blumenbeet, Dottersäcke im Stoß von Fernen. Erbe in Übersteigerung und Räuschen, astral der Brand, meerüber das Verfallen. Krisen, Mischungen, drittes Jahrhundert:

Baal mit Blitz und Geißel des römischen Gotts, phrygische
Kappen am Tiber, Aphrodite auf dem Libanon — Wirklichkeiten im Ausgleich, Fluten im Verwandeln.

Uralte Dränge altersloser Masse im Klang der Meere und
im Sturz des Lichts. Das Leben will sich erhalten, aber das
Leben will auch untergehn, Trieb und Versagen — Spiele
der Nacht. Verloren das Individuum, das Ich hinab. Durch
eine Indifferenz von schweren Graden, durch eine Müdig-
keit aus Charakter, ein Schlafverfall aus Überzeugung, ach,
Werk: Phantom für Reduzierte; Größe: Spektakel für Gaf-
fer, Geröchel für Goldgebisse; über Wissenschaft, banale
Methode, die Tatsachen zu verschleiern, Religion, die In-
vektive — Dithyrambie der Jugend, hinab, hinab!

Ich sah das Ich, den Blick aus seinen Augen, ich erweiterte
ihm die Pupille, sah tief in sie hinein, sah tief aus ihr heraus, den Blick aus solchen Augen: fast ausdrucksschwach,
mehr witternd, Gefahr witternd, eine uralte Gefahr. Aus
Katastrophen, die latent waren, Katastrophen, die vor dem
Worte lagen, grauenvolle Erinnerungen des Geschlechts,
Zwitterhaftes, Tiergestaltiges, Sphinxgebeuteltes des Ur-
gesichts. Ich erinnerte mich der Aussprüche gewisser Tief-
erfahrener, daß es vom Übel wäre, wenn sie alles sagten,
was in ihrem Wissen läge. Ich gedachte der sonderbaren
Sätze, daß man es aufgeben solle, nach jenen letzten Worten zu suchen, deren Schall, wenn sie nur ausgesprochen
würden, Himmel und Erde ins Wanken brächten. Ich witterte in Masken, ich röchelte in Runen, ich drängte in
Dämonen, schlafsüchtig und roh, mit Instinkten der Mythe,
in anteverbaler Triebdrohung prähistorischer Neurone; ich
begann zu begreifen, ich erhielt das Gesicht: Monismus in
Rhythmen, Masse in Räuschen, Zwang und Verdrängung,
Ananke des Ich.

Eine Klarheit ohnegleichen kam über mich, als ich das

Leben in gewisser Weise überwunden sah. Deshalb die Flotte der tausend Schiffe, fragte ich mit den Toten-gesprächen des späten Rom, in der Unterwelt vor dem Be-trachter bleichten die Gebeine berühmter Schatten, der Kiefer des Narziß und das Becken der Helena, deswegen die Flotte der tausend Schiffe, der Tod so Unzähliger, die Zerstörungen der Städte. Deswegen die Heroen, die Grün-der, die Göttersöhne, Tuisko und Mannus, und die Lieder, die man ihnen sang. Von keinem blieb mehr als ein Umriß und ein Hauch: Das Leben war ein tödliches Gesetz und ein unbekanntes; der Mann, heute wie einst, vermochte nicht mehr, als das Seine ohne Tränen hinzunehmen. Ein-mal das grüne Gewächs des Steinkohlenwaldes, einmal die Eroberungszüge der Wirbeltiere in die Meere der Vorzeit – Wiederkehr war alles.

Wiederkehr und diese Stunde der Nacht. Ich stand und lauschte. Lange stand ich und atmete den Laut. Das Leben wollte sich erhalten, aber das Leben wollte auch unter-gehn – lange Rhythmen, langer Laut. Lange Atemzüge hatte die Nacht, spielend konnte sie sammeln wie zerstreun. Sie gab, sie strömte und zauderte sich zurück; auch die Götter schwiegen nur, im Lorbeer zitterte Daphne, am Meer Amphitrites schlummerten die Hermen.

Und über allem Ohnmacht und Traum. Jenes, das wir nicht kannten, rückte die Scheite: Feuer des Herdes, frühe Särge, Stühle der Greise hin und her. Uralter Wandel, Dämmer und Mohn, der Stiege abwärts zu, dem Murmel verfernter Wässer.

SAISON

Spätherbst, Saisonbeginn, Premierenflimmer, l'heure bleue
aus Spreenebel und Gaskoks, dämmernd, wenn der Auto-
run beginnt. Glänzender Start der mondänen Neurose:
High-life-Pleiten und Pooldebacles, Trattenprestissimo
und Kredit-Kollapse, septisches Terrain, subfebrile Krisen.

Es ist abends, die Unterhaltungen setzen ein, die moralischen Anstalten eröffnen ihre Pforten, die Kunsttempel
rücken ihre Bundeslade, acht Uhr, Packards neben Chrysler, Chauffeur in Blau, Page in Wiesengrün, die vom
Staat wie der Öffentlichkeit mit gleicher Aufmerksamkeit
bedachten Foyers füllen sich mit Prominenten, mit Beru-
fenen, der Oberschicht, sowie den mittleren Bodenerhebun-
gen der Kultur. Die führenden Regierungs- und Finanz-
leiter, die hohen Herrn, eben haben sie einen vollen
Industriezweig für fünfhundert Millionen zu sechs Prozent
auf fünfzig Jahre außer Landes abgegeben; die General-
direktoren des größten und modernsten Messingwerks, die
Konferenz schloß gerade rechtzeitig, in der sie verschuldet
mit fünfundzwanzig Prozent des Aktienbestandes die
Majorität an die Chemicalindustries Ltd in London den
Besitz überfremdend, aber persönlich günstig, übergaben;
der Volksminister außer Diensten, dessen hochwertige Beziehungen sowohl zu den Zentralstellen wie zu den Frak-
tionen die Großbanken bei Vertragsabschlüssen vertrau-
ensvoll zu Rate ziehn; die große Koryphäe, der Arzt, von
dem es im Jesus Sirach ausdrücklich heißt, der Herr habe
ihn geschaffen, und dem es nachmittags vergönnt war, seinen Namen an eine Seidenfabrik für Korsettagen, Haus
der starken Dame, zum Aufdruck zu verhökern; der In-

haber der größten westdeutschen Mehlgroßhandlung, die mit dreizehn Millionen Wechselschulden schiefliegt, – sie alle drängt es zur Kunst, zum Chorgesang, zum hohen Kothurn. Nicht weniger den Vertreter des Rechtsgedankens, der nach Veruntreuung von acht Millionen Pfandgeldern die ungesunde Asphaltluft flieht, den ehrenamtlichen Nachlaßpfleger, der mit drei Millionen Mündelgeldern gerade das Notdürftigste an sich wendete; einige der vierzig Magistratsbeamten, die unter Hundert-Mark-Händedrücken die Bauaufträge vergaben; der Verteidiger, der seinem Klienten den Füllfederhalter mit präparierter Tinte in die Zelle schmuggelte, damit er – laß uns noch einmal – neue Falschwechsel zwecks Honorarausgleich ausfüllt, – sie alle suchen Ruhe und Trost im Wort, das von den Brettern schallt, in der reinigenden Atmosphäre hoher Sentenzen, in der Erhabenheit des sittlichen Kampfs.

Im Parterre wird es nun still. Vorne auf den Sesseln die Kritiker, entstellt von Eitelkeit, ob der Provinztenor bei der Fliederarie seine Körperfülle auf den rechten oder linken Fußballen verlagert, ob der Schrei von Fräulein Parsunke aus der Tiefe der Leidenschaft oder der Höhe der Hasenscharte kommt, ist für sie wichtig wegen ihrer Stellung in der Redaktion und der Unentbehrlichkeit ihrer Posten. Neben ihnen einige der großen Romanciers, immer gleich achthundert Seiten, welche Produktivität, welcher Andrang von Gesichten, man sollte ihnen Kiepen umhängen, Kabeljau 'reinschmeißen, dann könnten sie zu den Fischweibern gehn. Nun wird es aber dunkel. Die geistigen Vorwände für die Kulissenverschiebung sowie den Toilettenwechsel der Diva nehmen ihren Anfang. Der Mann hat eine Geliebte, aber die Frau, modern und heutig, wird ihn sich wiederfangen. Es tritt auf ein junger Mann, Badebekanntschaft aus Biarritz; „Wissen Sie noch, Ger-

SAISON 121

maine, jenen Abend, da ich Sie so sehr begehrte, aber Sie
verweigerten sich mir und vertrösteten mich auf einen späteren Termin." Günstig, nun wird er eingesetzt, er ist die
Hilfstruppe, manches Licht fällt auf ihn selber, physiolo-
gisch, auf sein Mittelstück, aber in erster Linie ist er da,
um den dramatischen Riß klaffen zu lassen, ferner für die
Frau, um ihn auf die Nebenbuhlerin zu hetzen, schließlich
für das Schicksal, das durch ihn die Gattin an den Abgrund („es ist so heiß bei Ihnen, Aristide, nehmen Sie mir
doch bitte die Jacke ab") führt, von dem sie jedoch im
letzten Augenblick hauptsächlich infolge Übermüdung des
Partners zurücktaumelt. Der Kampf ist aus, die Krise löst
sich, die Gatten halten sich umfangen, sie machen Pflug-
schar statt Schwerter, es flüstert die Nacht. Die Clique, die
klatscht, ist das gleiche Kaliber wie die Clique, die pfeift,
die einen sind von rechts dumm, die andern sind von links
dumm, morgen klatschen sie einem Tomatenpropheten,
übermorgen einem Bauchredner, schad't ja auch nichts,
warum denn nicht, Gehirnmüll Zinnober, Tank Gottes.
Ja, die Kunst ist wahrhaft die Blüte eines Volkes, ver-
nimmt man die hinausströmenden Kreise, welche hoch-
geistige Leistung, aber nun wendet man sich wieder dem
Lebendigen zu. Die Herren China: da reift was heran,
die Zigaretten hat der Yankee abgelöffelt, aber die Linsen und Fotoapparate gehen nach Germany, vierhundert
Millionen Einwohner, wenn vierzig Millionen anfangen
zu fotografieren: – Daumen drauf, Schluck aus der Pulle!
Die Damen ihren Graphologen: „Ihrer, das ist ja Tele-
pathie, meiner braucht nur die Hand in die Hosentasche
zu stecken, dann hat er Fernsicht" – sie funkeln, sie greifen
an die Hutnadeln. Die Herren Abgeordneten, die die
Logenbrüstungen gratis überhingen, hochsinnig, die Volks-
boten, die Freifahrer, die Abstimmungscharaktere, jede

Stimmsenkung eine Kontoregulierung, jede Atempause ein Kassenmotiv. Die Presse – nun wer sind wir schon: Ungeziefer, Söhne der Niedrigkeit, homosexuell erzeugte Schildkrötenbastarde, große Borste, deren Mütter sich mit den hochgestellten Herren Chefredakteuren, Feuilletonleitern, Zellstoffverwertvollern vielfach in niedrigster Weise vergangen haben – wo es sich nicht um Aufsichtsratposten handelt, handelt es sich um Waldbestände: das Schloß des Fürsten Collalto in Wien mit seinem mehr als dreißigtausend Quadratmeter großen Park ist gerade in den Besitz eines ihrer Prominentesten übergegangen.
Und neben den Musentempeln stehen die Fronten der Minerva, denn Kunst und Wissenschaft sind die Stützen eines Volkes, das Schöne und das Wahre, im Vorraum jeder Akademie, in jedem Sitzungssaal sieht man sie an die Wand gemalt. Die eine hat den Blick nach oben, ins Freie, Ideale, gelöst das Haar, die andere sieht abwärts, einen Griffel oder einen Zirkel in der Hand, dazu einen harten Gegenstand, meistens etwas Rundes, einen Erdball oder einen Schädel. Auch fehlt die Plastik nicht, der obligate Titan, das Lichtbringerische im eventuellen Abgrund, alle die Umwege der Natur von Babylon bis Timbuktu, alle die Fehlgriffe, aber nun diese Stunde, alle die Privatdozenten: welch ruhig Glück im Stehn und Spähn und Warten, – treten wir ein.
Augenblicklich hat es Minerva mit dem Aurignac, Darwin verkehrt, wir sind alle nur symbolisch. Sie hat es ferner mit der Haarschlinge: sie teilt durch Haarschlingen das befruchtete Ei, isoliert die Abschnürungen, studiert das Schicksal der getrennten Rudimente. Frösche werden erzeugt, das Vorderteil Waldfrosch, das Hinterteil Sumpffrosch, im frühen embryonalen Leben zur Verwachsung gebracht. Individuen, freilebende animisierte Wesen, stellt

SAISON

man aus Teilstücken her. Die Chimären Lykiens verblassen vor diesen Prachtbeispielen von Mißbildungen, der Comble ist die Verbindung von Unke und Frosch. Ferner kann man Augen hervorzaubern, Augen liefern, Augäpfel herstellen – ja aber geht das vielleicht aus irgendeiner Kraft hervor, einem Antrieb außerhalb des Brutschranks, einem suprainduktiven, transempirischen, extraexperimentellen Hintergrund –? – Gottes willen! – beißen Sie sich die Zunge ab, man trägt zwar im Moment wieder die lockere Linie vom Nisus formativus Kaspar Friedrich Wolfs über Drieschs Entelechie zu Spemanns synergetischem Prinzip – aber hier geht es um mehr als um Wissenschaft und Erkenntnis, hier geht es um Lehrstühle und Fortkommen – diese Flederwische der Haarschlingen, diese Avantageure des Augenscheins!

Neben dem Radstand, der, laut Prospekt, viel länger ist, als Sie bei diesem Preis erwarten durften, weit über den internationalen Frauenkongreß hinaus, der auf der eben abgeschlossenen Tagung als Wichtigstes einen Ausschuß bildete, um die Möglichkeit weiterer Tagungen und Kongresse zu studieren, bringt die Wissenschaft diesen Winter die akausale Auffassung des Weltgeschehns. Nur noch ein statistischer Charakter steht dem physikalischen Gesetze zu. Physiker wie Philosophen halten die absolute Determiniertheit des Atomvorgangs für unwahrscheinlich, einer der allgemeinsten Erfahrungssätze, der sogenannte zweite Hauptsatz der Thermodynamik oder Entropiesatz, der überhaupt schlechterdings bei jedem wirklich physikalischen Vorgang eine Rolle spielt, hat sich als der Prototyp eines statistischen Gesetzes herausgestellt. Brüche im Bau, Risse im Hymen, Spuk im Parthenon, der Wurm in den konsolidierten Immobilien; die Wahrheit ist Lorche geworden, helles Bier; das Waschwasser des Pilatus ist zum

reißenden Strom geworden –: aber hoch der neue Flotten-
verein, Ersatz-Galilei, Vorschuß-Newton, Attrappen-
Kopernikus – das Gehirnmaché des Bürgerkleins!
Steht er da der enge Menschen- und Tierkopf, sinniert,
schnüffelt, tüftelt – keiner denkt daran, daß die mittelalterlichen Titelträger keine gelehrten Herren waren,
keine rangierten Ordinarien, keine Lieferanten von Fabrik-
geheimnissen, überhaupt keine Wissenschaftler, sondern
unhonorierte Dämone: „lieber auf Ochsenhäuten schlafen
als auf Würden und Achtbarkeiten", während dies hier,
hundert Jahre entfernt vom letzten echten intellektuellen
Putsch, von hundert Jahren nivelliert, in einer aufgelösten
liberalen Ära, mit Instrumenten, Formeln, Lehrbüchern,
die es erbt oder abkauft, eingeschliffene Methoden weiter-
und wiederkäut, seine Kasuistik, höchstens für Examens-
kandidaten lebenswichtig, zu etwas Weltanschaulichem
aufzublähen, mit Hilfe von Presse und Fotografen in alle
Magazine zu spülen und in soignierten Abendkursen die
Gemeinschaft mit dem Publikum („morgen einem Bauchredner, übermorgen einem Tomatenpropheten") herzustellen sucht, ein in Gehaltsklassen eingeteilter Forscher-
magistrat, eine pensionsberechtigte internationale Zivi-
lisationsgilde, die insgesamt durch eine gleiche Anzahl
Studierter mit der gleichen Vorbildung und von dem gleichen Hämorrhoidalkranz abgelöst und ersetzt werden
könnte.
Geistig und gesellschaftlich der Prototyp der Zeit: erleb-
nislos und nicht existent; beauftragt mit der Auffindung
der Wahrheit, Wahrheit ist, was bewiesen werden kann,
eine bestätigte Berechnung, nachprüfbar, mit Verwer-
tungsspekulation. Zu Hause sammeln sie dann vielleicht
Briefmarken, streichen die Geige und füllen Busch und
Tal; da haben sie vielleicht die Tolle, als Schöpfer, De-

miurgen, kosmische Schauer in der Hühnerbrust. Abends
acht Uhr betreten sie dann die moralischen Anstalten,
die Kunsttempel und die vom Staat wie der Öffentlichkeit
mit gleicher Aufmerksamkeit bedachten Foyers. Um zehn
ist es aus, die Theater entleeren sich, die soignierten
Abendkurse entlassen ihre Leute. Noch einen Zug Leben,
die Nacht ist lau. Da treiben sie zwischen dieser Menschheit, deren Oberschicht sie sind, der sie alles so plausibel
machen und die Industrie so billig. Da ist dann solche
Nacht über diesem Strich im Westen, diesem Brunft-
schacht, diesem Drüsenpalmyra –: Luststrudel vom Schlag-
schatten bis ins Blaulicht, Kriminelle und Travertierte,
Psychoten und Bankerotteure, Barschleicher, Stummel-
raucher, frigide Sumpfpflanzen – Triebkonglomerat vom
Dom bis zur Rotunde.
Gehirne, diffundiert mit Toxinen aller Floren und Faunen, summiert die Letalfaktoren einer übertrainierten
Rasse, sukkulent von Lusthormonen – vor Malaiencock-
tails, über den Atlantik gemixt, faul, wollüstig und ver-
armt der Midshipman der Mitropadschunke. Vor ihm das
Leben. Die Nigger jazzen. Die Sojabohne, bis 1909 auf
dem europäischen Markte völlig unbekannt, wird heute
mit neunhunderttausend Tonnen Mehl in sein Brot ge-
backen; achttausend verschiedene Medikamente stellt die
chemische Industrie des Landes her, alle dringen in seine
Lymphe ein. Der Zuckerkonsum nimmt in auffälligem
Umfang zu, die Fleischernährung verschiebt sich in volks-
wirtschaftlich sehr bemerkenswerter Weise vom schwarzen,
schwer verdaulichen Fleisch zu Fischen und Geflügel. Die
Forschung entbittert die Lupine, verdickt die Weizenkörner, verwohlfeilt den Streuselkuchen, alles übrige be-
sorgt die Berufsgenossenschaft: Ammentitten, Lutscher,
Leichenwäsche – alles kommunal.

An den Genitalien wird nichts mehr ernst genommen, abgesehen von den Geschlechtskrankheiten, von der Überzeugung ausschließlich ihre Dividende. Vierhundert Millionen Mäuse wiegen so viel wie ein ausgewachsenes Fluß-
pferd, aber sie fressen so viel wie eine hundertköpfige
Rhinozerosherde, also wäre Mäusefutter günstig. Gehäng-
te Jungchens, 'ran an Mäusefutter, die Laboratoriumschefs
dokumentieren eine kleine Analyse, Notiz zur Presse und
so weiter – Lehr- und Nährstand, richtige Vertreter alles,
Gotteskinder, Wald geschaut und Luft gesogen, und wenn
sie plötzlich absacken, liegen drei geplättete Oberhemden
in der Kommode. O Aufklärung, o Fortschritt, o Induk-
tion – eine Menschheit formten sie in die Metropolen,
dreißig Bedürfnisanstalten und achthundertneunzig For-
schungsinstitute. Gehirn, Gehirn im Rindentaumel, eine
Formel fürs Geschäft und eine Plattfußeinlage zum
Schrammeln, aber nach dem Kuß gurgeln – o Aurignac,
der vier Eiszeiten überwand und seine Höhlen mit irrealen
Elefantenherzen übermalte, in dem Schwung eines gestürzten Büffels lebte fünfzigtausend Jahre dein großes
Troglodytenherz – vor deinen Senkern, – unter Abtrei-
bungsmotetten, überspezialisiert, daß die Schädel quellen
und die Föten die Becken demolieren – steppt der Negroide
seinen Bungalow in ihre Breiten und die Jazzband einer
Neandertalkapelle dröhnt aus Afrika Himmel und Erde
und vom Red River Zeugung und Verfall über deine Pin-
sel und Pipetten.

WEINHAUS WOLF

Eine bestimmte Zeit meines Lebens verbrachte ich in einer mittelgroßen Stadt, fast Großstadt. Schlechtes Klima, keine Landschaft, flach alles, riesig öde. Mein Beruf hatte mich innerlich nie beschäftigt, hier gar nicht. Gerade an der Stelle, wo die feingeistigen angesehenen Männer ihren Beruf ins Öffentliche, sei es des Politischen, sei es des Weltanschaulichen übergehen fühlten und sich und ihre Arbeit aufgenommen sahen von allgemeinen und weitverbreitet denkbaren Begriffen, brach bei mir das Berufsinteresse ab. Der größte Teil meines Lebens war den Jahren nach zu Ende, und ich war mir klar darüber, daß eine große Gutwilligkeit dazu gehörte, es als fruchtbar zu erklären. Der Ausfall der meisten Leben verursachte keine Störung, auch des meinen nicht, höchstens eine Verkehrsstörung, gegebenenfalls, gegebenenunfalls, doch alle ordnenden Kräfte waren eingesetzt, eine solche abzuwenden. Reibungslos vollzog sich das Überschreiten der Zu- und Abfahrtsstraßen des Kommenden und des Verströmens.

Eine Wohnung hatte ich mir genommen, die nach hinten lag, zum Hof sah, alle Zimmer. Absicht! Einmal vertrage ich kein Licht, keine Beleuchtung durch die starken natürlichen Strahlen, dann aber auch, um verborgen zu bleiben sowohl im Hinblick auf die Männer wie auf die Frauen. Sehr höflich, war immer meine Devise, aber möglichst selten, und nie unvorbereitet. Darum hielt ich mir auch kein Telefon, um jede Verabredung unmöglich zu machen. Zu den Gesellschaftsabenden ging ich regelmäßig, erhob das Glas auf das Wohl der Herren, besprach mit den Damen die zur Diskussion stehenden Themen und ließ das Blumenmädchen nicht vorbei, ohne den Strauß der Jahreszeit für meine Nachbarin zu entnehmen. Ich glaube nicht, daß jemand darauf gekommen wäre, mich als unkorrekt zu empfinden. Natürlich war sehr viel Berechnung und Überbau dabei, aber das betraf mich ganz alleine.

Ich stammte aus der Kolonial- und Konsulatssphäre. Ich hatte den Hauptteil meines Lebens in den großen Städten der Erde verbracht, nun erschien mir ein Ort dieser Art mit seinen hunderttausend Bewohnern, drei Straßen, auf denen sich alles traf, dem halben Dutzend Restaurants, wo sich alles wiedersah, einigen Grünflächen, im März mit Krokus, im Herbst mit Geranium stimmungsvoll aufgeheitert, ganz besonders bemerkenswert. So nahe an den bürgerlichen und menschlichen Kern einer Gemeinschaft hatten mich meine Tage nie geführt, so nahe an den geschichtlichen Kern, um diesen Ausdruck einzuführen, auf den ich damals besonderes Gewicht legte. Ich ließ daher alle diese Eindrücke aufs nachhaltigste auf mich wirken, bereit, meine Grenzen zu öffnen, mich zu erneuern, noch einmal die Grundfrage der menschlichen Existenz zu überprüfen, die angesichts der geistigen Lage der weißen Völker, auf die ich während meiner Wanderjahre so gleichmäßig gestoßen war, allerdings eine ganz bestimmte Antwort in mir vorbereitet hatte.

Was berechtigte diese Völker, die übrigen zu leiten? Das war es, was ich mich fragte, was in dieser Richtung wiesen sie vor? Welches innere Bild des Menschen hatten sie entwickelt, bis in welche Tiefe des Seins und bis in welchen Umriß des Äußeren hatten sie seine Gestalt geführt? Wo standen ihre überirdischen und reinsten Geister, bis zu welcher Kälte des Urteils, bis zu welcher Härte sittlicher Entscheidungen hatten sich ihre Massen unter ihren imperialen Führern bewegt? Sie verwiesen neuerdings viel auf ihre Geschichte. Aber es gab Größe, die hatte keine Geschichte.

Asien hatte keine Geschichte. Die Griechen gingen in dem Jahrhundert zugrunde, als Herodot erschien. Sie verwiesen weiter auf ihr Herrentum — Herrenrasse — gut, also wer waren diese Herren?

In dieser Richtung zu beobachten wurde ich nicht müde. Ich darf deutlicher werden und mich in Einzelheiten verlieren. Mein Gang des Abends führte mich häufig in eine kleine Weinstube, alles Stammpublikum, die Wirtin kannte ihre Leute, richtete gelegentlich an sie das Wort, eine angenehme Frau. Da saß ich oft, hinter der Maske Bilder und Erinnerungen an vergangene Jahre, Erinnerungen an Tahitis schmalen Strand, die Hütten in den Brotfruchtbäumen, an die so süße und kühle Frucht der Nüsse und an die nie schweigende Dünung vor den Riffen —; Bilder vom Broadway, noch immer im Feuer der Prärie, brandige Sonnenuntergänge am Horizont der Gassen, Erinnerungen und Bilder an alte und neue Welten, Rothäute, braune Perlentaucher, gelbe Schatten.

Es waren keineswegs Romantik, Rousseausche Rückstände, ästhetische Lamentos, die hinter diesen Bildern standen, nein, es war im Gegenteil die Vision der hellen Rasse, deren Tragödie ich in mir trug, deren Abgründe ich gefühlt hatte, als deren Vertreter ich überall erschienen war, nun hatte meine Rückkehr zu ihr und der inzwischen von ihr so betonte Begriff der Geschichte dazu geführt, sie selber entwicklungsmäßig zu betrachten, ihren Verlauf zu chiffrieren, ihrer Vergangenheit nachzufühlen, und eine Art Revue stieg manchen Abend um mich auf, eine Kulturrevue von mäßig langer Dauer, der erste Akt trug den Falken auf der Faust, der letzte hielt den Sperling in der Hand und pries ihn den Spatzen auf den Dächern.

Ein Kreis weißer Menschen, zeitlich nachantik, gehirnlich geprägt von den Erfahrungen der gräco-latinischen Humanität, Mischblut aus dem zersprengten römischen Imperium, verwilderten Merowingern, entfesselten Christen, erotisierten Päpsten, triebunterlegenen Mönchen, glühenden Mauren, rosenölimportierenden, reiherjagderregenden, luxusausströmenden Persern beschreitet den unbetretenen Weg.

Nichts in der Gesinnung anzuerkennen, das nicht durch den Gedanken gerechtfertigt ist — so nannte es später die Rasse. Nichts in der Gesinnung, nichts in der Kunst, nichts in der Religion, nichts in der Wissenschaft. Alles unterliegt den Maßstäben klarer Folgerichtigkeit von Voraussetzung, Behauptung, dann Beweis; wird emotionell geprüft am logischen Satz vom Widerspruch, wird gültig erklärt nur durch die Einsicht von der Unaufhebbarkeit der Übereinstimmung des Ganzen und der Teile. Transzendenz einer das Detail verlassenden, Verwirrung und Überladung abstreifenden, asketischen, einer sich reinigenden, einsiedlerischen Harmonie. Transzendenz aber auch mit Hilfe von Einengend-Überheblichem, Fortschrittlich-Dürrem, Sichabschnürend-Menschlichem; doch transzendent, und zwar selbst da, wo diese Lebensform ihre letzte Höhe nicht erreicht, auch in den Vorstufen und Ablegern, überall stellenweise Schwung, Selbsterregendes, Ent-Leibendes: Transzendenz, Spezialtranszendenz, Sektorenaufbruch; – Sektoren aus dem Rad Sansaras im Rausch des unendlich Möglichen mit den Deutungen in alle Richtungen der nie erkennbaren Schöpfung und der Träume. Abendländischer Sektorenaufschwung, westlerisch-nordische Spezialkombination, gehalten an das sanfte Strandleben der Südsee kompliziert und vorstellungsverfächert, an das Niealternde und Wogenhafte Chinas unaristokratisch und ruhelos. Um diese weiße Rasse handelte es sich, ihr Weitermüssen auf einem nicht zur Rückkehr mehr geeigneten, verlorenen, eisig und

WEINHAUS WOLF 131

glühend verwitterten, von keinem Thalatta mehr umarmten Abstieg und Weg.

Es trieb mich immer näher an die Dinge heran, ihre Atmosphäre, ihre Verwurzelung, ihre Kausalität, ihr Sein. Manchen Abend saß ich da, sah um mich, es war die Weinstube, doch etwas Schräges und Versinkendes lag, schien mir, über dem Raum, er hatte die Form und Täfelung eines Schiffsinnern: Ein Torpedo, das in die Tiefe schoß — ja, dieser Eindruck drängte sich mir auf, etwas Abgleitendes, eine Gemeinschaft, die versinkt, mit Bildern wie Ölflecke, Nachzügler über den Abgründen, schlicht um schlicht.

An einem Nebentisch saßen drei Herren, aßen Ragout aus Muscheln, erzählten, scherzten mit der Wirtin, ein heiterer Kreis. „Lieber gut, aber dafür ein Jahr länger", äußerten sie, handhabten das Eßgerät, Gabeln, zwischen Brötchenabbiß, dazu Pokal, dann wieder bogen sie die Schenkel aufwärts und traten aus. An der Schulter gelöste Gliedmaßen, unten Gamaschen. Ein Hund Krause, der gewaschen werden müsse, zum bevorstehenden Fest sei die Säuberung angezeigt, kehrte immer wieder. Aschenzuwachs am Glimmstengel, Saugen, Bemerkungen hin und her — so verging ihnen der Abend, verteilte sich das Ungewisse, gliederte sich die Zeit.

Dies also waren drei Gegenwartserwählte, Genossen, Geschichtsträger, Leidenschaftsfanale, mit ihren Zügen war ihnen aufgegeben, alles auszudrücken, was die Existenz ihnen entgegenwarf: Genuß, wippiges Lachen, Niederkämpfen der Konkurrenz, wirtschaftliche Triumphe und wiederum vor den Witwen von Geschäftsfreunden Beileid.

Individualitäten! Orgasmus zu seiner Stunde, später Weihwasser, auch Teilnahme an Festen. Berufsgruppen! Besteigen nachmittags einen Zug, Geschäftsreise, Geschmack von

Rauch, etwas Kühle im Coupé, Landschaft streicht vorüber, Dämmerung — Tage und Existenzen! Parallele: schuldlos geschiedene Blondine, Mann Syndikus, jetzt Broterwerb, ausgenossene Gattin.

Gespenster! Leere! Gliedloses Gewoge! Cäsarisch am Schlips: rotkariert, nicht Punkte; Eigenblust im Römer: Obstsaft, keinen Federweißen! Reize, Gewohnheiten, Verstimmungen der Höchstfall von Besonderheiten! Fruchtwerdendes, anlagemäßiges Müssen nie.

Daß ein Volk oder eine Rasse degeneriert, schien mir von jeher zu bedeuten, daß in ihnen die Zahl derjenigen Anlageträger zurückging, die mit den Möglichkeiten und in der festgelegten inneren Grundlage geboren waren, das Wesen dieser letzten und späten Art gesetzlich auszudrükken und durch alle Widerstände zu einem unbestimmten Ziel zu tragen. Welcher Art dieses Wesen war, darüber konnten Zweifel füglich nicht bestehen, doch ich will sie hier noch einmal mit meinen damaligen Formeln sagen. Das Wesen des Menschen ist die Gestaltungssphäre. Nur in der Gestaltungssphäre wird der Mensch erkenntlich, nur in ihr werden die Gründe und Hintergründe seiner Erschaffung klar, nur aus ihr seine Tierreihenstellung deutlich, Fläche in Tiefe überführen, Worte durch Beziehung und anordnendes Verwenden zu einer geistigen Welt eröffnen, Laute aneinanderketten, bis sie sich halten und Unzerstörbares besingen, dies ist ihre Tat. Völker, die den Geist in dem hausfraulichen Sinne eines durch zentrale Belieferung stillbaren Wohn-, Siedlungs- und Heimtriebs lehren, sind degeneriert. Völker, die ihn ertragen als angreifende, spaltende, lebenzersetzende Sondermacht, stehen rassisch hoch. Völker, die den Geist nur in den Siegen der Geschichte und im Gelingen von Grenzüberschreitungen erblicken, sind niedere Rasse. Völker, die ihn in alle Formen

zur Gestaltungssphäre dringen lassen, sind züchterisch groß.
Also die Gestaltungssphäre! Soweit hier irdische Äuße-
rungsformen vorlagen, demnach: Individualismus, Form-
rausch, Differenzierungsstürme. In allen Kulturstufen bisher nur angedeutet, sporadisch in jenen großen Einzeltypen,
daher noch eine völlig und tief verhüllte Macht. Spät, nämlich im Menschen erst, erschienen, war ihre Zusammenfassung zur Weltumschaffung erst in Ansätzen kaum im
Gange. Hier das Leben mit seinen Manipulationen, sogenannten Handlungen, und dort das Prinzip der neuen
Realität. Diesem diente die Einheit der großen, körperlich
oft schwachen Rasse, jener außerhalb aller Zeiten und aller
Völker. Starb sie in einem Volke aus, schoß das Torpedo in
die Tiefe. Vor dem Aufschlagen aber eröffnete sich erst
noch mit Festreden die Epoche der Ganzheitstriebe, der
Umzüge, der Gemeinschaftskulte, die Epoche der Renais-
sancen, der Rückwärtsdrehungen, die Epoche der Geschichte.
Rohde in „Psyche" hatte den Ausgang des Griechentums
auf seinen letzten Seiten so beschrieben. Mitten in einer
solchen Epoche schienen sich mir die weißen Völker von
neuem zu befinden. Der Entscheidung zu einer neuen Seins-
form, nämlich zu dieser Auffassung vom Geist, waren sie
alle ausgewichen. Für sie diente er dem Leben, und sie ver-
faßten Tragödien darüber, daß es an einigen Stellen nicht
so schien. Eigentlich war er eine verdorbene Wirklichkeit.
Hinunter also mit ihm, und vor der Geschichte, das heißt
im nächsten Krieg, da würden sie schon siegen.
Vom Tisch der Geschäftsfreunde erhob sich die Wirtin und
trat zu mir. „Was zu lesen?" „Danke, nichts zu lesen." Ich
lag wie immer mit dem einen Arm auf der Lehne der Bank.
„Immer so schweigsam?" „Gewohnheit!" Ich entspannte
eine Muskelgruppe am Schultergürtel. „Immer so untätig?"
Ich füllte[1] tagsüber meinen Beruf aus, soll ich abends noch

eine besondere Tätigkeit für das Weltall entfalten? „Die Herren meinten das in ganz bestimmtem Sinne." Ich behauptete mich in der Umwelt, was sollte denn das heißen, ich muß sagen, das war ein starkes Stück. Wenn die Herren dort nach Verlassen ihrer Häuslichkeit betrachtungsmäßig ins Allgemeine strebten, bitte sehr, aber ohne Bezug auf mich, offengestanden, ich war verblüfft. Ich ging in der Tat nicht gern zu Fuß und suchte überall die Arme aufzulegen. Oft unterließ ich einen Einkauf, da ich meinen Umriß unter einer Hutkrempe im Augenblick als zu absonderlich empfand. Vielleicht hatte ich also tatsächlich morbide Züge. Von Haus aus wollte ich ja auch Schriftsteller werden, doch um Schriftsteller zu werden, muß man vor allem seine eigene Handschrift lesen können, und daran mangelte es bei mir von je. Hinsichtlich eines Romans mußte man außerdem die Zeit anerkennen, doch das Wort enthielt keine Zeit, und ich liebte es, in Worten zu formulieren. Daher wurde ich Konsularbeamter, Auslandsposten, und Tahiti und die Azoren glitten an mir vorüber. Sollten sie dies von meiner Stirne lesen?

Ich erschrak. Wenn sie noch Tieferes erblickten? Untätigkeit bei günstigen äußeren Lebensbedingungen, das war, wenn ich es so ausdrücken darf, in der Tat mein Ideal. Untätigkeit im allgemeinen Sinn: Kein Büro, kein pünktlicher Dienstbeginn, kein Bezugszeichen links oben auf den Akten. Keineswegs durch die Natur schweifen, ich war kein Rutengänger und Steppenwolf, mehr ein Sichauslegen mit Wurm und Angel, etwas anbeißen lassen, Eindrücke, Träume — die große Vergeudung der Stunden. Daß Goethe und Hamsun die körperliche Arbeit an der Erde als letzte Weisheit priesen, schien mir nicht besonders verbindlich in Anbetracht dessen, daß sie persönlich ihre siebzig Jahre lang sämtliche irdischen und überirdischen Dämonen an allen ihnen zur

Verfügung stehenden Drüsenfeldern und Ausführungs-
gängen mit Hexenmilch gelabt hatten, nun wollten sie zum
Schluß ihren Zwieback noch einmal in der Laube vespern —
das schien mir weniger eine Weisheit als Ermüdung und
ein Gähnen. Es entsprach dem Stil der „Novelle", dem berühmten Alterswerk: eine Menagerie fängt Feuer, die
Buden brennen ab, die Tiger brechen aus, die Löwen sind
los — und alles verläuft harmonisch. Nein, diese Epoche war
vorbei, diese Erde abgebrannt, von Blitzen enthäutet, wund,
heute bissen die Tiger.
Die Wirtin schickte sich an, mir gegenüber Platz zu nehmen,
aber ich zögerte, darüber sichtbare Freude zu bekunden. Ich
war aufgestört — tätig? — untätig? —: alle diese Tische und
Gesichter schienen mir plötzlich eine bestimmte Frage auf-
zuwerfen, diese Gespräche, Gesten, Ausströmungen — lief
denn das alles nebenher? Das Zeitalter nach Goethe, das
meines war, Manfred, nicht Faust —: „Ich hab' mich selbst
zerstört und werde selbst auch künftig mich zerstören" —
Kunst: kein Mittel gegen Räude, sondern die Erklärung des
Menschen, die Existenz täglich auf einem Giftpfeil balan-
ciert, sein Fonds ist Krankheit, Unheilbarkeit sein Wesen —;
„der Schaden der Guten ist der schädlichste Schaden" —
„Leid ist die einzige Ursache von Bewußtsein" — Nihilismus — und: „Nihilismus ist ein Glücksgefühl" — was durch
die Gehirne meiner Generation an Auflösung von Substanzen und Inhalten durchgespült war und täglich weiter durch-
spülte, dies Delta, diese Zerklüftungen, und wenn man
dann diese Köpfe ansah: tadellos gefüllte Gewebe; Joch-
bögen, Kauflächen, nichts Regelwidriges; Haltung, Mienen,
Grimassen, alles Aufwärtsbewegungen —: auf welchem
dicken Fell saßen eigentlich alle diese Zusammenbrüche?
Offenbar lief das alles nebenher.
Die Wirtin bemerkte mein Zögern, witterte, richtete ihre

Aufmerksamkeit auf andere Personen, und nun suchten unsere Blicke gemeinsam, doch aus verschiedenen Stimmungen, die einzelnen Gruppen und Tische im Saal. Dort der hervorragende Graukopf, ein alter Oberst, war der unmittelbare Nachkomme jenes Regimentskommandeurs bei Malplaquet, der mit seiner Truppe nach der Passage von drei wasserreichen Kanälen und mit völlig durchnäßter Munition Villars in die hohe empfindliche Flanke stieß, Marlborough belohnte ihn mit einer Tabatière — der Nachfahr schwenkte gerade wie zum Angriff die geballte Hand. Der Stille vor dem Hochburgunder versicherte tagsüber Leben, nachweislich erfolggekrönt, äußerst abschlußreich, Zögernden gegenüber besonders durch das Goethewort wirkend, das im Prospekt seiner Firma einen Ehrenplatz hatte, „was heute nicht gehandelt, ist morgen nicht getan". Den Lehnsessel vollends füllte eine Persönlichkeit des wissenschaftlichen Gedankenkreises, dem es, wie bekannt, auf Ableitungen ankam: die Schmetterlinge aus den Würmern, die Säulentempel aus den indonesischen Pfahlbauten — eine besondere Äußerungsform höherer Lebenssphäre. Alle diese waren echte Gegenwartserwählte, Erscheinungen, denen eine spätere Zeit nicht vorzuwerfen haben würde, sie seien blind vorbeigegangen beispielsweise an dem neuartigen, wundersamen und großen Geschehen, das die moderne Stoffverwandlung mit sich brachte (aus Luft und Holz glasklare Scheiben, Blöcke, Spinnfasern), lauter fertige Persönlichkeiten, in denen Lebenswendung, Berufung, innerer Wandel immer in gradliniger, einfach zu beschreibender Form vorgegangen war und vor sich gehen würde. Was war demgegenüber die Sphäre, in der ein Leben nach meinen Maßstäben verlaufen wäre?

Nichts gegen die Ordnung der Erde — doch wer Leben sagt, ist schon gerichtet — aus diesem Zwiespalt wird man nicht herauskommen, sagte sich offenbar die Wirtin und ging in die andere Hälfte des Lokals. Doch wenn ich nun weiterdachte und klar und ohne Umschweife auf mein Ziel losging: was diese hier Handeln nannten, Tätigkeit, in die ich mich gemäß der Wirtin einflechten sollte, womöglich kilometerlang in die Soziologie, wenn man hiervon das abzog, was Geschäft war, blieben nur Reflexe oder was bei den Muscheln nachwächst, um die Gallerte umweltmäßig zu sichern. Notwendigkeit kann ich darin nicht erblicken. Notwendigkeit kann ich in dem erblicken, was ein Zeitalter denkt und wie es sein Denken an die vergangene Epoche anknüpft. Notwendigkeit gibt es offenbar überhaupt nicht in der Natur, sondern nur in der Auflösung der Natur, nämlich im Geist, der ist Zwängen unterworfen, aber Handeln — das ist Vagabondage, Freiluftstil.

Wer auf dem Tiger reitet, kann nicht herab. Chinesisches Wort. Auf Handeln angewendet: es führt zu Geschichte. Handeln ist Kapitalismus, Rüstungsindustrie, Malplaquet — Borodino — Port Arthur —: hundertfünfzigtausend Tote, zweihunderttausend Tote, zweihundertfünfzigtausend Tote — niemand kann die Geschichte mehr anders sehen denn als die Begründung von Massenmorden: Raub und Verklärung —: der Mechanismus der Macht. Und was sie aufzeichnet, ist keineswegs das volkhafte Gedächtnis der Nationen, sondern ihre Witzblätter. Schlägt man sie zwanzig Jahre nachher auf, erinnert man sich an die Moden der Kriegswitwen, doch an den Sinn der Schlachten längst nicht mehr. Ein Granatsplitter als Berlocque am Bauch der Accapareurs, der Haifische, der Kriegsgewinnler, wenn sie beim Tanztee eine Nutte ködern, das bleibt, das ist Aere perennius, das überdauert die Generalstäbe, das ist der Fahnennagel der Geschichte. Ah, eine Steingeburt diese Geschichte, Sage, Traum! Was lebt nicht alles schon seinem Bartwuchs in

irgendeinem Kyffhäuser: die Mandschu und die Hohen-
staufen, die Tennos und Schoguns und die Wollfritzen aus
Lancashire, das wächst durch alle Tischplatten ohne Bart-
wichse, und die Raben haben sich heiser geschrien und haben
den Rachen voll und brausen ab hinter die Gebirge —: Geschichte, viel zu klassisch für diese Abstiegvölker, Talmi-
titaniden, mehr Heroin als Heroismus, Schaum vorm Mund
vom Medaillenstanzen – Ladenschwengel der Geschichte!

Wer der Gegenwart gar nichts zu bieten vermag, der sagt
Geschichte! Alles Rom, alles Rubikon! Die Fresse von Cäsaren und das Gehirn von Troglodyten, das ist ihr Typ!
Kriege, Knuten, Tyrannen, Seuchen, um die Massen in
Schach zu halten, darin könnte man vielleicht einen gewissen Wurf erblicken, aber Geschichte, das ist nichts für —
Helden! A propos — Siege und Unsiege, Wille und Macht,
was für Aufdrucke für diese Bouillonwürfel! Auf dem Tisch
gratis Kolonialwaren und unter dem Tisch angeeignete
Perserteppiche: das ist das Tatsächliche der Geschichte. Was
sie zerstört, sind meistens Tempel, und was sie raubt, ist
immer Kunst. Es geht die Reihe herum bei den Firmen und
Pharaonen: die Saphire aus den Augenhöhlen der Am-
phitrite auf den Mantel der Madonna aus getriebenem Gold,
dann zurück auf den Schwertknauf eines imperialen Colleoni.
Malplaquet—Borodino—Port Arthur — kulturphilosophisch
besänftigt: Schwebezustände. Doch dahinter stehen in aller
Ruhe die Beauftragten der Formvernunft, die langsamen
Sammler und Herbeiführer von Entscheidungen.
Wenn ich die Reihe dieser Abende überblicke, die sich durch
einen bestimmten Frühling hinzog, so war es damals, daß
eine eigentümlich zusammenfassende Empfindung in mir
aufstieg, ich eine Erscheinung näher sah, die seit Jahrhunderten als Vorgang dalag, doch kaum ins sprachliche

Bewußtsein gehoben war: Es gab innerhalb der weißen Völker zwei Klassen von Menschen, die handelnden und die tiefen, und Kunst war nichts anderes, als sich eine Methode schaffen, um die Erfahrungen des tiefen Menschen zur Sprache zu bringen, in ihr nur fand er Stillung und Laut. Es gab, mußte man fortfahren, innerhalb der weißen Rasse zwei Klassen von Vokalträgern, und beide Klassen bedienten sich infolge eines seltsamen biologischen Unterlassens vielfach gleicher Worte und Begriffe, füllten sie aber mit gegenseitig unvorstellbar fremdem, nie vermischbarem feindlichen Blut. Wie die männlichen und weiblichen Individuen dem gleichen Zeugungsakt abwechselnd entstiegen, entstieg dem Keim, der Schöpfung, der unsäglichen Ferne einmal der Geschichtliche und einmal der Zentrale, einmal der Handelnde und einmal der Tiefe, einmal das Leben und einmal der Geist. Manchmal bemüßigte ich mich, diesen Gedanken morphologisch zu variieren und ihm eine Spitze zu geben. Die Überbauung der niederen durch die höheren Zentren war der Weg der organischen Formung, das bedeutete äußerlich das Herausarbeiten der Längsachse, die immer stärkere Aufrichtung der Wirbelsäule, das bedeutete die Wanderung des Wesens nach dem Haupt. Das bedeutete innerlich die aufsteigende Hierarchie des Nervösen, bedeutete geistig das Bewußtsein und bedeutete hinsichtlich Wertfolge und Perspektive in die Zukunft eine feststehende, außer durch Mutation nicht mehr angreifbare Gliederung. Erlebnis und methodisch erarbeitetes Material wiesen gemeinsam auf das gleiche: den Geist und seine antinaturalistische Funktion. Variationen und Fuge über ein Frühlingsthema! Nicht als ob sie mich beruhigte, mich beruhigte gar nichts mehr, wie mich auch ein unvollständiger Abschluß von Gedankenreihen nicht mehr beunruhigte. Es hätte vielleicht beim nächsten Schluck Spätlese an mir gezerrt, aber

es wäre hinuntergespült, versunken, und ich wäre heim-
gegangen, bereit der Stunde. Zuviel hatte ich abgeschlossen
und wieder eröffnet gesehen, bei offenen Türen schlief ich
längst, vielmehr lag und dämmerte und zählte die Schläge
und die Stunden.

Seltsamer Frühling. Ich erinnere mich mancher Züge. Schwer-
weichender Winter. Alles immer tief belastet. Fast durch
einen Dunst fuhr ich einmal vor die Stadt, ehe ich ins Weinhaus ging. Dunkle beginnende Wärme. Ungewöhnlich ver-
hangener Nachmittag. Alles unendlich schwermütig auf die
Erde herabsehend, schwer sich von ihr lösend, kaum zu
trennen Laub und feuchtes Land. In der Nähe meines Ganges mußte eine Anstalt sein, deren Inhalt alles noch vertiefte. Viele Krüppel auf der Straße, Bucklige, Mißratene,
auch Blinde. Überall ihr Kriechen, scheuer Schritt, Stottern
und Suchen mit der Krücke. Beginn der Kastanienblüte. Eine
tropische Luft, wie gesagt, stand lautlos zwischen allen Formen, eine unauflösliche Stille verband die Gestalten, alles
sank, was sich erhoben hatte, alles bannte sich dem Niederen
zu — Vermischung, rief es auch in mir, sengte es in meinen
Augen mit Salz und Feuer, abgeben Brot – verringern Qualen — opfern fleischlich gegen Tränen und Fluch — doch wer
sich beugt, was kann der noch tragen, wer sich *diesem*
beugt —: es zählen nur die höchsten Sphären, und das Menschliche zählt nicht dazu. Eine erbarmungslose Höhe, unab-
lenkbar fliegen da die Pfeile, es ist kalt, tiefblau, da gelten
nur Strahlen, da gilt nur eins: erkenne die Lage, bediene
dich deiner Mittel, du bist verpflichtet zu deiner Methode,
wo du erschufst, kannst du nicht weichen —: Du stehst für
Reiche, nicht zu deuten und in denen es keine Siege gibt.

Abends wieder im Weinhaus. Ich sitze und lausche. Lausche
auf das seltsame Sein und Wesen, das aus den Stimmen der
Menschen dringt. In Tibet war es der Wind, im Urwald die

Insekten, hier die Vokale. Einer wollte an den Rhein, haha machte die Runde, hat viel vor, scheint sehr vergnügungssüchtig zu sein. Dem anderen war im Oktober jemand aus Amerika gekommen — aus USA! erschallte es aus dem Kreis, offenbar hielten sie das für eine Ergänzung. Unbegreiflich, warum sie so gespannt dasaßen, der Inhalt ihrer Reden war doch völlig ausweglos.

Die Bänke mit Tuch bezogen, immer je zwei traulich zu einer Kabine gruppiert, standen sich fremdkörperartig gegenüber. Belastet, umfaßten sie scharnierartig die Gäste, Jugend bei Körperschwäche, Zweifel bei Abschlüssen, Geschäft bei Liebe — Zusammentritte der Notdurft, Zufälligkeiten im Vorbeistreichen.

Seltsam das Ganze! Sie halten ihre Städte von Moskitos frei, jedenfalls habe ich weder in Irkutsk noch in Biarritz einen getroffen. Erfinderisch weisen sie sich bei bestimmten Gelegenheiten mittels Luftdruck freimütig ihre Einfälle zu: der Osten das Maschinengewehr, der Westen den Tank, und die Neue Welt den Tau des Todes, das Gas, das nach Geranium riecht. Der Geist dient dem Leben. Das Ganze nennen sie züchten. Später besuchen sie sich dann wieder. Im Anfang war die Wollust, später zu erscheinen hatte sie kaum Grund. Frauen, angeschmiegt ans Jackett des Männchens, ins Titanische stilisiert: fordernd und gewährend, gegenständlich gesehen: Möpse im Arm. Die Jacketträger: knorrig, keine Konzessionen an die Form — „leerer Formelkram" — Wirklichkeiten—!—Pfiff—: Manege frei!

Das hatte mich durch alle Länder der Rasse gejagt, durch alle Lebensschichten und Berufe. Ich betrachtete ihre Geltung habenden Kultwerte, sogenannte Theater, und die Foyers allein richteten die ganze Epoche. Ein Publikum, das, um sich von den Schrecken der Tragödie zu erholen, zwischendurch zwanzig Minuten an Ständen mit Schinkenbroten und Weinbrandflaschen vorbeipromenieren muß und dann weitermacht, ist guillotinereif. An ihren Metaphern sollt ihr sie erkennen! Ich belauschte sie in ihren kleinen Zügen, in dem, was sie geistig schon befriedigt: Ein Pilot, das ist ein Marschall Vorwärts der Lüfte; ein pommersches Kossätendorf, das hinter einem Stall einen Entenpfuhl nicht zuschüttet, ein nordisches Venedig. Dann hörte ich auch ihre Lieder — ja die Linde ist ihr Baum: süß, innig und man kann Tee daraus kochen.

Aus mir spricht die Zersetzung, wurde mir öfter erwidert. Nein, antwortete ich, solange ich noch antwortete, aus mir spricht der abendländische Geist, der ist allerdings die Zersetzung des Lebens und der Natur, ihre Zersetzung und ihre Neusetzung aus menschlichem Gesetz, jenem anthropologischen Prinzip, das die Wasser von der Feste schied und die Propheten von den Narren. Wie denn, sagten meine Gegenüber, also doch. Sie wollen die Natur zersetzen, das ist die Höhe! Unser aller Blut und Boden? Ihre Natur, mußte ich erwidern, ist sie denn natürlich? Kann man von ihr ausgehen? Ich kann beweisen, daß sie unnatürlich ist, äußerst sprunghaft, ja, daß sie der Schulfall des Widernatürlichen ist. Sie setzt an und läßt liegen, macht Aufwand und vergißt. Sie ist zügellos und übertreibt mit massierten Fischzügen bei den Lofoten, mit Heuschreckenschwärmen, die sie vorwälzt, und mit Zikaden. Oder es ist Friede auf der Erde, alles hat die Temperatur der Steine, man kann sich wahrhaft mit dem Klima befassen, plötzlich taucht der Aaronstab auf mit 40° Celsius in seiner Blütenhülle, alles ist aufgestört und die Götter wollen Warmblüter —: geht das von der Natur aus oder von wem? Oder Fältelung, Verdichtung, unausdenkbare Konzentration ist eine ihrer Methoden, ist das eine einfache und natürliche Methode? Oder Transport immenser Spannungen auf mikroskopisch kleinstem Raum ist eine ihrer Anwandlungen — ist nun diese gang und gäbe? Das Leben als Erscheinung war doch überhaupt in der Pflanze gut untergebracht, warum es in Bewegung setzen und auf Nahrungssuche schicken — ist das nicht vielleicht ein Vorbild von Entwurzelung? Die menschliche Kreatur vollends wälzt sie doch geradezu in die Unnatur, schleudert Bakterien heraus, um sie zu vernichten, verringert ihr den Geruch, mindert ihr das Gehör, das Auge muß sich durch Gläser denaturieren, der Mensch der Zukunft ist reine Abstraktion — wo wirkt sie, die natürliche Natur? Nein, es drängt sich überall ein anderes Gesicht hervor, in den Steinen schlafend, in den Blumen blühend, in der Spätart fordernd — andere Züge, und ich gelange zu einem fremden Resultat.

Wenn ich eine Theorie entwickeln wollte, würde ich darauf hinweisen, wie die moderne Lebenslehre gerade bei ihrem augenblicklichen Stand dabei ist, das Anorganische und das Organische als zwei rückverbundene Ausdrucksformen einer höheren Einheit darzustellen, zwischen denen es keine Übergänge und Ableitungen, keine „Entstehung" des Lebens „aus" dem Anorganischen gibt oder gab, es sind zwei Kreise, zwei Ausdrucksformen. Das darf heute wissenschaftlich ausgesprochen werden, das heißt, man behält seinen Lehrstuhl dabei und die mit ihm verbundenen Güter, und die Fachzeitschriften nehmen Darstellungen dieses Inhalts auf. Es ist noch nicht Allgemeingut, aber es deutet sich an. Bis vor kurzem verlor man seinen Lehrstuhl dabei. Niemand aber darf sagen, daß ein drittes Reich die gleichen Rechte der Anschauung fordert. Das dritte Reich „dient" dem zweiten und hat sich von selbst aus ihm heraufmanipuliert. Auf dieser Theorie beruhen Jahrtausende. Es ist keine Theorie, vielmehr eine für Machthandlungen verwendungsfähige Prozeßordnung. Graphisch dargestellt, ergibt sie für das

Weinhaus: Stahlstühle, Reich eins, sind belastet mit Reich zwei; Belaster genießen Ragout aus Muscheln und reden als Vokalträger Gruppe Leben; wenn sie nach Natron aufstoßen, geschieht es wissenschaftlich, damit eröffnet sich ihnen Reich drei. Unterschrift: geschichtliche Welt. Ausgangslage. Ausgangslage keineswegs im tragischen Sinne, sondern im Gegenteil: der Geschichtliche soll handeln, und der Handelnde ist gut für die Geschichte, sie sollen handeln und schichten, bis ihnen die Beutel aus den Bruchpforten treten — sie sollen sich erfüllen, sie sollen sich enthüllen — noch eine Stunde, dann ist Nacht — daglüah, gleia, glülala!

Wirft man nun noch einen Blick auf die Führer[2] der Völker, aller und in allen Regierungsformen, so muß man sich vorstellen, sie stünden zeitlich vor dem Auftreten einer der großen Menschheitsbewegungen und hätten machtmäßig die Möglichkeit, sie zu unterdrücken. Wie verhielten sie sich? Hinsichtlich des Christentums würden sie fragen, ob es steuerpolitisch tragbar sei. Vor dem Buddhismus, wie die Schallplatten- und Fahnenindustrie dabei bestünde. Bei Mohammed, ob die Bananenernte nicht litte. Vor der Kunst, ob sie auch die Siedlungsfreudigkeit nicht untergrübe. Vor jeder Religion, ob sie nicht den Kartoffelexport verzögere. Vor der Abstraktion, dem zusammenfassenden Denken, ob es auch dem Kleinbürger die Gießkanne nicht verböge. Protoplasmaanreicherung und Rohstoffe sind ihre Maßstäbe, alles andere ist Aufreizung und erfordert Unterdrückung, übrigens schon bei Plato. Aber immer und zu allen Zeiten hat jeder von ihnen behauptet, er sei die schöpferische Erfüllung der Weltvernunft. Offenbar liegen hier Gegensätze vor — daglüah, gleia, glülala!

Wenn nun die Tische sich gegenseitig einreden wollen, es tröste und erhebe den einzelnen, es vertiefe seine Bedeutung, ja, es verleihe ihm erst Bedeutung, daß andere in der Zukunft ebenso leben und immer neue Gestalten in dieselbe Geographie hineingeboren würden und an den gleichen Tischen herumkriechen werden und noch jahrhundertelang in den gleichen Etagen siedeln, sogenannte Nachkommenschaft, die doch nur wieder Rezidive desselben Nichts sein und werden können —: dies öffentlich einander einzureden, dies als Lehre zu verkünden, erscheint mir eine geistige Perversität, der gegenüber die verzerrtesten Ausgeburten versengter Landstriche, Fakirkünste, religiöse Bauchrhythmik, indische Eingeweide- und Leberübungen das reine Atmen von Dolden ist.

Ich sah im Weinhaus einen Traum. Ein sehr ruhiger Tierwärter führte menschliche Lebewesen weißer Hautfarbe im Kreise herum, bis sie sich verfärbten. Dann sperrte er ihnen das Gebiß auf und schrie: Geist oder Leben – Verwirklichung von Geist im Leben ist nicht mehr. – Wer ist Geist, röchelte einer? Dieser, der hier spricht, war die Antwort! – Nein, so weit möchten wir nicht gehen, es ist was Wahres dran, aber das fordert berechtigten Widerspruch heraus. – Gebiß zu – also wieder natürliches Weltbild! Da rief einer zwischen schon wieder abgesperrten Zähnen: hast du denn keine Gnade, keine Menschlichkeit, die Menschen wollen doch alle besser und schöner sein? – Die Antwort lautete: die Gnade ist nicht bei mir. Fordert Gnade bei denen, die euch hierhergeführt haben, fordert Gnade bei euch selber, die ihr euch führen ließet, fordert sie von eurer eigenen Niedrigkeit und Gier. Immer wieder sind euch Worte gesagt worden, die euch vor dem Leben warnten. Immer wieder kam das Andere und errichtete vor euch seine Bilder – in menschlicher Gestalt, selbst in menschlicher Gestalt! Errichtete vor euch die Bilder jener Kraft, von der es zu wenig wäre zu sagen, daß sie religiöser oder moralischer

Natur sei, es ist die allgemeine formenwollende, fordernde, aufrichtende Kraft, von der man allerdings gestehen muß, daß sie in ihrem unendlichen Aspekt den Himmel wie die Hölle umfaßt, und die doch auf alle dämmenden und ord- nenden Züge des Menschen so sichtbar blickt und die all- mählich ansteigenden und immer so schwer erkämpften Er- rungenschaften des Himmels so besonders beleuchtet. — Habt ihr sie angebetet? Habt ihr sie gehütet? Leben wolltet ihr, euer weißes, erfülltes, sich verwirklichendes Leben im Prunk der Derbys und im Schnee der Regatten — jetzt kommt keine Gnade mehr, jetzt kommt die Nacht.

Jeder sieht, daß die Wahrheit, die hier im Weinhaus zwi- schen den Fässern auftaucht, eine außermenschliche Wahr- heit ist. Sie ist dazu noch in der besonderen Lage, daß sie ihre Verallgemeinerung selbst aufs leidenschaftlichste be- kämpfen, ihre Projektion in die Zeit, ihre Überprüfung auf Verwirklichung als entschiedensten Fehlgriff bezeichnen müßte. Verwirklichung ist ein Begriff, den sie ausschließt, dem sie sich wissentlich entzieht, wo sie ihn auftauchen sieht, senkt sie den Blick. Ist es also überhaupt eine Wahr- heit? Ist sie nicht vielleicht eine Unwahrheit für alle, näm- lich eine verfrühte Nachricht und eine Chiffre nur für ganz Bestimmte?

Für ganz Bestimmte? Demnach für Esoterische, Zersetzte, Klüngel, Destruktive, Abgespaltene, Asoziale, Einzelgänger, Intellektualisten, Gezeichnete? Betrachten wir die Frage im Zwielicht der Wahrheit zwischen unseren Fässern. Wenn man die weißen Völker im Verlauf ihrer letzten fünfhundert Jahre überblickt und einen Maßstab sucht für den Rang ihrer großen Geister, läßt sich nichts anderes dafür erkennen als der Grad von Nihilismus, den sie unaufhebbar in sich trugen und durch die Bruchstücke ihrer Werke anfallsweise überdeckten. Alle großen Geister der weißen Völker haben,

das ist ganz offenbar, nur die eine innere Aufgabe emp-
funden, ihren Nihilismus schöpferisch zu überdecken. Dieses
Grundgefühl, das sich mit den verschiedensten zeitgebundenen Strömungen durchflocht — mit dem religiösen bei
Dürer, dem moralischen bei Tolstoi, dem erkenntnismäßigen
bei Kant, dem anthropologischen bei Goethe, dem kapita-
listischen bei Balzac —, war das Grundelement aller ihrer
Arbeiten [3]. Ungeheuer vorsichtig wird es immer wieder
vorgebracht. Mit Fragen zweideutiger Art, mit Wendungen
höchst abtastenden, doppelsinnigen Charakters nähern sie
sich ihm auf jeder Seite, in jedem Kapitel, innerhalb jeden
Strichs. Keinen Augenblick sind sie sich im unklaren über
das Wesen ihrer inneren schöpferischen Substanz. Das Ab-
gründige ist es, die Leere, das Resultatlose, das Kalte, das
Unmenschliche. Nietzsche wirkt in dieser Reihe lange als
idealistischer Antinous. Noch Zarathustra — was für ein
Naturbursche, was für ein Züchtungsoptimismus, was für
eine flache Utopie vom Geist und seiner Verwirklichung!
Erst im letzten Stadium des Ecce-homo und der lyrischen
Bruchstücke läßt er den anderen Tatbestand in seinem Bewußtsein hoch, und das, darf man annehmen, war dann der
Zusammenbruch, daß er von der Brücke in jener braunen
Nacht in den Abgrund sah, den Abgrund sah, spät — für
seinen Organismus und sein Prophetentum zu spät. Auf
dieser Brücke und in dieser Nacht erhob sich auf Fledermaus-
flügeln eine Abendgestalt, spaltete sich die Erde, entwand
ein Zeitalter dem anderen seine Zeichen, und jene Anti-
these von Leben und Geist erhob sich, die wir so lange in
uns trugen, die wir aber heute schon wieder jenseits [4] der
Erde sehen.

Was ist es, das wir jenseits [5] der Erde sehen? Betrachten
wir dazu noch einen Augenblick die letzten hundert Jahre,
das Jahrhundert um Nietzsche, die Laboratorien und die

Kerker zwischen Sibirien und Marokko, so steht doch von Dostojewski bis Céline der Geist in einer reinen Verzweiflungsstellung da, seine Schreie sind furchtbarer, gequälter, böser als je die Schreie von Todgeweihten. Sie sind moralischer Art, inhaltsbestimmt und substantiell, immer Schrei „gegen", im Kampf „mit", im Ringen „um", sie wollen einbeziehen „alles" und ehrlich bleiben, bessern, vollenden, reinigen, ja göttlich machen. Es sind lutherische Schreie in einem faustischen Getümmel. Bis in sie hinein reicht Mythenpubertät, Promethidenbiologie. Erst heute dämmert vor so viel Widersinn und Qual die Ahnung davon auf, daß das Leben gar nicht in den Besitz von Erkenntnis gelangen, der Mensch, jedenfalls die höhere Rasse, gar nicht um inhaltliche Stofferklärungen ringen sollte. Es sieht vielmehr alles nach einem versuchsweisen Schritt der Ferne aus, die die Formel für ein ungeheuerliches Alkaloid preisgab, aber die Substanz selber völlig rein bewahrte. Auch heute unverändert völlig rein bewahrt, einen Kampf dieser Art gar nicht vorsah, eine weitere Preisgabe innerhalb der Zeit gänzlich außer Betracht ließ. Auf Abgrenzung sollte der Versuch weisen, abstraktive Ausscheidung, Formel gegen die Natur. Nicht das Leben durch Erkenntnisreize biologisch steigern und züchterisch vollenden, sondern gegen das Leben ansetzen den formenden und formelhaften Geist. Es ist demnach nicht die faustisch-physiologische, sondern die antinaturalistische Funktion des Geistes, seine Expressive [6], die wir heute über der Erde sehen.

Es ist die Ausgangslage. Wir müssen die Geschichte und die Zeit für diese Feststellung bemühen. Es handelt sich nicht um Züchtung in eine nicht mehr erwartbare und auch nicht mehr verwertbare Zukunft, sondern um Haltung in einer nur noch abstraktiv erlebbaren, finalen Gegenwart. So lautet die Chiffre. Hier halten die Bestimmten: vor den fernen Zeichen, den sich nähernden, als die unsichtbaren Träger der Verwandlung.

Dies sagt ein lebenslänglicher Sachbearbeiter von Wirklichkeiten, Kenner des Körpers, des Krieges und des Todes, Vertreter mehrerer Berufe, alle aus dem Bauchfett des Kapitalismus herausgeschnitten, und jeden durchgearbeitet bis in die letzte handwerkliche Finesse infolge der persönlichen Notwendigkeit, Existenzmittel aus ihnen herauszuholen. Einer, der immer lebte, die Rippen eng angepreßt an bestimmte Aufgaben, Lieferungen, Verträge, konjunkturgegebene Lagen, ohne Raum für Schwärmerei und als Verächter jeder Illusion. Einer, der im gesellschaftlichen Stil seines Jahrhunderts lebte, er hatte Zeiten im Frack und Zeiten in großer Uniform, der im Train bleu reiste und in Karawanen neben ihm ein Rurik und ein Rochefoucauld (kürzlich auf einer Fähre saß neben ihm die letzte Romanow). Der eine Österreicherin liebte, eine Tschechin, Rumänin, Belgierin, Dänin, eine Frau aus Kapstadt, ein Mischblut aus der Südsee, Russinnen an Küsten, Sunden, Salzseen, in vielen Landschaften und aus vielen Stämmen, in Ritzappartements und in Zelten. Also, sagen wir, ein Durchschnittsleben, Arbeit und Mühe und ein zeitgebundenes Erkennen — dieses sagt: keine Propaganda kann Exkremente in Maiglöckchen verwandeln. Die weißen Völker sind im Ausgangsstadium, ganz gleich, ob die Theorien über ihren Untergang heute Geltung haben oder nicht. Die Auflösung ist greifbar, eine Rückführung auf frühere Zustände unmöglich, die Substanz ist abgegeben, hier gilt das zweite Wärmegesetz. Die neue Macht steht da, die Zündschnur am Feuerzeug. Ob Mondsturz oder Atomzertrümmerung, Vereisung oder roter Hahn — welche Methode immer sie beliebt, die Verwandlung, das Ewige, der Geist, der Gegenspieler

der platten Vernünftigkeit und des reinen Konsums, zusammengefaßt: des natürlichen Weltbilds.

Also laßt sie regenerieren vom Volkswirtschaftlichen aus
und vom Biologischen aus und von der Rohkost aus, das
sind ja alles Schemen der Vernichtung. Die Rasse fühlt
weiter, sie paßt sich dem nicht mehr an, sie ist unbeweglich
geworden, sie bleibt um ihren Kern herum liegen, und
dieser Kern ist der Geist, das heißt der Nihilismus.

Wer diesen Gedanken nicht erträgt, steht unter den Würmern, die nisten im Sand und im Feuchten, das die Erde
ihnen auferlegt. Wer sich noch einer Hoffnung rühmt, indem er seinen Kindern ins Auge blickt, deckt den Blitz mit
seinen Händen und kann sich doch der Nacht nicht ent-
ziehn, die die Völker wegnimmt von ihren Stätten. Dies
ist das Gesetz: Nichts ist, wenn je etwas war, nichts wird
sein. Der schönste und der tiefste Gott geht vorüber, der
einzige, der das Geheimnis des Menschen trug: je größer
die Erkenntnis, um so unendlicher das Leid.

Es gibt keine Verwirklichung. Der Geist liegt schweigend
über den Wassern. Ein Weg ist ausgegangen, ein Urtag
sinkt, vielleicht barg er andere Möglichkeiten als diese
Abendstunde, aber nun ist sie da — ecce homo — so endet
der Mensch.

Das waren meine Gedanken in jenem Frühling. Ich wußte,
es würden neue Frühlinge kommen, vielleicht würde ich
selber noch einen sehen, volle Schönheit auf Wochen hinaus, in großer Vielfalt das Aufblättern und Erschließen, es
würden Rosen für diesen und jenen blühen, aber diese
Erkenntnis war nicht mehr zu verdrängen: die Geschichte
war machtlos geworden gegenüber dem Menschen, sein
Kern war noch einmal aufergcht, der hatte ein Wort
geschrieben auf sein Kleid und einen Namen auf seine
Hüfte.

Sie werden anrücken, aber er schmilzt sie ein. Sie nahen mit Nägeln und Rückenmessern, und er hebt nur einen Ysop und einen Schierlingsbecher. Weites tausendjähriges Schlachtfeld, und er siegt. Nur nicht handeln! Wisse das und schweige. Asien ist tiefer, aber verbirg es! Stelle dich geistig den Dingen, es wird weitergetragen, es prägt mit am Sein. Öffne deine Blicke nur der Nacht, des Tags erhebe das Glas auf das Wohl der Herren, besprich mit den Damen die zur Diskussion stehenden Themen und laß das Blumenmädchen nicht vorbei, entnimm ihm Sträuße. Lebe und beobachte es zu Ende. Denke immer: die Verwandlung! Auch wir haben Zeichen! Man muß sehr viel sein, um nichts mehr auszudrücken. Schweige und gehe dahin.

ROMAN DES PHÄNOTYP

Landsberger Fragment, 1944

Der Stundengott

Es ist kein Zweifel, daß es einen nach Form und Inhalt beschreibbaren Umkreis gibt, innerhalb dessen der Zugehörige einer bestimmten Generation echt und repräsentativ wirkt und außerhalb dessen er verfallen und abgelebt erscheint. Wo dieser Zugehörige Ausdrucksmittel findet, spricht aus ihm der Schnittpunkt von deszendentem Prozeß und schweigendem, aber immer gegenwärtigem Keim oder, um mit den Begriffen der modernen Erblehre zu operieren: spricht aus ihm der Phänotyp, das heißt der aktuelle Ausschnitt des Genotyps, des Arttyps — der Phänotyp, der in bezug auf Veränderungen und Defekte die jeweilige Keimexistenz durchführt.

Was den heutigen Phänotyp betrifft, so ist das *Moralische* weitgehend von ihm abgeglitten und durch Legislative, Hygiene ersetzt, als echtes Gefühl, wie es offenbar bei Kant noch vorlag, ist es nicht mehr zu finden. Auch die *Natur* hat für ihn nicht mehr die Lyrik und Spannung, mit denen sie den Zeugnissen nach die Persönlichkeiten des achtzehnten und neunzehnten Jahrhunderts erfüllte, sie ist sportlich-therapeutisch aufgelöst —: Abhärtung, Skigelände, Hochgebirgsstrahlung —, wo sie gelegentlich schauerartig in das wehrlose Ich eindringt, wirkt sie ausgesprochen kurzfristig, erscheinungslos und tragisch.

Ebenso ist alles, was nach *Stimmung* aussieht, ganz zu Ende. Rauchsäulen steigen auf, verlieren sich in die grund-

ROMAN DES PHÄNOTYP

lose Bläue, braune Tauben fliegen hoch, letzte Sonnen-
strahlen gleiten über Vergitterungen – „auf den sonnen-
beschienenen Zweigen blitzen Millionen von hellen Tropfen": – das ist zufällig, ist herangeholt. Die *Existenz* ist
die Stimmung, die ihn bewegt und die er fordert, hart und
unaufhörlich.

Die Zerstörung des Raums, durch Flugapparate, Radio-
wellen, seine Auflösung in die Stratosphäre, die Möglichkeit, Afrika, Europa, Asien an einem Vormittag mit Auge
und Fußsohle zu berühren, hat Begriffe wie Nation, Volks-
gemeinschaft, Landesgrenze ins Bizarre verzogen, ihr
steuerpolitischer Charakter ist zu greifbar, um noch innerlich zu wirken. Jedem ist gegenwärtig, daß *Politik,* Um-
stürze, Kriege, mögen sie auch in den unaufhörlichsten
Folgen eine Generation treffen – und seine Generation ist
sehr hart von ihnen getroffen –, nach kurzer Zeit eine
halbe Seite eines Geschichtsbuches ausmachen oder auch
nur eine Fußnote zum Text –: die Flüge der Schwalben
und die Züge der Robben sind die gleiche Politik und die
gleiche Geschichte, nämlich die der Fauna einzelner Arten.

Die *Liebe* ist die Produktivität jener, die sich nicht innerhalb des genannten Umkreises befinden, sie täuscht Inhalte
vor und schafft Surrogate für eine Individualität, die nicht
mehr vorhanden ist, der Phänotyp wird an ihr wenig
Intimes entdecken. Auf die Frage, ob man seine Triebe
bekämpfen solle, wird er antworten: nicht ohne weiteres,
das Bekämpfen schafft Neurosen, setzt Spannungen, die
sich nicht lohnen, Krisen, die voraussichtlich unproduktiv
enden – man soll erleben und etwas Artifizielles daraus
machen; wenn Bekämpfen dazugehört, wenn es existentiell
ist, wende man es an. Das Ziel ist die Herrichtung des Ichs
zu einer durchlebten, geistig überprüften Form, zu einer

Haltung, aus der interessiertes Entgegenkommen gegenüber fremdem Wesen und keine Furcht vor dem Ende
spricht.

Existentiell — das neue Wort, das seit einigen Jahren da ist
und entschieden der bemerkenswerteste Ausdruck einer
inneren Verwandlung ist. Er zieht das Schwergewicht des
Ichs vom Psychologisch-Kasuistischen ins Arthafte, Dunkle,
Geschlossene, in den Stamm. Er verringert das Individuum
um sein Peripheres und gewinnt ihm Gewicht, Schwere,
Eindringlichkeit hinzu. Existentiell — das ist der Todesstoß
für den Roman. Warum Gedanken in jemanden hinein-
kneten, in eine Figur, in Gestalten, wenn es Gestalten nicht
mehr gibt? Personen, Namen, Beziehungen erfinden, wenn
sie gerade unerheblich werden? Existentiell —: das zielt
rückwärts, verschleiert das Individuum nach rückwärts, bin-
det es, bringt Forderungen vor, denen die vergangenen
Jahrhunderte und die deszendenten Generationen nachzu-
kommen nicht ausgestattet waren. Handschriften, Kranz-
schleifen, Fotografien — alles das ist schon zu viel. Existentiell — dies Wort wirkt im Phänotyp.

Er sieht ein Bild aus der Schule Rjepin, wunderbar dicke
schöne Frau, Patronin, schlemmt am Frühstückstisch — das
ist ausgezeichnet! Alles gleich zur Hand durch malerische
Anordnung, kein Lebenszusammenhang, keine Zeitfolge,
nichts von Ursache und Wirkung — drastisch, massiv die
Sachverhalte, aber optisch summiert. Auf Trauben, Haar-
netz, Zweifarbenkatze, hinten Zwiebelturmkuppel, vorne
Samowar, das Kolorit verteilt. Die wunderbare dicke Frau
— ein wahrer Quirl von Biskuit, Waranja, Tee, Rum,
Melone, eingemachte Früchte, etwas schwermütig, wie gesagt: sehr voll, Schwere eines weiten östlichen Landes, sehr
sinnlich, Überfülle — „am Schwarzen Meer blühen die
Rosen dreimal" —

ROMAN DES PHÄNOTYP

Oder er tastet sich mittags räumlich vor, verläßt das Haus.
Eine Stadt, die man zum Aufenthalt angewiesen erhalten
hat, in der man wohnt, ist eine Gegebenheit, man darf ihre
Zeichen deuten. Ein modernes Schulgebäude, imposant,
rosa getönt. Das Finanzamt an sanftem Hang. Stadtteich,
in den Weiden hängen, und mit Schwänen. Ein Feuer-
werker kommt des Weges mit Helm und Maske, ein Not-
helfer, wirkende Größe. Kraftwagenlager mit Werkstatt
von Karl Karczewski. Das Eichamt. Ein Vereinslokal, verfallen, genannt: „Adlerhöhe" – („so stell' ich mir die Liebe
vor"). Was soll das alles? Entweder es gibt kein Existentielles, dann müßte das alles noch viel majestätischer aus-
fallen, oder es gibt es, dann ist es Abfall und Verdammnis!
Diese östlichen Städte, an Märztagen so grau, so staubver-
hangen – auf diese Weise sind sie nicht zu deuten!
Dann sieht er sich anderweit: er gibt sich durchaus eifrig:
Treppenabsatz, mehrere Herren stehen dort nach Tisch, er
tritt in die Unterhaltungsbasis ein, ernst, aber gefestigt,
vollzieht den Zusammenschluß in sprachlicher Gemeinschaft, unterstellt sich dem dienstlich-umgangsmäßigen
Jargon: „Hatte schon um drei angefangen, dachte erst um
fünf, schöner Schlamassel" — dabei sieht er sich: schon gealtert, nicht sehr eindrucksvoll, körperlich nicht ganz einwandfrei, auf baldiges Entkommen hinzielend, durchaus
zweideutig, ein tiefes Durchlässigkeitsgefühl im Kreuz oder
eine Art Mittelhirnschwäche, er sieht das alles als Schatten-
spiel — sich, ihn, den Phänotyp, den Existentiellen — die
Silhouette des Stundengotts.

Gestützt auf Pascal

„Alle Leiden des Menschen kommen daher, daß er nicht
ruhig in seinem Zimmer bleiben kann" — ein Wort von

Pascal (1623—1662), phänotypisch zeitgemäß. Schon der Wechsel von Zimmer und Garten ist einschneidend. Die Kombination bei Besuchen auf dem Lande von Teetrinken innerhalb der Räume und dann Haus und Garten besichtigen, über Beete etwas sagen, das jenseitige Ufer beurteilen, Kenntnis nehmen von Gewohnheiten, die sich für den Inhaber aus der Lage von Schaukeln und Lauben ergeben, die häufigsten Gepflogenheiten der vorbeisegelnden Boote vernehmen —: diese widerspruchsvollen körperlich-seelischen Anforderungen bei unterhaltenden Erörterungen im Sitzen und dann dem Sichbewegen über Kieswege, staubige Rasenränder, höhere langhalmige Graspartien ist kaum verwindlich. Außerdem herrscht auf dem Lande meist ein Licht, das ungebrochen und in Gegenwart Fernstehender auf den nur schwer tragbar wirkt, in dem die Lichtscheu primitiver Organismen lebendig geblieben ist. Selten fähig und bereit, für längere Zeit geistig mitzugehen, lebt für diesen pascalschen Menschen überall die kritische Frage nach den Erscheinungen überhaupt auf im Zwange jener immer gegenwärtigen Spannung, die dem Wechsel der Abläufe, den Vorfällen der Dinge eine Art verdichtete Erkenntnis, eine anderweitige innere Erfahrung entgegenstellt.

Ambivalenz

Der Phänotyp des zwölften und dreizehnten Jahrhunderts zelebrierte die Minne, der des siebzehnten vergeistigte den Prunk, der des achtzehnten säkularisierte die Erkenntnis, der heutige integriert die Ambivalenz, die Verschmelzung eines jeglichen mit den Gegenbegriffen.

Einerseits dem Geist und seinen Maßstäben verpflichtet bis in die letzte Faser des Gebeins — *andererseits* diesem Geist

ROMAN DES PHÄNOTYP

als regionaler, geographisch-historischer Ausgeburt der
Rasse skeptisch gegenüber. Einerseits um Ausdruck kämp-
fend bis zu qualgezeichneten Sonderbarkeiten, Formzer-
störungen bis zum bizarren Spiel mit Worten — andererseits diesen Ausdruck schon bei der Prägung mit seinen
Zügen des Zufalls und des Übergangs bitter belächelnd.
Einerseits gelegentlich in fühlbarer Bedingtheit von Mäch-
ten, die ferne walten, ihm nach zugemessenem Teil (Moira)
die Fäden spinnen, und andererseits darauf angewiesen
und dringend von sich fordernd, dies zu leugnen, so als ob
er geböte, am Himmel stände und beim Gähnen und Kauen
die Spindel unten mit der Ferse träte. Einerseits in Angst
vor Toten, ihrem ewig weiter prüfend fühlbaren Blick, in
einer gewissen Überzeugtheit von der Macht und der
Furchtbarkeit der Psyche, auch der gewesenen, auch der
Schatten — andererseits dem Beifall der Presse, weißen
Gamaschen, den großen Preisen, den Gemsjagden erfüllend
zugewandt. Einerseits Tradition — andererseits kongenitale
Willkür. Einerseits in Rührung vor dem Sanften und sich
Neigenden — andererseits voll Haß gegen den Nächsten an
seiner Seite. Einerseits vor dem All als dem pompösen
Überwältiger der geprägten Formen — andererseits vor
Auge und Nase, Stirn und Braue, Mund und Kinn als dem
einzigen von Gestalt und dem alleinigen, von dem wir
wissen. Einerseits kasuistisch und subtil — andererseits die
endgültige Verknüpfung aller Ursachen in ganz anderen
Bereichen ahnend. Einerseits vom inhaltlichen Wissen der
vergangenen viertausend Jahre als einem seiner Generation vorbehaltenen neuen historischen Gefühl tief geprägt, von einem hierdurch genährten sublimen Zeit-
sensualismus, Zeitvergänglichkeits-, Zeitzerbrochenheits-
empfinden unausgesetzt durchflutet — andererseits mit
einer öffentlichen und geheimen Schwäche für Imperia-

158 PROSA UND SZENEN

listisches, Cäsaristisches, im bürgerlichen Sinne Gigan-
tisches, „Globales"; bei Empfindungsverlust für Raum:
Triftigkeitssehnsucht in bezug auf Zeit und Dauer. Einerseits gläsern — andererseits blutig. Einerseits müde —
andererseits Sprungschanzen. Einerseits archaisch — andererseits aktuell mit dem Hut aus der Bond Street und
der Krawattenperle aus der Rue de la Paix. Einerseits ohne
Ursache hell am Abend — andererseits ohne Grund zerstört
am nächsten Morgen —: so, halb gespielt und halb gelitten
— vierzig Prozent Adam und Eva, dreißig Prozent Antike,
zwanzig Prozent Palästina, zehn Prozent Hochasien —,
schreitet, im ganzen euphorisch, der Phänotyp durch die
erdteilzerstörende Stunde der großen Schlachten.

Statische Metaphysik

Viel Asiatisches — punktuelle Perspektiven —: mit solchen
Andeutungen müßte man das Wesen des Existentiellen
umschreiben — Abschlüsse, tendenziöse Ergebnisse liegen
außerhalb seiner Natur. Diese Natur ist ausgesprochen
zyklisch, läßt alles offen, alles Hervorgebrachte wird wieder zurückgenommen. Alles kommt immer wieder, sie beginnt an keiner Stelle und endet an keinem Punkt. Auch
verwandelt sie nichts, es sei denn, daß Ausdrücken schon
Verwandeln bedeutet — aber bis dahin wäre sie schon wieder zurückgekommen, außerhalb des Verwandelten und der
Verwandlung.
Man hört sagen, man kann das Leben nicht umgehn, man
muß hindurch — aber das ist schließlich jedermanns eigene
Sache. Man hört ferner, das Leben hält es mit den guten
Sprossen, die anderen läßt es verfallen, wenn das seine
Methode ist: wohlan! Es hat freie Hand, doch beobachte

ROMAN DES PHÄNOTYP

ich, seine Durchströmungen verhalten vor dem Bewußtsein, seine Regenerationen greifen zu an Baumrinden und Lazertenschwänzen, dem Phänotyp auferlegt es die Existenz und ihre Abstraktion.

Wo immer das Innere des Phänotyps sich einen ästhetischen Ausdruck sucht, wird ihn die Umwelt als fragwürdig empfinden. Dies sein Suchen umschließt viele Probleme, vor allem das der Peripherie. Wo verwandelt sich der Mensch, wann, aus welchen Ursprüngen und mit welchen Methoden? Um 500 trat bei den Griechen die perspektivische Zeichnung auf, während die Ägypter den Körper in gerader Draufsicht sahen. Bei Giotto war eine ähnliche Verwandlung des Blicks, dann bei Cézanne. Man kann kaum bezweifeln, daß die Zeitgenossen diesen Vorgang als Entartung empfanden. Ebenso, als sich der etwas sture dorische Klotz in die korinthische Säule veränderte, sagte man sicher etwas von Degeneration. Oder bei der Auflösung des früheren antiken Gesamtblattes in das byzantinische Akanthus: immer werden die Zeitgenossen urteilen, das trifft nicht zu, das geht zu weit.

Hiermit treten wir vor das Thema von der peripheren Verwandlung, vom Nagen und Lecken der Wellen am Strand, wobei es im Dunkel bleibt, was Welle und Strand bedeuten, aber sie bilden gemeinsam die Konturen der Kontinente. Aber dabei gibt es Ausgleiche und Ablenkungen, nicht jedes Nagen hinterläßt eine Spur. Selbst bei Goethe gibt es viele Sätze und Verse, die auch heute noch dunkel und keineswegs eingängig sind, ihr Inhalt bleibt selbst dem Fortgeschrittenen nicht erlebbar, man ist also über sie hinausgeschritten, ohne sie zu assimilieren, zu integrieren, aber sind sie deswegen sinnlos, überflüssig, Marotte, keineswegs, sie gehören in das Thema der Peripherie, sie gehören in das Gebiet der Verwandlungszone,

PROSA UND SZENEN

die nicht immer in einer eindeutigen Richtung verläuft, nicht immer in eine Entfaltung von allgemein werdenden Formen und Ausdrucksverfahren mündet. Übrigens wird auch hinsichtlich der Natur ihr Experimentiercharakter, ihr Hervorbringen von Formen, die dann wieder fallen gelassen werden, von den beschreibenden Wissenschaften immer mehr[1] beachtet.

Der menschliche Körper beharrt erstaunlich konsequent innerhalb dieses quartären Erdzeitalters, aber der Geist differenziert sich in immer neuen Ausdrücken, Ausbrüchen, neuen Auswegen seiner selbst, man hat den Eindruck, die ganze Mutationsfähigkeit und Variabilität der Art ist in ihm allein tätig geblieben. Der Grundriß des Lebens bleibt: Jagd und Feuermachen und am Feuer das mit den Frauen, aber darüber erhob sich der Ausdruck, der Gedanke und gab allem seine artifizielle Beleuchtung, er wob seine Nebel, er schwelte seine Dämpfe, ließ einige höhere Strahlen hindurch, um sie aber gleich wieder zu verschleiern, und ließ bis heute die Grundfrage unentschieden: ist der Mensch ein moralisches Wesen oder ein denkerisches, beides zusammen kann er kaum sein, und augenblicklich spricht alles dafür, daß er das letztere sei.

Ist er aber ein denkerisches Wesen, erhebt sich sofort die weitere schwerwiegende Kontroverse: hat er eine handelnde oder eine kontemplative Bestimmung, eine politische oder eine introvertierte, eine weitergehende oder eine verhaltende, gilt er als Geno- oder als Phänotyp? Auswegloses Dilemma! Durchdacht, durchhandelt, durchlitten seit vier Jahrtausenden und kein Resultat! Die Wissenschaften erörtern es weiter mit den ihnen zugänglichen Begriffen der Aprioristik und des Empirismus, die Geschichtsphilosophie als grauer Müllkutscher des biographischen Abfalls karrt die überalterte Kausalität weiter durch ihre Enzy-

ROMAN DES PHÄNOTYP

klopädien als Schuld und Sühne, die Biologie handhabt den
Geist als eine reine Methodik zum Auffädeln von Erfah-
rungsergebnissen zwecks Herstellung einer begrifflichen
Totalität—und alles dies mag notwendig und artgebunden
sein. Aber abseits davon steht jener Typ, der alles verläßt
und sich selbst umschreitet, der die Dinge beendet in sich
allein.

Will dieser Typ vielleicht etwas künden? Will er vielleicht
dem Zukünftigen dienen? Aber Zukunft ist nichts anderes
als gewendete Gegenwart, man stelle sich die entsprechende
Vergangenheit vor, die der damaligen Zukunft, uns, ihre
Magd- und Mörteldienste leistete, vermutlich genau so an-
gestrengt, verbittert und sich selber sinnlos wie wir — will
er das fortführen? Nein, er will nichts künden. Er ist leer,
leer, Triebe füllen; ihr Schwellungscharakter ist im Phallus
so wunderbar klargestellt, so sonnig, alle Fleischmarken
für einen Pferdetrieb — er ist leer, leer. Er weiß, daß es
nichts zu künden gibt, was sich nicht im Einzelnen, in einzelnen Einzelnen, selbst verkündet. Es gibt die Kette dieser
Einzelnen — eine Kette.

Will er in Denkabläufe eintreten, etwaige Koryphäe werden und von Lehrkörpern beachtet? Es gab Zeiten, da war
kausales Denken exzellent, Zeichen einer klugen kleinen
Clique, heute ist es Abspülwasser, jeder Zeitungsleser begründet seine Weltanschauung und seinen Rheumatismus,
heute ist das Nebeneinander der Dinge zu ertragen und es
zum Ausdruck zu bringen auftragsgemäßer und seinserfüllter.

Will er Kunst machen? Wo gedacht wird, fühlt sich das
Deutschtum bereits verraten; wo aber vollends Kunst
endemisch auftritt, schickt es die Apotheker an die Front.
Ein feiner Instinkt übrigens! Es hat sich allmählich herum-
gesprochen, daß der Gegensatz von Kunst nicht Natur ist,

sondern gut gemeint; Stil ist eine bösartige Neubildung, eine letale. Trotzdem will er wohl dies — vielleicht auch muß er das nur. Ausschweifen und es beobachten, leiden und es übersteigern; ein Phallus im Stammhirn; eine Orgie, eisig und glühend, bitter und süß, in Dunkelheiten und Nächten in ihm allein. Fröste des Isoliertseins, blutleerer Taumel, Brüchigkeiten — und fortschreiten, fortklimmen, fortschleichen von Wort zu Wort, Silbe zu Silbe — Tauziehen mit Gedanken, Volten der Überspannung, alles dies unter körperlichen Gefahren —: *Ausdruck schaffen,* ja ihn verlangt nach dem allein.

Dabei fällt ihm auf, daß frühere Epochen und auch heute noch ganze Länder Bücher schreiben und Sonaten verfassen, während unheimlich gezeichnet, tief umschlossen ein neuer Begriff aufgetaucht ist: Kunst. Dieser Begriff! Ein neues Verhalten, eine neue Station! Schon liegt — existentiell — der psychologische Roman außerhalb des anfangs erwähnten Umkreises, der das heutige Phänomen bestimmt. Wenn jemand im Badischen Schwarzwald stirbt, während er in Königsberg geboren ward und nachdem ihm in mehreren Lebensstellungen Ereignisse begegneten und ihm zwei Enkel gestorben waren, so mag das den einen oder den anderen, namentlich Angehörige, nachdenklich machen, aber es enthält noch nicht die Elemente jenes Traumes. Wenn jemand den Erfinder des Fahrstuhls verarbeitet als Kulturfortschritt und im Rahmen eines mittelgroßen Zeitgemäldes, so lassen sich, geschickt gemacht, allgemeine wie besondere Betrachtungen anbringen, aber nichts deutet auf den primär gebauten Satz. Wenn jemand von Ruth über Nigge zu Gisela gelangt, so mag er mit jeder eine gewisse Zeit verbracht haben, aber die Zerlösung der Dinge ist nicht betrieben. Oder für wen es ein Eindruck ist, daß eine Frau aus einem Postamt kommt oder

ROMAN DES PHÄNOTYP 163

daß ein Mixer erschöpft aussieht, mit einem Wort, wen
Einzelheiten bedrängen, der greife ungestört zur Feder —
doch für sich bleibt die Kunst, nämlich etwas Reines, ein
Adagio, nur aus Klarinette und Klavier, und unter dem
Gebetsspruch auf dem schwarzen Stein der Kaaba: „Nimm
uns im Schatten Deines Thrones auf an dem Tag, an dem
kein anderer Schatten mehr sein wird als Dein Schatten."

Die Verneinung

als Denkfunktion ist von höchstem Rang, vom Denken
erzeugt und im Denken gegründet. In ihr erreicht es seine
höchste Entwicklung. Sie umschließt das metaphysische
Wesen des Denkens, sie ermöglicht seine allgemeine Bedeutung. Sie dient dem, was Kunst wird, wenn sie vollendet, und Erkenntnis, wenn sie tief ist: der Wirklichkeits-
herstellung, der Produktion und Ordnung von Realität.
Wohin das Auge schweift: Möglichkeiten, Motive, An-
spielungen, Perspektiven — in *ihr* äußert sich die Konso-
lidierung, der Zuwachs an Fonds. Wohin das Auge reicht:
Natur, das heißt Anbietungen und Überlaufen, hier ist
Kontur, Selbstbegrenzung, Form. In ihr bekundet sich
Detailbekämpfung, Antiemotionismus, Eindrucksfeindlich-
keit —: Stil, kurz: anthropologischer Charakter.

„— Bekennen Sie sich als Träger des primären aprio-
ristischen akausalen geheimnisvollen Nihilismus, der die
Tugend der weißen Rasse ist, jenes Nihilismus, der ein
‚rückerinnerndes Wissen' darstellt, die Anamnesis Platos,
wunderbar, angeboren und schweigend hinzunehmen? Erinnern Sie sich des Wortes von Napoleon auf St. Helena:
‚Der Krieg ist eine seltsame Kunst, ich habe sechzig große
Schlachten geliefert und nichts gelernt, was ich nicht schon

vorher gewußt hätte'? Das ist das rückerinnernde Wissen, dort für den Krieg und hier für den Nihilismus, und auch ein anderes Wort gilt für sie beide, für die zu beidem erforderliche Tapferkeit: ,Sie läßt sich nicht fälschen, diese Tugend entzieht sich der Heuchelei.' Jegliches Spiel ist nutzlos, aber auch der Ruhm und die Schönheit, alle Spiele der Götter sind es und je nutzloser um so göttlicher —: Glauben Sie das?" —

Aller Glanz, den wir in unserer Seele tragen, kommt von Dingen, die wir erschaffen haben — Erinnerungen an Bilder, Erlebnisse mit Büchern, Eindrücke aus Kreisen, die wir analytisch durchschritten, erarbeitete Dinge, geistig emporgehobene und meistens ohne Gesellschaft langsam erwachsen. Man kann sie durch Isolation erschaffen wie jene Asiaten: „Sie malen nur eine Sache auf einmal und nie im Verhältnis zu anderen Dingen" — oder man kann sie in Verflechtungen vielfältig sich färben und verdunkeln lassen. Welche Erhabenheit in jener Methode: die chinesischen Maler fahren, um ihre Tuschezeichnungen zu vollbringen, tagelang weit hinaus aufs Meer: ein einziges Staubkorn stört die Prägung und gefährdet die tausendjährige Verwirrung, die hier endet. Natürlich, die Natur! Die *Natur!* Die Himmel, die wechselnden, die rubinfarbenen und die erblauten, die strömenden unermeßlichen Gleichen, die ihre Rosen streuen in das Stundenspiel! Aber die *Beschwörungen* sind unsere: die Kronen, die Kränze und die Götter, alle Hauche des Alls — „niemals und immer": „Die Mänade taumelt, die Nymphe lacht, und ein Widerschein ihres ewigen Prangens fällt auf die vergängliche Hand."

Blicke

Die jenseitigen Dinge sind einem viel näher als die nahen, ja, die gegenwärtigen sind das Fremde schlechthin. „Ich studiere vielleicht Einzelheiten, aber ich bin kein Beobachter", gilt für jedes Genie. Dafür hat es jene Blicke, jene Anfälle von Blicken auf Himmel und Sommertage ferner Zeiten, kommender Geschlechter, anderer Daseinsempfinder — Anfälle schleierloser Blicke zum Beispiel auf Sommerliches, Hohes, etwas Üppiges: heiße Städte, alles sehr ähnlich, derselbe As-dur-Walzer von Chopin und doch sehr anders. Etwas Unstillbares ist dabei, etwas, das das Herz zerreißt. Neue ferne Wogen, kaum erkennbare Verwandlungen, Spätheiten — und unerfüllbar alles.

Dialektik

Ist Denken ernsthaft oder ist es mit den Ohren wackeln, einer kann es und wird hoch geehrt? Jedenfalls gibt es regionales Denken, aus dem zwar ganze Generationen von einheimischen Berufsständen ihre Platten laufen lassen, das aber für Bewohner anderer Erdteile genau so irreal ist wie Schnee oder der Hosenbandorden, zum Beispiel Dialektik. Experimentell ist sie nicht zu prüfen, man kann die Weltgeschichte nicht so einstellen, daß Dialektik entsteht. Andererseits ist ihre Geschichte in Europa alt. „Les institutions périssent par leur victoire", sagte Montesquieu. Das ist eine Gleichrichtung zu der in der Biologie gemachten Beobachtung, daß Überspezialisierung eines Organs den Bestand der Art gefährdet beziehungsweise meist vor ihrem Aussterben auftritt. Hinter beiden steht die Hypothese von der Freiheit am Bande der Notwendigkeit (Schiller), nämlich erst die Freiheit mit ihren Spielen und Späßen, und dann drängt sie selbst den Zwang herbei. Auch die Kleistsche Briefstelle vom „gewaltsamen Fortziehen der Verhältnisse zu einer Handlung, mit der man sich bloß zu spielen erlaubt hatte", zeigt die Bruchstelle zwischen psychologischem Keim und evolutionärem Verhängnis. Für das Allgemeine dieser Verhältnisse kam dann Hegel zu seinem berühmten Denkresultat.

Der Existentielle will nicht den Satz übernehmen, den er kürzlich las: Ein Weißer versteht in der Tat nichts vom Wesen der Dinge. Aber ihm scheint, daß zum Beispiel das Basrelief des Khmertempels in Angkor Vat, auf dem der Mensch aus den geometrisch gearbeiteten Reihen der Elefanten, der Possenreißer, der Schlangen, der Götter, der Diebe und der Gurken überhaupt nicht hervortritt, wo alles von Verwandlung wimmelt, der Milchozean gebuttert wird, die asiatischen Michelangelos und kambodjanischen Berninis das Leben ohne Tod in einem Kanon der Verschlingung, in einer Architektur von geordneten Wucherungen, höchstens als pflanzliche Katastrophe zum Ausdruck bringen, daß dies ebenso aus dem Keim der Seele stammt, ebenso adamitisch existentiell ist wie die Empfindung einer dialektischen Bewegung der Welt. „Jedermann ist an seinem Platz" — die Fledermäuse und die Flammentulpen und die Bajaderen, die Vermählten der Musik. Hier ist völlige Freiheit von Ananke; Unkenntnis oder Verachtung von Gesetzen, Ordnungen, individuellen Kategorien, von Normen, dabei ist Sicherheit und Vergessen; Geburt und Auflösung ist die der Pflanze. Die Großartigkeit und Gültigkeit dieser hinterindischen Seele ist ganz evident — jenseits von Sieg und Niederlage. Ist sie weniger empfindlich und kostbar als die des gequälten europäischen Gehirnes, das die Götter und die Tiere von der Erde vertrieb, aus inneren und äußeren Zerstörungen gedankliche Hilfskonstruktionen, Bonmots, Arien, Verzehrungen erschuf — weniger tief und verbindlich als Kants Kritik oder Tristans Klage oder Paulus' „unaufhörlicher Schmerz des Herzens"? Wo und in wem weilte der Gott?

Bedenken gegen Nietzsche

Es ist zu vermuten, daß in jedem bedeutenden Werk Stellen sind, die dem Autor selber unklar bleiben. Daneben gibt es die Rätsel und die Widersprüche. Gemeint ist Ziffer 109 im Dritten Buch der Fröhlichen Wissenschaft. Wovon Nietzsche dort spricht, ist „das All" oder „die Welt". Hüten wir uns, sagt er, zu denken, daß die Welt ein lebendiges Wesen sei. Wohin soll sie sich ausdehnen? Wovon sollte sie sich nähren? Wie könnte sie wachsen und sich vermehren? Hüten wir uns, etwas so Formvolles wie die zyklischen Bewegungen unserer Nachbarsterne überhaupt und überall vorauszusetzen, schon ein Blick in die Milchstraße läßt Zweifel auftauchen, ob es dort nicht viel rohere und widersprechendere Bewegungen gibt, ebenfalls Sterne mit gradlinigen Fallbahnen und dergleichen. Die astrale Ordnung, in der wir leben, ist eine Ausnahme. Der Gesamtcharakter der Welt ist dagegen in alle Ewigkeit Chaos. Von unserer Vernunft aus geurteilt, sind die verunglückten Würfe weitaus die Regel. Es, das All, hat auch keinen Selbsterhaltungstrieb und überhaupt keinen Trieb, es kennt auch keine Gesetze; da ist keiner, der befiehlt oder gehorcht, keiner, der übertritt. Hüten wir uns zu sagen, daß Tod dem Leben entgegengesetzt sei. Das Lebende ist nur eine Art des Toten und eine sehr seltene Art. Hüten wir uns zu denken, die Welt schaffe ewig Neues. Es gibt keine dauerhaften Substanzen, die Materie ist ein ebensolcher Irrtum wie der Gott der Eleaten.

Also, wenn wir uns im großen Stil hüten — denkt der Phänotyp dies weiter —: bleibt nichts übrig als ein Zickzack aus Wüsten und Wahn, ein Gewebe aus Unsinnigkeiten, und wenn wir uns an einer seiner Maschen fangen oder stoßen oder auch nur einen Rand zu berühren wähnen, so sagen wir Gesetz und Ordnung und Form und Ziel, diese begrifflichen Kondensationen des Irrsinns, und soweit wir überhaupt etwas beschreiben oder erkennen können, ist es der Abgrund, aber auch der enthält ja noch die Vorstellung des Grundes, also ist es das Bodenlose.

Dies etwa ist die Stimmung der ersten zweiundfünfzig Reihen des Aphorismus. Aber die letzten zweieinhalb Reihen bringen dann die Wendung, und diese ist äußerst überraschend. Sie lautet: „Wann werden wir anfangen dürfen, uns Menschen mit der reinen, neu gefundenen, neu erlösten Natur zu vernatürlichen?"

Nietzsche setzt also plötzlich die Natur in Gegensatz zu dem chaotischen All und der chaotischen Erde, und diese Natur soll neu erlöst werden und dann sollen wir uns mit ihr vernatürlichen. Geschieht das, dann ist offenbar das Vorhergehende gar nicht so schlimm und das Chaotische für uns geordnet. Diese Wendung ist seltsam bei einem Autor, dem es bestimmt nicht entgangen sein kann, daß die Natur der Schulfall des Unnatürlichen ist, nämlich der Gegensatz dessen, was wir natürlich nennen. Das Verfahren der Natur ist, um nur einiges zu nennen: Übertreibung, Ausschweifung, Sprünge, Verdichtung, unausdenkbare Konzentration immenser Spannungen auf kleinstem Raum, Vernichten, Liegenlassen, Vergessen — kurz alles andere als das, was wir als natürlich betrachten.

Diese Wendung ist aber auch schwer zu verstehen bei

ROMAN DES PHÄNOTYP

einem Mann, der so viel von den Bedürfnissen wußte und schrieb, die wir nicht aus der Wirklichkeit befriedigen können (also aus der Unwirklichkeit befriedigen müssen), und zu dessen — uns alle tief bestimmenden — Erkenntnissen es gehörte, daß die Kunst eine Abweichung von der Natur sei, Kunst, die er liebte „als Ausdruck einer hohen heldenhaften Unnatürlichkeit". Diese zweieinhalb Reihen können also doch wohl keinesfalls ein Bekenntnis zu einem Naturalismus oder Biologismus in irgendeiner Form sein und keine Aufhebung seines großen, die ganze Epoche zusammenfassenden Gedankens, daß die Welt nur als ästhetisches Phänomen zu deuten und zu ertragen sei. Zu oft hat er die Kunst, nicht die Natur, als die letzte metaphysische Aufgabe der europäischen Rasse dargestellt — die monologische Kunst, sie ruht auf dem Vergessenen, sie ist die Musik des Vergessens. Oder sollte er gemeint haben, die ästhetische Deutung sei bereits unsere jetzige Natur geworden und das sei die neue Erlösung? Aber würde er nicht hinzufügen — hüten wir uns vor Erlösung?

Völliger Gegensatz
zu Schifferkreisen

Eine Lage des Verfalls bei geordneter Körperlichkeit. Keiner würde vermuten, daß hinter der Haut, gepflegt und märzgebräunt, ein Zusammenbruch besteht, unter Schnüren und Ordenszeichen ein Monolog anläuft: Aus wessen Leben blickt man, in wessen Schlaf sinkt man, nach wessen rätselerfüllten Tagen und der schon verschleierten, von Dämmerung und Unerinnerlichkeit gestaltlos gewordenen Flucht der Jahre? Geprägte Form, die nichts zerstückelt — ein euphemistisches Wort! Meine Zeit reicht nur von den

Monaten der Sommer in Sils-Maria („Vorrede zu den früheren Schriften") und des Vorgebirges von Antibes, als es Monet malte, bis in diese Winter der Verdammnis und der Feuernächte — aber selbst davon vergaß ich, und der Ablauf ist zerstückelt. Ein Riese von Gehirn, ein Goliath von Gedächtnis, eine Penelope von Eindruckstiefe würde gewiß mehr davon bewahren, mehr Treue halten — aber ich vergesse.

Mit welcher Wehmut denke ich oft der Seemänner, die ihr Garn spinnen in Grogstuben, wo die tabakgebräunten Kuttermodelle von der Decke hängen, aus der Welt der Segelschiffahrt und des Bordlebens — Schnurren und Späße, „Splissen und Knoten", frei erzählt, große Fahrten, weit zurückliegend und doch mit harten Konturen als hirnlicher Gegenstand vorhanden — lauter Perlen der Erinnerungen! Ich, von der Einfahrt in New York und dem Anlegen in Hoboken, erinnere mich nur noch der Mädchenhändlerin, wegen der die Polizei an Bord kam, sie allein leuchtet, wenn ich zurückblicke, aus dem Hafengewirr zu mir herüber. Über wieviel Auswahl leuchtet diese Dame, wieviel Verlust, wieviel Erlöschen wieder schweigsam gewordener Welten! Entweder ist das Erinnerungsvermögen nicht so bedeutungsvoll, wie es immer dargestellt wird, oder es hat Krankheiten, gewissermaßen Zahnlücken und Haarausfall, jedenfalls schafft es nicht in jedem eine Basis, einen Fond, der so wichtig wäre, um in Schifferkreisen zu verkehren. Es drängt etwas an, aber flüchtig. Ein totenstiller Sonntag, wir lagen in Hoboken. Es war so heiß, als ob ein Feuer über Deck fegte. Es fehlte uns an Money, um es den Astors gleichzutun und die City zu genießen. Wir lagen in den Korbstühlen, die endlich einmal für uns da waren, die widerlichen Passagiere waren ausgeschifft und tummelten sich wohl schon in ihren Kreisen. Eine unbekannte Stadt, ein Land, dessen Ge-

ROMAN DES PHÄNOTYP

bräuche mir fremd waren, im Grunde waren es nur tief-
gestaffelte Mauern, die man sah, mit Flecken drauf — wohl
die Fenster. Also dieser Sonntag voller Öde, unser fremder
Steamer auf dem Hudson, keine Dollars, um Anschluß zu
bekommen, menschliche Wärme, Sinnlichkeit — nur diese
Korbstühle, Besitzer unbekannt, Aktiengesellschaft oder
wie schon der Begriff sagt: Société anonyme — auf der
lagen unsere Glieder, dazwischen mußte man seine Stunden
behaupten, die sich nie sammelten, nie eine eigentliche Blüte
hervorbrachten und darum den echten Schiffererzählungen
nie das Wasser reichen.

Etwas Grundsätzliches, es blieb bis heute: heute lebe ich
innerhalb räumlich hart bestimmter Grenzen, gewissermaßen in einem Fesselballon, über den Korb sehe ich einen
Platz, eigentlich nur drei Gebäude, und in der Ferne eine
Flußniederung, ansteigend Wälder — aber einprägsam ist
das auch nicht. Man hört öfter von Entfernungen, die abge-
schritten werden, und von Gebäudewinkeln, die eine Rolle
spielen, diese Anordnungsverhältnisse bleiben mir fremd.
Eine Lücke! Ich halte mit meinen Beständen durch und laufe
Gefahren! Eine Verschärfung der Sinne hat die Natur hier
versäumt, ein Zusammenballungsmoment und Blütentrei-
ben, denn obschon ich diese Dinge beachte und, wie gesagt,
nur wenig Beobachtungsgegenstände vorliegen, ist in bezug
auf die Lücke nichts Rückläufiges zu bemerken — eine Lücke
in völligem Gegensatz zu allen Schifferkreisen.

Summarisches Überblicken

Schon summarisches Überblicken, Überblättern schafft
manchmal einen leichten Rausch. Venusse, Ariadnen, Galatheen erheben sich von ihren Pfühlen, unter Bögen, sam-

meln Früchte, verschleiern ihre Trauer, lassen Veilchen fallen, senden einen Traum. Venus mit Mars; Venus mit Amor, hingelagert, ein weißes Kaninchen an der Hüfte, zwei Tauben, eine helle und eine dunkle, zu Füßen vor einer Landschaft, die sich weit verliert. Prokris stürzt aus dem Gebüsch, schlägt flach zu Boden, über ihr Kephalos mit einem langen geschlitzten Ohr, der Jäger, er glaubte das Rauschen von verstecktem Wild zu hören, er ist der Gatte und nun durch den geworfenen Jagdspieß der Mörder, ihre Sandalen sind brezelartig verschnürt und ausgestanzt, an ihnen trauert der dunkle schöne Hund.

So erheben sich die Welten. Andromeden, Atalanten, schlafend oder erwartend, nackt oder unter Fellen, behängt mit Perlen, Blumen und vor Spiegeln. Weiße Üppige mit aufgestützten Schenkeln, oft dicht an ihren Rettern, deren Brünnen glänzen. Aber die meisten sind sehr einsam, sehr in sich verborgen, gehn aus dem blassen gewölbten Fleisch nicht über; sie erwarten, aber sie zögern vor jeder Röte und vor jeder Lust. Sehr Verhaltene: Ceres mit dem Weizenkranz, schweigsam wie die Samenkörner; und bäuerlich eine Herbstin mit Hacke, Trauben, Weinzweigen, keineswegs trunken, sehr gesenkten Blickes, eines Blickes bitter und unerfüllt.

Galatheen landen mit Delphinen, verlassen die große Muschel, teils betreten sie allein das Ufer, teils mit Wasserjungfrauen und Zentauren. Und immer wieder die Tauben, auch die Schlangen, auch die Muscheln und dort der Pfau und dort die Barke, an allen Stränden, an allen Hängen — säumen und vergehn.

Das unmittelbare Erleben tritt zurück. Es brennen die Bilder, ihr unerschöpflicher beschirmter Traum. Sie entführen. Der körperliche Blick reicht nur über den Platz bis an die Burgen — aber die Trauer reicht weiter, tief in die Ebene hin-

ein, über die Wälder, die leeren Hügel, in den Abend, das
Imaginäre, sie wird nicht mehr heimkehren, dort verweilt
sie, sie sucht etwas, doch es ist zerfallen, und dann muß sie
Abschied nehmen unter dem Licht zerbrochener Himmel — —
diese aber entführen, führen weit und führen heim.

Geographische Details

Vergleiche, Studien, geographische Details! Wie still das
alles in mir ruht: *Canal du Midi* — kein Segel, das Wasser
ist unbewegt, von brauner Farbe, Schilf wächst am Rand,
er ist nur sechs bis zehn Meter breit, zu beiden Seiten ein
Leitweg, überragt mit Pappeln besetzt, auf dem die ziehen-
den Pferde gehn — welch ein Gegensatz zum *Belomorski-
kanal* zwischen Newa und Weißem Meer, der Bau kostete
drei Millionen Menschen das Leben, seine Fluten sind unaufhörlich gepeitscht von Stürmen und motorisierten Kut-
terkarawanen, die zur Onegabucht jagen — dort im Midi
sind auch die großen weißen Stiere vor den Pflügen, die
langsam gehn.
So bereit zur Auferstehung! Sich vergeben über weite
Räume! Pontinische Sümpfe, giftige Moräste, Trümmer von
Gräbern, Hügel mit Ruinen — Reich des Fiebers und des
Todes, aus den dorischen Säulen bröckelt der Kalk. Tief-
dunkle Buschwälder, Macchia, phönikischer Wacholder von
der Via Appia bis zum Circekap, verschlafene Büffel,
Horste von Purpurhühnern vor dem klematisblauen Meer,
auf dem die Barbareskensegel kamen, *Fondi* überfielen und
wieder verschwanden!
Von hohen Schneefeldern stürzt ein Bach, er verschwindet
in Schuttkegeln — es ist der Styx. Die rotblauen Felsen von
Delphi, die Glanzfelsen, ein Wald von grauen Ölbäumen

schmilzt herauf aus der Tiefe des großen Tales. Wie aber auch anderes seine Ausbreitung erwartet! Sarmatisches Land! Es erfüllt die Stunden! Steppenwinter, furchtbare Schneegestöber, die Luft gänzlich undurchsichtig, eine Windhexe kündigt sie an: Klumpen von verdorrten Pflanzenstengeln, eine Art Kollerdistel, ballen sich zusammen, wachsen riesengroß, rollen und springen, alles flieht, kein Wolf denkt an Beute! Hernach die Frühlinge, Wasserüberfülle, ganz das unruhige Element, widerliche, schmutzige Morastgärungen, dann zwar Krokus und Tulpen, aber alle Kräuter grob, groß, strunkig, bei genauerem Hinsehn weit auseinanderstehend, kein Vergleich mit Surrey und Argolis.

Eine weiche weiße Luft fällt um dich wie warmer Schnee, die Rinden und die Vorblüten treiben im geheimen, dann ist alles da, und dann die endenden Sommer mit dem Violett der Distel und der schwefelgelben, der heißen süßen Rose Diane vaincue — so verkünden sich und so vergehn die Jahre. Wo du auch hinhörst, es ist letzter Klang, immer Ende, finale Lust, von hohen Schneefeldern stürzt ein Bach, ein Wald von grauen Ölbäumen schmilzt herauf aus der Tiefe, Trauer und Licht, wie still das alles in dir ruht, und dann die endenden Sommer mit dem Violett der Distel und der schwefelgelben, der heißen süßen Rose Diane vaincue.

Der Stadtpark

Auf anderer Ebene der Stadtpark. Er tritt ohne weiteres in den Blick (ohne weiteres?), sei es von der bogenförmigen Brücke, sei es von der Bank aus, mit der der Verschönerungsverein bestimmte Ausblickspunkte gartenkundlich bedachte. Ein Himmel ist auch über ihm, nicht der blanke

ROMAN DES PHÆNOTYP

blaßblaue Texashimmel und nicht der wolkenlose des Midi,
der die Pinien überwölbt, aber doch eine Art Höhenabschluß
für Versuchsblicke. Verschiedenartige Pfade führen heran,
das ist herkömmlich, doch ungeheuer auffallend das *Schwa-
nenmotiv*. Schwäne – das ist stilisiert! Widersinnig, den
Schwimmvogelkopf so hoch über den Wasserspiegel zu legen
auf einen Hals wie glasgeblasen! Keine Kausalität darin,
reines Ausdrucksarrangement. Ebenso die Weiden, in die
Fluten hangend, Unstillbares, Schwermut, Bionegatives in
die Ackerbürgerstadt verlagernd – unmittelbar, wie jeder
nachfühlt, auf Ausdruck gearbeitet.
Eine Welt der Widersprüche, aber die Welt hat doch schon
so manches gesehen: Lustknaben krönen lassen, einen
Schimmel als Gott verehren, den Manen eines Bechers ein
Mausoleum errichten, einen schönen Baum mit Geschmeide
zieren – und nun diese Zerstückelung! Doch unsere Lage
ist nicht günstig. Alles, was man über das Leben hört, über
den Geist, über die Kunst von Plato zu Lionardo bis Nietzsche ist nicht kristallklar, enthält Winkelzüge – wird doch
schon ganz öffentlich von einem Verlust des Gegenstandes
gesprochen! Ja, in der Tat, wir bezweifeln die Substanz,
aus der diese Worte kamen, wir bezweifeln ihre Erfahrungen und ihre Glücke, wir bezweifeln ihre Methode sich darzustellen, wir bezweifeln ihre Bilder. Wir haben kaum ein
paar Schritte Erde vor den Füßen, wenig Irdisches überhaupt, alles ist sehr schmal, alles muß sehr vorsichtig erwogen werden, wir blicken nachdenklich auf die geäderten
Kelche großer Blumen, in die die Nachtfalter so berauscht
versinken. Das Reich ist immer nur eine Seite groß oder
einen gemalten Federhut oder eine Fuge – und drüben das
Gewoge. Es ist März, der Park hat etwas Unsauberes, selbst
in dieser Ebene, in dieser Niederung, die Liliazeen tragen
sich gespannt, sie öffnen sich in einer jähen Entsprossung,

gestern noch geschlossen, bersten sie in einer Art Selbst-
deflorierung, in einem blauen Aufsprung entgegen dem
Licht, sie erscheinen jung und hart wie Waffen — daneben
sind andere Waffen: Glocken, Kätzchen, ausgefüllt bis ins
Äußerste, formensicher bis in den violetten, in den bienen-
braunen Saum —, Waffen einer feindlichen Macht, Über-
macht, an der alles zerschellt — der Natur. Demgegenüber
muß man alle Kräfte sammeln.
Unsere Lage ist nicht günstig. Die Sinne sind im Rückzug.
Hat schon jemand einmal darüber nachgedacht, daß Nietzsche vierzehn Dioptrien trug, meistens zwei Gläser, Knaben
leiteten ihn über Stege und hinunter. Auch hören wir nicht
mehr weit, die großen Firnenjäger hörten weiter. Also in
sich selber seine Springbrunnen hochwerfen, seine Echo-
wände errichten! Die Schlange Kassandras hat uns nicht die
Ohren beleckt, die die Stimmen der Luft und die Melodien
der Erde eröffnete, wir schliefen nicht auf dem Marmor,
über den dies Reptil sich wand. Aber Jahrtausende leben
in unseren Seelen, Verlorenes, Schweigendes, Staub; Kain,
Zenobia, die Atriden schwingen ihre Thyrsosruten her.
Und dort der Teich! Wasser! Wasser ist dunkler als Erde,
stundenlang könnte man es betrachten, an seinen Ufern
weilen —: Wasser *werden* — sich verändern, Veränderungen
und Tiefe unter Wellen — ach, eine Stunde auf *einer* Ebene,
auf *einem* Glück —!

Die Geschichte

Die Geschichte in ihrer wunderbar ausgleichenden Gerechtigkeit: sie verschlägt den Mithridates zu Tigranes und den
Alarich in ein rosenumsäumtes Landhaus bei Bordeaux.
Cicero kann zunächst die Verschwörungen enthüllen, erst
später wird er auf vierhundert römische Meilen von Rom

ROMAN DES PHÄNOTYP

verbannt. Im Pelzwarentausch ist sie tätig und auf Salz-
straßen; sie arbeitet mit einem Staubkorn, an dem ein Auge
erblindet, und belädt mit Trümmern eines gestürzten Ko-
losses fünfhundert Kamele. Unten gestattet sie noch ein
Schlurfen um die Reste weißer Statuen in einem zufällig
verschont gebliebenen Hain: Sol, Hekate, Zeus, die für
sechzig Generationen das Leben trugen — oben gestaltet sie
schon das byzantinische Mosaik — Mosaiken wollen nicht
erzählen, nicht erziehen, sie weben ihr monologes koloristi-
sches Ritual.

Die Geschichte in ihrer wunderbaren Gleichförmigkeit, in
ihrem regelmäßigen und fruchtbaren Rhythmus: nach unten
werden die Abgaben erhöht, das Korn auf dem Halm und
die Forsten verschoben, ein oder einige Stände ausgebeutet,
und oben tragen die Herren Lorgnetten und die Damen
Pompadours mit kandierten Fondants. Die Damen gehn in
olivfarbenem Samt mit Spitzen und Federn; die jungen
Wiener Komtessen sind weiß gekleidet, haben blonde Zöpfe
über der Stirn, frische Rosen an der Brust und lächeln den
Besuchern entgegen. Das Neueste ist das Radeln: die Be-
gutachtungsgrafen aus dem Ministerium am Ballhausplatz
treten die Pedale, die Älteren legen sich Kegelbahnen an,
im Garten gibt es Italienische Nächte, man schenkt Bon-
bonnieren, in die Salons werden Orangerien eingebaut mit
kleinen Fontänen, die leise plätschern. Es ist die Zeit der
Basare: in den Buden werden Hampelmänner, Wiener
Couplets, Champagner von Prinzessinnen, als Kolumbinen
verkleidet, dargeboten, in einer Laube aus Stephanotis und
Gardenien gibt Madame Recamier Autogramme berühmter
Künstler in Körbchen von Parmaveilchen, eine Tausend-
guldennote läßt Baron Bernsteiner achtlos in die goldene
Schale fallen, die nur große Summen aufnimmt. Eine Teu-
felin in Schwarz und Rot hält Eis und Waffeln feil; die

ganze Coterie beteiligt sich an lebenden Bildern, für die Haute gomme eine Trouvaille für Sottisen und Herzensspekulation. Und von unten durch die Sinne, durch die Gehirne, durch erworbene Laster, ererbte Schwächen, schwarze Börsentage, Todesfälle mal à propos höhlt die Geschichte an den Schichten, die sie tragen, wie sie immer höhlt in ihrer wunderbaren Wiederkehr des Gleichen so vorsorglich bis in die Staatsfabriken und Galeeren. Staatsfabriken für die öffentliche Brotverteilung, daran angeschlossen zum Verdienen Wirtschaften und Bordelle, und von da aus geradeaus auf die Ruderbänke mit den Fußeisen. Unten barbarische Kriminalstrafen und oben Ehrenstatuen gegen Trinkgelder; unten Gruben, oben kolossale Porphyrsärge. Unten die Schwielen von Fesseln, die man auf irgendeiner Insel des Ägäischen Meeres getragen, oben Kränze und Pfauenfedern. Unten Ziegelplatten, die vom Tiber überschwemmten Quartiere, Tuffhöhlen, oben Bogen aus Jaspis und Achat und Villen im kühlen Tibur.

Die Geschichte! Werbesklaven, Feldsklaven, Troßsklaven unten, darüber Fanatismus für Zirkuspferde, für Wasserorgeln, eintönig, aber laut, groß wie Stadtkutschen. Dann einige verlorene Schlachten, oder die zahllose Klasse erschlägt einige Tyrannen, und alles ist zu Ende für eine Weile. Nur für eine Weile — die Geschichte in ihrem regelmäßigen und fruchtbaren Rhythmus mauert die Epochen ineinander, aus dem Perserschutt erbaut sie das Parthenon, die antiken Tempel macht sie zu Steinbrüchen des Quattrocento, unter ihren Fittichen leben die Foren weiter als Ziegenberge und die Kapitole als Kuhweiden, die Wölfin legt sich in die Schafställe und säugt Lämmer — also man muß stehn und sich halten, wo die Herren Lorgnetten tragen und in die kolossalen Porphyrsärge sinken, man muß stehn und schauen, dann wird der Rhythmus kapital, man muß schauen, zurücktreten, sich erheitern, dann knospen die Galeeren, Wunden heilen durch Maden und die Universalgeschichte wird wunderbar.

Libellen

Weder Käfer noch Schmetterlinge — hohe Töne, Schwirren!

Von einer Gemeinschaft ist nirgends die Rede. Alles kommt aus dem Mittelpunkt, gilt nur für ihn, fällt sofort in ihn zurück, der Mittelpunkt ist die Gemeinschaft.

Körperliche Bewegung ist eine Nutzlosigkeit vom Standpunkt des Geistes gesehn; ebenso wird die Sprache nur völlig empfinden und beherrschen, der kaum spricht, nämlich nur zu sich selber, er selber wird sein feinstes Ohr.

Wer Dauer wünscht, stilisiere nicht auf Ewig, sondern auf à propos; ein Schatten, der über das Manuskript fällt, kann schwerer wiegen[2] als das Ur. Ferner: es ist immer nur eine kurze Strecke, die eine Generation weiter zu denken vermag als die vorangegangene, es scheint bestimmt und abgesteckt zu sein, was ihr an erweiterten Wendungen gelingen kann — dem aber kommt sie vom Kurfürstendamm aus näher als vom Ur.

Auch verachte man den Bürger nicht, er selber lebt gern im Bunten und Vollen, aber wenn der Geist sich durchsetzt trotz Armut und Dunkel, hat er daran seine ehrliche Freude. Und die Cäsaren! Alexander verschonte bei der Zerstörung Thebens das Haus Pindars und wollte Persien nur erobern, um es nach Athen schreiben zu können! Napoleon kommt immer wieder auf Rousseau und Werther zurück — also der Geist ist doch in allem tätig! Andererseits sprengte eine venetianische Bombe 1687 das Parthenon — das Mittelmeer unter sich!

„Wer den Kalifen in der Versenkung stört, wird enthauptet — und wenn der Feind derweilen die Stadt erstürmt. Nach der Auffüllung der Kräfte wird der Fürst des Feindes schon Herr werden" — also wer nach innen lebt, sieht eine große Vereinigung, ein allgemeines Tat twam asi, runde Schultern hat jedes Ding, selber der große See ist stillen Wassers, nichts mahnt an Flucht und Fließendes . . .

Pilger, Bettler, Affenscharen

Wenn man das Ganze überblickt, ist es von großer Unverständlichkeit, aber wahrlich der Wunder voll. Es gibt Fliegen, die nisten im Maule des Nilpferdes; Lurche, die sich tagelang begatten; Millionen von Faltern verlassen die Wälder, bilden eine azurblaue Wolke und stürzen ins Meer. Die höheren Wesen schneiden einander in die Gurgeln wegen eines Sacks Pfeffer, überfallen sich um Purpurschnecken, für einen Liter Gummisaft starben Tausende, ertranken auf allen Meeren, ihre Gebeine bleichen an fernen Küsten. Sklavinnen werden Kaiserinnen; Benny Gogh, ein Hund, liegt vor einem Gouverneurspalast begraben in einer der schönsten Parkanlagen der Welt, sein Name steht mit dem einer Araberin und eines Deutschen auf einem Obelisken, der trägt in großen Goldbuchstaben die Inschrift: Never fades their Glory — niemals wird ihr Ruhm verblassen.

Ein Mann fragt: „Wer hat dich so geschlagen?" Die Frau: „Ein Derwisch in einer Bar." „Warum bist du hingegangen?" „Weil du fortfuhrst, ohne mich zu binden" — solche Seltsamkeiten hört man alle Tage. Wer allgemein fühlt, kann sich überall vermischen, wer sehr individuell ist, dem

ROMAN DES PHÄNOTYP   181

wird auch Sodomiterei nichts tun; wenn es einen großen
Zynismus gibt, so ist er Gottes.

Indien. Die Manghats (Leichenverbrennungsplätze) an heiligen Flüssen, Geier darüber, die Harmonien der „Rosen
aus dem Süden" schlagen vom Eden-Garten herüber an
unser Ohr. Offiziersdamen in Phaetons; niedrige Hackerys
mit Hindufrauen. Kamelschellen, die geweihtes Wasser
verkünden; das Schlagen der Gongs, um der Hausgötter zu
gedenken. Schleier von östlichen Gangesarmen, Schals aus
der Wolle der Ladakhschafe — und das Faulen der Muscheln
in Trögen von hohlen Bäumen, bis die Perlen sich am
Boden sammeln. Pilger, Bettler, Affenscharen; Klippen aus
weißen Korallen, Inseln, die entstehen und vergehen. Ma-
donnenlilien in Balcic am Schwarzen Meer, weiße Blüten
von Maltas Mockorange. Die augengroßen Saphire in der
Tiara des Zaren, Perlen vom Hals bis zur Taille, große
Kerne. Und dort knien sie auf ihren Flößen vor den Strom-
schnellen und beten. Durch alles dies muß man hindurch, es
auf sich wirken lassen, es durchdenken. Dies wird dir auferlegt für deine Jahre, die ein unerrechenbarer Tod be-
grenzt. Für etwas, das jenseits deiner liegt, bist du erschaffen. Basare, um Tschibuk zu rauchen, und Karioleis, die
Sklavenmärkte; Balmorals Gärten — Geräusch der Rechen
— alles dies!

Weizenkörner aus Mumiensärgen, tausendjährige, werden
ausgesät und tragen Ähren, Keime leben lange, du bist die
Mumie, zerfällst, diese kreisen und blühen. Die Fremdheit
zwischen Ich und Erde steigt mit Flammenwerfern zum
Himmel, aus der Tiefe der Getreidefelder und den abgrün-
digen Lauten des purpurströmigen Mohns. Dein Zerfallen!
Keine Mumiensärge dir, um zu schlummern, keine Körner,
um wiederaufzuerstehen! dies alles — aufnehmen und dann
verlieren und dann gehn.

Bordeaux

Ein Roman im Sitzen. Ein Held, der sich wenig bewegt, seine Aktionen sind Perspektiven, Gedankengänge sein Element. Das erste Wort schafft die Situation, substantivistische Verbindungen, die Stimmung, Fortsetzung folgt aus Satzenden, die Handlung besteht in gedanklichen Antithesen.

Selbstentzündung, autarkische Monologie. Radio ist der Natur weit überlegen, es ist umfassender, kann variiert werden, die Natur ist egozentrisch, regional gebunden, auch überspannt sie immer wieder ihr panisches Prinzip. Schreibtisch oder Fensterplatz entwickelt mehr Substanz als Landschaft, sie schaffen ihr Ausdruck, überdauern ihre Nebensächlichkeiten, ihren unklaren Saisoncharakter. Außerdem — wo in ihr wäre jene Trauer, die dem menschlichen Gedanken seine lange Bestimmung und seine weiten Räume gibt, wo das Gefühl der fremden Herkunft, das unser eigentliches Wesen ist?

Alles, was zurückbleibt, sind Dinge, die in Bewegungslosigkeit geschaffen wurden oder in langsamem Herumgehen um einen Steinblock oder unter jenen Platanen. Scharfe Ritte und schwere Schilde führen den Mann vielleicht zu Besitztümern und zu Liebesnächten, doch muß er zwischen Sonne und Schatten hin und her und in einer Ruhelosigkeit streifen, die ohne Frucht ist. Wenn Wind weht und die Bäume ihre Formen nicht durchführen können, bleiben selbst von jenen Platanen nur ihre Wurzeln dem Geiste nah.

Handlungen sind gelegentlich romantisch, enthalten die Möglichkeit zu Impressionen. Ich denke an Bordeaux. Natürlich war ich nicht völlig bewegungslos dorthin gelangt, vielmehr auf vier Rädern, ein großer Horchwagen. Eine sehr heiße Stadt. In der Ferne der Atlantik mit seinem

ROMAN DES PHÄNOTYP

durch nichts gestörten Blau, einer Färbung, von der man
den Eindruck hatte, daß sie sich noch im Ausströmen vertiefte. Ein Café aus Marmor und Gold — ein Café für
Dogen, riesige Räume, prunkvolle, hier sprangen die Ratten um die Tischfüße, große Tiere, der Kellner, den ich
darauf aufmerksam machte, sagte beiläufig, was wollen Sie,
die Stadt liegt nahe am Meer. Dann war gerade ein Kapell-
meister am Ort, der dirigierte ohne Taktstock nur durch die
Bewegungen des Rumpfes, die Serenade von Toselli gelang
ganz wunderbar.

Eine ungeheuerliche Hitze, sehr übersteigert, dumpf wie
aus den Pelzen von Hummeln. Wir sahen die Leute vorbeipromenieren, es war Sonntagabend, kleine Leute, Provinz,
von diesen handelte niemand — sie schufteten: in Kellereien,
Fabriken, Büros, Krankenanstalten — aber das war kein
Handeln. Feuer aus Stein schlug keiner. Pfeile für Jagd-
züge spitzten sie nicht. Sie schufteten und dachten. Handeln
taten vielleicht ihre sogenannten Führer, also Narren und
Sträflinge, für die floß allerdings diese Gegend auch über
von patriotischen Beständen. Château Lafitte und im Cha-
peau rouge die bekannten Rebhühner mit Trüffeln. Dafür
trieben sie die Einwohnerschaft erst zur Volksvermehrung
an, dann mußte für alle überflüssig Geborenen Arbeit beschafft werden, dann Märkte erobert, um die unnützerweise
hervorgebrachten Waren wieder abzusetzen, und so ver-
flocht sich ihre Lebensaufgabe von selbst in die große Harmonie. In dieser Weise bewegten sich die Jahre, dieser
Eindruck entstand, in der heißen, weinbergumdufteten
Stadt, dem alten römischen Burdigala und, in dieser Richtung gesehen, jedenfalls an diesem Abend, konnte ich darin keine Fruchtbarkeit, keine unerschöpfliche Gabe der
Natur erblicken, sondern nur eine mangelhaft angewendete
Vernunft, die sich weit von ihrem Sinn entfernte.

Wir waren von Les Sables d'Olonne gekommen, wo man
Austern, über Rohan, das elegante Bad an der Gironde,
wo man Sardellen fischt, an dem Hafen vorbei, in dem sich
einer dieser berühmten Handelnden flüchtig auf den Bel-
lerophon begeben mußte, um für immer zu verschwinden.
Freundliche Dörfer hatten wir kaum gesehen, aber jene
kleinen Flecken, die Bourgs, mit den aus Stein roh ausge-
führten Wohnungen, fast ohne Fenster und ohne jeden an-
sprechenden Schmuck, umgeben von Obstbäumen, die aber
der Üppigkeit und Überfülle ganz entbehrten, wie sie in
gleicher Breite an der Rhône und Saône den Süden ver-
kündeten. Dagegen sahen wir auf jenen isolierten Felsen
die beherrschenden Schlösser mit den massenhaften, mit
Ringmauern umgebenen, vom Donjon, dem dicken Feudal-
turm, überragten Gebäuden, sowie den von niedrigen Pfeilern flankierten Toren, und wir begriffen vollkommen, wie
diese Schlösser, welche den Namen Fels (la Roche) erhiel-
ten, wie La Roche Chalais, La Roche Mareuil, La Roche
Foucauld, La Roche Chouart, La Roche Beaucourt, La Roche
sur Yon, La Roche du Main, La Roche Posay, La Rochefort,
auf einer Strecke sich drängten, wie andere mit dem be-
scheidenen Namen Hügel (la Motte) sich begnügten, wie es
endlich der la Tour auch nicht wenige auf derselben Strecke
gab. So hatten wir die Vendée durchzogen, um im Lande
Médoc den großen Seehandelsplatz zu gewinnen.
Hier wogte, wie gesagt, die Menschheit nicht widersinniger
als anderswo, nur waren der Marmor unverbindlicher und
die Ratten sichtbarer. Wen die Vergangenheit anzog, der
fand Reste der Römerzeit, wer sich der Gegenwart zuwen-
den wollte, dem trat in einigen Stadtteilen moderne Eleganz
entgegen. Einer, den die bildenden Künste beschäftigten,
konnte abseits vor das Haus hintreten, in dem Goya die
letzten Jahrzehnte lebte und starb, konnte im Geist noch-

ROMAN DES PHÄNOTYP

mals seine Hexen reiten, seine Mißgestalten über Krieg
und Frieden feixen, seine Galgen salbungsvoll über Handelnde und Gehenkte ihr graues Gebiß zusammenschlagen,
kurz die unstillbare und vertrunkene Menschheit durch
einen Rauchfang in eine üble zerfetzte Hölle halluzinato-
risch geblasen sehn. Wir unsererseits schweiften noch nach
Cahors, der alten Hauptstadt von Quercy, vom Lot um-
flossen, und mit schönen roten Weinen, um in Hendaye im
Hotel Funterarabia zu landen, schon nahe an der internationalen Brücke von Bissadoa, über die der hölzerne Grenz-
steg in jenes Land führt, in dem Wanderschafe zu halten
nur gewissen Bevorrechtigten zustand, und in dem der
höchste Orden, der des Goldenen Vließes, auf die Argo-
nauten und das Widderfell von Kolchis, also weit in das
Altertum, zurückverwies.
Demnach Anfang und Ende, Felsen und Meer. Eine Reise
— im wesentlichen ließen wir uns automatisch bewegen. Ein
Roman im Sitzen. Auch kühle Frauen waren da, blasse
Südfranzösinnen, die Angelegenheiten ihres Gatten gewandt vertretend, eine empfing uns in einer Laube, unter
anderen machte sie die seltsame Bemerkung: Wenn der Tod
uns nicht mehr schmerzte, würde er seinen Sinn verlieren
und wahrscheinlich verschwinden, an seine Stelle träten
dann *Tränen aus anderen Gründen*, grauengeborene und
süße, nach den jeweiligen Strömungsverhältnissen unseres
menschlichen Blutes.

Blöcke

Welches ist nun der Standpunkt des Ichs? Es hat keinen.
Darf alles auf es einstürmen? Es darf. Ist eine Kirchen-
fahne oder ein Kinderdrachen ein Gaurisankar gegen ihn?
Das kann man sagen. Vorüberstreichen als ein Abenteuer

der Seele, dem Nichts entstiegen, dem wir enteilen, im Nichts sich lösend, das über uns sich schließt — entstehen wie ein Blues und vergehen wie ein Strahl oder eine Magnolie — so eintägig, *ephemer*: dies tiefe Zeichen seiner Seele! Ein Sirihpriem unter der Zunge, ein Stückchen Quittenmus auf einem Pisangblatt ist bei den Javanesen alles — so leicht, so unbegrenzt — und unbehilflich nichts —: dies ist seine Lehre!

„Komm mit aufs Meer! Zerbrich, zerbrich! Noch steht die Veste — du hast den Blick —: sie flutet an zu brüchigem Verweilen, zu Stunden, panischen, im Schilf ein Flötenton, der fragend bricht. Komm mit aufs Meer, vom Meer aus ruht das Land und ruhn die Herzen" —: ein Vers aus seinem Lied. Erdteile im Projektionsverfahren, Jahrhunderte als Wolkenverschiebung, Schicksale auf Ausdruck gebracht, Blöcke als Selbstverpfleger —: eine Architektur von eigener Balance.

Städte erstehen. Am Fuß eines Riesenobelisken, an irgendein altes ägyptisches Monument erinnernd, schwirrt ein schwarzes Insekt wie ein Floh auf den Hinterbeinen umher — ein Mensch, da geht noch einer und da noch einer. Sie stürzen durch Öffnungen unten in den Wänden, werden in senkrechten Röhren im Innern der Häuser nach oben geschossen, werden ausgeladen, sausen durch die Luft, werden ins Dunkle der Erde geschleudert, vermählt mit Kranen, eins mit Dynamos zwischen Gebäuden wie Pilaster, zart wie nackte Statuen, grau oder rosig und in Scheinwerferlicht. Glocken stürmen, Hörner schallen, Pfiffe gellen — die Städte schwellen rot an, füllen sich, tragen Purpur, gehn in Seide, zittern von Beleuchtung und Liebesakten. Von hohen Häusern sieht man die Bay, die Wellen um Long Island mit all den Segeln ihrer Lustboote, die Landhäuser liegen im Sonnenlicht, die Frauen sind die Flüge

weißer Vögel zu Polofeldern und langgestreckten goldenen
Küsten, abends klirren die Gläser –: Sommertage, bestickt
mit Flips und den großen Beautyrosen.
Broadwaystars: von einer Negerwaschfrau in Harlem
erzogen, jetzt 50000 Dollar im Jahre. Beim Erwachen
Orangensaft und schwarzer Café, dazu der neueste Slow-
fox, die Jungfer sammelt die verstreuten Chiffonfetzen;
fünfzehn Jahre Training, um sich leicht zu drehn, Purzel-
bäume drei Stunden täglich, damit die Knochen gehorchen,
Kopfstehn, um klettern zu können wie ein Affe, und abends
mit einer Baßstimme und dann mit einer ganz hohen
Nachtigallenstimme durch Lieder von Ukulele Babies und
Piccaninis die Herzen zerreißend, erschauern machend
unter dem ganz persönlichen Stil, sich hintenüberzulehnen
und mit den Knien zu wackeln. Es erschauert, es wird gepeitscht: die Seeküste, die Hudson- und Champlainspalte,
East-River, Sandy-Hook, Nachkommen Sems, Nachkommen
Hams, Weiße, Mischlinge, Halfcast, Lip-Laps, die Chefs
des Federal Reserve Buildings, die das Gold horten. Nach
dem Song das Eissoufflé und die Suppe aus dem Nest-
schleim der seltenen javanischen Salangane.
Oder dort: Die großen Braunen, an der Außenseite des
Stirnbandes eine Veilchenrosette, stehn korrekt vor dem
Palais, alle viere möglichst weit gestreckt, vier Hufe vorne,
vier Hufe hinten in einer Reihe, sauber poliert, der Groom
steht vor der Deichsel unter den Pferdenasen. Dina Gray-
ville steigt in den Brougham, lehnt sich in das wattierte
Tuch, sie fährt Kleider und Kinderwäsche für ein Waisen-
haus kaufen, sie nimmt die Route über die Longchamps-
Promenade, den Weg, über den einst in der Karwoche die
wunderschönen Stimmen aus der Abtei erklangen — danach
zu Potin, die Erdbeeren aus Hyères sind da.
Hotels im Rauschen der Kaskaden, Palais in der Peking-

Road (mehr Fort als Bungalow), der Präsident — Export: Moschus, Galläpfel, Tungtschouwolle — sitzt in dem Lehnstuhl, in dem Essex starb. Blöcke —: Jahrhunderte als Wolkenverschiebung, Erdteile im Projektionsverfahren — komm mit aufs Meer, im Schilf ein Flötenton, der fragend bricht.

Zusammenfassung

Das Vorstehende sind die Eindrücke, Erinnerungen und Taten des Phänotyps während eines Vierteljahres, vom 20. 3. 1944 bis zum 20. 6. 1944 — ein Zeitraum, der genügt, um sein Verhalten zu beschreiben. Er wohnte in einer östlichen Kaserne, bekam Truppenverpflegung, wöchentlich zwei Kommißbrote, hinlänglich Aufstrich, zweimal täglich eine Schüssel voll Suppe oder Kohlgericht, er war also wohlversorgt, sein Zimmer ging auf einen Exerzierplatz, auf dem die Allgemeinheit ihre Ideen betrieb.

Das Alter nahte ihm, die Tage des Überblickens, die Stunde der Gewißheit, daß niemand mehr kommen würde, zu deuten und zu raten, nichts mehr, etwas aufzuklären, das man nicht selbst erklärte. Alles trat in eine helle Beleuchtung, in feststehende Verhältnisse, in Beziehungen, die im Rahmen ihrer Lage gültig waren — nur im Rahmen ihrer Lage: denn im Hintergrund stand die große Disharmonie als Gesetz des Alls.

In diese reine Projektion eines abstrakten Intellekts, fremd und als eine jener Mutationen anmutend, in denen sich das Hintergründige, das „Absolut Reale", wie es die moderne Physik nennt, gelegentlich weiterbewegt, in diese Spannungen, Spaltungen der Verwandlungszone trat geographisch etwas von den weiten, nach Asien hinüberflutenden Ebenen über, in denen er damals lebte, von ihren Wäldern

ROMAN DES PHÄNOTYP

und öden Flüssen, die ersteren, die am Rande so weißblau
summen, die letzteren, an denen die Binsen tief und eintönig starren — die Krume verriet ihm von ihren Wiederholungen, die so alt sind und die nie ermüden. Etwas Still-
stehendes trat in ihn ein, trat hervor, da es wahrscheinlich
immer da war, ein unsichtbarer mit Namen nicht zu nen-
nender Gott, der zu den Ländlichen gehörte, denn er blieb
im Acker, die Ernte fiel, ohne daß er sich rührte, auf seine
Schultern, seine Höhlen lagen nahe, nicht unerreichbar
waren die Eingänge zu Nestern und Schlucht. Auch das
mythische Verschwinden in Wasserläufen, die Entrückun-
gen durch eine Flußnymphe, Najade, Schaumgeburten,
Wogengräber hatte er Muße, hatte er Maße zu bedenken.
Da hielt er: die Angel nicht mehr ausgelegt, die Wasser
zogen, ja ganze Tage wässerten in entrücktem Schweigen,
ohne Ungeduld, mit jenem Honig in den Stunden, der nach
der Blüte kommt, nach vielen Blüten, aus Schnee- und
Purpurfeldern.

Und in der Normandie begann die große Schlacht, die ihm
die Freiheit wiedergeben sollte, nicht die einzig wahre, die
absolute Freiheit, aber die, in der er groß geworden war
und ebenso die Genossen, mit denen er das Leben begonnen
hatte. Gleichwohl erblickte er keinen Ararat und Regenbogen, wenn er aus der Arche sah. Hinsichtlich der Zukunft
erschien ihm nur das eine sicher, 1948 würde man die
Fünfzigjahrfeier des Maschinengewehrs begehen, der Su-
dan würde aufsteigen, die Derwische stürmten, wunderbar
buntes Ziel für die Maxim-Nordfeld-Geschütze, das
schwarze Banner sank, das hellgrüne, das dunkelgrüne —
und nun war der Augenblick da für die berühmte Attacke
der 21. Lanzer, die Major Kitchener befehligte — Frühjahr
1898 —, und nun würden alle die Löwen und Adler aller
der großen Kriege, Sieger und Besiegte, zusammenströmen,

feiern und sich feiern lassen, alle diese erlebnisreichen Experten der Raketenentwicklung und der Flammstrahlbomben, scharf auf Einbruchstellen und Frontlücken, und der Vivats und Evvivas würde kein Ende sein. Noch einmal trat er in die Ambivalenz der Dinge ein, die sich ihm so bestimmend erschlossen hatte. Auf der einen Seite die Entbindung des Geistes durch die Schlachten und andererseits die Einreihung aller derartigen Vorgänge durch den Geist unter die animalischen Bewegungen, unter die Geologie — diese Antinomie war ohne Ende. Diese Verzahnung der Geschichte und der geistigen Welt war eine der Fragen, die sein Zeitalter nicht beantworten konnte, auch in Nietzsches Bemerkung von der geheimnisvollen Hieroglyphe zwischen Staat und dem Genius war es unterblieben, diese Hieroglyphe näher zu umschreiben; es war eine Frage, die offenblieb, die offenbleiben würde, bis sie sich selber beantwortete und dann versank.

Aber einmal würde sie sich selber beantworten im Kreisen jener Bewegung, die nie enden konnte und die immer nur sich selbst berührte. Diesen fernen Begegnungen rechnete er sie zu. Und noch einmal trat es in seinen Blick: von hohen Schneefeldern stürzte ein Bach, ein Wald von grauen Ölbäumen schmolz herauf aus der Tiefe — Trauer und Licht und beides angebetet, wie still das alles in ihm ruhte, und dann die endenden Sommer mit dem Violett der Distel und der schwefelgelben, der heißen süßen Rose Diane vaincue.

Studien zur Zeitgeschichte
des Phänotyp

Kreise, die sein Schicksal mitbestimmten, von sich reden machten, die Spalten füllten. Die Queen, kaum hundertfünfzig Zentimeter groß, mit kleinen Mausezähnen, be-

ROMAN DES PHÄNOTYP

vorzugt zum Café eine bestimmte braune Biskuitsorte, die
aus Deutschland kommt, sommers in Frogmore zieht sie ein
isabellenfarbener Pony durch den Park. Wilhelm, im Küraß,
sitzt zu Griegs Füßen, komponiert den Sang an Aegir, sein
Freund die Rosenlieder. Der alte große Habsburger läßt
sich jeden Herbst in das vornehme Benediktinerstift einschließen, um in andächtiger Zurückgezogenheit einige Tage
zu verbringen.

Cotroceni. Frühstück im Garten. Es ist Frühlingsende oder
Sommerbeginn. Primeln, Narzissen, Rosen auf dem Rasen
und andere Lichtkinder. Es ist nicht der klingend grüne
Rasen von Sandringham, der triefend grüne Rasen der
Heimatschlösser, den man küssen würde, nach dem man
Tränen weint, aber Bienen und Schmetterlinge auch hier
und ferne Übungstöne der Regimentstrompeter, sprühend,
Marschmusik, und dazwischen der Mädchenchor des Elena-
Doamna-Hortes und das unermüdliche Bellen der Hunde.
Und schon scharren die Pferde im Kies — noch ein Wort zu
dem Dompfaff Bully, dem Aufheller grauer Stunden, er
antwortet mit seinem Walzer „Freut euch des Lebens", und
nun zu dem Kosakenpferd „Tscherkeß" mit den Stahl-
sehnen, von Vetter Boris geschenkt, für die Königin, sie
reitet im Herrensattel, im felsigen Gelände ist das sicherer
und bequemer. Archangelskyer Gardepferd: langer Schweif,
wallende Mähne, sie in zwetschenblauem Kaftan mit Silber-
borten und einem scharlachroten Unterkleid, Ehrenkom-
mandant des vierten Rosiorenregiments, oft reitet sie allein,
ohne Groom, durch die Wälder oder über den von Wellen
gescheuerten Sand. „Wie im Flug"; die Lebenslust, erzählt
sie später den Ehrendamen, strömte wie Wein durch meine
Adern; mein Volk, setzte sie hinzu, wird geführt von einer
Amazone. Abends beugt sie sich über die Randverzierungen
zu einem Evangelium, die Königinmutter bemalt die Mittel-

fläche mit Texten und Figuren, die Türen zur Terrasse stehn auf, gelegentlich legen die Damen die Hände aufs Haar, wenn Fledermäuse kommen.

Weekendhütten, in Bäume gebaut; Lusthäuser, Barken, Taue, Ruderschläge, Silbermöwen, Schiffsärzte mit schwarzem Bart. Strand, Weidengehölz, zahllose Vogelnester, der Boden unter den Bäumen ist grau von ihrem Kot. Oder auf Reisen zu den Höfen. Das blau-silberne Souper („The Blue Boy" hängt noch im Festsaal, ist noch nicht nach USA verkauft) bei Daisy Pleß, sagenhafte Brillanten im honigfarbenen Haar. Teints durch Generationen herausgezüchteter Rassen. Halsorden mit Emblemen und Namen romanischer Legenden. Schreiten und Halten aus einem lustgesicherten Sein. Vollendung!

Altes Land! Völkerüberströmte, durch Jahrtausende schöpferisch durchfurchte Erde — Heimat, vom Illyssus bis zum Firth of Forth, umklungen noch vom Hall und der Weihe des Mittelalters, fern vergoldet die Säulen, die Minaretts, die Kuppeln von Hellas, Bagdad und Byzanz! Unbekannt noch die Berufe und Stände neuer Erdteile: Maisaushülser im westlichen Kansas, Assistent in einer Vertilgungsfirma, Pfeifenfüller in einem Opiumdrugstore. Fremd noch die herandrängenden Ausdruckswogen: Tonformung mit dem Daumen, Plastik mit Silben, Transformation von Objekten in Wortzauber. Immer noch roter Sarafan, Dort draußen vor dem Tore und Sweet Home.

Zisleithanisch. „Komm mit mir ins Chambre séparée" – Wien, Konkordiaball, Strauß, der fesche Edi, dirigiert, grüßt vom Podium die Ilka Palmay, Schloß Gönör, promeniert mit Graf Cziraki — vorigen Sommer in Siofok, nicht ganz unbekannt die Affär'! An den Tisch des Hofrats Pollini von der Burg tritt Dr. Wiederhofen, Arzt des Kaisers, die Stella Hohenfels muß unbedingt zur Mizzi Sacher

ROMAN DES PHÄNOTYP

nach Helenental, Kaltwasserkur machen — Malheur d'être
poète, aber erst: Malheur d'être adorée — unsere Sterne,
schon morgens beim Frühstück, fast aus der Badewanne geholt, Fernanrufe der Zeitungsmenschen, ob die Stimme verloren, ob der Vertrag gelöst — das sind Keulenschläge!
Oder nach dem letzten Akt von Kameliendame muß man
zum Zug, im Abteil erst kann man sich umziehn, nichts als
ein Crêpe-de-Chine-Hemd über, weißen Schlafrock, ein
Spitzentuch, leichter Mantel, alles andere liegt im Coupé
(zweiundzwanzig Koffer und achtzehn Stück Handgepäck) —
aber zuviel Hervorrufe, der Ausgang versperrt, kein Durch-
kommen, die Tschaperl rasen — kurz, der Zug ist fort: also
im Hemd auf dem Perron, und Stanislawsky wartet schon
in Petersburg — in goldgestickten Pantoffeln und der Fiaker
natürlich längst weg, Gott sei Dank die Mama an der Seite!
Oder eine Pelzjacke, die man beim Auftritt absolut braucht,
ist vorausgeschickt!
Im „Eisvogel", Prater, Spezialität Solokrebse, echte Damenkapell'n! Volkssänger Guschelbauer mit Gstanzeln und
Schnadahüpfeln: „dö, dö von de Damenkapell'n, dö, dö
mit der großen Tschinell'n, dö, dö pumpert im Herz mir
herum, macht mir den Schädel ganz dumm. Bumm, bumm!"
Paar, Khevenhüller, Esterhazy von Galantha nachtmahlen:
Alix Kinsky wird von Klimt gemalt, vor weißen Wänden,
blaue Hortensien zwischen den großen Fenstern — fünfzig
Blätter, träumerische Konvolute als Vorstudien — raffinier-
ter Kompositeur das, aber schaut aus wie ein Südtiroler
Weinbauer; Sheila Czernin ist mit ihrem Airship durch
einen augenerfreuenden weißen Schlamm geritten, war aber
Kalk, hat ihm die Fesseln verbrannt.
Sehr ein charmantes Kulturzentrum rund um den Stephans-
turm und die anliegenden Tarockcafés! Frau Berta Galan,
einer unbefriedigten Provinzwitwe, werden für ihre Liebes-

nacht mit einem Tenor zweihundert Seiten wehmütiger
Novellenprosa gewidmet; Gustl für die Stunden vor seinem
Duell Konfrontationen mit Garderobieren, Trafikbesitzern,
Fiakerfahrern zwecks Analyse seiner Leutnantsseele. Die
Nibelungen, die der Norddeutsche zusammenwerkte, halten
sich nicht, zuviel Norne, zuviel Yggdrasil, aber Feodora, Fall,
Clémenceau, Bunbury und die S. als Hamlet – eine Passion
das: erst hat sie die Blumen verschenkt, dann die Hand-
schuh zerrissen und den Bürschl die Finger zugeworfen –
nach der fünfundzwanzigsten Reprise!
Wien: Neben Paris zwischen 1900 und 1914 der höchst-
erreichbare Charme, die morbideste Genußverfeinerung der
herrschenden Rasse, und zwar vielseitig bis in die weitesten
Schichten der Bevölkerung hinein – Wiederkehr der Messen
von Ypern und der Jeux floraux in Toulouse, Rückstrahlung
aus Kleopatras Alexandrien: dem „Club der unnachahmlich Lebenden" und dem Brügge der Burgunder oder Yoshi-
wara. Das bezauberndste Deutsch, doch das Panslawische
wird immer vernehmlicher; Fêtes galantes und das fabel-
hafteste Gebäck, aber das zentralistische Prinzip wird etwas
schwierig; „Der Abenteurer und die Sängerin" – aber keine
Kolonien. Germany hatte 1884 Daressalam und Pangani
erworben und in der Südsee Neuguinea; bis 1913 4776 Kilometer Eisenbahnschwellen ausgelegt, um Grundstoffe zu
fassen und die Rinderpest zu bekämpfen; selbst das kleine
Belgien verschaffte sich zwanzig Millionen Nigger; im
Viktoriatheater in London lief „Stanley in Afrika" in zehn
sehr spannenden Bildern und vor stets gefülltem Haus;
Livingstone kam in die Westminsterabtei; es entwickelte
sich die Epoche der globalen Reisen wie seit Vasco da Gama
nicht, der Besteigungen des Daches der Welt, der Polarexpeditionen, der großen Distanzritte – Major Fukoshima
ritt von Berlin durch Sibirien bis Tokio – nur der alte

Türkenbesieger verhielt vor der Herzegowina — und der Dreibund war seit 1891 im Sinken. Die Armee mit ihrer polyglotten siebenfachen Kommandosprache fühlte wohl am frühesten die Auflösung, witterte das Ende.

In einem der südwestlichen Villenvororte, der bekannt ist durch seine großen Beete von Levkoien, steht Loris in seinem Haus. Er sieht in den neuangelegten Steingarten, der erinnert ihn an die Gärten der Julia. Ihm fehlt der Schluß des letzten Aktes, eben schrieb er: „die Kunst zu enden — wer das kann, kann alles." Der Abenteurer ist fort, der Blitz ist nicht niedergegangen, der Sohn hat diesen Vater nicht erkannt, Vittoria ist gerettet, sich selber wiedergegeben. Einer großen Gefahr entronnen, neu breiten sich die Geschenke des Lebens vor ihr aus, des zweiten Lebens, das hält und immer halten wird, was Lippen, Städte und Ringe nicht halten können, sie singt — aber erst geht sie mit leichten Schritten nach rechts hinüber, öffnet eine kleine Tür, erscheint auf der Galerie, blickt noch einmal auf den Kanal: war es Theseus, der sie verließ, ist es ein Gott, der mit den Geschenken die Gondel auf sie richtet — und nun singt sie in die Nacht Venedigs, der anderen sinkenden gesunkenen Stadt:

> „Sie singt das große Lied der Ariadne,
> das sie so lange nicht hat singen wollen,
> die große Arie, wie sie in dem Wagen
> des Bacchus steht – – o komm, Lorenzo, komm!"

Aspasiatisch. Diese alte intellektualisierte Rasse mit ihren relativierten Raumvorstellungen und ihren elektromagnetischen Feldhypothesen steht immer noch vor der so lange beobachteten Zweigeschlechtlichkeit als persönlichem Problem. Die Ideale sind die alten geblieben: Eva und Aspasia. Aspasia, Kolonialblut, Hetäre aus Milet, dann Gattin des

Perikles, Griechenlands größte Frau, die Kunst des fünften Jahrhunderts unlöslich mit ihr verbunden. Freundin des Anaxagoras und des Sokrates, Plato hat sie verherrlicht, Phidias sie gemeißelt, Zeuxis malte ihre Züge, Sophokles gehörte zu den Intimen ihres Cercles. Vermutlich war sie nicht blond, hatte nicht die Germaninschönheit eines breiten, bequem sich erweiternden Beckens; vermutlich trug sie die koischen oder tarentinischen Seidengewänder, deren Gewicht samt Schuhen und Schmuck nicht mehr als hundert Gramm war; auch hing sie sehr an Perlen, daß diese Menschen seien, behauptete sie nicht, aber für leblose Dinge wollte sie sie nicht halten.

Aspasiatische Züge des Jahrhunderts, sich erhoffend, das Ewig-Weibliche zöge es noch einmal hinan. An den Anfang setzte es Lucinde, an den Ausgang Anna Karenina, in die Mitte Bachofens Mutterrecht. Mimi und die Kameliendame sterben über alle Erdteile, die Bühnen und Schallplatten leben vom Schluchzen Butterflys. Kunst und Liebe im Öffentlichen sich bekanntgebend als Krise und Erfüllung: Chopin mit George Sand in Mallorca; Liszt mit Marie d'Agoult in Paris und Como, mit der Fürstin Sayn in Schloß Woronince; Schumann mit seiner Clara, Wagner mit Mathilde, am Schluß eine Prinzessin mit Toselli; und Ellen Key apostolisch; d'Annunzio und die Duse, Graf Vigny mit Marie Dorval, Stauffer-Bern mit Lydia Escher — sich erfassen, sich verlassen, Chloral und Gas — alles dokumentarisch, Bild geworden und Inhalt der Zeit.

Auf der einen Seite die progressive Zerebralisation, der Vorstoß eines Gestalt werdenden Gehirnwesens in die Richtung formelhafter Überwelten, auf der anderen Seite Strindberg, Wedekind, Ibsen, Weininger — bei Amöben oder innerhalb vollendeter Rindenkosmen unmöglich, drei Viertel immer noch Pathetiker der Zwischenwelt. Aber die seeli-

ROMAN DES PHÄNOTYP

schen Belastungen verschieben sich: Erkenntnis als Affekt, Ausdruck als Wahnsinn und Leidenschaft, Kunst als Gruppenphänomen — die Großen stehen schon außerhalb der Liebe und des Ruhms, innerhalb des Ausgleichs von Sachen.

Zunächst auffallend viel mischrassige und östliche Frauen, die auftauchen in Musikzentren, Botschaften oder in Baden-Baden — steigern und verwandeln die Arbeitsmethoden der Produktiven. Woronince liegt zwischen Kiew und Odessa, die Fürstin, geborene d'Iwanowska, die Amazone der Steppe, ruht auf Bärenfellen, um Tschibuk zu rauchen, die russischen Öfen werden mit riesigen Strohbündeln geheizt. (Später, alt geworden, in Rom verfaßt sie vierundzwanzig Bände über die inneren Ursachen der äußeren Ohnmacht der Kirche.) Baronin Meyendorff, geborene Prinzessin Gortschakoff, die „schwarze Katze", Freundin der letzten Jahre, gibt dem Greis Liszt — „meine alte Venus", nennt sie Borodin — die Frische, „die erstaunliche Folge von Dur-Dreiklängen zu schaffen, deren Grundtöne jeweils im Abstande einer kleinen Terz (verminderter Septimakkord) auseinanderliegen, was für die wagnerische und moderne Harmonik von entscheidender Bedeutung wurde". Janina Olga aus Kosakenblut, immer mit Giftfläschchen und Revolver auf dem Tisch, wenn sie aus Amerika angestürzt kommt, um in Weimar wegen eines Briefes, der ihr zu kühl klang, zu verhandeln. Marie Kalergis, später von Moukhanoff, geborene Gräfin Nesselrode, halb Polin halb Russin, die „weiße Fee" Theophile Gautiers, der „Schwan" Heinrich Heines, die Lieblingsschülerin Chopins, die „Göttin des leuchtenden Weiß", wie sie Liszt nannte, der ihr die Elegie widmete. Alle sehr in Reichtum, in Schlössern, in Prunk, aber, schreibt Marie Kalergis, „beim heiligen Thomas heißt ein Kapitel ‚Über die Prachtliebe', das uns recht gibt".

Cosima ist ungarisch-tourrainisch und in der Ferne beth-
männisch aus Frankfurt am Main, Lou Andreas-Salomé,
unsterblich durch einen Antrag Nietzsches, den sie ablehnte,
war finnisch-jüdisch. Mit einer Mulattin lebte Baudelaire,
bei Maori-Frauen Gauguin. Klingers Gefährtin war Russin,
Balzacs letzte Eroberung und schließlich nach fünfzehn
Jahren sehr widerwillig Gattin: Polin.
Unterzieht man die weiße Rasse einer Betrachtung, wird
man als ihre größten Männer Plato, Michelangelo, Shakespeare, Goethe nennen müssen, von diesen waren zwei
einseitig homoerotisch, einer zweideutig, der vierte — sta-
tistisch also fünfundzwanzig Prozent — einwandfrei nicht
homosexuell. Die Doppelgeschlechtlichkeit ist kein Kardi-
nalsymptom innerhalb des Systems der Art, ein alter Besitz, ein bewährter Bestand, populäres Bindemittel an das
Durchschnittliche, aber Variationen zugängig. Die Rasse
fortzupflanzen ist eine brüchig gewordene Begierde. Die
neue Begierde heißt: schöpferische Lust — sie zählt nur die
Erregungen gewisser Stunden. Ausdruck! Ein treffender
Ausdruck vereinfacht die Verhältnisse! Kunst, das ist eine
Wahrheit, die es noch nicht gibt! Daher in den bedeutendsten Romanen um und seit 1900 werden Frauen nur noch
arrangiert: innerhalb des Ethnisch-Geographischen (Con-
rad), des Artistischen (Die Göttinnen), des Ästhetischen
(Dorian Gray); zum Teil werden sie nur noch herangezogen, deutlich aphoristisch, mehr Ovation und Reminiszenz als aufbaubestimmend, daher auch fremdsprachig:
im „Zauberberg". Liebe ist im ernstesten Fall eine Prüfung gegenüber einem neu sich prägenden typologischen
Prinzip.
Blickt man von diesem aus zurück auf die früheren Romane
des Jahrhunderts, diese Frauen mit ihren Schwierigkeiten,
Wandlungen, Wählungen, Kreuzungen, Süchten, ihrem

ROMAN DES PHÄNOTYP

sogenannten Geheimnis, ist man verblüfft über so viel
Höflichkeit, Biederkeit, Konvenienz der Männer, denen
heute plötzlich deutlich wird, daß sie seit langem im
Grunde an ganz anderes denken. So gemütlich ist das
Leben des Mannes nicht, daß ihn eine Frigide oder eine
Bacchantische zerreißt. Er ist längst aus auf eine andere
Welt, in der eine andere Empfängnis gilt und in der
andere Samenkörner fallen. Bezeichnend ist Nietzsche;
das meiste, was er über die Frauen sagt, ist unbeholfen,
aber die Häupter seiner eigenen Lieben zählt er mit dem
treffenden Satz: Der Mann ist das unfruchtbare Tier. Demgegenüber wirkt Ortega y Gasset in seinem neuen Werk
„Vom Einfluß der Frau auf die Geschichte" etwas blumig,
wenn er äußert: „Zur Garbe gebunden, bringt der Mann
die Blüte seines Könnens der schönen Richterin dar." Und
wenn er fortfährt: „Ohne irgend etwas getan zu haben,
ruhig wie am Rosenstock die Rose, höchstens vermittels der
unfaßbaren Ausstrahlung flüchtiger Gebärden, die fallen
wie die Schläge eines irrealen Meißels, hat das Weib aus
unserem Urstoff eine neue Statue von Mann geschlagen."
Dieser irreale Meißel und der Urstoff und der Rosenstock
sind das bekannte Dekor der „Mütter" — ohne irgend
etwas getan zu haben, träumt auf der Iberischen Halbinsel
das von uns verlassene Jahrhundert weiter.

Borussisch. Im Anfang des Jahrhunderts schenkte man
Tassen mit Kornblumen bemalt, die Untertasse so groß,
daß die Butterwecken darauf Platz hatten (Prinzessin
Augusta von Preußen bekam von Goethe eine als Präsent),
am Schluß schenkte man Rackets und Schiffskarten für die
Korfufahrten der Hapag (Ballin lud Stuck und Harnack
dazu ein). Am Anfang hält Napoleon auf seinem Schimmel: „Das ist kein Mensch, das ist der Schlachtengott",
sagten seine Leute, am Ende geht die alte Majestät zu Fuß

ins Hotel de Rome, wo Roon stirbt: „Roon, ich danke Ihnen — machen Sie Quartier für mich und grüßen Sie die Kameraden." Viel Pathetik in diesem Jahrhundert, merkwürdig viel weinen die Helden. Bismarck weint im Vorzimmer von Versailles, als Graf Perponcher zuerst empfangen wird; Zar Alexander weint, als die Gardekosaken so herrlich vorbeigaloppieren; bei der Daily-Telegraph-Affäre im Reichstag hat Herr von Kröcher Tränen in den Augen, der Januschauer wird von Weinkrämpfen geschüttelt; der alte Kaiser weint mit achtzig Jahren, wenn er an Elise Radziwill denkt, immer benutzt er das von ihr gestickte Lesezeichen: Veilchen an einem Kreuz.

Der Höhepunkt des Säkulums: Königgrätz, als die österreichischen Geschütze nach rückwärts feuern, die Armee des Kronprinzen ist da, Moltke sitzt gelassen auf seinem Pferd, ein rotseidenes Taschentuch in der Hand — und Germany hat sich entbunden.

Zwar 1878 beim Berliner Kongreß steht der bayrische Gesandte noch unter den ausländischen Diplomaten, doch als Caprivi, der „Mann ohne Ar und Halm", die Agrarier bedrängte und der Acker nur noch mit zwei Prozent rentierte, trat auch Süddeutschland dem Bund der Landwirte bei. Im Anfang trank der Genuß Mokka mit Muskat oder Pomeranzenblüte, am Schluß offerierte die Hygiene den Kaffee Hag. Brummel säuberte sich mit bestimmten roten Wurzelstückchen die Zähne, seit 1897 geschah es mit Odol. Am Anfang singt Rubini „Anna Boleyn" bei Hofe, am Schluß schmuggelt Artot de Padilla zu Kaisers Geburtstag Carmen nach Deutschland ein.

Die Zeit der großen Entdeckungsreisen, der Polarexpeditionen: Nordenskiöld fährt mit seiner „Vega", Nansen mit der „Fram", Payer-Weyprecht mit der „Tegethoff", vielfach retten sie sich auf Eisschollen, treiben auf dem Polar-

ROMAN DES PHÆNOTYP

strom bis Grönland oder Nowaja Semlja, der Strom macht
etwa zehn Kilometer am Tag, sie treiben acht, auch zehn
Monate, bis sie auf russische Fischer stoßen. In Deutschland wird die „Gesellschaft für Erdkunde" ins Leben gerufen, die „Deutsch-Asiatische Gesellschaft", die „Deutsche
Kolonialgesellschaft", in London die „Royal Geographical
Society", in Rom die „Società Geographica Italiana"; bei
Perthes (1785 gegründet) erscheinen die Kartenblätter
(Maßstab 1:1 000 000) über das mittlere und östliche Karen-
lun, Tibet, Tsaidam, Kukunor, Kansu, Alaschan, Ordos;
dort erscheinen auch „Petermanns Mitteilungen" über die
gesamte historische Entwicklung der Erdforschung, die
kontinentale Parallele zum „Geographical Journal" in
London; Brockhaus (gegründet 1805) ist bereits selbst
historisch für alle Werke und Fahrten und Entdeckungen
in wilden Ländern. Die Reisenden in Person werden gefeiert wie Attackensieger oder Tenöre: Empfänge bei
Königen, Lorbeerkränze, Kronenorden, Extrazüge; selbst
Audienz im großen Saal des Kaiserlichen Schlosses in Berlin: die drei schwarzen Adler an der Decke breiten ihre
Schwingen über Diplomaten und Gardegenerale, der Sou-
verän gibt Ratschläge, ohne weiteres in Lhasa einzureiten,
das Land der Mitte gehöre Deutschland, die drei Adler
oben an der Decke seien Stilisierungen des chinesischen
Drachens.
Bei solchen Gelegenheiten wird das Preußentum amüsant,
während es sonst in corpore nur von Verantwortung vor
Gott und der Königin Luise redet, eine bestimmte Fürstin
bekämpft, weil sie aus Weimar kommt und sich mit Goethe
schreibt. Zum ersten Weihnachtstag erhalten die neuen
Prinzen Soldatenmantel und Säbel. Friedrich Wilhelm I.
erhält an jedem 25. Februar einen Kranz aus Palmen-
kätzchen auf den Sarg, weil er an diesem Datum befohlen

hatte, im Schloß wie in der Hütte auf hölzernen Schemeln zu sitzen und morgens Mehlsuppe zu essen. Der Küster, der Napoleon an den Sarg Friedrichs des Großen geführt hatte, erhält Stockschläge, er hatte ihn entweiht. Während namens der Queen Kitchener of Karthoum, härter als ein Tiger und funkelnder als ein Maharadscha, in Simla residiert, der Suez- und Panama-Kanal als Ausbruch überschäumender Ausbeutungsinitiative Gestalt gewinnt, die Kaiserin von China über dem zerstörten Sommerpalast von Peking noch einmal die Ansprüche der Mandschu auf das ganze Erdenrund zusammenfaßt und verteidigt, bittet in Deutschland die höchste Frau den Hofprediger Frommel dringend zu sich, um ihn darüber zu befragen, warum wohl Abraham einen so großen Wert auf den Besitz einer eigenen Grabstätte gelegt habe, auch Seine Majestät sei an der Frage interessiert. „Wir setzten uns in den traulichen Hermelinfußsack", schreibt sie, und der Hofprediger beginnt. Es ist etwa das Jahr, in dem Nietzsche untersagt wird, an der Leipziger Universität freie Vorlesungen zu halten, während Leberecht Hühnchen mit seiner Schrebergartenidyllik Begeisterung und Auflagen, ja deutsche Identität mit dem Lesepublikum gewinnt. Dürftig, gedrückt und frömmelnd, gelingt es dem Preußentum, das Kieferne, das Märkische aus dem deutschen Wesen herauszumendeln und, was als moralische Beimischung und Strömung vielleicht nicht ohne Wert sein könnte, als reine Sendung zu vertreten. An diesem Phänotyp sollte dann die barocke und die orthodoxe, die insulare, die romanische und die Mittelmeerwelt genesen.

Das Preußentum schickt seine Schriftsteller vor, die völkischen und die militärischen, sie weben Legenden um jeden Heiducken, Kuruzen, Sioux und Pandur, schaffen Mythos um unzugängliche Wälder, Nimbus um Silhouetten,

ROMAN DES PHÄNOTYP

die mit Lanzen stechen; dann zitieren sie Hebbel: „Wer Schmutz nach den Sternen wirft, dem fällt er ins Gesicht zurück" — und diese Sterne sind sie. Zugegeben, daß sie innerhalb des optischen Systems, das ihnen Lichtquellen liefert, Strahlenkörper sein mögen, zugegeben, daß sie innerhalb der militärisch-darwinistischen, der europäisch-geschichtlichen Welt nicht ungestaltig wirken, so treten doch Erfahrungen und Tatsachen genügend hervor, um das Vorhandensein auch anderer Welten zu erweisen. Diese sind unzweideutig ins Bewußtsein getreten. Beide Welten haben Richtungen eingeschlagen, die sich kaum streifen, sie werfen Blicke aufeinander, schildern sich, soweit sie es vermögen, und gehn. Sie trennen sich schon in der Gene, ihre Zurücknahme in eine Einheit liegt hinter den Zeiten in Vorgängen, die die Gene nicht bewahrt hat oder verschweigt, hinter den Zeichen, mit denen wir rechnen können und die wir mit inneren oder äußeren Augen sehen: die Geschichte und der Geist.

Vom Preußentum und seinen ethischen Aufdringlichkeiten führt endlich ein Weg auch zu jenem idealen Begriff, hinter dem die Deutschen gern verschwimmen — ihre Sepia, ihre Tinte, mit der sie ihren mangelhaften Umriß decken: *Tiefe*, die Schicht des Innigen, die Sache der Not. Hören wir: Dem Deutschen eignet — sagt ein Universitätsprofessor in einer Sonntagsbetrachtung — „die sinnlich-sittliche Dimension der Tiefe". Nur dem Genius des Nordens sei sie eigen. „Der Begriff der Tiefe hat seinen Ort an der Nahtstelle zwischen dem ästhetischen und ethischen Geschehen." Er ermöglicht „den Tiefgang der Kunst". Er ist „ein Charakteristikum großer germanischer Werke". Es ist „die Zusammenfassung unserer künstlerischen Hochziele". „Er flattert dem stolzen Zug nordischer Künstler voran." „Der Deutsche läßt sich sinken in die dunklen Tiefen", und nun

ist er — der Professor — endlich bei den Müttern: „Bei den
Müttern sind sie zu Hause, die Deutschen."
Bei den Müttern, hinter der Schürze! Gesummt, gedämmert
und pyknisch gedacht! Aber über dem Preußentum und
seinen tiefen Nahtstellen erhebt sich eine europäische
Oberfläche, die ferne leuchtet. Die andere Welt, der Olymp
des Scheins. Asen, Schwanenjungfrauen, Hojotohodamen
— hinter ihnen tritt nackt der *Ausdruck* hervor, umfangs-
arm, nur den eigenen Schatten als Tiefe. Die Perlenschnüre
müssen ihm genügen, die er dreimal um einen Hals legt,
und dann läßt er sie verrinnen; Löwe und Kind beieinander, die die Muhmen immer trennen; der Genius ohne
Schlaf, auf bloßem Stein, mit Geduld gekrönt, die nichts
erwartet, die Ellenbogen aufs Knie gestützt, die Wange an
die Faust gelehnt, schweigend dabei, seine offenkundigen
und seine geheimen Werke zu erfüllen, bis der Schmerz
erklungen ist, das Maß vollbracht und die Bilder von ihm
treten in der Blässe der Vollendung.

DER PTOLEMÄER

Berliner Novelle, 1947

Lotosland

Ein bösartiger Winter geht zu Ende, ein fortwährend rück-
fälliger mit immer neuen Hochs, die regelmäßig eine sogenannte Aufheiterung brachten (offenbar eine ganz besondere Form innerhalb der Heiterkeitsskala), ein wahrhaft
maligner Winter, dem alle Opfer an Möbelrudimenten,
Kinderwiegen, Trümmerresten vergeblich fielen, der die
Felle, die das Lebendige schützen sollten, mit 20° vier
Monate lang blutig riß.
Wölfe an der Oder, Adler in den Müggelbergen! Ein
Winter in der Besatzungszeit! Der Magistrat verschanzte
sich hinter die Besatzungsmächte, diese hinter die Elemente,
diese vermutlich hinter das Hochland von Tibet, dies hinter
irgendeinen Dalai Lama und so fort — und darüber ging
alles zugrunde, die Geschäfte schliefen ein, das Geld ver-
schwand, Steuern wurden nicht mehr gezahlt, das Leben
stockte. Mein Geschäftsbetrieb, Schönheitsinstitut einschließlich Krampfadern, war längst zum Erliegen gekommen. Im
Behandlungsraum war wochenlang nicht geheizt, einen
Arm aus dem Pelz oder einen Fuß aus den Lumpen zu
nehmen, hätte für den Kunden eine neue Pathologie bedeutet. Ich war froh. Schluß mit den erfrorenen Pedalen
und den geschwollenen Fingern, dem Bauchjucken und den
Aderknoten hinten und vorn! Endlich allein! Schließlich
wurde mir auch das Geklingel und Geklopfe an der Tür
noch lästig, ich richtete ein Maschinengewehr, das ich mir

allen Nachforschungen zum Trotz aus dem großen Völkerringen gerettet hatte, verborgen auf die Annäherungsstraße und schoß alle Verdächtigen ab. Die Leichen sahen nicht viel anders aus als die der Erfrorenen und derer, die sich selbst erledigt hatten, sie lagen auf den Trottoirs, und die Vorübergehenden fanden das natürlich — Zahnschmerzen, eine entzündete Pulpa hätte sie vielleicht noch in Bewegung gebracht, aber Buckel im Schnee — das konnten auch Ratten oder Keilkissen sein.

Raskolnikow hatte eine alte Pfandleiherin ermordet und litt darunter, es verlangte ihn sogar nach Sühne und Vergeben — eines der tiefsten Bücher der weißen Rasse hatte das vor einem Dreivierteljahrhundert unvergleichlich dargestellt —, heute war die moralische Bewertung von Todesfällen, sogenannten normalen, aber auch herbeigeführten, gänzlich abwegig, so fernliegend wie Pleureusen oder Vatermörder; nur in der sogenannten Rechtsprechung, in besonders hergerichteten Monstreprozessen wurde auf das Vorliegen verschiedenartiger juridischer Voraussetzungen bei letztem Blick und Augenbrechen hingewiesen. Wenn es einmal ein spezifisch moralisches Fluidum im Menschen gegeben hatte — und die Lektüre alter Schriften ließ das als wahrscheinlich vermuten —, heute war es völlig zur Ruhe gekommen. In einer Welt, in der so Ungeheuerliches geschah, die auf so ungeheuerlichen Prinzipien beruhte, wie es die neuere Forschung als erwiesen darstellte, war es wirklich gleichgültig, ob einige Menschen einige Tage länger lebten oder einige Nächte mehr schliefen, man beende endlich dies konfuse Gerede von Leben und Glück. Das stand bestimmt nicht zur Frage. Die Materie war Strahlung und die Gottheit Schweigen, was dazwischen lag, war Bagatelle. Stroherne Hunde die Geschöpfe für die jenseitige Welt, und der Raum zwischen Himmel und Erde

DER PTOLEMÄER

leer wie eine Flöte, aber die Große Mauer stand, und der Löß war ewiger als die Mings: — das, schien mir, verwies auf den Vorrang des Amorphen.
Um das Moralische weiterzuführen: ich litt in keiner Form. Der Winter war viel zu hart, er jagte uns, er erforderte Verbrechen. Wenn ich schlief und nachts mein Atem über mir gefror und wie ein Moskitonetz über meinem Schädel lag, und wenn ich mich im Schlaf bewegte und die Gesichtshaut wundscheuerte an diesem Eisgitter, bis ich erwachte, erwachte ich aus klaren Träumen. Der Unendliche sprach zu mir und er sprach so:
„Meinst du, daß Kepler oder Galilei großes Meerleuchten war — das waren doch lauter alte Tanten. Es war ihr Strickstrumpf, daß sich die Erde um die Sonne dreht. Sicher ganz unruhige, extrovertierte Typen. Und nun beachte den Schrumpfungsprozeß dieser Hypothese! Heute dreht sich alles um alles, und wenn sich alles um alles dreht, dreht sich nichts mehr außer um sich selber. Natürlich könnte man die Öffentlichkeit darauf hinweisen, die ‚Richtigstellung der Namen‘ ist zum Beispiel ein chinesischer Grundbegriff, er hat gewissermaßen recht, die Menschheit entsteht durch Propaganda — aber du bist noch nicht weit genug, das zu verfolgen."
Hyperboreische Nächte! Ein andermal hörte ich ihn sich folgendermaßen äußern:
„Zum Beispiel das klassische, das heißt fundierende Zeitalter der Mathematik! Die Linie Descartes, Pascal, Leibniz — also 1630 bis 1750 — anknüpfend an den großartigen Euklidkommentar des Proklus Diadochus — herreichend zu uns in der symbolischen Logik der Boole und Peirce, der Russell und Hilbert —: Auswüchse, Betrieb, Seltsamkeiten! Kleiner Kreis! Größere Kreise flanierten in den gleichen Jahren nachmittags ungestört am Nil oder an der Newa —

dort Troddelschärpen der Äthiopier, hier Sakko; — der Mokka breitete sich aus: Tinto in Brasilien, Chico in Mexiko im Reich der Maya auf den Trümmerstätten der alten Azteken — Plauderstündchen unter Urwaldriesen. Aber noch viel weiter geht das: Hausbauten, Klimawechsel, Sturmschäden, sogar Theaterbrände, Völkervernichtung, Usurpatoren —: wo in aller Welt machen sich denn Reduktionen, Extremalprinzipien, Feldtheorien zwanghaft und identisch geltend? Man erblickt nichts weiter als den genannten zärtlichen kleinen Kreis."

Wie Inseln aus dem Schlamm stiegen diese sonderbaren Bemerkungen des Nächtlichen in mir auf und durchschienen meine eisigen Tage. Ich war kein Menschenfeind, wenngleich ich zugeben muß, daß ich am Telefon beim Ankündigen von Besuchen öfter sagte, aber bitte kommen Sie pünktlich und bleiben Sie nicht zu lange. Doch das war mehr eine Aufmerksamkeit gegen gewisse Formen, die ich mir selber schuldig glaubte. Zu oft auch stieß ich auf ausgeblasene Eier, Hülsen: etwas europäischen Scharfsinn, etwas genitale Erotik und einige rührende Staatsgedanken — abgetragene Wendungen, ausgefranste Gegenäußerungen, und man saß dabei und hatte von nichts — und nun diese Satzfolgen des Abwegigen, jedenfalls durchaus des Nachdenkens wert.

Sie kamen allerdings meiner eigenen Betrachtungsrichtung entgegen. Das Intellektuelle war hoffnungslos, die Humanität ohne Gehäuse, vielleicht noch im Bienenstock vorhanden, die Substanzen relativiert — das griff man ja mit Händen, das war schon populär. Die Vorzeitenforschung hatte nicht umsonst seit 1900 so redlich gegrübelt. Auch der Primitive hatte seinen Energiebegriff, er sah Zusammenhänge, er hatte eine Welt. Er hatte Erkenntnis, er fühlte die magischen Wirkungen der Gegenstände, er sah die Ein-

DER PTOLEMÄER 209

heit und erhielt sie im Schauer der Identität. In den primitiven Kulturen wirkte der Raum bedingend: was in der Nähe voneinander stand, war begründet; im Spätbewußtsein tat es die Zeit; was nacheinander geschah, war begriffen. Die Kausalität und die Taschenuhr — ich glaube mit dem Namen Hume war das verbunden, aber die Glas-und Uhrenindustrie und das moderne wissenschaftliche Weltbild — das war ein neues Thema, und zwar ein abgründiges! Das wissenschaftliche Weltbild stellte die Behauptungen auf, das wissenschaftliche Weltbild prüfte dann die Behauptungen nach, und das wissenschaftliche Weltbild bestätigte sie (sich) dann und übergab sie der Presse. Etwas Gleisnerisches schien mir dabei gar nicht zu verkennen. Aber, sagte man, der Komet erscheint doch, und die Sonnenfinsternis tritt doch ein, ganze Expeditionen fuhrwerken doch nach Brasilien und ähnlichen Kaffeeländern — nun, was da unten eintrat, wußte ich nicht, meiner Meinung nach traten die Fernrohre ein und Linsen und Brechungsindex manipulierten sich dabei herum, und wer wußte außerdem, was die unter Komet und Sonnenfinsternis verstanden — eine berußte Glasscheibe vor das Auge halten und den Mond vor das Tagesgestirn treten sehn, wie wir es als Kinder machten, erschien mir eine völlig genügende Astronomie. Auch störten mich als reellen Geschäftsmann seit langem diese bombastischen Zahlen und Räume. Das Weltall (Professor U. von der Universität K.) fließt in rasender Geschwindigkeit auseinander, in jeder einzigen Sekunde fließt es um das Dreiunddreißigfache des Erddurchmessers auseinander—: wenn in meinem Institut etwas auseinanderfließt, aus einer Parfümflasche oder einem Toilettenwasserflakon, übersehe ich mit einem Blick den Gesamtschaden. Das Weltall (Professor K. von der Universität U.) hat ein Alter von zehn Milliarden Jahren, es ist nicht anzunehmen, daß es wesentlich älter ist —: mein Haus hat selbst während der Saison nur acht Stunden offen, da ist meine Lage gegenüber diesen zehn Milliarden von vornherein nichtssagend. Das Weltall (Professor X für U) bezieht seine Gesamtenergie „bereits" aus der Atomverwandlung von Wasserstoff zu Helium —: nun kenne ich als Fachmann natürlich Wasserstoff vom Blondieren, aber dies „bereits" lebt von einem Zwiespalt. Die eine Wissenschaft, der Kritizismus, sagt, Zeit und Raum sind Formen unserer Anschauung, die Welt hat keine Zeit, und das halte ich für äußerst wahrscheinlich; aber nun kommt die andere Wissenschaft, setzt diese fragmentarische Zeit als historisch vorhanden und ernährt sich aus ihr mit Hilfe dieser grotesken Zahlen. Da stimmt was nicht — entweder — oder; natürlich verlangt der heutige Mensch von seiner Zeitung in regelmäßigen Abständen das Schöpfungswunder, aber was die hier zeigen, ist Treppenschneiden —: wenn ich meinen Kunden solchen Haarschnitt machte, könnte keiner mehr auf Freite gehn.

Laieneinstellung — gewiß. Wenngleich ich sagen muß, ich hatte seit je eine Schwäche für spekulative Abfassungen, Fiktionen, Kombinationen, deduktive Ausschweifungen, studierte dies und das, fand den Existentialismus unterhaltend und las die Kategorienlehre wie einen Wallace – Spezialbegabung von mir wie bei anderen Schach oder Sprachen. Oft auch bildete ich mich durch Unterhaltungen mit Kunden, Höherstehenden, selbständig Urteilenden — Bauräten, Vertretern, Sachbearbeitern —, andere Sphären taten sich auf, ein Schriftsteller zum Beispiel, der öfter kam und sich mit einem bestimmten Blauwasser das Haar waschen ließ, das verlieh seinem weißen Schopf einen silbernen Glanz, äußerte auf meine Bemerkung, sein letzter Artikel sei interessant gehalten, er habe ein Grauen vor

DER PTOLEMÄER 211

der furchtbaren Brutalität der Ausdrucksfindung, der
Formgeburt, niemand werde ihm weismachen, die höchste
Macht sei sanft und bei Liedern drehe sie die Spindel —:
„Ich bin sicher, sie beugt das Haupt und hört entsetzt die
Felsen stürzen."
So trat ich ferneren Fragen näher und blickte in mich hin-
ein, doch was ich da sah, war staunenerregend, es waren
zwei Erscheinungen, es war die Soziologie und das Leere.
Zog ich von mir meine geschäftlichen Obliegenheiten ab
wie Lohnauszahlung, Seifenbeschaffung, Steuerbetrug,
Schwarzhandel, so blieb nichts übrig, das ich als individuell
hätte bezeichnen können. Die Soziologie und das Leere!
Was Trieb war, bekämpfte der Staat, das Gedankliche
spurte die Wissenschaft, die Affekte beanspruchte die
öffentliche Wohlfahrt, das Amüsement bestimmten die
Plakate und die Reisebüros, das Interieur die Mode, Krankheiten die Universitätskliniken – analysiert, aber frei
waren wohl nur noch die Träume. Aber das alles war doch
nur möglich, weil das Innenleben dem so entgegenkam,
glückselig ich-entronnen dem zufiel, und ich war immer
wieder erschüttert zu sehen, wie die größten Geister —
wirklich große – zur Soziologie ablenkten, weil sie sich
nicht mehr zu sich selber zu bekennen wagten, nicht zu ihrer
Fülle, vor allem aber nicht zu ihrer Leere – es muß alles
voll und dick sein, massenhaft, unerschöpflich, breit – alle
diese Stigmata der Natur und des Körperlichen übernahm
das Jahrhundert wie selbstverständlich für das Geistige
und Produktive, es könnte in seiner Plumpheit gar nicht
eine Metaphysik der Leere, eine Konfession des Lethar-
gischen und Katatonen ertragen (was doch die Voraussetzung einer identischen Deskription, einer identifizieren-
den Bestimmung des heutigen Phänotyps wäre —), also, die
Soziologie und das Leere – höchstens noch das Reißen, es

muß wehtun, mal da, mal dort, man fühlt in sich hinein, rechtes Schultergelenk, die Beine wollen auch nicht mehr so — Gedanken, Gewäsch, aber man hat Inhalt, die Zeit vergeht —: so endet das mediterrane Becken, Athene Tritogeneia, mit der schuppigen Ägis bedeckt, von der Akropolis über das Meer blickend, seine Einsamkeit, seine Leere —

In diese Richtung hatte ich auch meine berufliche Seite gelenkt. Mein Haus hieß „Lotos" — Appell an den Schönheitssinn, gleichzeitig mythologisch anklingend — Lotophagen, Lotosesser, wer von den Früchten aß, brauchte kein anderes Brot, er konnte hoffen und vergessen. Aber darüber hinaus bedeutete mein Institut schon an sich eine selektive Haltung, eine ideeliche Beschränkung: Körperpflege einschließlich Krampfadern — gut, so weit ging es, das war auch noch kein Handeln, aber Gesamtschau, Totalitätsbetreuung, Lebenseinheit, Harmonie — das lehnte ich ab. Wir alle leben etwas anderes, als wir sind. Dort wie hier Bruchstücke, Reflexe; wer Synthese sagt, ist schon gebrochen. *Gelegenheiten* — das war es! Im Rhythmus des vierzehntägigen Haarschnitts oder im Zyklus des vierwöchigen Kopfwaschens —: Auftauchen, nur im Akt vorhanden sein und wieder versinken —: das war der ideologische Inhalt meines Instituts.

Dies mein Institut gehörte zu einer Polis, lag in einem Ort, früher Musterlager für Nordeuropa, jetzt Vorbild von Schutt, zerstörtem Karthago und den sich auflösenden Riesenmetropolen aus den Urwäldern von Saigon. Geologie der Völker, Geschichtsgewalten! Von hängenden Gärten und Löwentoren zu grauer Grenzstadt, durch die die östlichen und die westlichen Karawanen zogen. Staubstürme im Sommer, mannshohe Brennessel auf den Trottoirs, und wo einst die schnittigen Verkehrsmittel fuhren, mähten sie

DER PTOLEMÄER 213

nachts heimlich Gras für das in den Stuben verborgen-
gehaltene Vieh. Eine Million menschenähnlicher Lebewesen noch in den Trümmern, doch alle ohne Beruf, hinter
vernagelten Fenstern, Ratten in den Lauben. Ein Gemein-
wesen! Jetzt im Winter schritt ich abends manchmal durch
den Schnee aufmerksam in der Mitte der Straßen, vor
Frost und Windstärken barsten die Ruinen.
Schritt vorbei an den Wärmehallen, Flüchtlingskonzernen,
Konglomeratbaracken, vorbei an den sie bewachenden
Polizeirevieren, Bezirksbüros, Magistratsretiraden, Ver-
waltungsauswüchsen, Organisationsexzessen, sah dahinter
den Staat, völlig wesenlos, kachektisch, mit seinen transzen-
denten Leistungen: er spürte Kaninchen auf und ließ die
Zahnplomben registrieren, Hühneraugen durften erst nach
einem Kurs von vier Wochen beschnitten werden. Mit
Steuerspitzeln und Politagenten nahm er den ehrbaren
Kaufmann wie mich in die Zange und gefährdete Schwarz-
und Weißhändler mit Methoden, denen gegenüber Scylla
und Charybdis Walderdbeeren waren. In Konzertsälen,
Vortragszyklen, Tag- und Nachtvorstellungen in drei
Schichten bearbeitete er das Schöne, richtete es aus: den
Bogen des Philoktet und das Parzenlied hinter den Weißen
Flieder und die Caprifischer. Hin zur Wirklichkeit, zu
Wahlplakaten und schlichten Figuren, schon die Toiletten-
frau war esoterisch, das zwanzigste Jahrhundert verrichtete
in Anbetracht der eingefrorenen Wasserleitungen seine
Notdurft aus den Fenstern. Ein Volk von Brüdern, Jacke
wie Hose dieser Staat! Ferner beschickte er Konferenzen,
bildete Kommissionen, diese ihrerseits veranstalteten Tagungen, auf diesen wiederum äußerten Vertreter Einerseits-
Andererseits und letzten Endes und voll und ganz. Wie schon
gesagt, die Soziologie und das Leere, und dazu kam nun
noch ein Weiteres, doch dazu muß ich etwas ausholen.

Ein langjähriger Kunde von mir, dessen Nagelpflege durch eine neue Angestellte ich beobachtete und überwachte, erzählte, seine Tochter — verheiratet, zwei Kinder — habe ihn nach langer Zeit wieder besucht. Charmante Person — ein Einverständnis, als wären wir gestern auseinandergegangen (aber wegen der Kriegswirren waren es sieben Jahre gewesen) —, eine Übereinstimmung und Kenntnis voneinander und miteinander von magischem Charakter — aber sie habe ihn ordentlich hochgenommen, ausgeräubert, reizend in der Form, aber gründlich in der Sache, und nun sagte er wörtlich: „Aber Frauen, die Kinder haben, können wohl gar nicht anständig sein, sie plündern und füllen ihre Kiepen auf allen Landstraßen; ihre Gedanken befassen sich mit Konfirmationsgeschenken und, wenn sie Töchter haben, mit Kuppelei. Der Löwe reißt, das Reh äst, und dies hier ist die Mutterliebe, wir betreten den heiligsten bürgerlichen Bezirk."

Ungewöhnliche Bemerkungen! Für mich, der ich keine Nachkommenschaft besaß, geradezu etwas befremdend! Aber schon führte mein Kunde seine Gedankengänge zum Versöhnlichen zurück — was wollen Sie, meinte er, es ist die Zukunft, und der dienen wir ja wohl alle, es ist das Leben, das den einzelnen ausschaltet und seinen ewigen Zwecken unterwirft.

Das Leben und seine ewigen Zwecke — aha! — jetzt waren wir an dem springenden Punkt! Kunden gegenüber ist man mit Privatmeinungen zurückhaltend, dem einen stimmt man zu und dem nächsten stimmt man wieder ab, ich beschränkte mich daher auf ein beifälliges Gemurmel, aber innerlich war ich so erregt, daß ich einen Geschäftsgang vorschützte und mein Institut verließ. Das Leben — dies Speibecken, in das alles spuckte, die Kühe und die Würmer und die Huren —, das Leben, das sie alle fraßen mit Haut

DER PTOLEMÄER 215

und Haar, seine letzte Blödheit, seine niedrigste physiologische Fassung als Verdauung, als Sperma, als Reflexe —
und das nun noch mit ewigen Zwecken serviert — aber der
Kunde hatte recht, hier lag in der Tat der Kern der allgemein hingenommenen Konzeption des Seinsgrundes, die
in dieser Rasse galt, jener Konzeption, die, philosophisch
gesprochen, die Realitätsentscheidung im Sinne der empirischen Wissenschaften gebracht und die psycho-physische
Tragödie heraufbeschworen hatte und die nun das defini-
tive Hindernis für die Konstituierung eines neuen Kulturbewußtseins war, das nach allen diesen Zusammenbrüchen
einer Vereinigung der Sphären jenseits des Lebens Rechnung tragen wollte.
Das Leben — hier standen wir an dem Grundbegriff, vor
dem alles haltmachte, der Abgrund, in den sich alles in
seiner Wertverwahrlosung blindlings hinabwarf, sich beieinander fand und ergriffen schwieg. Aber anzunehmen,
daß der Schöpfer sich auf das Leben spezialisierte, es her-
vorhob, betonte und etwas anderes als seine übliche Spiele-
rei mit ihm betrieb, erschien mir absurd. Diese Größe hatte
doch bestimmt noch andere Betätigungsfelder und warf das
Auge auf dies und jenes, das weit ablag von einem so
unklaren Sonderfall. Das Leben, wenn man sich einen
Überblick über seine Forderungen und Leistungen ver-
schaffen wollte, zeigte als den Mittelpunkt seiner Gunst
die Fortpflanzung, und die war ja erfahrungsgemäß einfach und ohne hinzusehn zu bewerkstelligen. Die ersten
Atemzüge des Lebens werden ja wahrscheinlich auch nicht
ohne einen Schimmer von Tiefe gewesen sein, und der alte
Ballonfabrikant war wahrscheinlich ganz benommen von
dem gelungenen Eiweiß und seinen neuen Indianern und
allen den möglichen Luftsprüngen, die er sie nun wieder
beginnen lassen konnte — aber für einen so pflanzenent-

fernten Kulturkreis von rein spirituellem Erlebnismaterial war dieser Lebensbegriff doch reichlich primitiv. Nietzsche hatte zwar gesagt, die Griechen seien ein so großes Volk geworden, weil sie sich in allen ihren Krisen immer wieder an ihren physiologischen Bedürfnissen regenerierten, aber diesen Bedürfnissen schwebte noch etwas anderes vor, lag noch etwas anderes ob: die Bildung des Gedankens und die Verschmelzung der Götter — das Abendland bewegte sich seinen ersten Monat in ihrem Bauch, dieser Bastard und die Anlage alles dessen, was aus ihm wurde.

Das Leben als Mulattenstadt: Zuckerrohr kauen, Rumfässer wälzen, mit zehn Jahren defloriert werden und Cancan, bis die Hintern wackeln. Aber Europa fehlte das tierische dumme Auge und die Hibiskusblüte hinter dem Ohr. Und jemand anders trat ihm entgegen, ein Gegen-Mulatte, griff ihm an die Gurgel, den Adamsapfel, spaltete ihm den engen Schädel, sang atonal: ein neuer Ballon, eine alte Sphinx: der Geist. Gegen den rottete sich das moderne Lebenseuropa zusammen, suchte ihn zu zähmen, brachte ihn in Disziplinen und Methoden, desinfizierte ihn, machte ihn wissenschaftlich, das heißt unverdächtig, und verdeckte seine letalen bionegativen Züge. „Was fruchtbar ist, allein ist wahr" — das legten sie sich so aus, die Eierstöcke sind die größten Philosophen, und nun zogen sie alle in ein Einfamilienhaus und pflegten das Abendland, ihr Blick fiel im Frühling auf Salat und im Herbst auf Malven, sonntags wanderten sie nach Greenwich, östlich und westlich, da schlurften ihre Pedale. Aber hinter ihnen, im Grau der Dinge, stand jene Welt, die sich mit Raum und Zeit nur flüchtig verschleiert.

Das Abendland! Aus dem westlichen Mittelmeer geboren, dann terrestrisch angereichert — ein Bug in Amalfi, ein Kohlenmeiler in den Ardennen — amphibisch: Schuppen,

DER PTOLEMÄER 217

aber gleichzeitig Füße —: ein Drachen! Festländische
Schwere und Dränge zum Meer. Uralte Tempeltraditionen,
Welteimotive – Überschneidungen von Symbolreihen, Über-
klirren von Themenketten; syrische Apokalypsen, indo-
pazifische Sagen, Samoa und Persien, Olymp und Gol-
gatha, Leda und Maria —: große Kulturretorte, die letzte
der acht großen solaren.
Tief und gleisnerisch, Faune und Sphinxe. Über altlunare
Brücken kommen die Ortsgötter, aber dies gezeitenlose
schmale Meer bringt den Monotheismus, den Universalis-
mus, aber damit auch die Vorstufen zu dem verheerenden
Begriff der Synthese, der Gesetze, der Abstraktion — die
terrestrische Vielfältigkeit und Begrenztheit hätte die kos-
mologische Einheitsvorstellung nie bewerkstelligt. Poseido-
nisch —! Wasser, alles fließt — so widerspruchsvoll begann
das All-Eine, das in den irrealen transzendentalen Syste-
men dann in uns, in unserer Leere, in unseren inneren
Schatten endet. Am Ende ist das Wort, wie es am Anfang
war — war es am Anfang? War am Anfang das Erleben
„unwirklicher" Dinge?
Ja, die Bemerkungen des Kunden hatten mich weit geführt
— Malven und Mulatten, wirkliche und unwirkliche Dinge,
empirische und transzendente hinüberreichende Sachverhalte — hinüberreichend, aber von wem und vor allem wohin —, das Wirkliche als Reales, das Wirkliche als Geist, das
Wirkliche als körperlicher Mythos — unentrinnbar sich ver-
lierende Gedankengänge, die auch schon etwas Konventio-
nelles an sich hatten, etwas Berufsständiges — erstarrte Gedankengänge, denen man doch immer von neuem verfiel.
Das Wasser und die Worte und die Götter — Tritogeneia,
die über das Meer sah, seine Leere, seine Antwortlosig-
keit —, alles Treppenschneiden —: und plötzlich geschah
etwas, das ich mir selber nicht erklären konnte, plötzlich be-

gann ich diesen Winter zu lieben, zu halten, mich an ihn zu ketten. Glut strömte er in mich hinein — bliebe, dachte ich, der Schnee doch ewig liegen, der Frost nähme kein Ende, denn der Frühling stand vor mir wie eine Last, der war nicht Glas- und Uhrenindustrie, er rauschte, hatte etwas Zerreißendes, er rührte an jene autistische Realität, die ich noch ahnte, die sich uns aber für immer entzogen hatte. Niemand wird auf den Gedanken kommen, hinter dieser Gefühlsparadoxie stünde Sorge hinsichtlich des Tauwetters, der mit ihm verbundenen Schneeschmelze und der etwa vor meinem Haus zu findenden toten Gestalten — ach, das wären ja ephemere Dinge! In einer Epoche, die nur die Masse gelten ließ, war die Vorstellung einer Individualleiche Romantik. Vor einer Zeit, von der jedes persönliche Leben, jede Verfeinerung, jedes produktive Oszillieren als Ästhetizismus und reaktionär gebrandmarkt wurde, brauchte ich mich wegen einiger fehlender Roboter, Lebensläufe, Leerläufe nicht zu scheuen, ich blieb durchaus im Sinne dieser Zeit, sollte sie zusehn, wie sie zu ihren juridischen Verhandlungsinhalten gelangte. Auch war ich seit langem völlig gefestigt in dem Gefühl, daß es bei dem Zustand, in dem sich die weißen Völker befanden, weit ehrenhafter war, in ihren Gefängnissen verpflegt zu werden als in ihren Klubs. Nein, mit dem Frühling verhielt es sich anders: ich würde das seit Monaten nicht vernommene Geräusch des Regens hören, dies süße Geräusch, ich würde am Fenster stehn, ihn auf die Gartenerde fallen sehn, diese monotone ruhige Erde, für die man, auch wenn man sie lange anstarrte, keine Organe hatte und die man nicht begriff — eine neue Zerstörung würde beginnen.

Ein Morgen erhob sich, der Hahn krähte, er krähte dreimal, er schrie geradezu nach Verrat — aber niemand war mehr da, der verraten werden konnte oder der verriet. Alles schlief, der Prophet und die Prophezeiten; auf dem Ölberg lag Tau, die Palmen rauschten in einem unfühlbaren Wind — da flog eine Taube empor, Spiritus sanctus, ihre Flügel schwirrten und die Wolken nahmen sie auf, sie kehrte nicht mehr zurück — das Dogma war zu Ende.

Etwas Ähnliches sah ich vor mir. Wieder war eine solche Stunde da, eine Stunde, in der sich etwas abzog von der Erde: der Geist oder die Götter oder das, was menschliches Wesen gewesen war — es handelte sich nicht mehr um den Verfall des einzelnen Menschen, auch nicht einmal den einer Rasse, eines Kontinents oder einer sozialen Ordnung, eines geschichtlichen Systems, sondern etwas weit Ausholenderes geschah: die Zukunftslosigkeit eines ganzen Schöpfungswurfes trat in das allgemeine Gefühl, eine Mutation — an ein Erdzeitalter gebunden, an das hominine —, mit einem Wort: das Quartär ging hintenüber. Nicht dramatisch, nicht wie das Ende einer Schlacht, mehr atrophisch durch Abspannung der der Art bestimmt gewesenen Formen. Hier würden noch einige ideologische Draperien aus dem historisch-politischen Fonds in der blendenden Helle des Tiefstrahlers einige Generationen benebeln, in Asien würden sie noch einige Opfer für die Hexen und einige Gebete für die Wasserratten vor die Tempel tragen, aber dort wie hier alles abgespielt und ohne tiefen Glauben, sehr durchsichtig, sehr aufgelockert, abhebbar und ohne jede Hoffnung auf Erfüllung. Was sonst noch da war, würden ein paar Reste einsamer Seelen sein, etwas sehr bewußter, tief melancholischer, schweigend sich erlebender Geist —: aber das Dogma, das vom Homo sapiens, war zu Ende.

Natürlich würde es hier noch Epochen geben, sogenannte historische, so sang- und klanglos trat dies Reptil „Geschichte" nicht ab, und auch hierüber drängten sich ohne weiteres Vorstellungen auf. Das nächste Weltbild, das man sich vorstellen konnte, würde ein Zusammenhangsversuch sein zwischen Mythenrealität, Paläontologie und Hirnstammanalyse, aber auch dies wird sehr einheitsentfernt und tragisch sein, keine Erkenntnis, kein Stil blühte an seinem Wege. Überschattet von dem Wissen, daß sich ihm als Ausschnitt nur, als geographischer und meteorologischer Sektor, als abendländischer Spezialfall eine Bestimmung und Definition der Menschheit völlig versagt. Es wird stärker auf die Unendlichkeitserfahrung hindrängen, als auf die heutige empirisch-kasuistische, aber die Urzeit bleibt für uns zu Ende. Die psychophysische Situation wird etwas verändert sein: die provozierten Lebensphänomene werden einen Teil der naiven, unbearbeiteten ersetzen, einige primitive Reduktionen werden konkretisiert, einige Ausfälle mit archaischen Rudimenten sich auffüllen, es wird ein allgemeines Gefühl für den historischen Charakter des heutigen Kulturbewußtseins, die Relativität seiner Thesen, seiner Größen, seiner Ränge weitverbreitet zur Diskussion gelangen, aber eine Änderung des ethnisch-biologischen Tuns ist nicht mehr möglich, Versuche zu einem Übergang von Maßnahmen der Realitätsumformung enden in Stimmungen, Drängen, Exaltationen und vermutlich in einer immer klareren theoretischen Begriffsfindung für alles dieses Situationäre.

Und innerhalb dieses Weltbildes werden die Luxushotels vor Überfüllung bersten, vielgabelige Lifts befördern vor jede Tür. Das Zeitalter des Kapitalismus und des synthetischen Lebens hat erst begonnen. Weißen, krokuslila- und braunbemalten Lippen werden die Erwägungen der Ladys und Signoras gelten, „blasse Koralle" zu goldenem Haar, Lila zu silberblondem, doch nur in den Tropen. Lebensverlängerung über alle Maßen: Drüsen werden gehandelt, die Leber operativ durch Filter ersetzt, das antiretikuläre zyto-

DER PTOLEMAER   221

toxische Serum (A. C. S.) strömt als Porenwasser über ge-
pflegtes Fleisch. Vom Menahaus, dem Ziel vieler Hochzeits-
reisender, geht der Blick über die stolzen Zeichen uralter
Kultur; in den Schwimmbädern, gefilterte Nilflut, hebt der
vollkommenste Jazztrompeter beider Welten, Bix Beider-
becke, das Saxophon an den Schlund und endet den Rag-
time mit einem Tutti von den kühnsten Überschneidungen,
das im Augenblick seiner höchsten Entfaltung einen Wim-
perschlag lang bewegungslos steht und dann erlischt.
Und im Galle-Face-Hotel in Kolombo und auf den Polo-
plätzen in Kandy ebenso: die alte Orchideengentry und
die neue Uranclique: innen Pokerface der letzten Runden,
außen mohnrot. Die Welt wird von den Reichen gemacht,
und sie wird schön gemacht. Der Name des Stückes ist
Aprèslude.
Sollten diese Zeilen, die nur für meinen Freund O. bestimmt
sind, der ihr Geheimnis bewahren wird, in unrechte Hände
fallen und etwa ein postumer Leser sie als den gang und
gäben Pessimismus bezeichnen, so war dieser Pessimismus
mein Gewicht und meine Erdverbundenheit. Oder ein anderer sie als Zynismus charakterisieren, so gibt es einige
Resultate des Ichs, die sich nur in dieser Färbung zur Geltung bringen lassen, sie gehört zur Suite der Erkenntnis,
und diese muß kalt sein, sonst wird sie familiär, jeder weiß
ja, sie läßt einen Gedanken lieber fallen, als ihn nicht völlig
klar zum Ausdruck zu bringen. Doch auch andere Färbungen
waren mir nicht fremd —: songdurchklungene Stunden,
Kantilenen, Schwebezustände —: manchmal *hörte* ich die
Tropen: Bienensummen über Päonien und Taubengurren
über der Blüte der Bougainville, und auch hier im Norden
waren zu Zeiten starke Stimmungen — wenn Tränen Geruch ausströmten, würde es, dachte ich, immer der von
Phlox sein, der von Gartenphlox, auf den die Wolken-

brüche niedergingen bei des Sommers Ende. Aber eines gebe ich zu, alles in allem sind in diesen Zeilen mehr Spannungen als Glück.

Spannungen — doch kein Finale mit Posaune und Fagott. Im Gegenteil, aus der modernen Physik war eine Hypothese in mich eingedrungen, der selbst bei dieser Herkunft etwas Stimmungsvolles eignete. Es war die Konstruktion des „Lotoslandes", in dem nichts geschieht und alles stillsteht — der Raum, mit der geraden Dimensionszahl, in dessen Weiten das Licht nach Auslöschen der Lichtquellen bestehenbleibt. Die Schilderung stammt von de Sitter. Sie ist eine streng mathematisch-physikalische Imagination, aber sie erinnert auffallend an Gedankengänge aus anderen Bereichen — an die „stille Wüste der Gottheit", in die Eckehart die Welten münden sieht, und an die indischen Innewerdungen, in die Gewißheit des eigenen Selbst gegründet, „ganz golden Buch bin ich, ohne Hand und Fuß bin ich — ohne Wesen bin ich —" und auch bei einem Intellektualverbrecher wie Descartes finden sich anklingende Sätze, wenn er auf eine Gottheit verweist, die keine Veränderung kennt und die immer in gleicher Weise handelt. Mit den Gottheiten zwar war es für uns vorbei, es hingen zu viel Imponderabilien an ihnen von Feigheit, Blinzeln nach Ananke, glückhafter Notwendigkeit und zu wenig Hinweis auf Versuch, Entwurf und auf Zurücknahme und Spiel. Aber vor allem berührte mich an dieser neuen Bezeichnung die Beziehung auf mein Haus: Lotos, Lotophagen — wer von ihren Früchten aß, bedurfte keines anderen Brotes, er brauchte den Schein nicht zu wahren, er konnte hoffen und vergessen.

Die Lage barg noch viele Möglichkeiten und Deutungen, doch eines erschien mir evident. Das kommende Jahrhundert würde die Männerwelt in einen Zwang nehmen, vor eine Entscheidung stellen, vor der es kein Ausweichen mehr

DER PTOLEMÄER 223

gab mit keiner Konzession, mit keinem Blinzeln, mit keinem
Schwarzhandel, mit keiner Emigration — sie mußten sich
entscheiden. Das kommende Jahrhundert würde nur noch
zwei Typen zulassen, zwei Konstitutionen, zwei Reaktions-
formen: diejenigen, die handelten und hochwollten, und
diejenigen, die schweigend die Verwandlung erwarteten —:
Verbrecher und Mönche, etwas anderes würde es nicht mehr
geben. Die Orden, die Brüder werden vor dem Erlöschen
noch einmal auferstehen. Ich sehe an Wassern und auf Bergen neue Athos und neue Monte Cassinos wachsen —
schwarze Kutten wandeln in stillem, in sich gekehrten
Gang. Jenseits der Gegensätze von Erkennen und Erkann-
tem, außerhalb der Kette von Geburt und Wiedergeburt.
Durch Einsamkeit, Riten und Verzicht auf das Gewohnte
wird die autistische Realität die Weltausweitung löschen
und in einem stummen gefaßten Tat twam asi, auch das
bist du, wird sich die Vereinigung mit der verlorenen Dingwelt vollziehn. Schwarze Kutten! Die Seele wird sich wieder schließen, wird wieder ihren Lotos schmecken und kann
hoffen und vergessen. Vielleicht — vielleicht auch nicht.
Wenn nicht mehr für mich, vielleicht für dich. Und wenn
auch nicht für dich, vielleicht als Wolke oder Taube vor
dem Unendlichen, der in diesen Winterstunden zu mir
sprach, vor jenem Spieler, dem Nächtigen, der diese Handvoll Erde hinstreute aus seinem Traum.

Der Glasbläser

Glühender Sommer und eine verdurstende Stadt. Versengte
Rasen, stauberstickte Bäume. In den Trümmern lechzende
Gestalten, das Salz aus den Poren schwitzend ohne Ergän-
zung durch Nahrungszufuhr, hinfällig, schattensüchtig —

224

zwischen Ohnmachten, Durchblutungsstörungen, Kreislauf-
schwäche.

Auf den Boulevards Steppenleben — lebhafte Bordelle und
Uniformen. Das achte amurische Regiment – Friedensgar-
nison Lo-scha-go — macht Platzmusik, die langen Posaunen
dröhnen. Die Bars füllen sich: Hawaiiabfall und sibirisches
Fleckblut. Weißer Wodka, grauer Whisky, Ayala und
Witwe Cliquot aus ungespülten Römern. Gentlemen und
Gospodins steppen auf rotem Glasparkett, Lichteffekte vom
Boden, im Arm Nasen-Helene, Räuber-Sonja, Augen-
Alexandra (sie trägt ein Glasauge). Die Bevölkerung sieht
durch die Fenster gierig zu: die Kultur ist wieder im Vor-
marsch, wenig Mord, mehr Song und Klänge. Auch innerlich wird den Geschlagenen viel geboten: ein transatlanti-
scher Bischof kommt angereist und murmelt: meine Brüder
— ein Humanist zeigt sich und flötet: das Abendland — ein
Tenor knödelt: o holde Kunst — der Wiederaufbau Europas
ist im Gange.

Europa wird vom Gehirn gehalten, vom Denken, aber der
Erdteil zittert, das Denken hat seine Sprünge. Ein berühmter Schriftsteller aus einem der Mittelmeerländer schreibt
an seine ägyptischen Anbeter: „die wenigen werden die
Welt erretten" — die wenigen — woraus und wohin? Kein
Zweifel, das, was die Welt schuf, muß ersten Ranges gewesen sein, prima, hundertprozentig, wälzt sich sicher weiter in seiner unsäglichen Sphäre, gelassen, abgedichtet
tränkt sich, scheidet sich aus, hält unvorstellbare Balance
aber in uns ist etwas, das das nicht mitmacht, das sich irri-
tieren läßt, sich von außen nach innen wendet, Fragen stellt
mit ähnlich Gearteten Aussprachen herbeiführt, kurz, jene
Gelassenheit vermissen läßt, die die in sich ruhenden
Dinge, die gläsernen Dinge, zeigen.

Ein Drang nach Vollkommenheit, der zu Leiden führt

DER PTOLEMÄER 225

Ahnungen, nie Gewißheit. Wenn man sich damit abfände,
daß man nicht satt wird, durstet, daß die Hände nicht keimfrei werden, wenn man sie wäscht, die Stimmungen nicht
harmonisch enden, die Träume ohne Verwirklichung versinken, die Liebe sich verwandelt und die Verwandlung
endlos ist bis zum Vergessen — wenn man dies lehrte, dies
zweite Wärmegesetz des Existentiellen, diese Apologie des
Verfalls, diese Universalien der Seele — wenn wir die
Häupter beugten, die sinnlos erhobenen —, würde diese
Lehre aus der Zerrüttung führen — meinte das der oben-
genannte Schriftsteller, mit dem die wenigen die Welt erretten könnten?
Dies waren die Eindrücke und Gedanken, mit denen ich
eines Julimorgens mein Institut betrat. Die Kunden warteten schon, die Herren wollten gepflegter werden, keine
Haarbüschel, die hinten über den Kragen standen — die
Damen schöner: graue Strähne über der Stirn, keine Pig-
mentierungen in der Haut (gehört in das Kapitel der mir
unverständlichen Abneigung gegen Sommersprossen) —
kurz, ich mußte nach dem Rechten sehen, eingreifen, doch
innerlich folgte ich meinen Gedanken weiter.
Anordnungen geben über Bähungen mit heißen Tüchern,
Ratschläge erteilen hinsichtlich eines abgesprungenen Fin-
gernagels, Kämme beurteilen, Birkenbalsam anpreisen und
innerlich zerstörte und zerstörende Dinge denken, diese
Paradoxie hatte ich zu Virtuosentum entwickelt. Heute,
während ich mit Brillantine — aus Benzoe, gereinigtem
Schweinefett und Gardenien zusammengerieben — einen
Langschopf modellierte, betrieb ich meine geistigen Ver-
sionen. Riesige verfaulte Fangzähne hatte Li-Hung-
Tschang, die er bei seinem unheimlichen Lachen sehen ließ,
ein hochgewachsener Mann mit ausgelassenen jovialen
Manieren — das war ein Angelpunkt, einer im fernen Osten.

Iswolski soll klein gewesen sein, seine Füße staken immer in Lackschuhen, die Anzüge aus Savile Row stammend hatten einen weißen Streifen an der Weste, er schüttelt die Hand und blickt dabei fort, ein leichter Duft von Violet de Parme strömte immer von ihm aus. Dann Caruso: der erste Akt ist vorüber, Gatti-Casazza, der Geschäftsführer der Metropolitan, besucht ihn, küßt ihn ernst und würdevoll auf beide Wangen, jeden Abend. Caruso greift nach der Phiole mit Salzwasser, die er in jeder Tasche trägt, Garderobiere und Diener stehen zu seinen beiden Seiten, der eine reicht ihm ein winziges Glas Whisky, gleich danach die andere ein kleines Glas perlendes Wasser, worauf ein Viertel eines Apfels gegessen wird. Immer Lampenfieber! Der Cold Cream zum Abschminken wird von einem eigens von ihm ausgebildeten Apotheker für ihn allein hergestellt und darf kein Glyzerin enthalten. Das etwa war das Zeitalter, und das führt mich vor die europäische Frage: *Ist Denken Zwang?* Ein Tenor ist eine Industrie: Gutsverwalter, Küchenchefs, Halsspezialisten, Agenturen — bei einem denkerischen Genie findet man morgens ein paar Wurstpellen auf dem Teller, und das Zimmer ist ungelüftet — kann man glauben, daß das jemand freiwillig auf sich nimmt?

Zugegeben: Panoptikum, Bilder, Fragmente, von meinen Fragen koloriert! Aber das Zusammenhang suchende Denken scheint mir noch viel unvollkommener. Wenn man Europa überblickt, sieht man Massen, die denken, hinten und vorn, oben und unten, es wird gedacht zu Lande und zu Wasser und auf den Schiffen, die auf der Fahrt sind, es wird gedacht aus Primitivität, wie die Affen die Bäume hochklettern, und es wird gedacht aus Kunst, wie die Artisten die Bälle balancieren, es wird gedacht in den vier Weltsprachen und in den zweiundzwanzig Balkandialekten mit dem Resultat, daß keiner weiß, was für eine Art von

DER PTOLEMÄER 227

Tätigkeit das eigentlich ist und wofür sie da ist. Sieht man
wie ich seitlich in die Dinge hinein, sieht man jedenfalls
Buntes; beispielsweise im Augenblick die zahlreichen Scha-
luppen vor Yukatan, mit deren Hilfe die spanische elementare Hypertension so ausgiebig verblutete, daß sie einige
europäische Juwelen, darunter mein Vaterland, aus ihrem
Kronreif fallen lassen mußte — also etwas verlorenes Pal-
menrauschen am Karibischen Meer, das Schwirren einiger
Pfeilsehnen und verschiedene anderweitige Kulikasten bestehen in meinem System. Auch der Kaiman, von Guano
triefend, weil der weiße Reiher von seinen Schuppen aus
nach Fischen spähte, und rote Papageien. Lava und fröh-
lich leuchtende Flüsse. Ferner Flora und Fauna lukullisch
und prophylaktisch: wenn die Riesenheuschrecke die Zuk-
kerrohrfelder verheert und die Reblaus den Mosel gefährdet, wenn der Paragummi wasserundurchlässig ist und der
Waterproof entsteht —: alles Bildner meiner Stunden. Mehr
Haare auf dem Kopf wünschte sich der Herr, den ich mit
Benzoe traktierte. Ich rieb heftiger, pries das Mittel doppelt
an, glaubte schon hie und da Nachwuchs zu bemerken, leichten Flaum, Bereitwilligkeit der Epidermis, freudig geöff-
nete Poren. Hierüber diskutierten wir, er als Wunschidea-
list, ich als Fachmann. „War die Zukunft schon gewesen?"
— fiel uns dabei ein, Überschrift eines Artikels aus dem
gestrigen Blatt, an einem ausgegrabenen Negerschädel
hatte man die Zeichen des heutigen hypermodernen Mannes
gefunden: verkümmertes Gebiß, zerbrechlicher als heute,
ohne hinteren Backenzahn, hohe Stirn (mit Haarschwund
verbunden) — „weniger affenähnlich als jeder Schädel der
Neuzeit", fünfzehntausend Jahre alt, verstreut längs der
Küste Südafrikas. „Frühgeburt des Europäers", „ging in
der rauhen Umwelt unter", „welche Überraschung für die
Archäologen", „Überentwicklung des kaukasischen Typs"

— auch vergrößertes Gehirnvolumen — also vermutlich Gedankenleben, verarbeitete Umwelteindrücke, Lyrik — statt Rosen Farren, statt Radio Muschelkadenzen — die Rätsel wuchsen.

Ich darf in diesem Zusammenhang einen Herrn erwähnen, der mein Haus regelmäßig beehrte. Eine wahrhaft distinguierte Erscheinung, sein Beruf blieb mir unklar, Diplomat vielleicht gewesen, oder Künstler, der sich heute zurückhielt. Eine gesellschaftliche Bemerkung: die Zeit war so, daß auch zwischen getrennten Ständen und Berufsgruppen Annäherungen in der Unterhaltung stattfanden, die Not nivellierte alle, die Zukunft beschäftigte uns gleichmäßig, neue Sorgen standen bevor und neue Kriege drohten. Also, ein eleganter Mann, immer tiré à quatre épingles, viel herumgekommen, grandseigneuraler Globetrotter, er war regelmäßig am 1. August von Deauville nach Biarritz geeilt, und er hatte in London im hellgrauen langen Schlußrock mit dem gleichfarbenen schwarzbebänderten Hut die berühmten Coaches mit den silbernen Tuben sieben Jahre lang nach Ascot gefahren und war auch auf den Grounds und hinter den Hunden sehr aktiv gewesen. Eine unserer Unterhaltungen führe ich an:

„Wenn ich durch das, was früher Straßen waren, jetzt zu Ihnen komme und unterwegs die bösartigen, verkniffenen und dabei leeren Gesichter, diese häßlichen Gesichter sehe, denke ich immer: verwandtschaftlich gesehen traurig, aber innerhalb der geschichtlichen Welt wie folgerichtig und wahr! Ein Volk will Weltpolitik machen, aber kann keinen Vertrag halten, kolonisieren, aber beherrscht keine Sprachen, Mittlerrollen übernehmen, aber faustisch suchend — jeder glaubt, er habe etwas zu sagen, aber keiner kann reden — keine Distanz, keine Rhetorik — elegante Erscheinungen nennen sie einen Fatzke — überall setzen sie sich

DER PTOLEMÄER 229

massiv ein, ihre Ansichten kommen mit dicken Hintern —
in keiner Society können sie sich einpassen, in jedem Club
fielen sie auf — drei Dezennien hatten sie wohl mal Geld,
aber das genügt nicht für wirklich gepflegte Rasenflächen —
lasen Sie, was Bülow über die Interieurs von Friedrichsruh
verzeichnete: kein schönes Bild, keine größere Bibliothek,
von Plafonds, Gobelins, orientalischen Teppichen keine
Rede, die Sonne Homers hatte diesem Haus nicht gelächelt,
und der Glanz der italienischen Renaissance, der wenigstens einige Schlösser Norddeutschlands, wie Tegel oder
das Goethe-Haus, angestrahlt hatte, war hier verloren. Ich
füge hinzu, alles kahl und notdürftig wie die Pedenfelder
von Fehrbellin. Individualisten im provinziellen Sinne, mit
nichts finden sie sich ab, schlechte Verlierer — wenn man
jetzt hier durch die Straßen geht, fliegt zwar auch überall
Staub, aber es ist nicht der weiße leichte Staub der Mittelmeerländer, der Ihren Chrysler mit Schnee bedeckt, es ist
nicht die helle glückliche Asche aus zerbröckelnden Hermen
und ermüdeten Aphroditen, der sich noch einmal atmend
über Rosen und Oleander streut.
Eine Welt aus Zwang, diese ganze politische Welt, heute
eine Welt im Zwang der Wünschelrute von der Antarktis
bis zum Erzgebirge: Uran, Pechblende, Isotop 235! Weit-
hinabreichende Neurose! Zoon politikon — ein griechischer
Mißgriff, eine Balkanidee! Wer für die politische Welt
plädiert, kann das nur aus Kaprice tun. Wenn Sie sich ver-
gegenwärtigten, wieviel Einzelschicksale davon betroffen
waren und darüber zugrunde gingen, daß eine Uniform
für einen Großkönig nicht rechtzeitig zur Stelle war und
ein Besuch unterblieb — oder daß eine Barkasse einen De-
fekt erlitt, eine Stunde zu spät eintraf und dadurch die
Stimmung des Empereurs schon bei Beginn der Unterhaltung unter dem Nullpunkt stand, würden Sie diese Kaprice

überprüfen. Wenn Sie ahnten, wieviel Zufallsserien dazu gehören, daß ein Reich auch nur drei Generationen lang seine Politik hält, seine vielleicht vernunftgeborene Weitsicht durch alle die Botschaftspalais, Entreprisen, Regatten, Revuen, Abstimmungen einigermaßen stabil erhalten kann, welche Serie von Glückszufällen unausdenkbarer Varianten zu dieser Bewerkstelligung nötig sind, würden Sie weiter nachdenklich werden. Wenn Sie sich anschließend darein vertiefen würden, was nun der Inhalt dieser politischen Welt eigentlich ist, nämlich der Fortschritt, beispielsweise vom Rad zur Guillotine, dieser humane Fortschritt, der den ersten europäischen Typenmord, in der französischen Revolution, erst so reibungslos ermöglichte — oder die Einführung der afrikanischen Sklaven in das tropische Amerika durch einen Jesuitenpater, um die eingeborenen Indios zu retten — wie aber dann dieser Sklavenhandel die ganze abendländische Zivilisation aus der Taufe hob, nämlich durch die sogenannten Assientorechte, die Madrid für je dreißig Jahre an Genuesen, Franzosen, Engländer verkaufte — aus diesen dunklen Schiffsbäuchen strömte Gold, strömten die Schätze, strömten Piccadilly und die Ville lumière — strömte die Kartoffel — und dann die bombastische Abschaffung dieser Sklaverei, das Gebarme um die Nigger, und heute speit die North-Borneo-Company Kontraktkulis und Kanaken aus ebensolchen Schiffsbäuchen in die Bleiminen und Gummiplantagen von Insulinde und schafft die Grundlagen für Konzerte in der Albert Hall und für den glücklichen Prunk der Sommersitze —: ein Mißgriff! und wenn ich retrospektiv hinzufüge, daß innerhalb der politischen Welt das Blasrohr dem Colt überlegen ist, da es den Mörder nicht verrät, und der Einbaum U-Booten nicht ausgesetzt ist, höchstens Krokodilschnauzen — und schließlich ich prognostisch Sie bitte, das Wesen, das innere

DER PTOLEMÄER   231

Gesicht der weißen Kolonisation vor Ihr geistiges Auge
treten zu lassen: erst die Peitsche über das scheckige Blut
und Petroleum auf die Mückenpfützen, dann Teer und
Walzen für die Autostraße von Balboa nach Colon, und in
der dritten Generation spielt der Coloured gentleman seinen
Baseball im Washington-Club, teilt die Welt in remarkable
und shocking und stellt sich fishing, swimming, shooting,
hunting ein in die Mayonnaisenunität von Palm Beach bis
Habana — folgen Sie mir?"
Ich folgte ihm, und zwar gebannt. Auch den kleinen
Pfordte, Atlantik-Hotel Hamburg, früher Kellner, hatten
gelegentlich die höchsten seiner Gäste an ihren Unterhaltungen beteiligt, und der alte Pinnow hatte nicht nur in
guten und bösen Tagen Rotspon und Lacrimä Christi her-
aufgeschafft, er war dem alten großen Solisten im Sachsen-
wald auch menschlich verbunden. So dieser Herr: ich nahm
seine Bemerkungen als Zeichen seiner Anerkenntnis für
meine ihm zu seiner Zufriedenheit gewidmeten Dienste. Er
fuhr fort:
„Denken Sie nicht, lieber Herr, daß ich die großen Stunden
der Geschichte nicht empfände. Es ist halb zwölf am 2. September 1899, mit einer ruhigen Bewegung steckt Kitchener
den Feldstecher ins Futteral, die Schlacht von Omdurman
ist gewonnen, dreißigtausend Derwische tot oder verwundet,
der Mahdi geschlagen: vierzehn Jahre hat der Sirdar diese
Stunde vorbereitet, England mit ihm, Gordon ist gerächt,
gut, ich verstehe das. Ähnlich Königgrätz, als Moltke das
seidene Taschentuch schwenkt und das Reich ist entbunden — gut, es lebte nicht lange, aber von mir aus: gut! Doch
inzwischen hat die moderne Physik und die alte Religion,
der Existentialismus und die Paläontologie unseren Blick
in transmundane Perspektiven gerichtet, eine Sprache für
unendliche Räume, Fernen, Ewigkeiten, auch Verhängnisse

gefunden, und da sollten wir an diesen einen oder zwei Kontinenten haften, an diesen schnell übereilten flüchtigen Fußboden der Erde unser ganzes Dasein heften, die wenigen Stunden unserer Existenz einem Regierungsapparat zur Verfügung halten, von einem Staat uns befehlen lassen, tüchtig zu sein — wie widerspruchsvoll ist das alles!

Meinen Sie nicht, lieber Herr, daß Sie mir meine Ansichten bestätigen oder bestreiten könnten, seien Sie überzeugt, daß für mich der Consensus omnium kaum ein Kohlweißling ist, wie er über allen Bauerngärten fliegt. Falls Sie die Maximen meines Lebens hören wollen, so wären sie folgende: Erstens: Erkenne die Lage. Zweitens: Rechne mit deinen Defekten, gehe von deinen Beständen aus, nicht von deinen Parolen. Drittens: Vollende nicht deine Persönlichkeit, sondern die einzelnen deiner Werke. Blase die Welt als Glas, als Hauch aus einem Pfeifenrohr: der Schlag, mit dem du alles löst: die Vasen, die Urnen, die Lekythen — dieser Schlag ist deiner und er entscheidet. Viertens: Nur bei Mittelmäßigkeiten greift das Schicksal ein, was darüber ist, führt seine Existenz alleine. Fünftens: Wenn dir jemand Ästhetizismus und Formalismus zuruft, betrachte ihn mit Interesse: es ist der Höhlenmensch, aus ihm spricht der Schönheitssinn seiner Keulen und Schürze. Sechstens: Nimm gelegentlich Brom, es dämpft den Hirnstamm und die Unregelmäßigkeiten der Affekte. Siebtens: Nochmals: erkenne die Lage."

Er schloß:

„Zu dieser Lage gehört, wenn Sie sie auf sich wirken lassen, daß Sie einen Menschen um sich sehen, der seinen Ausdruck nicht gefunden hat und gar nicht finden kann — wegen der staatlich geregelten Ausrottung alles Wesens. Wenn ein Dramatiker sein Stück aufgeführt sehen will, muß er Konflikte schaffen, es gibt aber nur einen modernen

DER PTOLEMÄER 233

Konflikt: den zwischen dem Staat und der Freiheit, also
bleibt dem Autor nichts anderes übrig, als mit Hilfe von
Kaninchenställen oder gestohlenen Milchkannen oder Hotel-
appartements sein Handwerk auf die Beine zu bringen.
Lesen Sie in einem modernen Roman Vatersnamen, Burck-
hardt oder Hallström, so wird jedem übel, es sind ja doch
alles nur Müllers und Schulzes, und was ihnen passiert, ist
allgemein. Der interindividuelle Konflikt ist ausgestorben,
ebenso der zentrifugale Ausdruck. Der Schauspieler ver-
leiht sich zwar durch angeklebte Bärte noch die Gunst, seine
existentielle Monotonie in sogenannte Figuren zu über-
lagern, dann hebt er den rechten Arm und dann den linken,
das gibt sich als Ausdruck, fuchtelt er mit beiden Extremi-
täten, so ist das schon Schrei und kreatürliches Sichwinden,
aber es ist Leichenfleddern und Angeberei. Der Mensch von
heute hat einen Zug: er ist zentripetal — wohl eine Art
Kernschutz, er hält die Hand vor die Kerze, er lebt bei
verschleiertem Licht.
Der Mensch steht ganz woanders als seine Syntax, er ist ihr
weit voraus. Der Mensch von heute rechnet weder mit Vergangenheit noch Zukunft. Der Satz, den er gerade schreibt,
muß alles enthalten, vielleicht der Absatz, beim Maler vielleicht das Bild; aber alles, was darüber hinauslangt, ist Unvermögen und rechnet mit dem Wohlwollen der anderen.
Der Künstler ist der einzige, der mit den Dingen fertig
wird, der über sie entscheidet. Alle anderen Typen nässen
die Probleme weiter, nässen sie durch Generationen, durch
Jahrhunderte, bis sie stagnieren und faulen, bis — evolu-
tionistisch gesprochen — die Gehirne sich verwandeln und
die Natur eingreift — also ein menschenunwürdiges Unter-
fangen. Daher sagte ich: der Schlag auf das Rohr, der
Schlag, der alles löst — daher sagte ich: der Glasbläser."
So weit der Herr von Ascot. Vielleicht etwas weitschweifig

von mir vorgebracht. Aber wenn zwei Bände über die Geschichte des anfänglich dornenlosen Ölbaums erscheinen können, herausgegeben von der Heidelberger Akademie der Wissenschaften, und mehrere Werke über das dunkelbraune Augenpigment der Mehlmotte Ephestia sowie eine Enzyklopädie betreffend die Extrakte aus Schmeißfliegenpuppen, darf man so ruhig vorgebrachte Eindrücke wohl still bei sich notieren. Ich hatte seit je so gelebt, daß ich mir ein großes Gehirn machte durch Lektüre, Notizen und mittels Gedächtnisstützen, dahinein trug ich nun auch diesen geschilderten Herrn. Wie glühend die Tage waren! Aber ich hatte auch anderes erlebt, sanfte Sommer, die Beete trugen Blumen von undenkbaren Farben, man schwieg und die Ewigkeiten zogen vorüber, alles sammelte sich zu Schweigen und Traum und man erblickte das Getrennte. So auch jetzt, wenn ich manches von den vorstehenden Bemerkungen mit ihren vielleicht einzelnen Widersprüchen überdachte.

Denn man konnte in der Tat schon in manche Ferne sehen. Es lag alles schon sehr nahe zusammen, manchmal lagen schon alle Segel nebeneinander: die von Salamis und die der Mayflower und die aus den Regatten von Cannes. Die Rose zog ihren süßen Weg, und nur einen Blick füllte sie mit allen ihren Dolden: aus Asien durch die Gärten des Midas, ellenhoch auf den Marmorböden in die Feste der Kleopatra, und weiter zog sie, verlor Duft und Süße, wurde in Finnland die Schwarze Rose und dort die Totenrose und dort die Ölrose — und nun füllte der ganze Weg nur einen Blick.

Den Blick zurück! Doch der Blick nach vorn wußte auch, was für ihn die Uhr geschlagen hatte, er sah die Rätsel des Weges, aber entschleiern wollte sich ihm nichts. Selbst aus der Einöde dieser zerstörten Stadt, der Glut ohne Wasser,

DER PTOLEMÄER 235

den Gedanken ohne Gefährten, den Monologen, die nicht
einmal neu waren — selbst dies alles auf ihm, das ihn doch
zu differenzierten Resultaten gewissermaßen hätte nötigen
sollen —, gewahrte er immer nur eines: entweder war alles
nichts oder alles etwas — zu diesem letzteren aber konnte
er sich seiner Anlage, seiner Stimmung, seinem optischen
Registrierapparat nach nicht entschließen, abgesehen davon,
daß auch dies letztere auf eine völlige Wertverwahrlosung
innerhalb des individuellen Systems hinauslief, auf eine
Promiskuität, eine Formnivellierung, die mit dem Nichts
ursprünglich und teleologisch identisch war.

Das denkerische Fluidum hatte etwas Katastrophales angenommen, es gehörte zu den Wesenheiten, die man, innerhalb der letzten Jahrhunderte, „innerlich" genannt hatte,
die aber jetzt verbraucht waren, leer, zusammengesackt —
ein paar abgezogene Katzenfelle zersetzten sich noch in
irgendeiner Ecke. Und das „Äußere", das gewisse Zeichen
vorausschickte und vielleicht einmal näherkam, hatte noch
keine Tiefe, wahrscheinlich besaß es gar keine, es besaß
andere Dimensionen, zu denen noch niemand vorgedrun-
gen war.

Dies Fluidum, das den Erdteil denkerisch durchtränkte, war
in seiner Ausweglosigkeit längst erkannt, trotzdem liefen
die Länder auf vollen Touren, es von neuem auf den Damm
zu bringen. In diesem Sinne fragte ich vorhin: ist Denken
Zwang? Nun frage ich weiter: haben die Dinge irgendeinen Ernst? Tragen sie eingegrabene Züge, Befehlsbestim-
mungen, Kaperorders — nein, sie sind eine fremde Welt,
verschlossen, indifferent, sogar mit kalten Schultern. Von
wo legt sich nun ein Sinn darein, mit ihnen durch Denk-
manipulationen zu Struktureinheit zu gelangen, Komple-
mentierung, Zuordnung, begriffliches Jonglieren mit ihnen
zu betreiben, wozu muß man denn übereinstimmen, sich be-

stätigen, oder wer glaubt im Ernst, mit dieser Methode irgendeine Identität erleben zu können, welches sind die Züge dessen, der behauptet, hierin seine Notwendigkeit zu finden?

Es sind die Züge einer Lokalgröße, von der vor allem eines klar ist, daß sie nämlich einer Identität gar nicht bedarf, daß sie vielmehr jeder Antwort von Gewicht grundsätzlich ausweicht. Sie nach einer Antwort fragen heißt für sie, ihren Rang degradieren. Dieses Denken will gar nicht darauf antworten, was das Leben oder die Vererbung oder das Wesen der Materie sei, es betreibt sich als Selbstzweck, es spiegelt die Fragen, aber als Auge ist es blind. Es befriedigt sich selbst und läßt alle dabei zusehen, und jeder, der zusieht, weiß genau, daß hier etwas ganz Abnormes geschieht, aber nirgends ist mehr eine Kraft, es aufzuhalten, die Voraussetzung dafür wäre der Wille, eine neue körperliche Wirklichkeit erstehen zu lassen mit sublimeren denkerischen Bedürfnissen und einem echten Identifizierungsritual, aber dazu ist die Rasse zu erschöpft.

Ich hatte daher oft erwogen zu emigrieren und einen Erdteil aufzusuchen, in dem eine andere Art zu denken vorherrschend war. Meine Notizen verwiesen mich auf Lhasa – nebenbei seine Eroberung durch die Engländer 1904 eine ihrer weitsichtigsten politischen Touren. Auf sieben seidenen gelben Polstern sitzt der Tobden-Lama, der König des Worts, der Ozean der Weisheit. Gebetsmühlen mit und ohne Glocken, Gebetszylinder mit Stangenachse, Gebetsräder bis zu fünf Meter Länge in eigens dazu erbauten Häusern, Gebetsmaschinen durch Wasser und Wind getrieben beherrschen den Erdteil. Muscheltrompeten, meterlange Posaunen, die vier Mann tragen müssen, Pauken, Klarinetten, über einem Viertel der Welt. Chinesen, Mongolen, Burjäten, Inder, Turkmenen, vom Baikalsee, vom

DER PTOLEMÄER 237

Kaukasus, von der Wolga, aus Sibirien, streben dorthin. Alle Karawanenstraßen laufen hier zusammen. Om mani padme hum: Oh, du Kleinod im Lotos, Amen — alles wirft sich in den Staub. Hier stehen die Dinge außerhalb, sie lasten nicht so, niemand bezieht sie ein in sogenannte Zusammenhänge, gesammelt werden Pferdemist oder Jakdünger, auch Fallobst, aber nicht wegen Struktureinheit, sondern um zu heizen. Aber: erkenne die Lage! Aber, sagte ich mir sofort, die Orchester der Lamas machen eine äußerst schrille Musik — selbst für jemanden, der aus einem so musikgeduldigen Lande stammt wie ich, wäre das unerträglich; Tag und Nacht Trommelwirbel und Mönchsgesänge bei der Arbeit, beim Marsch, auf der Weide, in den Basaren, Paukensymphonien, Religionsstiftersynkopen, es soll unberechenbares Heil einbringen, aber mir wäre es zu viel. Auch ihrer Kosmetik, nämlich sich niemals mit Wasser waschen, immer nur mit Butter das Gesicht einfetten, könnte ich bei der Art meines Instituts, das der modernen Hygiene dient und dem Gesundheitsamt untersteht, nie beitreten. „Kleinod im Lotos" —: Reklamebalsam für mein Haus, aber sachliche Beziehungen zum Karakorum unmöglich! Ich befand mich also zwei entgegengesetzten Vegetationsformen des Denkens gegenüber, und zu keiner war ich mehr bereit und fähig.

Bei diesem Suchen über die Kontinente hatte ich auch noch einen Blick auf die Religionen geworfen, an denen doch Nietzsche noch so gelitten hatte. Wie vorbei war das alles! Flora und Fauna wechselten auch hier. Es gab Religionen ohne den Gottesbegriff, ohne jede Gottesvorstellung, an denen sich Europa kontroversisch so emporgerankt, um die es so eigenwillig gerungen hatte, und unter ihnen war es die größte, die buddhistische, die weder Gott noch Unsterblichkeit noch Einzelseele kannte — jene Erlebnisse, auf

denen bei uns die früheren Innenleben fußten, also auch
das war eine regionale Stimmung gewesen mit Monologen,
Dialogen, Opfern, Benefizien und als Ganzes heute weh-
mütig wie der Rückblick auf ein Bühnenleben. Wenn das
nun also das Allerheiligste gewesen war, das der Menschheit beschieden wurde, warum war auch dies so wechselnd,
widerspruchsvoll, der Thesen und Antithesen bedürftig,
einmal aus Stein entstanden, einmal aus Jungfrauengeburt,
wie war demgegenüber Bezweiflung überhaupt möglich
geworden, aus welchem Hintergrund war der hervorgetreten — es war bei dieser Lage doch nur allzu verständlich,
wenn man das einst dem Glauben Verhaftete heute nicht
mehr als gewichtig empfand. Und schließlich entzauberte
sich auch jene Vorstellung, die immer so ergriffen überall
zitiert wurde, und die heute mit angeblich ganz primären
geschichtlichen Aufgaben bei uns ausstaffiert werden sollte,
die *Humanität:* es hatte hohe Kulturen, die uns nahe-
standen, gegeben ohne jede Humanität: die ägyptische, die
hellenische, die der Mayas, die von Yukatan, und die letztere mit einer Musik von erhabenster Trauer, Musik eines
gereiften, überreifen, des Unterganges bewußten Volkes,
Musik aus purem Gold, kurz, ob mein Blick auf Spiegel-
denken oder Jakdünger oder scholastische Kontroversen
und geschichtliche Aufgaben fiel, er sah überall nur Katzenfelle, und wenn ich eingangs euphemistisch gesagt hatte,
der Erdteil zittere, so war es doch wohl schon mehr ein
tektonisches Beben, dessen echte Symbole diese Ruinen um
uns waren — die Royal Air Force hatte vermutlich gar nicht
abgeworfen.

Ich bin sicher, daß die vorstehenden Tatsachen reiferen
Menschen der gebildeten Kreise längst bekannt waren, sie
werden sie banal finden, aber ich mußte meine Überblicke
erst langsam erleben. Das kostete mich körperliche Zusätze,

DER PTOLEMÄER   239

ich will sie erwähnen. Ich erinnere mich eines Vorfalles aus
meinen jungen Jahren. Ich stand am Hafen von Santos.
Links das Guaruja-Hotel, dessen Spielsäle seit einigen
Monaten geschlossen waren, das Jeu fand jetzt in einer der
nahegelegenen Villen statt. Der Badestrand lag leer, Ebbe,
einige Autos jagten auf dem sofort getrockneten Sand, so
hart war er, und rechts löste sich ein deutscher Dampfer
vom Kai, eine Weile war er noch im Strom, dann auf der
offenen See, und drüben lag Europa, ich erschauerte.
Der Dampfer hatte Polopferde an Bord, die würden nun
in Surrey oder neuerdings auch in Frohnau jagen und
traben, und ich sah die Plätze vor mir, die exquisiten
Gremien auf den Ponys und den Rasen, der eine war schön
wie Adonis, der zweite übermenschlich wie Holofernes, der
dritte gleichgültig wie Diogenes, Nabobs aus Städten, die
um Brunnen lagen, und solche aus Hochstädten von Beton,
und dann die Frauen, durchaus mein Gebiet, ich richte sie
her, Duft von Nelkenwasser, Wolken von Weihrauch-
extraits, Sommerhüte: Stroh und eine Rose aus schwarzem
Tüll — diese lässigen Etwas, an deren Zutraulichkeit uns
so viel liegt. Sonnenschirme bunt wie Papageien, Sakkos
aus wunderbarer vanilleeisfarbener Ballonseide — im Flug-
zeug kamen sie angeflogen. Aber hinter diesen Plätzen erhoben sich für meinen Blick ähnliche Szenerien, ein Abend
am Nil, wo der Club der „unnachahmlich Lebenden" ein
Festival gab, die Ägypterin warf gerade die Perle in den
Wein und sieben Dromedare wurden niedergelegt, voll-
beladen mit Melonen. Dann die Provence, die Höfe mit den
Troubadours, die Partys mit den Veilchenwürfen — dann
Griechisches: schöne nackte Silene, Kufen mit rotem Wein,
Hände mit Früchten, Lippen voll Trauben, alles in Bewe-
gung, Venus legte die Meermuschel aus der Hand, und eine
Hirtin greift eine Flöte — und während die Bilder vorüber-

zogen, wechselten, sah ich über meinem Erdteil einen
Schwung von Taumelnden, einen Erdteil ganz durchtränkt
von Fallen und Beugen, von Niedersinkenden, die Einzel-
erscheinungen entformten sich in mir, wohl eine Regressions-
tendenz, die unbewußte Wiederherstellung früherer Exi-
stenzzustände: Wasser werden, den niedrigsten Ort auf-
suchen, den alle meiden — eine ganz antieuropäische Tendenz, nahe dem Tao.

Eine starke panische Gewalt war in mir tätig, die unmittelbare Vereinigung mit der Dingwelt zu vollziehen, die Stigmata der Jahrhunderte versinken zu lassen, die verschüttete
kindsmörderisch ertränkte Einheit des Seins zum Aufbruch
zu erwecken und die abendländischen Phantome von Raum
und Zeit in die Vergessenheit zu rücken. Hier am Strand
von Santos, bei einem Europäer! Ich hatte gelesen, von
Plato stamme die Idee der sogenannten Anamnesis, nämlich die Idee, daß alles in uns Erinnerung sei, daß unser
Leben nicht das war, was wir sahen und trieben, sondern
das, was in uns lag und dem wir bestimmt waren, es in
Bildern und Gedanken aufsteigen zu lassen und ihm einen
Ausdruck zu verleihen. Auch eine griechische Idee, aber
völlig gegensätzlich zu der obenerwähnten Balkanidee!
Eine Lehre vom Urerlebnis, diese Lehre unter den Platanen, vor denen er mit Phaidon lag, diesen weißen Bäumen,
den Verkündern der Quelle, an der man losbinden und die
Tiere tränken konnte und zum Chor der Zikaden die eigene
Lippe netzen. Solche Zustände von Anamnesis erlebte ich
öfter, auch nachdem ich Santos und die umliegenden Fieber-
löcher längst verlassen hatte, ja, ich konnte sie gelegentlich
in mir herbeiführen und sie wurden der Beleuchtungseffekt
meiner Existenz und ihrer inneren Überblicke.

Sie haben wohl nichts zu tun, sagten regelmäßig Kunden
oder Bekannte, mit denen ich vorsichtig über diese Dinge

DER PTOLEMÄER 241

sprach — natürlich hatte ich nichts zu tun, was sollte ich
denn zu tun haben, das Geschäft für Wohngelegenheit und
Schwarzhandel — aber was zu tun, an dieser übermächtigen
Menschheit, innerhalb derer meine Idee zu ihrer geschichtlichen wie 1:20 Millionen stand — was zu tun — aber wenn
ich plötzlich über allen Meeren und Fluten die Segel sehe,
weiße, braune, vielfarbige, die von Salamis, die der Mayflower und womöglich einige vom Titicacasee, von den
Urzeiten bis zu den Meetings von Cowes: war das nichts —
das, fühlte ich deutlich, hatte ich zu tun.
Man muß ehrlich sein auf jede Gefahr, à propos, welche
Gefahren haben diese Erdteile denn zu bieten, bürgerliche
Gefahren, der Tod ist etwas zu Außermenschliches, um ihn
als Gefahr zu degradieren — also man muß ehrlich sein,
und darum gestand ich mir ein, daß die einzigen Bruchstücke des Seelischen, deren ich ganz gewiß war, dieser Zerfall war, der die Stunde aufhob und alles auf eine Karte
setzte und diese Karte, nüchtern beginnend, dann glühend
ausspielte ohne Rechnung auf Einsatz und Gewinn. Und
von hier aus fand ich eine neue Beziehung zu Herrn von A.,
seinem Glasbläser und einem noch nicht von mir erwähnten
Zusatz, den er öfter machte, den ich öfter auffing und dessen
schmerzlicher Sinn mir erst allmählich nahekam. Er lautete:
— „Dies alles gilt nur innerhalb meiner Worte" —, nur für
seine wenigen Worte galt ihr Sinn! Die Lage war nicht so,
daß man noch für andere sprechen konnte, zu anderen
sprach, kaum durch ein Zimmer drangen die Sentenzen,
für sich allein trieb man die Gebilde vor.
Dort die Welt in ihrem denkerischen Zerfall, und hier das
Ich mit seinem geschichtlichen Versagen. Und dann die
Platanenlehre und die hohe Ästhetik des Glasbläsers: der
glühende Fluß und dann der Schlag auf das Rohr, ein
Atem — und dann die zerbrechlichen Wände, von nichts

besponnen als Schatten und Licht. „Ist nicht alles nur Ton, in dem wir spielend nach Göttern suchen" — die Stimme eines anderen rief herüber, eines der gegenwärtigen Großen, auf die es sich lohnte zurückzublicken und deren Werk den Glauben in uns zuließ, daß nicht alle Geschicke enden. Du trittst zurück in die Schatten, aber etwas von dir wird noch verweilen. Und wenn es sich bei dir auch nur um Vasen und Gläser handelt, die dein Hauch ablöst, nicht um die tiefen Reliefs und die Fluchten von Gestalten, wenn es sich bei dir auch nur um geringere Stücke handelt, halte auch du dich in dem Land, in das dich deine Träume ziehen und in dem du da bist, die dir auferlegten Dinge schweigend zu vollenden.

Der Ptolemäer

Es wird wieder Winter werden, die Farbe und die Ruhe der Bronze liegt über der Stadt, und die Spinnen treten hervor. Das Licht zieht fort auf den Federn der Schwalben, wer etwas Erde hat, der erntet seine Gärten, die Straßenzüge riechen nach Knollen und der Tabak hängt über die Balkone. Die Stürme werden einsetzen, der Frost beginnt, Hunger und Seuchen werden uns unter die Hufe nehmen, schon verstärkt der Magistrat weitsichtig die Totengräber, und die Blumenläden hoffen auf großes Kranzgeschäft.
„Ein Storch unter dem Himmel weiß seine Zeit" — ich will nicht weniger wissen als dieser Flüchtling; „eine Turteltaube und ein Kranich merken ihre Zeit" — ich will nicht undeutlicher merken als dies Geflügel. Darum sage ich, das einzige, das uns hochhält, ist der Schwarzhandel, er ist vorzüglich organisiert, und die Preise sind nahezu stabil, er ist die Währungsreform spekulativ und moralisch: bemerkt

DER PTOLEMÄER 243

man das Pfund Zucker oder die Büchse Kaffee, weiß man, wofür man arbeitet, ora et labora. Unter meinen Kunden ist nicht einer, der sich nicht etwas beschafft und ebenso darüber denkt, aber auch die Angestellten ziehen ziemlich regelmäßig Zusätzliches aus den Taschen. Die einzigen, die von den Zuteilungsrationen leben, sind offenbar die öffentlichen Organe, die Bezirksräte und die Preisprüfungsämter.

Die materiellen Unterlagen unserer Existenz sind jungen Datums. Die Chesterfield trat erst zwischen den Weltkriegen auf, Firma Liggett and Myers; 1913 hatte überhaupt die erste gemischte (blended) Zigarette in Gestalt der Camel Erscheinung gewonnen — der Duke-Trust. Das gleiche Jahr, in dem die sensationelle neue Theorie der Atome von Bohr der Öffentlichkeit bekanntgegeben wurde. Am 20. 7. 1920 Eröffnung des Panamakanals, sechzig Kilometer lang, hundert Meter breit, der Atlantik liegt zwanzig Meter höher als der Pazifik, und die Flut steigt in Colon achtundfünfzig Meter, nur sechs in Balboa, daher die Schwierigkeiten — täglich müssen etwa fünfzig Schiffe passieren, damit er rentiert, dafür kommen aber jetzt die Ananas aus Honolulu und die Perlen aus Makassar zwei Monate eher an die Seine. 1922 Insulin, 1935 die Sulfonamide. 1925 Auswanderung zahlreicher Negerkapellen aus New Orleans: Alexanderzug des Jazz bis vor unsere Tore. Alles künstliche Blau Europas seit Cäsars Bellum gallicum stammte aus dem Waidkraut, Thüringen war der Hauptsitz seines Anbaus, erst das Indigo brachte es vom Markt, der erste Küpenfarbstoff aus Teer, es war 1900. Mein Vater erzählte, wenn sie sich auf dem Lande besuchten, gab es als letzte Finesse Reis vorgesetzt, das war die neueste Gourmandise, es war die Zeit, als die Post in der Woche einmal auf die Dörfer kam — heute ist es ähnlich, also eine gewisse

Einheitlichkeit der Welt liegt über der Erde, und Soziologie und Kulturphilosophie entschlafen wie zu früh geborene Kinder. 1947: während die Zigeunerstämme beider Hemisphären in Saintes-Maries-de-la-Mer am Schrein der heiligen Sarah eine neue Führerfamilie küren, die alten Königshäuser der Kviek und Sarana hatten sich ausgerottet, beobachtet man in Chikago die vier Ziegen, die Bikini überlebten. Als ich aus dem Nichts trat, herrschten in China noch die Mandschu, und in Berlin hatten die Geschäfte noch keine Sonntagsruhe; zwischen Europa und USA liefen drei Dutzend Kabel, aber ein aus dem Russisch-Japanischen Krieg Zurückgekehrter erwähnte, die Kirgisen und Tataren sängen noch Lieder auf Tamerlan. Was ich damit sagen will, ist, wir befinden uns in Fluß, und er hat ein langsam strömendes, vielfach undurchsichtiges Gewässer, heute nimmt er eine seelische Krümmung: keine Kausalität, keine Psychologie und keine Pensionen, selbst die Tiere empfinden konträr: die Katzen haben die Ratten satt, und die Ammern schütteln sich vor den Würmern. Dagegen besteht eine gewisse Einhelligkeit in bezug auf Töne aus Zimt, Ingwer und Bernstein für Schals und Taschen in dieser Nachsaison, die Ohrläppchen werden groß bestückt und Rouge baiser und After Show Lotion blühn schon wieder in genügender Menge aus den Ruinen.

In diesen kritischen Herbstwochen war es, daß ich, beeinflußt von gewissen Schwebezuständen und einem großen Zinnienbeet im Botanischen Garten, daran gedacht hatte, mein Institut zu veräußern, mein Leben zu verändern und an einen See zu ziehn, eine Fläche dunkler Wogen, groß genug, meinen Blick zu tragen, zu ertragen, bis er an fernen Ufern landet. Der Mensch will alles zusammen sehn, zum Teufel mit den bezeichnungssüchtigen Zersplitterungen der Städte, den ewigen Objektofferten aus Schaufenstern,

DER PTOLEMÄER 245

Kramläden, eindrucksfrechen Kiosken, dem lästigen Ecken-
nehmen, den dauernden motorischen Ausweichszwängen
vor diesen fischgesichtigen, bullaugigen, haischwänzigen
Limousinen — der Mensch will die Einheitlichkeit des Bewußtseins fühlen, in ihr leben, sich ihrer erfreuen, sie allein
bestätigt ihm seine Herkunft und seine Stunde, und alles
dies versprach das Land, tagelang sah ich den See vor mir,
seine Unverderblichkeit, seine Einfalt, seine Ruhe, seine
Farben. Dies war das Stimmungsmäßige, doch auch syntak-
tisch-sprachliche Motive kamen hinzu. Wenn ich unter den
Worten meines Volkes Umschau hielt, hatte ich seit je
viele gefunden, die ich nie hätte erschaffen können: heilig,
Firne, gestirnt, alles Vertikale hätte mir nicht gelegen —
für Ebene, Wasser, horizontale Situationen hätte ich manches beibringen können, für das Unterbewußte, das Schläf-
rige, das Panische, für Waben, Gärten, die Mittagsstunde.
Worte aus den Steppen hatten mich immer sehr berührt.
Der Himmel ist ein Bogen und das Schicksal ein Pfeil und
Allah der Schütze, wie es im Islam hieß — überhaupt
Asiatisches durchkreuzte sehr häufig meine individuelle
Penetranz, als deren Echtestes ich immer das Amorphe
empfand, das Ambivalente.

Das Asiatische, das Östliche, seine Grausamkeit, sein unsäglicher Prunk, seine Herrschsucht und seine Ergebenheit,
sein Staub, der durch Wüsten groß wie Meere zog, und der
weiße Stein, aus dem die Mogulpaläste sich einst erbauten,
erbauten und dann zerrannen — ja, überall Ruinen, Versinken, ein Übersichgebeugtsein, das vergessene Weisheiten
pflog, aus meinem Gebiet: Yogatechnik, chinesische Aku-
punktur, die die uralte Therapie des Solarplexus kannte,
die Beeinflussung jener geheimen Zentren und Punkte, die
den Tonus unseres Lebens bestimmten, vitalistisch weiter
als die moderne europäische Reflextherapie, zentral auf

PROSA UND SZENEN

Arbeitsfähigkeit gerichtet und allein aus der industriellen Leistungssteigerung ihre Weihen beziehend — dort strömte der Jordan, aus dem andere Taufen stiegen, und dort der Ganges, an dem andere Pilger knieten — an alle diese Wasser grenzte mein See, er streifte hinüber in die mongolische Weite, selten erregt, nur im Herbst schlug er Schaum in das Schilf, und die Pächter fuhren hinaus und fischten langsam mit ihren Reusen.

Verlockungen, und überall Wasserrosen, schon halbe Fische — der Titan versunken in seinen Traum! Was mich bestimmte, dennoch in der Stadt zu bleiben, kann ich nur umschreiben. Ausgangspunkt waren die zoologischen Gärten, die Großstädte wetteifern ja direkt miteinander in bezug auf Tierparks, Aquarien, Insektarien, jeder kann unbeeinflußt beobachten, was dem Organischen die Tage bringen. Aber innerhalb des Bewußtseins, hatte ich erfahren, lagen die Dinge anders — warum war es nur selber darauf angelegt, das zu verschleiern und zu leugnen? Ich hatte die bedeutendsten der modernen Romane studiert, in denen Europa sich suchte und erkannte, „Segen der Erde", „Der große Regen", aber der Schluß war immer der von Faust II: einfache Arbeit und Dienst an der Gemeinschaft, dort in Norwegen, hier in Randschipur. Wunderbar, wer so innig empfindet und das Heutige nicht zu durchleiden braucht, hinter dieser Linie steckte Idealismus, Glauben an die Zukunft, Glauben an das Leben, dies war der Grenzbegriff, das Wasser, das Palmenprofil in der Wüste. Aber es waren Kreise aufgetaucht, für die hatte das Leben kein zentrales, kein existentielles Gewicht mehr, es war nicht die Erfüllung als die schönste Tochter des größten Vaters, es hatte keine Flügel mehr, weder hinauf noch hinunter, diese Kreise trugen sich allein, sie mußten es, das war ihr Gewicht und das letzte und einzige, das sie noch als tief empfanden, und mir war klar, daß dies das moderne Europa war, und in dem wollte ich bleiben.

Dies sollte mein Opfer sein für vieles, wo ich nicht mehr opfern konnte. Alles was Anstand hat, legt auf den Altar seine eigene Stunde, Entlehnungen aus fremden nehmen die Götter nicht an. Hierin folgte ich dem Herrn von Ascot: die Gabe ist, einen Inhalt haben, die Moral ist, diesem Inhalt Ausdruck zu verleihen, das Talent ist, diesen Ausdruck in interessanter Weise auch zu finden — andere kosmische Bedingungen waren mir nicht bekannt. Diese Beschränkung war natürlich äußerst zeitgebunden, vielleicht gibt es einmal andere Zeiten oder woanders Zeiten mit weiter geöffneten Gesichten, Ein- und Ausstrahlungen immenser Art, weiten Fugen und Gewölben, aber heute und hier nicht. Smyrna war die Wiege Homers und das Grab des Tantalos. aber zu verschiedenen Geschlechtern — das zweite war später, und den letzten beißen die Hunde.

Das Geschäft, das Hochhaus, die see- und wälderzerblokkende Metropole: hier hatte ich mein Leben gegründet, hier wollte ich seinen Abschluß bestimmen mit der genauen Verfügung, die Hälfte meiner Asche in den Septemberwind zu streuen und die andere Hälfte in eine leere Büchse von Nescafe zu bergen! Gesteigertes, provoziertes Leben – Spannungen, Extraits! An den Dingen bleiben, sie genau erkennen, und dann zersprengen — und in gewissen Stunden erschien es mir sehr leicht. Das war eine Fontäne von notierten Sachen, studierten Einzelheiten, und dann schleuderte ich sie hin. Das war Leben! Und hier an Ort und Stelle, in der Härte des Raums, inmitten von Angestellten und Kunden entwickelten sich die Dinge! Innerhalb der sozialen Welt — mein Gott, diese soziale Welt — wer jonglieren konnte und Maske machen, schlüpfte ihr noch immer durch die Maschen! Ich salbte und knetete, aber ich blickte um mich, ich füllte meine Blicke, ich sättigte meine Stunden, immer bildete ich mich um. Eine Dame in Schwarz, sie will ihre Schritte ins Ausland lenken, verlangt die gekräuselte amerikanische Coiffüre, schon sinkt die Haube — tel est mon plaisir —, die Hände an Pflege und Hochzeitsflug, aber der Geist zertritt die biologische Schwemme, er verwüstet das Erstarrte, es entsteht die Glut. Was sind die Lehren, was ist die Geschichte — Bonmots, Arabesken, kleine Strudel im Panta rhei! Kleine Wendungen: Kublai verlegt die Hauptstadt von Karakorum nach Peking, Chinesierung der Mongolen, Sieg der Observatorien und Raupenzüchtereien über die Jagdzelte aus Pantherfellen, Großvater Dschingis-Khan dreht sich im Grab herum, in seinem Grab im dürren Gras der Tatarei! Kleine Wendungen: die Schatten der Schlacht von Plassey, die Clive 1757 schlug und in der er die Gallier endgültig aus Bengalen verjagte, diese Schatten, die vom Khaiberpaß über die Heimat des Schnees bis in die Tigerdschungeln des Südens reichten, lösen sich auf ins Ungewisse, und der große Rubin aus der letzten Kaiserkrone kehrt zurück nach Rangoon, von wo er kam. Hier ein gelungenes Abenteuer und dort ein mißverstandener Befehl — Patrouillen, Schwadronen, Geisterdivisionen, Generale, Gouverneure, Bathordensträger, Vließvergoldete, Malteserkommodore verbeugen sich, salutieren, fallen à toutes les gloires, und zum Schluß gehen zwei Zivilisten langsam eine Treppe hinunter, die große Treppe aus einem großen Schloß, betreten den Park, stehn vor den Heliotropbeeten und den Forellenbecken, stehn, schweigen — es sind zwei Engländer, für sich und müde.

Nein, nicht an den See — hier heben sich die Schleier, hier hebt sich der Vorhang von Rätseln und Nacht. Die Völker wandern und mit ihnen die Götter: aus den Regenwäldern des Sudans von seinem afrikanischen Olymp steigt Wodu

DER PTOLEMÄER 249

nach Haiti und die Madonna aus Rom als Maitresse Etilée
nach Port-au-Prince. Über die Kaschmirpässe vermischen
sich die Inder mit den Hellenen, durch das Défilé der Isère
überwältigen die Punier die sieben Hügel, die Berge hinauf
und die Hänge hinunter Schwung und Strahlen, dann
Schädelbrüche und Knochen, stabil sind eigentlich nur die
Geier! Die römischen Kaiser flitzen direkt aus dem Leben,
die Yüandynasten werden weichgekocht mit Gift und Dolch,
die Merowinger tätowieren sich gegenseitig mit Umbrin-
gungen und Rache, die Romanows suchen geradezu Kontakt
mit Equipagenbomben und Logenschüssen—: nur die Geier!

Doch es war durchaus kein Tummelplatz für makabre
Stimmungen, die ich in mir großzog, auch sportliche und
kaufmännische Betrachtungen kamen in ruhigem Fluß, die
ganze Wirklichkeit hob und senkte und spielte ihre Runden.
Indien, bisher nur im Landhockey zu einer Weltmeister-
schaft vorgestoßen, wurde durch die Teilung sehr geschwächt. Der Salzsee von Utah, auf dem irgendwas mit
drei Liter Hubraum, aber 550 PS allen nationalen und
internationalen Bestleistungen das Lebenslicht ausgeblasen
hatte, war durch den neuen dreietagigen Car, genannt
Astradome, des Yankee Clipper schnell erreichbar. Die
neue Golftasche mit Behälter für den Caddy führte sich
ein. Im Kentucky-Derby, dem berühmten Rennen um die
Rosen, weil der Sieger mit einem großen Kranz roter Rosen
geschmückt wird, wurde die Karriere von Assault, dem
kleinen Wunder aus Texas, jäh unterbrochen – und wem
gehörte dieser Crack auf der Bahn von Churchill Downs
im Lande der „Blue Grass" —: Elizabeth Arden-Graham,
der Kosmetikkönigin aus New York, deren Produkte ich
viel vertrieb.
Es ist neun Uhr morgens, meine Glastüren beginnen sich

zu drehen, die Herrschaften kommen, ich geleite sie auf ihre Stühle, sie fragen, ob ihre Lieblinge, Mann oder Fräulein, da sind, die sie immer bedienen. Ich vermittle. Das ist handwerkliche und manuelle Tätigkeit, aber selbst wenn man Hans Sachs auf sich beruhen läßt, Spinoza jedenfalls schliff Linsen, arbeitete mit Gebläsen und schuf doch eine Lehre, die den Olympier bewegte. Meine Branche ist uralt, die dritte Tochter von Hiob hieß Keren hapuch, das heißt Schminktöpfchen, es verherrlicht die Kosmetik, und Poppäa, die Gattin Neros, führte immer auf Reisen hundert Eselinnen mit, in deren Milch, versetzt mit Myrrhe und Korn — also dem Lait virginal des achtzehnten Jahrhunderts —, sie täglich badete, man kannte noch keinen Alkohol, man belud Milch und Weine mit Aromen. Auch hier herrschte meine ausgeglichene Welt: das Kohl der heutigen Ägypterin ist das Mestemet der alten, der schwarze Schwefelantimon, der mit Farbe beladene Stiel wurde in die offene Lidspalte gelegt und das Auge sanft geschlossen. Also Wiederkehr des Gleichen! Im Material herrscht Anknüpfung, Rückkehr von Motiven, im Kommerziellen herrscht das ewige Geschäft, und das Soziale herrscht als rückwärtsgerichtete Mythe: die Masse bildet ja bereits längst überall den dritten Stand, soweit sie nicht bereits längst überall die Regierung bildet — kurz, weit und breit war Raum und Recht für die expressiv-archaische Sphäre, ihre Autolyse, ihre Mazeration im Nichts, um dann erglänzend nach den Bildern aus dem Platanengedächtnis zu greifen.

In einer Stadt, wo nichts vorhanden ist als Ausziehen und Blößen, wo die Verbrechen einleuchtend werden und die Gefängniszellen knapp, treten andere Gedankenbedürfnisse ans Licht als in jenen Ländern, wo auf einem roten Samtsessel zwischen Salbeipflanzen in seinem Garten der

DER PTOLEMÄER 251

Schah einen Nektarinenpfirsich schlürft, oder wo ein Sir
die Arme im Frackhemd über den Kopf hebt und hinter
dem Nacken die Haken und Ösen unter dem blauen und
scharlachroten Band des C.M.G.-Ordens befestigt, oder auf
einer Plage an einem skabiosenfarbenen Meer, wo sich die
grünen Parasols entfalten und Glamorgirls, unbekleidet bis
auf ein Cachesex, aus Sonnenbrillen, mit Steinen besetzt,
den Wasserskieurs nachsehn, die hinter den Jachten flitzen
– dort das Zwitschern der Purpurati und hier das Röhren
der Verdammten. In einem Land, dessen Gedanken behütet werden durch Bleibergwerke und Kasematten und
dessen Gedanken eröffnet werden durch subkutane Ein-
spritzungen, treten andere ideeliche Ablaufmechanismen
auf als in jenen Gebieten, in denen die Psychologen in
Badeorten tagen und die Philosophen sich zu so dekora-
tiven Festessen vereinen, daß die Blumenzüchter lachen.
Eine Art entwicklungsloses Bewußtsein wird sich hier ab-
spielen, steil und tatenlos, in sich gekehrt unter Böen aus
Nirwana.
In einem Gehirn, das diesen Zustand weder als peinigend
empfindet noch als krank, können dann Regungen entstehen, die es zu jenen Sphären tragen, jenen Ring- und
Federsphären, in denen ein leichtes Netz die Bälle bestimmt — zu dem Badmintonspiel der Dinge. Flattern von
zitronenfarbener Seide, von apfelfarbener Seide, von gur-
kenfarbener Seide oder die rehbraune Decke, die in dem
laubreichen Juni das Knie des Staatssekretärs im Wagen
einhüllt in den nordischen und in den Ländern mit Brisen,
oder weiße Hyazinthen mit Maiglöckchenblüten bergen
nicht allein die Möglichkeiten von Gefühlen. Auch aus den
erreichbaren Dingen, selbst den handwerklichen, tropft
einem solchen Gehirn mancher Honig in den Löffel.
Unbestimmbar sich verhalten und Eindrücke der ruhenden

Erde gewinnen, die Bestandteile auseinandernehmen und wieder zusammenschließen — das Prinzip der Tätigen im Olymp und der Mahadöe und auch der Nornen — dazu Verwandlungsgefühle alter, aber mit uns vermischter Völker — die Ideenmethodik des Tat twam asi: die Erniedrigung in die Dinge und dann die Erneuerung nach der Qual des unproportionierten Durcheinanders in einen Griff, in einen Blick — dazu bedarf es nur eines Schritts in das ptolemäische Gelände. Dazu bedarf es dieser hinreißenden, ja reichen Stunden, denn nicht die Arbeit, die Last der Schultern oder die Riemen der Galeeren verbrauchen uns und machen uns so müde, das Leben an sich, dieser Schicksalszustand schwer und undurchsichtig, ist es, der uns dem Unerträglichen so nahe bringt und dem wir nur aus ihm als Ganzem stundenweis entgegnen können. Doch ich kehre nun aus diesem Allgemeinen in den Fluß meiner persönlichen Niederschrift zurück, mit der ich noch zu einem ganz bestimmten Thema strebe.

Denn mit einem allerdings muß man rechnen, es gibt kein Halten auf diesem Weg, er ist das Alles oder Nichts — das All im Nichts. Auch das Menschliche kann man nur artistisch zur Betrachtung bringen, denn diese ist ja der Weg zur ästhetischen Welt. Dafür eignet diesem Weg die Unmöglichkeit der Lüge: er beruht auf der Sicherheit des Körperlichen und der Schemenhaftigkeit des Geistes, der sich variabel materialisiert. Er hat Realität, das heißt, ihm fehlt die Appretur, der Schwindel mit auswattierten Substanzersätzen, ich spreche von unserem Kontinent und seinen Renovatoren, die überall schreiben, das Geheimnis seines Wiederaufbaus beruhe auf „einer tiefen, innerlichen Änderung des Prinzips der menschlichen Persönlichkeit" — kein Morgen ohne dieses Druckgewinsel! —, aber wo sich Ansätze für diese Änderung zeigen wollen, setzt

DER PTOLEMÄER 253

ihre Ausrottungsmethodik ein: Schnüffeln im Privat- und
Vorleben, Denunziation wegen Staatsgefährlichkeit, Abend-
landsbedrohung, Humanitätssabotage — Denunziation als
Form von Revolution, diese ganze bereits klassische Syste-
matik der Bonzen-, Trottel- und Lizenzträgerideologie, der
gegenüber die Scholastik hypermodern und die Hexenpro-
zesse universalhistorisch wirken. Nun, lassen wir das, nicht
mehr mein Feld, ich werfe mich der Zukunft in die Arme,
auch die berührt mich gar nicht mehr, frei betrachte ich die
künstlichen Regenfälle mittels Wolkenreizen — Squire-
Kraus-Verfahren — hundertfünfzig Pfund Trockeneis auf
Kumulusmassen —, das zweihundertzöllige Teleskop vom
Palomar-Peak, möge es weitere zwölf extragalaktale Nebel
numerieren — Greenwich zieht um nach Tahiti, und die
arktischen Flugzeugstützpunkte besprechen sich mittels
Lippenstiftsender — und sie haben recht, nicht nur weil
Napoleon sagte, die letzten haben immer recht, sondern sie
haben es in ihrem Kreis tatsächlich.

Nein, es bleibt nur der Blick, der Stil, zu sehen. Optimismus-
Pessimismus —: das setzte die Tatsache von Gegensätzen
voraus oder den Wunsch, daß man jemand Bestimmtes
wäre. Weit entfernt! Dort rinnt etwas Navy cut aus einem
Juchtenbeutel, und dort rollt ein Limonenkügelchen mit
Betelblatt aus einer Jadebüchse. Zugegeben, es gibt Standpunkte und Blicke, vor denen die ganze Welt zerfällt,
paralytische Blicke, dies sind meine Blicke nicht. Ich bin
kein Optimist, abgesehen vom Optimismus des Geschäfts-
mannes, daß täglich etwas in die Kasse klingt — keiner,
denn ich bin in den Jahren, und wenn man alt wird, beginnt die große Vereisung, der Rückzug über die Beresina,
die Armee geschlagen, die Fahne versenkt, einige zerfetzte
Bärenmützen gelangen bis nach Polen, nach Paris nur der
Empereur, und der bin ich in meiner Lage nicht. Natürlich

gibt es auch einige erfreuliche Punkte, zum Beispiel die
Geburt der Begriffe, zum Beispiel *Rhizosphäre,* ich bekam
sie gerade heute zugeschickt, das ist die oberste Bodenschicht
des Humus, darin die Fauna wird eingeteilt in Edaphon,
Hemiedaphon, Euedaphon und so weiter, je nach ihrer
Lage in der Tiefe, zu letzteren gehören hauptsächlich die
Springschwänze und Zuckmäuse, das erschließt nun schritt-
weise „Die Tierwelt feuchter Böden". Und wo stammt das
alles her? Nicht aus dem feuchten Boden, nicht aus Humus-
eindrücken, nein, aus dem Griff ins Freie, aus Vorher-
bestimmung, und das ist ja meine Lehre: die Unzugäng-
lichkeit des Menschen für die Erfahrung. Man muß nur
seine Starre lösen, den Fuß etwas vorstellen, locker da-
stehen, und schon bringt man andere Gewichte an die Büste.
Mich jedenfalls blickt da manches an, zum Beispiel: Minus
mal minus ist plus – wieso ist minus mal minus gleich plus,
was heißt das, wer ist darauf gekommen, wem stieg dieser
Irrsinn plötzlich in die Nase, das ist keine Logik und
Psychologie, keine Kausalität und keine Errechnung, das ist
zwar ein unlöslicher Bestandteil der Mathematik, aber
doch reine Phantasmagorie, jenseitiges Spiel und nur als
isolierter Ausdruck seiner selbst zu fassen. Also auch hier
Züge meines Typs, der sich nie verläßt, immer in sich gekehrt, atmend diese Böen aus Nirwana.

Pessimismus, das ist eine verschlungene Sache — aber was
heißt Pessimismus, wenn alles so klar zutage liegt? Untergang — ein untergehendes Volk, Sparta in der Vergangenheit, die Sioux als Zukunft, die nächsten hundert Jahre
werden sie zubringen mit Beschwörungen und Schlange-
stehn, dazu etwas Feuerwasser von den aufsteigenden Sie-
gern. Untergang — da darf man seine Spielart wohl betreiben, seine Wolken ziehen lassen, seine Fenster kränzen
und aus den Fenstern noch einmal das ganze Abendland

DER PTOLEMÄER 255

begrüßen, imposant in seiner Vielfältigkeit und seinem Tiefsinn, für alles haben sie Spezialisten, für Milchstraßen und für Suahelidialekte und für Haifische — ich erfuhr, man fängt Haifische, indem man sie am Schwanz zieht, dann strömt das Wasser verkehrt in die Kiemen und sie müssen hochkommen.

Pessimismus — das ist der Strandkorb des Unproduktiven, der rückt ihn an den See, ich bin Artist, mich interessieren die Gegenströmungen, ich bin Prismatiker, ich arbeite mit Gläsern. Was zum Beispiel die Methode meines Niederschreibens angeht, sie ist, wie leicht festzustellen, prismatischer Infantilismus. Sie ruft wohl in jedem die Erinnerung an Kinderspiele wach, wir liefen mit kleinen Taschenspiegeln und fingen die Sonne ein, die reflektierten wir dann auf Besitzer, die vor ihren uns gegenüberliegenden Läden standen, das erregte Unwillen und böses Blut, wir aber hielten uns im Schatten. Was wir ins Helle bekamen, war natürlich nur Haut, Stuck, Flecke, Leberflecke des Äußeren, Warzen am Olymp des Scheins, nichts Wesenhaftes — darum will ich aber auch vor jedem, der lieber historische Romane liest und ganze Kulturepochen vor sich ausgebreitet sieht, gerne die Hände zusammenlegen und ihm wünschen, daß ihm viele Söhne das Räucherrohr anzünden, ihm Vogelnestersuppen mit Bêche-de-mer und Schildkröteneiern vorsetzen und sie gemeinsam ihr Fan-Tan oder Mah-Jongg in Frieden bis ans Ende ihrer Tage spielen.

Doch dann gibt es Standpunkte und Blicke, in denen die Welten sich vereinen: das Delirium mit der Trockenlegung, der Fels mit dem Splitter, der Dschungel mit dem Steingarten – Gretchen tritt zu Lachesis, der Dreikönigstag spricht mit der letzten Sommerstunde, und das Mausoleum Bonapartes sinkt schweigend an ein Massengrab. Ptolemäische Erde und langsam drehende Himmel, Ruhe und Farbe der Bronze unter lautlosem Blau. Je und je bei nevermore, Augenblick und Dauer in einem — der Glasbläserspruch, das Lotoslied, es spielt sein Hoffen und Vergessen. Nein, ich bin kein Pessimist — woher ich stamme, wohin ich falle, das ist alles überwunden. Ich drehe eine Scheibe und werde gedreht, ich bin Ptolemäer. Ich stöhne nicht wie Jeremias, ich stöhne nicht wie Paulus: „Was ich liebe, das tue ich nicht, nur was ich hasse, das tue ich" — ich bin, der ich sein werde, ich tue, was mir erscheint. Ich trage auch kein Wissen um meine „Geworfenheit", wie die modernen Philosophen, ich bin nicht geworfen, meine Geburt hat mich bestimmt. Ich bestehe nicht aus „Lebensangst", allerdings behänge ich mich auch nicht mit Weib und Kind und Sommerhäusern und weißen Krawatten, ich trage unauffällige Binder, Anzug jedoch von tadellosem Schnitt, das Äußere ein Earl, das Innere ein Paria, niedrig, zäh, gefeit und sie dürfen jedes Fleisch essen.

Sich abfinden und gelegentlich auf Wasser sehn. Handgriffe, Lotion, Kundendienst für das psychophysische Ideal — ganz auf der Höhe: ein vielgewanderter, selbständig gewordener Coiffeur. Die Erfahrungen des Lebens und dann in gewissen Stunden dieses Erdteils letzter Traum. Die Geier und die Wasserrosen, das Geschäft und die Halluzinationen, Kreuzungen und dann der Untergang — so trete ich vor die aufsteigenden Länder.

Das Brüchige und Gespannte von Nofretete bringe ich mit, dazu Erinnerungsherde aus wunderbar geschlossenen Gewölben: la Romanité und die Christenheit, aus Summen, Universalien, von diesem Erdteil gesammelt und von ihm zerstreut. Traditionen aus Cordoba und Montpellier, Gaben von Aposteln, Trouvers und Mönchen, Keime von Leiden und Gedanken, Verhaftungen mit Mechanismen und Ido-

DER PTOLEMÄER   257

len, mit Experimenten, Keilinschriftentzifferungen, Thesen und Statistik — innerhalb der menschlichen mengenbestimmten Skala ein gewichtiges Gehirn, eine beladene Pathétique.

„Lotos" — wer mein Geschäft erbt, nicht meine Sorgen, ob man mir nachblickt, nicht mehr mein Raum. Aus ausländischen Blättern ersehe ich, schon wieder siebenundsechzig Marken von verschiedenen Haar- und kosmetischen Wässern bietet eine einzige Maison, das also stirbt nicht aus, aber wenn damit Schluß ist, werden sie etwas anderes finden, Öl für Roboter oder Salbe für Leichen — Alles ist, wie es sein wird, und das Ende ist gut.

DER RADARDENKER

Herbst, – die Epoche der Astern und der großen Spinnen. Jeden Morgen sitzt einer dieser Riesen an der Wand oder in einem der Waschbecken, durch die Türen können sie nicht gelangen, aus den Wasserleitungen nicht steigen, also wo kommen sie her, das frage ich mich jeden September, nun ich will nachschlagen, die Zoologen werden es wissen.

Auf einem bestimmten Holzstuhl sitze ich vielfach vormittags an meinem Fenster, das eine Straße übersieht. Das kann ich mir für Augenblicke leisten. Reisen kann ich nicht, einmal wegen der Kosten und der Schwierigkeiten, die eine solche Angelegenheit jetzt mit sich bringt, zum anderen erhalte ich keinen Paß aus der Stadt, ich stehe auf allen schwarzen Listen, schwarzes Schaf – Grund: Ich denke über vieles anders als die meisten. Dabei ziehen vor meinem geistigen Auge oft die Abgeordneten der Parlamente vorüber, die dürfen alles reden und schreiben, sind immun, im Verhandlungsgebäude sowohl wie auf der Straße, keiner darf ihnen Schwierigkeiten machen, jeder muß sie unterstützen, nur wenn sie auf frischer Tat ertappt werden bei Ausübung eines Verbrechens dürfen sie angesprochen werden. Dabei redet doch mancher von ihnen recht extreme Dinge, staatsbedrohende, öffentlichkeitsunfreundliche, also entweder hält man das, was sie reden, für Unfug und niemand nimmt sie ernst oder es liegt hier eine Ungerechtigkeit vor entgegen dem Psalmistenwort: Gerechtigkeit erhöhet ein Volk.
Dies Sitzen ist angenehm – nicht als ob ich bewegungsunsicher wäre. Der gelähmte Restaurateur mir vis à vis.

DER RADARDENKER 259

Alkoholmißbrauch, alte Lues, das rechte Augenlid geht
nicht mehr hoch, auch sonst beschädigt, der ist gehbehindert,
aber er sinnt doch freundlich im Vorgarten seines Etablis-
sements vor sich hin und spinnt gedanklich. Was sinnt er,
was spinnt er, das frage ich mich, das frage ich mich immer
wieder.
Hier liegt eine Kardinalfrage vor. Oder folgendes: Ein
Mann wird zum Staatsoberhaupt gewählt, sogenannter
Präsident, ein äußerst sympathischer, tadelloser Mann, seine Wahl war nicht zu erwarten, aber achtundvierzig Stunden später erscheint bereits eine Abordnung mit in Trachten gekleideter Mädchen aus seinem sehr entfernt gelege-
nen Heimatsort und überreicht ihm ein Blumengewinde und
einen Weinkorb. Man muß das einmal durchdenken: Die
Nachricht trifft zu Hause ein, sofort muß sich also ein Ko-
mitee bilden, faßt diesen Gedanken, die Mädchen werden
ausgesucht, ausstaffiert, mit Mitteln versehen, sie müssen
in den Zug gebracht werden, dirigiert, ankommen, empfangen werden – alles innerhalb achtundvierzig Stunden!
Welch wunderbarer menschlicher Unternehmungsgeist,
welche Aktivität, Sprudeln, Vorwärtsdrängen in Zeitele-
mente und Öffentlichkeit – wer da mitkönnte! Hier spielt
sich eins dem anderen zu und Entschluß und Ausführung
vervollkommnen sich sofort ins Allgemeine.
Unsereins sucht überall Zusammenhänge, aber findet keine,
auf der Jagd nach Einzelheiten verbringt man sein Leben.
Aber es gibt Zusammenhänge, naive, erlebte. Ein Sommer-
tag, Sonntag, Sie gehen die Kaufladenstraße, schlendern in
ein Café, sehr voll, finden einen Stuhl an der Wand, Zwei-
männnertisch, ein anderer sitzt schon da, eine Erscheinung!
Sagt sofort: Seit sechs Monaten hat sich die Stadt stark
verändert. Beginnt also ein Gespräch. Unbekannter alter
Jude, total schwerhörig, Apparate in den Gehörgängen,

ungemein sympathisch! Dann führt er die Kinder ein, Schwiegertochter – Sie erheben sich nach einer halben Stunde und wissen folgendes: Er ist den größten Teil seines Lebens in Süddeutschland gereist, Hauptbüro Stuttgart, Sohn Verleger, wohnt billig, drei Zimmer im Vorort, Zentralheizung, Blick vom Hügel – Schwiegersohn SS-Arzt gewesen, dummer Junge, mit zweiundzwanzig Jahren, verzeihlich, noch nicht entnazifiziert, Sommerheim am Wasser, dort heute (Sonntag), Chirurg, Knochenarbeit, donnerstags nachmittags frei, aber zu müde[1] – er, der Redner, schwerleidend, Leistenbruch, Hodenbruch, hängt ganz tief herunter, geht nicht mehr zurück, muß Bruchband abends und morgens im Bett ab- und anlegen, da sonst Gefahr, dazu Herzmuskelschwäche, starke Aderverhärtung, darf eigentlich nicht rauchen, aber heute am Sonntag, hier sieht es ja keiner –, total schwerhörig, Sie können gar nicht antworten, er redet alleine, aber äußerst sympathisch, menschlich weit geöffnet (Goy würde stur dasitzen, pampig, selbstbehauptrisch) – hier bei diesem ist Zusammenhang, Verströmung, Jugend und Alter in einem, verflochten die Räume: Benzin kostet in Stuttgart 60 Pfennig, in Frankfurt 90, in Marienborn noch 100 Liter dazugekauft für 1,20, blöderweise, hier im Osten 50 Pfennig – – kurz ein Strauß von Tatsachenblüten. keine Lücke, kein Gram, erfülltes Leben!

Ein andermal sitzen Sie auf einem Dachgarten, Sie gehen selten aus, alles wirkt stark auf Sie, die weißen Gedecke, saubere Kellner, gepflegte Paare – aber warum tanzen die Leute ruckartig, zackweise, sie schwitzen, daß es an ihnen herunterläuft, und die Haare am Kopf kleben – bewegen sich, wohl rhythmisch, laufen hin und her, genußsüchtig, wippend, kreiselnd, bei großer Glut, kleine Tanzfläche vor der Kapelle – Erotik oder Sichanschmiegen oder Ab-

DER RADARDENKER   261

magerung, jedenfalls sie sind dabei und irgend etwas
Drangvolles hält sie zusammen. Auch hier tritt etwas Allgemeines, etwas Gutes in Erscheinung.
Doch die Tage des Sommers sind, wie gesagt, vorüber. Die
Stunden funkeln, Herbst, dies Zögern, das so rührt! Zögern, warum zögern und verschleiern, was bald offen-
kundig sein wird: Die kalten Himmel und die Nacht, das
Scheiden, nachdem die Jahre und die Tage unser Herz zer-
stückten mit Irren und Vergessen und fernen klaren Glok-
ken, die plötzlich klangen. Der Mann am Fenster! Die Gedankengänge im Heim! Der Radardenker auf seinem Sessel! Aber die Kausalität war nur in den letzten Jahrhunderten nach außen verlagert; Ursache und Wirkung und
davon die Reaktionen, aber im Grunde ist sie das nicht.
Die Kausalität liegt in Ihnen, Sie beherrschen die Materie:
Stockholm ist eine bunte Stadt, Parks und Häuserwände
feurig von Explosionen, und in anderen Erdteilen stoßen
Sie auf Gebiete, die nach Zitrus[2] duften und solche nach
Violen. Die äußere Kausalität schafft nichts heran. Sie müssen immer ausgehen und was suchen, die innere bereichert
Sie in Ihrem Stuhl – Siam, das in Lotosblüten versunkene
Land, in dem ein ewiger Sonnabendnachmittag herrscht,
das Reich, das immer Fische in seinen Gewässern hat und
Reis auf seinen Feldern! Oder aus der Philologie: Seelen-
lagen, zweitausend Jahre alt, Demütigkeitsfloskeln, Selbst-
verkleinerungsformeln („mein schwaches Talent", „nur mit
Zittern und Zagen", „meine ungepflegte Sprache") sogenannte Topoi, literarische Konstanten, rhetorisierende Wid-
mungsmotive bis zurück zu den Alten – Cicero! – da sehen
Sie tief, tief hinein über Kulturzertrümmerungen, schweigend gewordene Seinserscheinungen werden in Ihnen wieder überschwenglich – – Sie kennen die Prozessionsstraße
von Babylon? Rechts und links die Löwen aus goldener

Emaille, in der Ferne das Ischtartor – eine Flucht aus Glasur und bunten Ziegeln – hundertzwanzig Löwen! – die sehen Sie entlang –: Das sind Perspektiven!

Ernstlich, betrachten Sie die Lage! Sie sitzen hier in Ihrem Stuhl und draußen beginnt der Angriff auf die Tropen. Westafrika im Vordergrund, aber auch Nigeria. Wo bisher achthunderttausend Menschen lebten, können nun zehn Milliarden ernährt werden – ein Hinströmen! Aber wer strömt hin – etwa Sie? Ereignisreiche Umwelt! Neusüdwales hat seinen kältesten Tag seit neunundsiebzig Jahren – Schnee in Canberra; kurzlebige Armeerevolten in Honduras! Und Sie? Sie kennen die Wendung von der Tagesordnung, die ohne weiteres über was hinweggeht! Dem indischen Zoo wird ein Riesensalamander als Zeichen der Freundschaft von Nippon angeboten, in der Wissenschaft besteht Hoffnung, ein vom Blasenwurm befallenes Auge sicherer erhalten zu können – und Sie? Sagen wir es ruhig: Nur spurweise vorhanden!

Also was soll das alles, wo ist der Kern? Was wissen wir vom Menschen? Das Terzett aus dem Rosenkavalier – woher nimmt es seinen Zauber, die Ouvertüre zu Violetta oder die Spirituals, die Sklavenlieder – warum rühren sie uns zu Tränen? Alles unklar! Dabei ist das Wesen des Menschen viel erörtert, eigentlich unaufhörlich seit zweitausend Jahren. Krisen gab es auch sehr viele, die einen halten die zur Zeit der Auflösung des Römischen Reiches für die einschneidendste, andere die von heute. Mir ist Krise ein zu nonchalantes Wort. Du glaubst zu jagen und du wirst verjagt – Dämonen, Schuppenechsen, Eiszeiten, Schwankungen der Erdachse, Organumbildungen – eine lange Reihe von Sonderbarkeiten, unbegreiflich für domestizierte Etagen- und Laubenproblematiker, doch wer mit Radarmethoden trainiert, bekommt eine leichte Achsel,

stellt eine Tafel auf seinen Schreibtisch, groß beschriftet:
Das ist nicht anders.

Zwiespalte bleiben natürlich nicht aus. Sie sind schlaff und
wundhäutig, daß Sie nicht ans Telefon gehen und den Post-
boten fürchten – und dann kommt eine Frau zu Ihnen, die
konnte gestern abend wegen ihr verordneter Pillen nicht
genügend essen. Ihr Sohn hatte Jubiläum, fünfundzwanzig
Jahre Orthopäde, vier Freunde waren auch da, darunter
zwei Ärzte, die spielen immer zusammen, ihr Sohn spielt
alles, namentlich Geige, wunderbares Essen, aber sie konnte
nicht recht mit. Dann kommt sie auf die Tochter zu sprechen,
auch Jubiläum, die singt und spielt Harmonium auf Fried-
höfen bei Feierlichkeiten – noch ein Jubiläum – so einfach
kann das Leben sein: Tabletten, Appetitlosigkeit und Jubiläum – nichts von wundhäutig!

Nichts von Dialektik – gradlinig verlaufen die Konturen.
Verlaufen auf die Bürgersteige: Der weibliche Teil, Frauen,
keine Damen, Geld besitzen sie auch nicht, aber sie heben
den Kopf, halten sich gerade, die Männer sehen ihnen nach,
sie fühlen das an ihren Hüften, und diese Männer, alle
irgendwie belastet, politisch notdürftig arrondiert, stel-
lungslos, aber irgend etwas betreibend, nachts schlafen sie,
erheben sich dann am Morgen im wesentlichen beschwingt
– immer dies Sicherheben, mitmachen, weitermachen zur
Osterzeit wie jetzt im Spätherbst – ja und, Moment mal,
da kommt eine Dame mit Hut, Donnerwetter, wenn sie still-
stünde, würde sich sofort ein Auflauf bilden: Alle Farben
der Nelken straff gezogen und obenauf ein Wedel mit
Eigenleben unter Verwendung aller Besonderheiten des
Wippens – das ist Stille vor dem Sturm: Wenn dieser Stil
sich durchsetzt, wogt Melanesien und Timbuktu durch
meine Straße!

Natürlich kommen auch Stunden mit Unsicherheit, da

möchte man ein Denkmal haben wie Storm, mittelhoher Granitblock, eine Büste mit schwarzem Rock und Bart, Erikakränze am Sockel – dies schöne Immensee, weich gespielt, aber immer noch hörbar – Heide ringsum – alle diese Elisabethgedichte von vielen Autoren – aber man muß es tragen.

Wenn nun einer sagt, was der Mann da am Fenster macht, ist etwas für Fischkutter zum Heringsfangen, Horchlot-Orter, Schwingungserreger, aber nur für Untiefen, so kann ich darauf hinweisen, auch in Zeitschriften und dergleichen finden sich sonderbare Sachen. Ein Diplomat aus dem gesichertsten Land der Erde, kein Deutscher, durch hohe Posten international bekannt, schreibt gutachtlich folgendes: „Bereits war das deutlichste Anzeichen für die völlige und katastrophale Umwandlung der Epoche in jenes letzte Stadium getreten, in welchem plötzlich alle Namen, alle Worte ihren Sinn verloren, die Zeichen, die der Geist errichtet hat in Architektur wie in den Werken der Musik, nicht mehr wahr sind, alles lügt, alles verblaßt, um dann plötzlich ausgelöscht zu werden und völlig zu verschwinden."

Ungeheuerliche Worte! Hier lotet ein Diplomat! Einer aus berühmter Familie alten Stils, bestes Europa in der Strenge des Hierarchischen[3] und der Weiträumigkeit der Golfsitten. spricht sich mit Einzelheiten über das letzte Stadium der Epoche gutachtlich aus! Also die Epoche kräuselt sich, irgendwo flammt etwas auf und irgendwo erlischt etwas und sinkt hinab in die Asche der Welten; irgendwo eine Nova und irgendwo ein Schatten und irgendwo ein Wasserglas, in dem das Serum sich bewegt. Erst die fünf Bücher der Genesis und dann der Augenblick, wo Sie das Leben nur noch im Gehirn empfinden, die inneren Organe wurden bewußtlos, aber das Bewußtsein wurde bewußter.

DER RADARDENKER

Erst die Genesis, und dann der Engel mit der fünften Posaune; in diesen Tagen werden die Menschen den Tod suchen und werden ihn nicht finden, denn den Heuschrecken, die aus diesem Rauch herniederfallen, war gesagt worden, sie sollen nicht töten, sondern sie sollen quälen.

Es gelingt ihnen dies Quälen! Qual durch Gedanken, Qual durch Ablegen von Gedanken —: Haben Sie sich schon einmal klargemacht, daß nahezu alles, was die Menschheit heutigen Tages noch denkt, denken nennt, bereits von Maschinen gedacht werden kann, hergestellt von der Kybernetik, der neuen Schöpfungswissenschaft? Und diese Maschinen übertrumpfen gleich den Menschen, die Ventile sind präziser, die Sicherungen stabiler als in unseren zerklafterten Wracks, sie arbeiten Buchstaben in Töne um und liefern Gedächtnisse für acht Stunden, kranke Teile werden herausgeschnitten und durch neue ersetzt. Also das Gedankliche geht in die Roboter, der deckt den Bedarf, was übrigbleibt, sind Rudimente eines vulkanisch Früheren und wo sie sich zeigen, wirken sie bereits unmenschlich und verkracht. Also wo stehen Sie, an welchem Punkt der Fauna, durch welche Flora stochert noch Ihr Schritt — Sie schürfen durch den Herbsttraum, die Rosen neigen ihr Glas — leer, ein letztes Rinnsal noch an der beschlagenen Wand, die Gärten wispern braun und lila, durchgesichtig in flaches Ferngelände.

Das ist nicht äußerlich, was ich hier rede, auch der Blick nach innen geht still und tief. Erstens: Nimmt man an, daß der Schöpfer im Menschen etwas in der Richtung von Güte und Verzeihen hätte darstellen und entwickeln wollen, müßte man auch annehmen, daß er im Tiger und Leoparden etwas Mörderisches und Blutgier hätte entwickeln wollen und man muß gleich hinzufügen, daß ihm das auch in vollem Umfang gelungen ist. Also so einfach sind die

PROSA UND SZENEN

Substanzen nicht, die die zur Erhabenheit verpflichtenden
Seiten des Menschen beweisen sollen, besonders nicht, da
diese dem Schöpfer doch nur schwach und stellenweise gelungen sind. Zusammenfassend: Kann man denn überhaupt
vermuten, daß die Schöpfung der Vermenschlichung zu-
strebt, nein, das kann man doch wohl nicht. Zweitens: Sie
lernen oder vielmehr Sie bekommen überliefert aus dem
Brauchtum, Sprichwörterschatz, Urväterhausrat: Hilf dir
selbst, dann hilft dir Gott, oder Goethe, den sie doch so
schön gefeiert haben: Allen Gewalten zum Trotz sich erhalten, rufet die Hilfe der Götter herbei – oder Dehmel:
„Greif zu und iß, dann dulde", – oder Hebbel: „An die
Jünglinge" – oder wie die Tiefenpsychologie sagt: „Nur in
der Beherzigung seiner Möglichkeiten kann sich der Mensch
zu seiner Eigentlichkeit erheben" – kurz eine Fülle volk-
hafter, wissenschaftlicher, ästhetischer Ansichten, Verse,
Sinngespräche alle in der Richtung, daß Sie sich selbst in
Ordnung halten müssen, sich ausprägen, durchgestalten, –
in Schulen gelehrt, von der Allgemeinheit hingenommen,
die Sie nun als jungen, bildungsfähigen Menschen in diese
Wahrheiten hineinstellt – sollen Sie, dürfen Sie das alles
ablehnen, dürfen, sollen Sie das Religiöse gegen das natürlich Gewachsene, das Volkhafte in die Schranken führen?
Drittens: Ich habe mich sehr genau beobachtet, ich bin mir
so nebensächlich, daß ich das kann. Ich habe in mittleren
Jahren jemandem Bestimmtes keine Liebe erwidert, nichts
Erotisches, etwas Familiäres, habe ihn gequält, von mir
abgehalten, zurückgewiesen, er war schwach, er litt, schließlich starb er. Ich habe daraufhin genaue Beobachtungen an
mir, in mir angestellt, ob ein Schaden daraus für mich er-
wüchse. Ich habe diese Beobachtungen durchgeführt bis
heute, schonungslos, es gab dunkle Gedanken, aber mehr
Trauer als Niederschläge, jedenfalls einen sichtbaren Scha-

DER RADARDENKER 267

den habe ich innerhalb meines Lebens nicht feststellen können. Auch habe ich Briefe, Anzeigen, Bitten nicht beantwortet, also menschliche Aufgeschlossenheit einfach übersehen, die Sachen langweilten mich, war kein Reiz dabei –
also nach dem Moralischen hat sich das alles nicht entwik-
kelt, so daß ich schon manchmal glaube, das Leben hat
keine andere Bedeutung, als daß man alle vierundzwanzig
Stunden einen Tag älter wird, nachts schläft man und vormittags zwischen zehn und elf verlängert sich der Bart –
ach, manchmal glaube ich, selbst die tapferen Zeugen und
guten Bewahrer fühlen, daß sie längst auf verlorenem
Posten stehen.
Und das Bewußtsein wird bewußter, beginnt die zweite
Schöpfungswoche, aber wenn es abends durch den Garten
geht, siehe, es ist nicht gut. Kälte und Trauer! Wenn man
schon sagt, die Natur trage dschungelhafte Züge, wie viel
dunkler ist es noch, den Geist zu beobachten und seine Bewegungen zu verfolgen. Was die Öffentlichkeit darunter
versteht, das ist er nicht, wo er wirklich in Erscheinung tritt,
erzählt er nichts, macht kein Palaver, da reißt er beispielsweise dem Menschen direkt die Gehirnwindungen heraus,
Stücke, graue Substanz und ergänzt das keineswegs, sondern
vollendet die Zerstörung. Undurchsichtiges Verfahren: Er
spielt mit Richtigem und es fällt falsch zurück, er füllt eine
Richtung auf und dabei wird sie kahler, bis sie sich nach
vorn legt und dann sackt sie ab. Sie fühlen die Einwände
gegen ihn, gegen sich, aber er jagt Sie weiter, er brennt
sein Feuer, aber auch seine Asche verstreut er ganz allein.
Heutzutage realisiert er sich üblicherweise als Gedanke.
Ein Gedanke beißt an, ein Zittern durchläuft seinen Körper, die Zähne knirschen, er schüttelt den Stoff, zerreißt
ihn – Fetzen und Staub! Die Gedanken laufen durcheinander wie Eidechsen in der Sonne – nun soll es große Gedan-

268   PROSA UND SZENEN

ken geben, Krokodile, festliegende, aber ich vermisse die
Schrift über den häuslichen Charakter der Axiome und die
Geographie der Apriori, die klimatische Entschuldigung für
so viel Staub. Heutzutage wird er aufgefaßt als Unterhaltung, Wissenschaft, Propädeutik – ach du lieber Gott –
heutzutage! Heutzutage können Sie in die Lage kommen, gefragt zu werden, wovon Sie leben, von Radardenken können Sie nicht leben. Früher gab es schöne Stellungen – Syndikus: Listige Verträge, Neuemissionen, – oder
Facharzt für Hals, Nasen, Ohren: Bißchen Rachenpinseln
und nachts werden Sie nicht gerufen, – Vertreter für Suchardschokolade, sehr gefragt, Sie brauchen nur den Hörer
abnehmen und die Aufträge notieren – überhaupt wenn
Sie den Begriff Arbeit analysieren, kommen Sie zu sonderbaren Resultaten, aber es waren schöne Zeiten und ich halte
sie hoch. *Heutzutage* geht eine Stimmung durch die
Welt, es soll alles warmgehalten werden: Fußsohlen,
Wahrheiten, Kunsttöne – Pulswärmer an die Beine, – Pulswärmer das ist der Hintergrund – ein Pulswärmer als
Wimpel an die Kamikaze, den Götterwind, die Todesflie-
ger – Pulswärmer an die Lanzen der apokalyptischen Rei-
ter – sie wollen „wieder" Boden unter den Füßen (als ob
sie seit fünfhundert Jahren irgendwo solchen gehabt hätten), „Zurück zu den Klassikern, so kommen wir nicht weiter" (weiter, aber wohin denn, und was heißt „so"?) –
„Humus" – also sie wollen ruhig Dreck an den Stiefeln,
aber warmen Dreck – – ich persönlich glaube nicht an Re-
stauration, die geistigen Dinge sind irreversibel, sie gehen
weiter bis ans Ende, bis ans Ende der Nacht. *Heutzu-*
tage, heutzutage – aber öffentlich trage ich dem Rechnung, ich sage immer, heutzutage sind wir in Ägypten,
also machen Sie ruhig Ihre Bewegungen weiter in Richtung
von Lehrstätten und Kontoren, nur halten Sie sich den Kopf

frei, darin muß immer ein Hohlraum sein für die Gebilde.
Hier konzentriert sich das Reale, modelliert sich, so entstehen die Formen. Sie brauchen auch gar nicht nach der
Uhr zu sehen, was wird schon sein – dreiviertel sechs oder
dreiviertel sieben – alles Phantome! Aber wir wollen auch
nicht zu streng sein, denken Sie das Menschenleben, es
zwängt sich durch die Tage, wird magerer, wird dicker,
trägt Gamsbarte, trägt Pleureusen, vernäht Dammrisse,
sticht Ohrlöcher und nur allzuschnell kommt dann die
Stunde, wo sie das Gesicht ins Dunkel halten müssen, in
den großen schwarzen Schwamm, und schließlich sind sie
doch alle gepilgert und kennen die Blicke auf Antlitze, die
sie bestimmt sehr bald verlassen müssen, und das Stimmen-
gewirr von Bahnhöfen, wo ihnen niemand etwas nützt.

Durch viele Millionenstädte fluten die Straßen, tags links
ein See, ein Blau aus erster Hand, und nachts das Neonlicht.
Riverbridge, Ponte vecchio, Münsterbrücke – darüber die
Fremde, die Ferne, nicht von Ihnen errichtet, nicht für
Sie erbaut. Die Peripherie der Metropolen: Rieselanlagen
oder Père Lachaise oder Ananasplantagen – aber Unbe-
kannte, die durch die Felder gehen. Lippen der Kinder,
Alter der Erde, aber umarmen können Sie das nicht. 1821
ertrank Shelley zwischen Livorno und Lerici – lange vorüber, in einem Gutshaus wohnte Voltaire – lange vorbei.
Trauer aus allen Weiten, seelisch belastet aus Epochen.
Melancholie aus langer Sicht. Darum lehre ich die kleinen
Gebilde – schaffen Sie kleine Gebilde still an Ihrem Fenster: Fliehen Sie die Ferne, fliehen Sie die Dauer, sehen
Sie nicht so weit, wenn Sie nämlich in die Ferne sehen,
kommt immer wieder die Frage: Wenn es nicht dazu gekommen wäre: Atomzerspaltung, Dynamit, Insulin, entbitterte Lupine – was dann, wie sähe die Sache dann aus,

aber erstens wäre dann vermutlich etwas anderes dazugekommen oder es wäre zweitens nichts anderes dazugekommen, doch änderte das etwas an den Grundsätzen der Welt? Nein, fliehen Sie die Ferne, verflechten Sie sich mit Ihren inneren Beständen, nehmen Sie Ihre Bilder von der Wand, seien Sie Alkibiades oder Helena oder Ephialtes, verraten Sie, sonst werden Sie verraten oder allerdings beides – –, das Herzzerreißende, immer dies Herzzerreißende, darin stehen Sie und das müssen Sie tragen. Ebenso der Blick zurück: Drei Jahre, welche unermeßliche Zeit, drei Jahre ohne Inhaftierung oder Prostatakarzinom, welches äonenlange Geschenk der höheren Gewalten, glauben Sie mir, mehr gibt es nicht, kann es gar nicht geben, das ist schon ein Verhalten des Abstiegs und des Endes von unerklärlicher Bedeutung, das könnten die Götter schnell bestrafen! Stehen Sie, bekränzen Sie Ihr Auge mit jedem Abend, schließen Sie jeden Tag ab wie der Chef, der aus dem Büro geht: „Ist noch was?"

Bescheiden Sie sich, es ist genug gedacht, keine weiteren Spitzenleistungen! Betrachten Sie die Heiratsannoncen, da ist auch alles feingeistig und elegant. Die Tiere äußern sich nach allen Richtungen, aber der Mensch ist das verschlossene Wesen, in dem, was er sagt, ist meistens wenig von ihm drin. Wir sind stumm, wir sind ungeeignet, wir sind keine Favoriten, Sie zittern schon vor Ihrer Schreibmaschine, Sie schlagen die Tasten, leere, hohle Röhren, ganz was Trockenes und dann stellt sich etwas zusammen – ein Wort, feucht von Träumen und Dünsten, aus einem Augenblick für eine Weile, tragend wie getragen, etwas Jenseits nahe und etwas Diesseits deutlich – Mischwelt, Kreuzungen – wer weist Ihnen da den Weg? Der Mann im Eigenheim! Vom Schatten aus auf die leuchtenden Bäume und Blumen sehen – dies japanische Gartenprinzip – das bietet Ihnen sein

DER RADARDENKER   271

Fenster. Sich im Schatten halten, sich ver-halten – es verhält sich die Welt!
Nun kommen die Tüchtigen und sagen, Ihre Schatten sind
stumm, wir wollen aber mähren und zwitschern, *natürlich* sein, Ihre Schatten sind leer – aber das ist es ja
gerade: Es gibt keine Leere und es gibt keine Fülle, es gibt
nur die Möglichkeit, die Leere zu füllen hier, sofort, am
Fenster mittels Lotung und Transformation. Dann kommt
die Jugend und spricht, so können wir nicht leben, wir
wollen Stoff, wir wollen Handgriffe, wir wollen Ideale –
wir wollen, wir wollen, wir wollen – –: also sie wollen Anschluß und Unsterblichkeit, aber wie sieht die aus? Eine
Unsterblichkeit von fünfzig Jahren, noch nicht einmal ein
Schildkrötenalter, mit Hilfe von Auktionen, Erinnerungs-
blättern, neuem Gemähre, neuem Gezwitscher – fünfzig
Jahre, welche metaphysische Genügsamkeit, welch beschei-
dener Lebenswille – nein, ich begnüge mich nicht, ich will
tot sein, völlig, Asche, Wurm, Lehm, Unkrauterde, ich
neige das Haupt und nehme mich mit – einmal und nicht
wieder, anders ertrüge ich es nicht, anders kann es auch
nicht sein – Einmal im Sturz der Träume und der Bilder.
Diese These des Menschen erträgt die Äonen. Spannungen
gewachsen sein, Spannungen binden – ausgleichen, das Geheimnis des Stils! Was Sie Krise nennen, hindert Sie nicht
an Gewichtszunahme, blicken Sie doch um sich, Krise – das
ist doch noch alles gute, alte Tradition, hin und her, charmantes Spiel der Gegensätze: Unter Tyrannen festigt sich
die Freiheit und unter frommen Kaisern entwickelt sich
das Vergnügungsleben – ich höre einen anderen Ton aus
der großen Posaune, ein Wort, hart aber tröstlich: *Verhängnis!* Geist und Leben – wie war das doch? Darum, meine Freunde, gedenken wir des 2. 12. 1942, als die
Zeiger der Meßinstrumente sich zitternd zu bewegen be-

gannen, kleine Klötze von Uran mit angereichertem Uran 235 waren wie Briketts übereinandergeschichtet in der Halle des Sportpalastes der Universität Chikago, die Spaziergänger gingen ahnungslos darüber hin, – also es war soweit, die Meßinstrumente brummten, aber Fermi, der Unerschütterliche, Leiter und Inaugurator des Neutronenbeschusses, der neue Gestalter mit der Erkenntnis von der Veste und dem Licht und dem Unterschied zwischen dem Wasser, Blockwart der zweiten Genesis, sagte die bekannten Worte: „Erst laßt uns essen gehen."

II

Die vorstehenden Emanationen sollten einen Seeelenzustand darstellen, für den es keine sachliche Erklärung und keine individuelle Begründung gibt. Das Gehirn ist rund, weich, dehnungsfähig – seine Funktion ist Realisieren. Der Radardenker sollte sich realisieren, er brachte sprachlich vor, was seine Wirklichkeit in jenen Herbsttagen war. Nun müssen wir ihn aber von außen betrachten und da ergibt sich folgendes:
Ich denke mir einen Dialog. Wie hieß deine Freundin damals, vor zwanzig Jahren? Ellen Lohmeyer. Wie sah sie aus? Wie Frauen aussehen, mittelgroß, Haarschopf oben. Was triebt ihr zusammen? Was man treibt, halb Lust, halb Langeweile. Wie war der Abschied? Wir gingen auseinander – Beachten Sie: So verlaufen die Dinge, auch die mit Wirklichkeit beladenen, auch die echten. Mehr ist natürlich auch der Radardenker nicht – Ellen Lohmeyer – etwas allgemeine Gültigkeit mit Zeichen von Situationärem.
Gegen eine Stelle seines Monologs wird man ernstlich Einwände vorbringen müssen. Das Finalistische, das über

DER RADARDENKER 273

seinem Wesen liegt, das ist reine Stimmung, persönliches
Gewoge. Sie schürfen durch den Herbsttraum – ich will
ganz tot sein – das ist Blickbeschränkung, Überbetonung,
Apathie. Dagegen ist sein Versuch, in jedem Satz alles zu
sagen, ihn ganz solitär zu machen, ihn tragend auszubauen,
da es für den inneren Menschen Raum und Zeit und Übergänge nicht gibt, sowie die einzelnen Sätze und Absätze
ohne Motivbeziehung hintereinanderzustellen (da es nebeneinander drucktechnisch nicht möglich ist), also blockartig
zu verfahren, das ist modern. Aber einem Gedanken hat
er nicht genügend Rechnung getragen und dem wollen wir
nachgehen, er ist grundsätzlich und hebt ihn nahezu auf.

Die Sache ist kurz folgende. Der Gedanke, dem er nicht
genügend Rechnung getragen hat, ist der, der Mensch ist
nicht ein Ende, nicht die Krone der Schöpfung, sondern ein
Beginn. Was er leidet, was ihn bedrückt, was ihn verfinstert, sind Kinderkrankheiten, Zahnungsmißhelligkeiten,
Entwicklungszuckungen – er ist noch nicht eingerenkt in die
neue Konstruktion. Es zieht sich nämlich eine systematische
Grenze allererster Ordnung zwischen die beiden Gattungen
des Anthropoiden und des Sapiens einerseits und der ganzen vorherigen Welt andererseits. Affen, Säuger, Wirbeltiere, überhaupt das Tierreich ist überschritten, hinter sich
gelassen, die Emanzipation des Geistigen tastet sich in
einen neu sich eröffnenden Raum. Denken wir an den
Beginn des Diluviums. Jene Vertreter in China! Die Feu-
erbeherrschung, die Umweltgestaltung, die Erweiterung
des Umweltradius mittels steinzeitlicher Technik. Nicht
von ungefähr! Das meiste zum Aufbau des Leibes war beendet. Im Präkambrium Nervengefäße; im Silur das In-
nenskelett; im Oberdevon der Schritt aufs Festland, Geh-
fuß; im Perm Jochbogen; im Jura Geburtsakt; im Meso-

zoikon warmes Blut und so weiter – nun beginnt die „Erst-Bindung" den zweiten Akt.

Ein Blatt, das vom Baum fällt, ein Hirschgeweih, leben zwar auch in einem Rhythmus, aber ihr Abgeworfenwerden ist auch ihr Lebensende. Jetzt verzweigen sich die immateriellen Dinge, werden übertragbar, werden weitergegeben und erhalten sich. Stare, Spötter, Papageien ahmen Vogelgesang anderer Arten nach, aber nun beginnt die objektiv bestehende Sprache. Jahrmillionen dahinter – und nun erst diese kurze Zeit! Die Plastizität des Werdens wendet sich in neue Dimensionen, beschränkt offenbar alle ihre Mächte auf dieses Thema, variiert sich in Entfaltungen – von Ermüdung keine Spur. Das Weitere ist unübersehbar, aber der Mensch wird wahrscheinlich nicht enden. Wenn es die Eiszeiten, die Gürtelfluten, die Mondeinstürze nicht brachten, auch die Atombombe kann ihn nicht bedrohen. Lamentationen! Die Arten erhalten sich und enden aus anderen Gründen, offenbar nach Gesetzen, die über den Neutronen stehen. Wir werden sein, wir sind: Alte animistische Rudimente und die neue technische Realität. Jeder ist einbegriffen – aber niemand kann mehr sein als etwas allgemeine Gültigkeit mit Zeichen von Situationärem. Also Ellen Lohmeyer ganz groß – zu Tisch geführt von Genetik und Paläontologie, die Ouvertüre setzt ein, komponiert in Ultraschall, vorgetragen von Muschelbläsern!

KLEINERE STÜCKE AUS DEM NACHLASS

Nicht rein pessimistisch das Ganze

Stundenweise erhält er sogar seine ersehnte Fülle. Ein Leben genügt, denkt er dann in einem dieser dithyrambischen Momente.

„*Ein* Leben genügt, und ich möchte mit den Abschiedsworten von George Sand schließen: ‚ich glaube zu wissen.‘ Fünfzig Jahre! Jahrhundertwende! Das waren Zeiten! Paris! Der Eber à la crapaudine mit sechzig Flaschen Champagner begossen, die Schildkröte aus London geholt, und auf den deutschen Bühnen die netten Vater-Sohn-Probleme — ha — den Alten wollen wir killen! Monte Carlo war ein Thema, da verjeuten die Gardeulanen ihre pommerschen Klitschen, und ab und zu wurde eine Kaiserin auf einem Landungssteg von einem Anarchisten erstochen. Waldersee kommandierte in China, die Queen verschied; die Kirche geriet mit dem Sozialismus in Berührung, die Geistlichen predigten ohne Talar und gingen von einem Schillerzitat aus am Sonntagmorgen.

Herbstparade vor Seiner Majestät auf dem Tempelhofer Feld, er hielt vor der berühmten Pappel, der Gemeine bekam fünfzig Pfennig Extralöhnung und abends Bier. Zwölf Jahre Weltkrieg, zehn Jahre Germanenzeitalter, die Nazis rotten alles aus und werden mit nichts fertig. ‚Die Rückkehr vom Hades‘ (Heinrich Mann), Valse triste von Sibelius. Die Rhododendrencampagna um die Avenue Louise, der Fruchtmarkt auf der Piazza grande von Trieste. Samtsaison in Jalta; das Kasino von Biarritz, das Pfarrhaus von Rökken und Julias und Hamlets Grab. Das andere Geschlecht –.

reizende Biches, von Moŀilew bis zum Atlantik, schneeweiße
Stuten, herrlicher Wechsel, ‚Edmée lachte: Rosen und helles
Wasser' –, Edmées und Carolas, elfenbeingeschnitzt. Caruso
als Cavaradossi vor dem diamantenen Ring, Strauss neben
Reinhardt in der Schumannstraße. Arles und die umliegen-
den Irrenhäuser –: Ausdruckswelt, Gefahr und Prangen!
Der Geruch von Lupinen, der Rauchgeschmack von Whisky;
ein Fischtag am Limfjord, das Torffeuer in Limerick. Die
Staatsbibliothek, ihr großer Kuppellesesaal; die Vortrags-
abende in der Preußischen Akademie der Künste – Berlin!
Berlin in der Schmachzeit – oh, jene Jahre! Ja, ein Leben
genügt, man konnte seinem Affen Zucker geben, – was
hat demgegenüber ein Inder gehabt: Dschungelhütte und
Wurzelfutter, Kuhschweife als Fliegenwedel, etwas Lotos
vielleicht, auch Bananen mit sechzig Hauptstämmen, aber
im wesentlichen Gaukler und Pfauen --, weltanschaulich
wird überhaupt nichts verarbeitet und Sanskrit kann keiner – –, ich glaube zu wissen."

Halt!

Ein Volk, das eine so wunderbare Sprache geschaffen hat,
in der der Ausdruck auftaucht: seinem Affen Zucker geben,
kann nicht auf die Dauer im Hintergrund bleiben, das steht
nur äußerlich schlecht da. Man muß sich das einmal vorstellen, offenbar lieben Affen Zucker, aber es haben doch
nur wenige einen Affen gehabt, um diese Erfahrung sammeln zu können, offenbar wird der Affe durch Zuckergenuß
munter, freudig erregt, drollig, fühlt sich angesprochen,
macht Sprünge, schäkert, fühlt sich befreit – alles dies durch
Zuckergenuß. Dies nun auf einen menschlich-innerlichen
Vorgang übertragen und zwar gleich wieder auf einen

KLEINERE STÜCKE AUS DEM NACHLASS 277

Sonderfall ganz seltener, ganz spezieller innerer Gemüts-
lage übertragen — es wird Hunderttausende geben, für die
diese Redensart nie Leben gewinnt, nie das ganz Spezifische, die einzigartige Stimmung, ihre Parallelität, ihre
Valeurs, auszudrücken Gelegenheit und Veranlassung findet —, das ist eine großartige selektive Leistung des Sprachgenius.

Aber nun kommt die Schwermut, eine lokale Schwermut,
die man aber nichtsdestoweniger als tragisch bezeichnen
muß, denn heute liegen innerhalb des Volkhaften phraseo-
logische Zwiespalte vor. Empfanden Sie zum Beispiel in
Ihrer Jugend ein Vakuum? Seit 1648 bestand im Herzen
Europas ein Vakuum, ein politischer Hohlraum, den der
Soldatenkönig und Bismarck aufzuschütten begannen, aber
erst in unseren Spätjahren erlebten wir die Erfüllung, der
ganze Erdteil, soweit er nicht entartet, neutral oder in bio-
logischer Typik und Begriffsbildung eingekrustet ist, bebt
ihr in totalem Druckgefälle zu. Gesühnt die Einnahme der
Eresburg, die Zerstörung der Irminsul — Widukind! Oder
sind Sie gegen die Wodanseiche? In ihr nistete der Vogel,
der dann Siegfried sang! Oder sind Sie politisch für moralische Stabilität, Innehaltung von Verträgen? Dann sind
Sie nicht dynamisch! Oder denken Sie über formale Dinge
nach? Dann müssen Sie ausgeschwitzt werden! Gefällt Ihnen
Basel? Dann sind Sie reichsfremd —, Basel ist eingehaust,
muß auch ausgeschwitzt werden, Europa fühlt sich immer
nur im Reich identisch. Oder empfanden Sie kein Vakuum?
Dann sind Sie verinnerlicht und besitzen eine zerstörte
Menschlichkeit, verschieben die Erbanlage zugunsten ge-
schichtsloser demokratischer Rassen, tatarischer Ver-Bre-
chungen, Ihre ostbaltisch getrübte germanische Seele vermag
nicht mehr zu handeln, Sie sind selbstvergiftet. Das Primäre
war immer nur das Reich. Solche Redewendungen fallen.

PROSA UND SZENEN

Gewiß —, dem Vater der Langen Kerle und dem Eisernen Kanzler, dem einen bei der Mehlsuppe, dem anderen beim Schaumwein, alle Achtung, — Kornblumen an ihre Rüstungen, — aber soll man denn nun ihretwillen alles streichen, den ganzen problematischen Erdteil, alle seine Kreise, den dionysischen, den mystischen, den monachischen, den barokken, jeden tragischen, jeden kathartischen, den Olymp, Hamlet, — sie, die doch von unseren Vakuumnöten noch gar nichts wissen konnten? Bei Einzelfragen wird es wirklich schwierig, ein klares Bild zu gewinnen. Wenn man liest, daß bereits in der griechischen Frühzeit einzelne Tanzteile, Tanzfiguren Mörser, Trog, Wanne, Staubwirbel hießen, also äußerst losgelöst und stilisiert waren, Tänze, die im Ausschlagen und Hochwerfen der Schenkel Triumphe feierten, mit Fußsohlen rhythmisch gegen das Gesäß schlugen, ja Steißwedeln bei gebückter Haltung zum Kanon erhoben, so ist evident, daß dies außerhalb der Reichsidee vor sich ging, aber andererseits gehören gerade die hochentwickelten Bauch-, Steiß- und Schenkeltänze in ihrer tiefenhaltigen Schraubbewegung, wie man liest, in den Fruchtbarkeitsbereich, fruchtbar aber in Europa ist allein das Reich —, hier steht man also vor Überkreuzungen. Oder soll man dem folgen, nur die niedrigen Formulierungen des Griechentums, zum Beispiel das Zoon politikon, gedanklich zu bestirnen und die artistischen und orphischen den Satyrn auf die Glatze zu kleben — das sind Fragestellungen, — Ausdrücke wie reichsfeindlich und existentialphilosophisch fallen in voller Schärfe, und man kann nur hoffen, daß der Sprachgenius, der die Affenphänomenologie so großartig metaphorisch weiterbildete, auch hier zwischen Molluskenperspektive und Gesamtfaunaüberblick nur den echten, real gespannten Wortfügungen innerhalb des Phraseologischen zum Siege verhelfe.

Feminismus

Es gab höchst feminine Kulturen, zum Beispiel die minoische, auch die kleopaträische, die persische, fast alle asiatischen, die Satrapengeschlechter hatten um sich eine weibliche Kultur und hinsichtlich des Militanten wird Sparta das Gewicht gehalten von den Amazonen. Nahezu alle Reiche waren feminin, die die Vorstellung und den Inhalt des Kulturbegriffs bildeten und zwar zu einer Zeit, als unsere Altvorderen überhaupt noch keine Vorstellung hatten. Die Germanen sind eine Rasse, klar ausgesprochen, die das meiste nur übernahm und, wo sie selbständig eingriff, wurde es verheerend. Ein starker Zug, alles niederzuziehn vom Sublimen ins Totale, vom Geistigen ins Gesinnungsschwangere eignet ihr, das bekannteste Beispiel: die Reformation, das heißt das Niederziehn des fünfzehnten Jahrhunderts, dieses riesigen Ansatzes von Genialität in Malerei und Plastik zugunsten düsterer Tölpelvisionen, — eines Ansatzes zu darstellerischer und ausdruckhafter Klärung rassischer Spannungen zugunsten dumpfer konfessioneller Quälereien, Lümmelaufsässigkeiten, sexueller Dränge. Ein niedersächsisches Kränzchen, von Luther bis Löns! Protestant, — aber Protest immer nur gegen die hohen Dinge, persönlich wohlig eingebettet in Familie, Katen, Umtrunk, grüne Flächen. Fernab von dem wunderbaren Begriff des Märtyrers der ersten Jahrhunderte, der in der Arena die Pranken des Löwen und, an den Stamm gebunden, die Pfeile der Heiden, ohne zu widerrufen, hinnimmt. Die erniedrigende Säkularisation des Ich, seine bürgerlich-individuelle Einstellung gegenüber dem Gott, dieser pamphletistische Ritus, diese freche und banale Sakramentation, — sie sind es, die die Grundlage des modernen Deutschen prägten. Die gemeine Glorifizierung des Lebens hat dann die moralische

280 PROSA UND SZENEN

Verwüstung vollbracht und die exkrementelle Anthropologie geschaffen, die wir heute politisch um uns sehn.

Die maskuline Anthropologie in der besonderen Form des Teutonischen! Biologisch ergibt sich eine unerwartete Beleuchtung für dieses Thema. Das männliche Genom beim Menschen und den meisten Tieren ist eine Kernschleife ärmer als das weibliche, wenigstens um eine morphologisch und funktionell vollwertige Kernschleife. (Genom = befruchtete Keimzelle im ersten Aufbruchsstadium; Kern = Vererbungsmittelpunkt, dessen erste Auflösung- und Entwicklungsorganisation: acht, also beziehungsweise sieben Kernschleifen.) Die Auslegung hiervon wäre: geringere Ausdifferenzierung der Erbanlage, geringere Tragfähigkeit des männlichen Keims. In dieser Erscheinung sieht man den Grund dafür erstens, daß die spontanen Fehlgeburten vorwiegend Knaben betreffen, zweitens, daß mehr Knaben als Mädchen sterben, drittens, daß tatsächlich eine primäre Resistenzschwäche des männlichen Geschlechts universeller Art besteht, „sie macht sich geltend in der Morbidität wie der Mortalität, bei akuten wie bei chronischen Infektionskrankheiten und bei vielen anderen Schäden bis zu den mechanisch-traumatischen", viertens, daß der weibliche Teil der Bevölkerung älter wird. Zu Punkt eins wäre noch zu erwähnen, daß man von einer „serologischen Knabenfeindschaft der Mutter" spricht. Gedeutet würde es heißen, daß der an Zahl, Lebensdauer und Lebenshärte prominente Teil des Menschengeschlechts die zutreffenderen Erfahrungen über die Existenz sammelt und ausdrückt und sie auszuhandeln am ehesten bestimmt erscheint. Der männliche Anteil stellt offenbar die Führer — und was dabei herauskommt. Von Natur aus bestehen Mutterreiche, und es war um 1900 nur natürlich, daß zwei Drittel der bewohnten Erde von zwei Frauen regiert wurden, der Queen und der Kaiserin

KLEINERE STÜCKE AUS DEM NACHLASS 281

von China. In die deutsche Politik hat nie eine Frau ein-
gegriffen, keine Queen, keine Pompadour. Keine Escadron
volant – Amboise, Franz I. – verführte die ostelbischen
Bayards; keine Petite bande jagte – acht Meter Brokat für
den Hüftrock vom König selber ausgesucht – mit den preußischen Connetablen hinter der Meute. Hier war immer
oben der Bizeps und unten die besondere Form des Militär-
stiefels, der sogenannte Knobelbecher, und in jedem Jahrhundert ein oder zwei Genies, die ihren Rindensamen ins
All schleuderten, daß am Himmel die Wolkenlücken und
auf der Erde die Regentraufen von purpurnen Spermien
wimmelten, aber dazwischen immer „zutiefst" und „letzten
Endes" das niedersächsische Kränzchen.

Erkenne die Lage!

Gott ist lebendiger denn je, sogar die Quantentheorie hat
ihn als das „Endgültig Reale" zurückgerufen und es ist
sogar ein franziskanischer Gott mit von Uexküll unter-
suchten Umweltsinteressen für Lippenblütler und Regenwürmer. Er lebt –: (die Bemerkung Flauberts, im neunzehnten Jahrhundert stürben alle Religionen, und er weine
ihnen keine Träne nach, war nicht treffend formuliert) nur
sein spezifisches Verhältnis zur weißen Rasse ist proble-
matisch geworden. Er greift, das ist jedenfalls die innere
Erfahrung der meisten Erlebnisnaturen, nicht unmittelbar
in den Daseinskreislauf ein, auch führt er in der Universalgeschichte keine jede Szene ordnende Regie, – man kann
ihn hineindeuten in manches, vor allem rückblickend, aber
zum Eingreifen beschwören läßt er sich nicht, auch nicht
durch Hinweise auf seine wahrscheinlichst angedeuteten
anthropologischen Grundsätze und Maximen (Gebete). Es

hat also der Mensch seine innere und äußere Umwelt selbst zu ordnen, dafür zur Verfügung stehen ihm äußere Erfahrungen und inneres Rückerinnern. Aber hier setzt schon wieder das Zögern ein: was ist erinnerbar, an was erinnert sich die Platonische Anamnesis, was schwebt heran, auf uns zu, aus den Hintergründen –, doch wieder nur dieser höchst undurchsichtige Ausgangspunkt, Schöpfungsimpuls, Gott, – in den durch viele tellurische Auflösungen gebrochenen Formen. Also ein Kreislauf im Dunklen; Sansaras Rad, umwunden von zermalmten Gliedern, abgebrochenen Hoffnungen, überwiegender Qual. Und doch bleibt das Gefühl im Sinne einer unbeirrbaren Überzeugung bestehen, daß selbst diese qualerfüllteste aller denkbaren Welten nicht eine Sekunde stehen und bestehen könnte ohne eine Ordnung, eine zeit- und raumlose Planung, eine überirdische Existenz. Dies ist der *Neue Gott,* zu seinem Dienst rufen die ernstesten und die klarsten Geister der depigmentierten Rasse auf, ihre Losung heißt: Ordnung und Schweigen, Niederkämpfen von Dithyrambik und Verzweifeln –, jedenfalls bis die Kataklysmen kommen. „Auf dem Wege, wo es kein Brot gibt, schneiden die Steine in den Fuß" –: ein Vers aus dem Niltal, –: wisse dies und dementsprechend setze den Schritt! Erkenne die Lage, – dies wird zur Zeit gottgefällig sein! Und hinsichtlich der Ordnung gedenke, daß sich nur aus innerer Entschiedenheit treffende Formulierungen ergeben.

Persönlichkeit

Was der Deutsche Persönlichkeit nennt, ist nicht weit ab von dem, was man in einer etwas vulgären Sprache als Dicknäsigkeit oder Pampigkeit bezeichnet: immer gleich

KLEINERE STÜCKE AUS DEM NACHLASS 283

dem andern die Faust unter die Nase halten, bedrohlich werden, knotig. Es ist das, was im militärischen Leben „sich durchsetzen" genannt und das in den Qualifikationen hoch bewertet wird. Der Führerbegriff gab ihm dann den Rausch; im Traum vom „Rabauken", dem Idealbegriff der Nazi, seiner schöpferischen Parallele zum Gentleman und Honnête Homme der Kulturnationen, wurde er germanisch-kosmisch. Keine Idee davon, daß man sich innerlich erziehen, daß man überhaupt an sich Forderungen stellen sollte, und daß Haltung und Höflichkeit keine Entartung ist. Es sind ja Formen, zu denen diese Selbsterziehung führen würde, es ist Distanz, es ist etwas aristokratisch Bestimmtes – wie sollte der Deutsche das innerlich gestalten? Der Deutsche will sich ja gar nicht innerlich gestalten, er will sich *entwickeln*, zum Schluß erlöst werden und bis dahin immer feste druff und über Gräber vorwärts – *fremde* Gräber und wohin das führt, das sehn wir ja.

Jedenfalls kann er sich bei diesem Gehabe nicht auf Goethe berufen, wie es die „Mitteilungen für die Truppe" im Dezember 1943 tun: „vor hundert Jahren hat ein großer Dichter einmal ausgesprochen, höchstes Glück der Menschen sei die Persönlichkeit." Persönlichkeit, — „sie weckt den Stolz auf die edlen Gaben, die Blut und Rasse uns verleihen und macht die Bahn frei *nach oben*" —; das sei nur in Deutschland möglich, nur hier gibt es die Erfüllung des Lebens im kraftbewußten Einzelmenschen: „uns liegt das unbekümmert Heldische", drüben läuft die alles zerstörende Walze, stehn die „armseligen Krüstchen". Nun war für Goethe Persönlichkeit gebundener Geist, und diese Verse von ihm ergänzen sein so oft mißbrauchtes Wort:

„vergebens werden ungebundene Geister
nach der Vollendung reiner Höhe streben."

(Raskolnikow: „Lisaweta! Ssonja! Die Armen, Schüchternen mit den sanften Augen! . . Die Lieben! . . Warum weinen sie nicht? Warum stöhnen sie nicht? Die geben alles hin . . . und schauen so sanft, so schüchtern drein . . . Ssonja, Ssonja, sanfte Ssonja!")

Oberfläche

Zum Schluß wird alles öffentlich und Oberfläche, wird Wort zum Beispiel Dipsomanie —, Quartalssäufer, hochgebildete Menschen, Schriftsteller, Epiker, sie wissen, wie es endet: nach drei Tagen liegen sie im Rinnstein, machen die Frau unglücklich, Geldverlust, kommunale Konflikte – aber es dämmert! Denken wir an den Tag, wo es beginnt. Ein geordnetes Leben, nun steigt etwas an, etwas hoch, Unruhe, ein Durst vielleicht noch bürgerlich-natürlich, dann wird er heftig, schaltet ganze Vorstellungsreihen aus, benimmt, der Gaumen brennt schon, – jedenfalls zunächst ins Freie! Ein Bistro winkt, eine Kaschemme, in Petersburg: ein Kabak. So beginnt es. Kumpane, Fusel, ausschweifende Erzählungen. Alles innerhalb des Menschlichen. Oder die Bildwerdung von Zarathustra, der geradezu kinomäßige Überfall während des Felsenganges; oder Vorgang und Ausdruck Lustmord. Weitgespannt dies Menschliche! Was ist nun daran Wesen und was Oberfläche, was Natur und was Unsittlichkeit, wo beginnt und wo endet das Wesen? Ist Wesen nicht überhaupt Mythologie? Hineinblicken, Schwaden, Dämmer? Ein italienischer Schriftsteller setzte auseinander: wir werden das Unbewußte von Freud, die ganze Psychoanalyse, nie begreifen. Wir sehn einen Spazierstock, den jemand trägt, den sehn wir vom Griff bis zur Zwinge, und wie er ihn faßt und herumwirbelt, aber daß dazu ein ES dahintersteckt, das empfinden wir nicht. Hier

KLEINERE STÜCKE AUS DEM NACHLASS 285

wäre also kein Hineinsehn, kein Dämmer. Gibt es am
Mittelmeer keine Dämmerblicke? Michelangelo, Dante, Tintoretto, d'Annunzio: Dämmerblicke! Sie gehören der Rasse
und die löst von sich gewisse Bestände ab, vielfach die be-
unruhigendsten, und macht aus ihnen Ausdruck, macht aus
ihnen — Oberfläche.

Der Turm von Siloah

Meint ihr, sagt der Menschensohn in Lukas XIII, Vers 1–5,
daß die achtzehn, die der Turm von Siloah erschlagen hat,
besondere Verbrecher gewesen seien? Ihr seid alle dieselbe
üble Sorte! Meint ihr, daß diese Galiläer vor allen Gali-
läern Sünder waren, dieweil sie das erlitten haben, schuldig
vor allen Menschen, die in Jerusalem wohnen? Ich sage:
nein! sondern so ihr euch nicht bessert, werdet ihr alle auch
in dieser Weise umkommen! Also: totalitäre Drohung gegen
die galiläische, man kann ergänzen gegen die ganze anthro-
pologische Welt.

Er fährt fort mit dem Gleichnis vom Feigenbaum: „Es
hatte einer einen Feigenbaum, der war gepflanzt in seinem
Weinberge; und er kam und suchte Frucht darauf und fand
sie nicht. Da sprach er zu dem Weingärtner: Siehe, ich bin
nun drei Jahre lang alle Jahre gekommen und habe Frucht
gesucht auf diesem Feigenbaum, und finde sie nicht. Haue
ihn ab! Was hindert er das Land? Der aber antwortete und
sprach zu ihm: Herr laß ihn noch dies Jahr, bis daß ich
um ihn grabe und bedünge ihn, ob er wollte Frucht bringen;
wo nicht, so haue ihn darnach ab." Hieran ist bemerkenswert, daß es sich nicht um das Jahr handelt, das dem Baum
noch gewährt werden soll, sondern um den Entschluß, ihn
unweigerlich abzuhaun, falls er dann Früchte nicht zeitigt.

Also von neuem Drohung, Ankündigung von Gewalt, diesmal für einen Fall von biologischem Versagen.

Ein Feigengericht, eßbare Früchte! Umhauen! Dort Erschlagene, hier Verdorrte! Dabei kann man nicht einmal ohne weiteres behaupten, daß ein verdorrter Baum das Land behindere, das Land ist weit und selbst in Judäa wachsen Feigen und Walnüsse, Oliven und Trauben zum mindesten im Frühling reichlich, erst später im Sommer wird es baumlos und verbrannt und öde. Auch kann ein Baum, selbst wenn er keine Frucht trägt, sehr schön sein, ein Loblied des Himmels; auch blüht Verdorrtes wieder auf, was man dort wissen müßte, zum Beispiel die Rose von Jericho, also die Feigenfrucht ist ein sehr enger Maßstab für Urteil und Moralunterlage und Gleichnisherleitung zum Lobe Gottes.

Die Kirche hält an diesem Feigenbaum fest. Die Kirche würde weiter kommen, wenn sie nicht auf alles summarische Antworten wüßte, wenn sie mehr offenließe; die Menschheit will zwar in gewissen Spezialsituationen Gewißheit, aber daneben verlangt sie sehr nach Fragwürdigem und Problembleibendem. Sie hängt an dem einen Jahr, das dem Feigenbaum gewährt werden soll, primär und mit Interesse, Frucht oder Unfrucht ist ihre einzige Frage nicht. In diesem Sinne ist das Alte Testament moderner, es ist archaischer, natürlicher, bunter, vielfältiger, es ist prachtvoller und wird der menschlichen Existenz gerechter, das Neue könnte aus Norddeutschland stammen, ja, von Luther sein, es hat fälische Züge. Das Neue Testament sieht nur den Spezialfall des Menschen: der Mensch in Not, in Todesnot, in Angst vor Vergängnis und Rache, alles wird Schuld und Sühne und der Menschensohn droht noch hinein mit Abhauen und Verderben. Achtzehn Erschlagene vom Turm von Siloah, das genügt noch keineswegs, glaubt nicht, daß

KLEINERE STÜCKE AUS DEM NACHLASS 287

das schon ein Ausgleich, eine Abschlagszahlung für eure Sünden sei, ihr seid alle dieselbe üble Sorte, ihr kommt alle heran, eure Schuld ist allgemein. Und nun kommt noch das Schlimmste: auch das Ringen um die Pforte wird nicht jedem nützen, denn (Vers 24) viele werden, das sage ich euch, danach trachten, wie sie hineinkommen, und werden's nicht tun können; denn der Hauswirt wird aufstehn, die Tür verschließen und antworten: ich kenne euch nicht, wo ihr her seid, ich kenne euch nicht mehr.

Also noch Verschärfung der Lage. Auch mit Identitätskarte und Paß kein Zutritt. Also eine hochgelagerte undurchsichtige Entscheidung, die durchaus autarkisch wirkt. Und das Ganze ist keine Antwort auf die interessierte Frage der Pharisäer nach dem Schicksal derer, (Vers 1) deren Blut Pilatus mit ihren Opfern vermischt hatte, keine Antwort auf die Frage nach Schuld und Sühne im Sinne einer moralischen und rechtlichen Ordnung der erlebbaren Dinge, zu schweigen von einer Antwort auf die Frage nach Zufall und Notwendigkeit –, diese Antwort ist Fanatismus, also Willkür, nahezu Selbstsucht, ein Ausweichen in eine harte, vielleicht imposante, aber schwer zugängliche Haltung des Gefühls, und das Ganze eine Bestätigung in jener Richtung, daß Monotheismus bereits Abstraktion und Kausalität, also Zivilisation und Rassenausklang ist. Ist es demgegenüber unverständlich, daß die Nerven, deren Differenzierung niemand böswillig betrieben, das Leben, dessen unverantwortliche Grundlage nicht zu verkennen, daß der Mensch dieses Frage- und Interessenzustandes eine im Irdischen erreichbarere Ordnung, gnädigere Bilder und eine vergebendere Welt, zum Beispiel in Kunstwerken, zu sich sprechen lassen wollte?

Weltwende

Was die Weltwende angeht, so liegt sie auf der Hand. Die Verwandlungsintensität der staatlichen und sozialen Verhältnisse ist zur Zeit eindringlicher als in der Epoche zwischen 1870 und 1914. Aber die Rasse wird so bleiben, wie sie ist, und das ergibt ein retardierendes Moment, der Durchschnitt bleibt Crapule, er will angenehm existieren und „an das Leben glauben". Ein Schreckwort diese Weltwende, ein lächerliches! Wunderbares Thema für stockig gewordene und steckengebliebene Geschichtsjournalisten, die die Fäkalien der Weltwende für Rundfunk und Presse zu Pillen drehn —, all dies Zeug: der metaphysische Faschismus (Evola), der pointillistische Falangismus (Caballero), der „wesenhafte" Nationalsozialismus (Europäische Revue), — alles das kann nicht hinwegtäuschen über den Dreck, den wir um uns sehn, aus dem vielleicht Teile von uns gemacht sind, aber zwischen dessen Kotballen regelmäßig zu atmen doch nur den totalitären Geschichtsphilosophen vorbehalten ist.

Die Weltwenden und ihre Akteure —, die Weltgeschichte und ihre Präsidenten! Der von Mokka Jemen rottet, wie die Zeitungen gerade berichten, den Fez und den Schleier aus und erschöpft sich für die langen Hosen; der in Guatemala bekämpft die Marimba, das Indianerxylophon, und verbessert die Musik. Ihr aller Traum ist, soweit sie ihn kennen, Cortez: „eine Handvoll Leute" und ihnen gegenüber die Hunderttausende —: seine Grausamkeit, seine Niedertracht, seine Gemeinheit, wie sie sich begehrlich alle daran erregen, denn er hatte Erfolg —, er zerstörte, er zerstörte und mit Goldschiffen in die Heimathäfen zurück zu Urahne, Großmutter, Mutter und Kind, — wieder gemütlich! Montezuma aber verlor Leben und Reich, weil er einen

Räuber für einen Gott hielt und zögerte, seine Bogenschützen dort aufzustellen, wo zehn von ihnen die sechs-
hundert in einer Schlucht zusammengeschossen hätten –, ein
Räuber und ein Gott: so was läßt sich verwechseln in den
Weltwenden und den Weltgeschichten — von ihren Kolum-
bussen und Präsidenten.

SZENEN

ITHAKA

Personen:

Albrecht, Professor der Pathologie
Dr. Rönne, sein Assistent
Studierende der Medizin
Der Student Kautski
Der Student Lutz

Im Laboratorium des Professors.
Am Ende eines Kurses.
Der Professor – Studierende der Medizin.

PROFESSOR: Und nun meine Herren, habe ich Ihnen zum
Schluß noch eine ganz köstliche Überraschung aufgespart.
Hier sehen Sie, habe ich die Pyramidenzellen aus dem
Ammonshorn der linken Hemisphäre des Großhirns
einer vierzehntägigen Ratte aus dem Stamme Katull gefärbt und siehe da, sie sind nicht rot, sondern rosarot mit
einem leicht braunvioletten Farbenton, der ins Grünliche
spielt, gefärbt. Das ist nämlich hochinteressant. Sie wissen, daß kürzlich aus dem Grazer Institut eine Arbeit
hervorgegangen ist, in der dies bestritten wurde, trotz
meiner eingehenden diesbezüglichen Untersuchungen. Ich
will mich über das Grazer Institut im allgemeinen nicht
äußern, aber ich muß doch sagen, daß mir diese Arbeit
einen durchaus unreifen Eindruck machte. Und sehen Sie,
da habe ich nun den Beweis in Händen. Das eröffnet

nämlich ganz enorme Perspektiven. Es wäre möglich, daß man die Ratten mit langem schwarzen Fell und dunklen Augen von denen mit kurzem rauhen Fell und hellen Augen auch auf diese feine färberische Weise unterscheiden könnte, vorausgesetzt, daß sie gleich alt sind, mit Kandiszucker ernährt, täglich eine halbe Stunde mit einem kleinen Puma gespielt und bei einer Temperatur von 37,36° in den Abendstunden zweimal spontan Stuhlgang gelassen haben. Natürlich darf man nicht außer acht lassen, daß ähnliche Erscheinungen auch unter anderen Bedingungen beobachtet worden sind, aber immerhin erscheint mir diese Beobachtung einer genauen Veröffentlichung wert, ja fast möchte ich sagen, ein Schritt näher zur Erkenntnis der großen Zusammenhänge, die das All bewegen. Und damit guten Abend, meine Herren, guten Abend. *(Die Studierenden ab bis auf Kautski und Lutz.)*

LUTZ: Wenn man nun, Herr Professor, dies Präparat genau angesehen hat, läßt sich dann irgend etwas anderes sagen als: So, so, dies ist also nicht rot, sondern rosarot mit einem leicht braunvioletten Farbenton, der ins Grünliche spielt, gefärbt?

PROFESSOR: Aber, meine Herren! Zunächst gibt es über die Färbungen der Rattenhirne die große dreibändige Enzyklopädie von Meyer und Müller. Die würde zunächst durchzuarbeiten sein.

LUTZ: Und wenn das geschehen wäre, würden sich dann irgendwelche Schlüsse ergeben? Irgend etwas Funktionelles?

PROFESSOR: Aber, mein Lieber! Schlüsse! Wir sind doch nicht Thomas von Aquino, hi, hi, hi! Haben Sie denn

ITHAKA

gar nichts gehört von dem Morgenrot des Konditionalis-
mus, der über unserer Wissenschaft aufgegangen ist?
Wir stellen die Bedingungen fest, unter denen etwas geschieht. Wir variieren die Möglichkeiten ihrer Entstehung, die Theologie ist ein Fach für sich.

LUTZ: Und wenn sich eines Tages Ihr gesamtes Audito-
rium erhöbe und Ihnen ins Gesicht brüllte, es wolle lieber
die finsterste Mystik hören als das sandige Geknarre
Ihrer Intellektakrobatik, und Ihnen in den Hintern träte,
daß Sie vom Katheder flögen, was würden Sie dann
sagen? *(Dr. Rönne tritt ein.)*

RÖNNE: Herr Professor, ich gebe Ihnen hiermit die Arbeit über die Lücke im Bauchfell des Neugeborenen zurück. Ich habe nicht das geringste Interesse daran, einer
bestimmten, in gewisser Richtung vorgeschulten Gruppe
mir unbekannter Leute die bei einer Sektion gefundene
Situation einer Bauchhöhle so zu schildern, daß sie sie sich
nun vorstellen kann. Auch vermag ich es im Gehirn nicht,
dies Spiel, diese leichte und selbstgenugsame Naivität
eines Einzelfalles zu zerstören und aufzulösen.

PROFESSOR: Ihre Gründe sind recht töricht, aber gut, geben Sie her. Genug andere Herren interessieren sich für
diese Arbeit. Wenn Sie aber etwas weniger kurzsichtig
wären, als Sie mir zu sein scheinen, würden Sie begreifen,
daß es sich gar nicht um diesen Einzelfall handelt, daß
vielmehr die Systematisierung des Wissens überhaupt,
die Organisation der Erfahrung, mit einem Wort, die
Wissenschaft bei jeder Einzeluntersuchung in Frage steht.

RÖNNE: Vor zweihundert Jahren war sie zeitgemäß, als
sie aus der Vollkommenheit von Organen die Weisheit
Gottes erwies und aus dem Maule der Heuschrecken sei-

nen großen Verstand und seine Güte. Ob man aber nicht nach weiteren zweihundert Jahren ebenso darüber lächeln wird, daß Sie, Herr Professor, drei Jahre Ihres Lebens darauf verwandten, festzustellen, ob sich eine bestimmte Fettart mit Osmium oder Nilblau färbt?

PROFESSOR: Ich habe nicht die geringste Absicht, mich mit Ihnen über Allgemeinheiten zu unterhalten. Sie wollen diese Arbeit nicht machen. Gut, dann gebe ich Ihnen eine andere.

RÖNNE: Weder werde ich beschreiben, ob bei dem Senker in das Fruchtland von Frau Schmidt die Dünndarmschlingen im sechsten oder achten Monat durch den bewußten Spalt getreten sind, noch wie hoch bei einer Wasserleiche gegen Morgen das Zwerchfell stand. Erfahrungen sammeln, systematisieren – subalternste Gehirntätigkeiten! – Seit hundert Jahren verblöden sie diese Länder und haben es vermocht, daß jeder Art von Pöbel die Schnauze vor Ehrfurcht stillsteht vor dem größten Bettpisser, wenn er nur mit einem Brutschrank umzugehen weiß, aber Sie haben es nicht vermocht, auch nur das Atom eines Gedankens aufzubringen, der außerhalb der Banalität stände! Einen aus dem anderen kebsen; möglichst nah am Nabel bleiben und den Mutterkuchen nicht verleugnen – das sind Ihre Gedanken, – Maulwurfspack und Affenstirnen – eine Herde zum Speien!

LUTZ: Denn was schaffen Sie eigentlich? Hin und wieder buddeln Sie eine sogenannte Tatsache ans Licht. Zunächst hat es ein Kollege vor zehn Jahren bereits entdeckt, aber nicht veröffentlicht. Nach fünfzehn Jahren ist alles beides Blech. Was wissen Sie eigentlich? Daß die Regenwürmer nicht mit Messer und Gabel fressen und die Farrenkräuter keine Gesäßschwielen haben. Das sind Ihre Errungenschaften. Wissen Sie sonst noch was?

PROFESSOR: Zunächst ist es gänzlich unter meiner Würde, auf diesen Ton zu antworten.

LUTZ: Würde? Wer sind Sie? Antworten sollen Sie. Los!

PROFESSOR: Ich will mich dem Rahmen einfügen. Gut. Also, meine Herren, Sie sprechen wegwerfend von Theorien, meinetwegen. Aber in einem Fach mit so eminent praktischen Tendenzen: Serum und Salvarsan sind doch keine Spekulation?

LUTZ: Wollen Sie vielleicht behaupten, Sie arbeiten deswegen, damit Frau Meier zwei Monate länger auf den Markt gehen kann und damit der Chauffeur Krause zwei Monate länger sein Auto fährt? Außerdem – kleinen Leuten den Tod bekämpfen, wen's reizt – – – Und um es gleich zu sagen, Herr Professor, kommen Sie nun nicht mit dem Kausaltrieb. Es gibt ganze Völker, die liegen im Sand und pfeifen auf Bambusrohr.

PROFESSOR: Und die Menschlichkeit? Einer Mutter das Kind erhalten, einer Familie den Ernährer? die Dankbarkeit, die in den Augen aufblinkt –

RÖNNE: Lassen Sie's aufblinken, Herr Professor! Kindersterben und jede Art Verrecken gehört ins Dasein wie der Winter ins Jahr. Banalisieren wir das Leben nicht.

LUTZ: Außerdem interessieren uns diese praktischen Gesichtspunkte nur ganz oberflächlich. Worauf wir aber eine Antwort erwarten, ist dies: Woher nehmen Sie den Mut, die Jugend in eine Wissenschaft einzuführen, von der Sie wissen, ihre Erkenntnismöglichkeit schließt mit dem Ignorabimus? Weil es zufällig Ihrer Klabusterbeere von Gehirn genügt, in der Zeit, wo Sie sich nicht fortpflanzen, Statistik über Kotsteine zu betreiben? Mit was für Gehirnen rechnen Sie?

PROFESSOR: ....

RÖNNE: ...... ich weiß! Ich weiß! Feldherrntum des Intellekts! Jahrtausend aus Optik und Chemie! Ich weiß, ich weiß: weil die Farbenblinden in der Minderzahl sind, haben Sie auch eine Erkenntnis. Aber ich sage Ihnen, wagen Sie es, noch ein einziges Mal Ihre Stimme zu erheben zu den alten Lügen, an denen ich mich krank gefressen habe: mit diesen meinen Händen würge ich Sie ab. Ich habe den ganzen Kosmos mit meinem Schädel zerkaut! Ich habe gedacht, bis mir der Speichel floß. Ich war logisch bis zum Kotbrechen. Und als sich der Nebel verzogen hatte, was war dann alles? Worte und das Gehirn. Worte und das Gehirn. Immer und immer nichts als dies furchtbare, dies ewige Gehirn. An dies Kreuz geschlagen. In dieser Blutschande. In dieser Notzucht gegen die Dinge – oh, wenn Sie mein Dasein kennten, diese Qualen, dieses furchtbare Am-Ende-Sein, von den Tieren an Gott verraten und Tier und Gott zerdacht und wieder ausgespien, ein Zufall in den Nebeln dieses Landes – ich sage Ihnen, Sie würden still und ohne Aufhebens abtreten und froh sein, wenn Sie nicht zur Rechenschaft gezogen werden wegen Gehirnverletzung.

PROFESSOR: Herr Kollege, es tut mir unendlich leid, wenn Sie sich nicht wohl fühlen. Aber, wenn Sie degeneriert, neurasthenisch, oder was weiß ich, an mittelalterlichen Bedürfnissen zugrunde gehn – was hat das mit mir zu tun? Was ereifern Sie sich gegen mich? Wenn Sie zu schwächlich sind für den Weg zur neuen Erkenntnis, den

ITHAKA

wir gehen, bleiben Sie doch zurück. Schließen Sie die
Anatomien. Betreiben Sie Mystik. Berechnen Sie den
Sitz der Seele aus Formeln und Korollarien; aber lassen
Sie uns ungeschoren. Wir stehen über die Welt verteilt:
ein Heer: Köpfe, die beherrschen, Hirne, die erobern.
Was aus dem Stein die Axt schnitt, was Feuer[1] hütete,
was Kant gebar, was die Maschinen baute – das ist in
unserer Hut. Unendlichkeiten öffnen sich.

RÖNNE: Unendlichkeiten öffnen sich: eine mächtige Groß-
hirnrinde übergestülpt trottet etwas dahin; Finger stehn
wie Zirkel; Gebisse sind umgewachsen zu Rechenmaschi-
nen – o man wird ein Darm werden mit einem Kolben
oben, der Systeme absondert . . . Perspektiven! Perspektiven! Unendlichkeiten öffnen sich! –
Aber wegen meiner hätten wir Quallen bleiben können.
Ich lege auf die ganze Entwicklungsgeschichte keinen
Wert. Das Gehirn ist ein Irrweg. Ein Bluff für den Mittelstand. Ob man aufrecht geht oder senkrecht schwimmt,
das ist alles nur Gewohnheitssache. – Alle meine Zusammenhänge hat es mir zerdacht. Der Kosmos rauscht
vorüber. Ich stehe am Ufer: grau, steil, tot. Meine Zweige
hängen noch in ein Wasser, das fließt; aber sie sehen
nur nach innen, in das Abendwerden ihres Blutes, in das
Erkaltende ihrer Glieder. Ich bin abgesondert und ich.
Ich rühre mich nicht mehr.
Wohin? Wohin? Wozu der lange Weg? Um was soll
man sich versammeln? Da ich einen Augenblick nicht
dachte, fielen mir nicht die Glieder ab?
Es assoziiert sich etwas in einem. Es geht etwas in einem
vor. Ich fühle nur noch das Gehirn. Es liegt wie eine
Flechte in meinem Schädel. Es erregt mir eine von oben
ausgehende Übelkeit. Es liegt überall auf dem Sprung:

gelb, gelb: Gehirn, Gehirn. Es hängt mir zwischen die
Beine herunter . . . ich fühle deutlich, wie es mir an die
Knöchel schlägt – – –[2]
O so möchte ich wieder werden: Wiese, Sand, blumen-
durchwachsen, eine weite Flur. In lauen und in kühlen
Wellen trägt einem die Erde alles zu. Keine Stirne
mehr. Man wird gelebt.

KAUTSKI: Aber sehen Sie um unsere Glieder das Morgenrot? Aus der Ewigkeit, aus dem Aufgang der Welt?
Ein Jahrhundert ist zu Ende. Eine Krankheit ist gebrochen. Eine dunkle Fahrt, die Segel keuchten; nun singt
die Heimat über das Meer.
Was Sie vertrieben hat, wer will es sagen? Fluch, Sün-
denfall, irgendwas. Jahrtausende waren es ja auch nur
Anläufe. Jahrtausende blieb es ja auch latent. Aber
dann, vor hundert Jahren kam es plötzlich zum Ausbruch
und schlug wie eine Seuche über die Welt, bis nichts mehr
übrigblieb als das große fressende herrschsüchtige Tier:
der erkennende Mensch; der reckte sich von Himmel zu
Himmel, und aus seiner Stirne spielte er die Welt. Aber
wir sind älter. Wir sind das Blut; aus den warmen Meeren, den Müttern, die das Leben gaben. Sie sind ein
kleiner Gang vom Meer. Kommen Sie heim. Ich rufe Sie.[3]

PROFESSOR: Lassen Sie sich von Rönne nicht irremachen.
Er ist durch Denken ohne ernste, zielgerichtete Arbeit
etwas zermürbt. Es wird solche Opfer geben müssen auf
unserem Weg.

RÖNNE: . . . Es hat das Mittelländische Meer gegeben;
vor unvordenklichen Zeiten; aber es gibt es immer noch.
Vielleicht war das das Menschlichste, das es gegeben hat?
Meinten Sie das? . . .

ITHAKA 301

PROFESSOR *(fortfahrend):* Aber, meine Herren, alle
diese merkwürdigen Bedürfnisse und Gefühle und auch
das, von dem Sie sprachen: Mythos und Erkenntnis,
wäre es nicht möglich, daß es alte Schwären unseres
Blutes sind, von alten Zeiten her, die sich abstoßen werden im Laufe der Entwicklung, wie wir das dritte Auge
nicht mehr haben, das nach hinten sah, ob Feinde kämen?
Die hundert Jahre, die es Naturwissenschaften und aus
ihnen Technik gibt, wie hat sich alles Leben doch verändert. Wieviel Geist ist der Spekulation, dem Transzendentalen untreu geworden und richtet sich nur noch
auf die Formung des Materiellen, um neuen Bedürfnissen einer sich erneuernden Seele gerecht zu werden!
Könnte man nicht bereits von einem Homo faber sprechen, statt von einem Homo sapiens wie bisher? Sollten
sich nicht vielleicht im Laufe der Zeit alle spekulativ-
transzendentalen Bedürfnisse läutern und klären und still
werden in der Arbeit um die Formung des Irdischen?
Ließe sich nicht von diesem Gesichtspunkte aus die natur-
wissenschaftliche Forschung und das Lehren des Wissens
rechtfertigen?

KAUTSKI: Wenn Sie eine Gilde von Klempnern heranbilden wollen: ja. Aber es gab ein Land: taubenumflat-
tert, Marmorschauer von Meer zu Meer, Traum und
Rausch —

RÖNNE: ... Gehirne: kleine, runde; matt und weiß.
Sonne, rosenschößig, und die Haine blau durchrauscht.
Blühend und weich die Stirn. Entspannt an Strände.
In Oleander die Ufer hoch, in weiche Buchten süß ver-
gangen ... —
... Das Blut, als bräche es auf. Die Schläfen, als erhofften
sie.

Die Stirn, ein Rinnen wie von flüggen Wassern.
O es rauscht wie eine Taube an mein Herz: lacht – lacht –
Ithaka! – Ithaka! . . . –
Oh, bleibe! Bleibe! Gib mich noch nicht zurück! O welch
ein Schreiten, so heimgefunden, im Blütenfall aller
Welten süß und schwer . . .* *(Geht auf den Professor zu
und ergreift ihn.)*

PROFESSOR: Aber, meine Herren, was haben Sie denn
vor? Ich will Ihnen ja gerne entgegenkommen. Ich ver-
sichere Ihnen, ich werde in Zukunft in meinen Kollegs
immer darauf hinweisen, daß wir die letzte Weisheit
hier nicht lehren können, daß daneben philosophische
Kollegs zu hören seien. Ich werde das Fragwürdige unseres Wissens durchaus zum Ausdruck bringen . . . *(schrei-
end)* Meine Herren, hören Sie! Wir sind doch schließlich
Naturwissenschaftler, wir denken nüchtern. Was wollen
wir uns in Situationen begeben, denen – sagen wir – die
heutige Gesellschaftsordnung nicht gewachsen ist . . . Wir
sind doch Ärzte, wir übertreiben doch die Gesinnung
nicht. Niemand wird erfahren, was hier geschah! Hilfe!
Hilfe!
Mord! Mord!

LUTZ *(ergreift ihn ebenfalls):* Mord! Mord! Schaufeln
her! Aufs Feld den Modder. Von unserer Stirne sollen
Geißeln gehn in dies Gezücht! –

PROFESSOR *(gurgelnd):* Ihr grünen Jungen! Ihr trübes
Morgenrot! Ihr werdet verbluten, und der Mob feiert
über eurem Blut ein Frühstück mit Prost und Vivat! Erst
tretet den Norden ein! Hier siegt die Logik! Überall der
Abgrund: Ignorabimus! Ignorabimus!

LUTZ *(ihn mit der Stirn hin und her schlagend):* Ignorabimus! Das für Ignorabimus! Du hast nicht tief genug
geforscht. Forsche tiefer, wenn du uns lehren willst! Wir
sind die Jugend. Unser Blut schreit nach Himmel und
Erde und nicht nach Zellen und Gewürm. Ja, wir treten
den Norden ein. Schon schwillt der Süden die Hügel
hoch. Seele, klaftere die Flügel weit; ja, Seele! Seele!
Wir wollen den Traum. Wir wollen den Rausch. Wir
rufen Dionysos und Ithaka! –

ETAPPE

Personen:

Geheimrat Prof. Dr. med. Paschen, Wohlfahrtschef
Hans, sein Sohn
Oberarzt Dr. Olf
Dr. Dunker, Arzt in einem Lazarett
Prof. Dr. Kotschnüffel, Kinderarzt
Herr Jöhlinger
Herr Mabuse
Herzog Wildungen
Prinz Gerolstein
Graf Vichy
Fürst Fachinger
Eine Exzellenz
Offiziere, Geistliche, Ordonnanzen

Das Stück spielt in dem Wohlfahrtsbüro des Gouvernements einer eroberten Provinz.
Die Szene stellt Paschens Arbeitsstube vor. Es ist ein Balkonzimmer, links Eingang zu seinen Privaträumen, rechts zum Büro.

1. Szene

Im Zimmer Blumensträuße und Girlanden. Tür zum Balkon steht offen. Auf der Straße wird ein Ständchen gebracht. Auf dem Balkon Paschen, Olf, Dunker, Mabuse. Olf und Dunker kommen vom Balkon ins Zimmer.

OLF: Was? Acht Monate die Schnauze gehalten? Acht
Monate die Zähne geknirscht, damit dies Schieber-
geschmeiß sich hier die Wänste wärmt? Blutgewitter säu-
berten die Himmel, nun will das Land hoch, die Flecken
rühren sich, umschwärmt von Korn und Sträuchern –
Blutsommerland, Dunker! Die Sensen von den Wänden! *(Zurück zum Balkon, Paschen und Mabuse vom
Balkon ins Zimmer.)*

PASCHEN: Hören Sie, Ihr Festartikel ist wunderschön,
aber ich würde doch den dritten Gang einschalten und
ein bißchen mehr Gas geben. Wissen Sie so: Abschnitt
von epochaler Bedeutung, Etappensieg, gewonnene
Schlacht, eine Kulturtat allerersten Ranges: die Eröffnung der ersten deutschen Strumpffabrik. Und dann
müssen Sie den Strumpf ein bißchen verbrämen, so einen
leichten Friedensschleier drüberwerfen... kein feldgrau Tuch, kein Gewaffen, nein, die Notdurft des
Fußes, vielleicht sagen Sie auch Kinderstrumpf, man
muß so 'ne Mühle mahlen sehen, 'n Roggenfeld und
'ne säugende Mutter – – übrigens ich, von wegen fünf-
undfünfzig! Rüstiger Vierziger, Mann aus dem Volke –
Ackerkrume – Erdgeruch.

(Beide wieder zum Balkon.)

OLF *(und Dunker vom Balkon)*: Haben Sie sie gesehen,
die blutgrauen Leichenschädel und die zersplitterten
Visagen? Dazu das ganze Getümmel, die Schreie und
der Mord? Ich sage Ihnen, Dunker, sie kriegten kein
Schwein mehr gegen die Drahtverhaue, wenn die draußen wüßten, wer hier den Tod verschachert... Mit
dieser Peitsche hier – und wenn sie mich an die Mauer

stellen, mein Blut soll springen wie ein Hornruf: Hetzt
dieser Bande Hunde an die Gurgeln!!

2. Szene

Alle zurück vom Balkon. Musik hört auf.

PASCHEN *(die Tür schließend):* Von vorne kriegen wir
die Blase nicht. Geschmissen aber muß es werden, also
kriechen wir durch die Löcher rein, Krüppelfürsorge,
Schwindsucht, Prostitution – was stinkt, ist weich. Viel zu
machen, sage ich Ihnen, jetzt zu Hause. Man kann Hof-
damen Definitionen geben über maskierte und offene
Bordells, Domprediger erproben die Prophylaxe, eine
große Zeit! *(Zu Dunker:)* Also Sie sollen morgen zum
Abschluß meiner Feier den Vortrag über die Krüppel halten. Ich werde versuchen, Seine Exzellenz zu bewegen, zu
erscheinen. Sie wissen, er ist stark dabei engagiert, durch
seine Frau. Hier ist ihre Broschüre, hier ihr Artikel
im Tageblatt. Sie verstehen, Kapital und Intelligenz,
Aristokratie und Frauengüte, Wunden heilen, Balsam
und Wohlgeruch ...
Also der Tischler muß wieder Tischler werden. Von
vornherein und unbedingt. Und der Sonntagsarm muß
'rein; und dann hat es einen berühmten Mann gegeben,
der hat als Bürovorsteher seinen Lebensunterhalt ver-
dient und hatte weder Arme noch Beine, schrieb mit
der Fresse und wenn er wohin wollte, ließ er sich vom
Stuhl sacken und kullerte wie 'ne Walze. Für mich
wär's nichts, ich leide an Schwindel, aber der Mann hat
sechs Kinder ernährt und eine Frau.

DUNKER: Ich hatte mich allerdings mehr darauf vorbereitet, über Fußerfrierungen...

PASCHEN: Fußerfrierungen? Kommen Sie mir nicht dumm, Menschenskind. Großzügig, soziale Rüstung, gesammelte Kraft, psychische Influenz: lachend und gottvertrauend den Weg zu Ende pilgern, dann können Sie mit Ihren Fußverrenkungen kommen, Mabuse, kurbeln Sie mal an.

MABUSE: „Viele Tausende unserer schwerverwundeten Brüder schauen heute mit ihren Familien angsterfüllt in die Zukunft – Gespenst des dauernden Siechtums, der bitteren körperlichen Not... Aber, meine Herren, der großartige Aufschwung, die einzigartigen Errungenschaften der letzten Jahrzehnte... Es hat einen berühmten Maler gegeben, der hat mit den Füßen gemalt, und Beethoven war taub." – Dann spezieller: die hohe aristokratische Frau, die machtvolle Kundgebung im Parlament, die fruchtbringende Diskussion, und schließlich ganz schlicht, ganz Arzt und Helfer: Holz und Hängematte, Gips und Pappe – und dann zum Schluß wieder ansteigend der ethisch religiöse Untergrund, vielleicht die Gebundenheit der Kreatur – leise verhallend... rallentando...

PASCHEN: Sehn Sie, so! Schule Paschen! Mandelmilch! Wimmern muß die Bande! Gemüt, Gemüt, daß Geld fließt. Lehrstühle, Fabriken, ganze Industriegelände müssen Sie hinzaubern... wie? – –? Sagten Sie was...? Mensch, markieren Sie doch kein Profil! Abgeklärte Persönlichkeiten! Die Natur hat kein Interesse an Individualitäten. Bedienen Sie den Sexus, das ist das gottgefälligste Metier.

3. S z e n e

Kotschnüffel tritt ein mit Handtasche.

KOTSCHNÜFFEL: Zu Ihrem Ehrentag, Herr Geheimrat, Grüße aus der Heimat und von der allerdurch-
lauchtigsten Frau. Was macht der Säugling? Titscht er
gut? Von der Bahn aus war ein Mädchen wahrnehm-
bar, das nährte, indes es ging. Haben Sie denn hier
Buttermilchkomment? Ganz unmögliche Zustände!

PASCHEN: Wie gerufen, Kotschnüffel! Die Mutterbrust
als Kulturdünger! Einschleichen durch den Pietz! Ich
werde Sie gleich Exzellenz vorstellen. Was werden wir
sagen? Lieblingsschüler des verehrten Altmeisters,
nicht? Der Luther des Saugreizes, wie?

KOTSCHNÜFFEL: Vergessen wir nicht die Inaugurie-
rung der Grießbouillon! Ich darf hier wohl ein Paket-
chen als Probe aufstellen *(entnimmt es der Handtasche),*
ferner die Abfassung der Stillbibel. Hier ist sie *(entnimmt sie der Handtasche),* wie wäre es mit einer
Übersetzung in die hiesigen Landessprachen? Solventer
Verlag! Wärmste Volkswohlinteressen – –

PASCHEN: . . . Siedepunkt?

KOTSCHNÜFFEL: Fünfstellig!

PASCHEN: Machen wir!

KOTSCHNÜFFEL: Vertreibt gleichzeitig den von mir
konstruierten Lutschpfropfen; nach allem, was ich hier
gesehen habe, ist seine Einführung ein dringendes Er-
fordernis *(entnimmt ihn der Handtasche und zeigt ihn
herum).* Hier ist ein ganz besonders dem Zeitgeist an-

ETAPPE

gepaßtes Modell, in Form einer Eichel: Germanenwäl-
der, strotzende Urkraft, dabei hinsichtlich von Ausführung und Material hochrepräsentabel! *(Entnimmt ihn
der Handtasche und zeigt ihn herum.)* Paschen, wie Sie
so aussehen in Ihrem Feldgrau, so seriös, und die Herren alle so edel dekoriert, Schmuck des Kriegers, furcht-
los und treu. – Was meinen Sie, Paschen, wenn ich hier
'ne Weile die Titten befingere, kann ich wohl auch noch
mal ans Kreuz fassen, he?

OLF: Dunker, sagen Sie selbst: ein Schwein von robuster
Geschlossenheit, aber ein neues Heer verrecken lassen,
damit diese Art Säue an den Marmor pißt und den
Tempel zu Ställen vermistet für sich und ihre Brut,
dem Gesabber ihrer Scham . . .? Fleddert eure Senker doch
an die Wände, Glatzköpfe, klebrige! Über vierzig Jahre
alt und noch nicht im Irrenhaus? Vorstellungen blöken
aus euren Schädeln, die überwertig wurden in Riesen-
zellen, umspült von längst vermoderter mesopotami-
scher Lymphe, syrische Bröckel, nordisches Knochen-
system, darüber der gestirnte Himmel – den ganzen
Modder haben sie im Blut – – Scheuerfrauen!

KOTSCHNÜFFEL: Staubsauger! Vakuumreiniger! Was-
serklosett!

OLF: Die ganze geistige Geschlossenheit jeweils einer
Epoche: drei, vier überwertige Begriffe, um die das Gefühl sich faltet: – Wahnsysteme – Hirnwindungswiesen
–: vielleicht hat der sehr lang andauernde Kanonendon-
ner Molekularerschütterungen hervorgerufen bei den in
Frage stehenden jugendlichen, nachweislich sehr ent-
wicklungsfähigen Organen? Rechnen Sie damit, Sie
Prophylaktiker? Ziehen Sie jede Konsequenz?

310 PROSA UND SZENEN

PASCHEN *(Kotschnüffel unter den Arm nehmend):*
Neues Wahnsystem, G. m. b. H.

4. S z e n e

Jöhlinger tritt ein, gleichzeitig eine Ordonnanz.

PASCHEN: Hallo! Jöhlinger! Morning! Haben Sie schon
gehört, zwei Hohepriester sind schon da, ein katho-
lischer und ein evangelischer, ein Oberrabbiner wetzt
auch noch 'ran – können Sie mir nicht rasch noch einen
besseren Psalm sagen, so einen mit: Führet es herrlich
hinaus?
(Ordonnanz mit Telegramm.)

PASCHEN *(liest):* Ihrem teuren Ehrenmitgliede, dem
Schaffer neuer Werte aus dem alten Geist, Gott hüte
ihn! Der Provinzialverband des Frauenvereins. *(Auf-
blickend.)* Teures deutsches Weib!

JÖHLINGER: – mit 'nem Kniewärmer in der Hand . . .

PASCHEN: Grinsen Sie nicht, Jöhlinger, kriegen Sie ge-
fälligst was Weiches ins Auge. Frauenverein: – Kapi-
talisierung des Gemüts, was meinen Sie: Leibbinden-
industrie mit Blasenwärmer für Vatern oder jedem
Grabe seine Eiche mit Propagierung von Vogelkästen?
Erwägungen, Jöhlinger! Vorschläge! Wo kommen Sie
her? Was machen die Maschinen? Surrt der Motor?
Treibt der Riemen? Hinschmeißen müssen wir den
Kerls ein Ding! Was ihnen ihre Regierung in zweihundert Jahren nicht gegeben hat – wir sind vier Monate im Land – und da habt ihr den sozialen Staat!

Machen Sie Angebote! Sagen Sie Lohnbuch! Sagen Sie
Truckverbot. Speck! Speck! Weiter! In acht Tagen muß
die Chose unter Dach sein! Erste Tat des neuen Wohl-
fahrtsministeriums! Fessel, Jöhlinger! Sprunggelenk!
Schon 'ne Notiz bei Mabuse, he? Schreiben Sie: im Namen der Menschlichkeit, Hungerlöhne, darbende Kinder, der wehmütige Blick des Gekreuzigten, Gruben-
arbeiter, Borinage, Meunier und Verlaine.

JÖHLINGER: Wat for Dinger? Schreiben werd' ich wie
folgt: Laßt diese verlauste Aasbande zwei Monate unter unserem Regime arbeiten – wenn wir dann noch
wieder 'rausfliegen, sie haben Blut geleckt, sie wissen,
wie's ist, sie werden fordern, und die Konkurrenz ist
geschwächt. Zur Kasse die Herren! Wer hier 'rangeht,
versorgt die Enkel.

PASCHEN: Das können Sie in Ihren jiddischen Organen
verbreiten, hier nicht, verstanden? Hier wird Wohlfahrt
gemacht, verstanden? Hier werden Motive zugrunde
gelegt, die vom Palast bis zur Hütte jedes Herz bewegen,
verstanden? Menschheitsideen, sperren Sie die Löffel
auf! Ideale, hörste! Wer nicht will, geht hops. Menschenskind, die Konjunktur steht auf Nächstenliebe, sein
Sie doch nicht so rossig – wer macht hier neues Vaterland, Sie oder ich? *(Schlägt mit der Faust auf.)* Ich!

OLF: Wer ist das, als was bezeichnen Sie sich?

PASCHEN: Menschenskind, ich! 'n Patent im Weberge-
werbe, den Pic vom Oricaba mit Mauleseln verindustri-
alisiert, die Siriusexpedition mit Bicycles verliebesgabt,
– Wohlfahrtspfleger, Kulturdünger, Pionier – zu däm-
liche Frage!

OLF: Welcher Kultur??? Lehm gefressen... Läuse am Bauch... Daß diese drei Schweine hier – Schluß! *(Brüllt:)* Welcher Kultur!

PASCHEN: Aber, Mann! Ich, Ihr Herr Vorgesetzter! Alle Obrigkeit, wo sie da ist, ist von Gott! Sie sind wohl übermannt von der Größe dieses Festes! Machen Sie keine Dinger, Girlandenbinder nahen sich, die Ehren-jungfrauen waschen sich die Brüste, Jöhlinger will sich auch noch 'ne Mantille umhängen, daß man seine sy-rischen Knie nicht so sieht...

OLF:... Umlagerung des Kapitals?... Abschaffung der Goldwährung? Kupfer in den Juliusturm? Magazine für Linsen und Mangan, beleihbar bis zwei Drittel ihres Wertes? – Wie kommt das Land, das von den Wun-den seiner Jugend lebt und durch die zerschossenen Lungen seiner Knaben atmet, dazu, mit dem Hotelbau Ihrer geistigen Persönlichkeit, das verkommenste aller moralischen Systeme in dieses von uns eroberte Reich zu überpflanzen, in diese Stadt, deren Steine noch warm sind vom Blut der Knaben, die Sie bespeien würden? Ja, hören Sie, jeder der Jungen, der in dieser Stunde draußen stirbt, spiee Ihnen in Ihre gemeine aus-gemergelte Fresse, Sie Leichenschänder, Sie Lude eines abgetakelten Gehirns, Mensch, beben Sie denn gar nicht davor, daß der Aasgestank all der schlechtvergrabe-nen Knabenschädel Sie ausräuchern wird aus Ihren Ställen und Ihnen ins Genicke schlägt?

EINE ORDONNANZ: Die Herren Geistlichen!

PASCHEN *(läuft in sein Zimmer):* Hans! Hans! Die Zither! Da in die Ecke! Ein Heimatslied! Wo findet die Seele! Du an den Kamin, ich auf die Chaiselongue –

ETAPPE 313

weich – Sehnsuchtsklänge, wo das Gefühl empor und aufwärts dringt... *(Aus der Tür heraus:)* Ich lasse bitten.

(Die Geistlichen in das Zimmer links. Die Szene bleibt einen Augenblick leer.)

5. Szene

Herzog Wildungen und Graf Vichy in der Tracht der Ehren-Baillis und Groß-Komture des Michaels-Ordens.

WILDUNGEN: Beiseitegedrängt hat uns der Bauer. Kaltgestellt. Wer ist der Mann? Wer garantiert mir für die Zähne seines Erzeugers? – Ekelhaft geschäftige Mittelstände. Was gab's im letzten Krieg an Rotem Kreuz? Michaelsorden und Christiansritter, und das übrige Charpie gezupft und damit basta. Pfui Deibel, Paysans!

VICHY: Ihn zu paralysieren hängt man ihm nun den Ordensmantel um, Cochonnerie! *(Spuckt.)*

WILDUNGEN: ... Crachiert! Ah... entzückendes Chanson, das jetzt die Vaughan singt *(spuckt)*, rechts Crachat – und *(spuckt)* links Crachat – autour de mon crachat *(tänzelt herum und trällert)*, autour de mon crachat.

(Prinz Gerolstein und Fürst Fachinger in der Tracht der Ehren-Baillis und Groß-Komture der Christiansritter.)

VICHY *(fächelt Gerolstein mit der Hand zu):* Morgen, Durchlaucht! Frühling! Polowetter!

GEROLSTEIN: Aber die Austern werden fade, es gibt kein reines Glück.

VICHY: Weiß Gott, ich habe mir gestern schon Escargots voressen lassen. Eine kleine Ziege saß am Nebentisch, der habe ich sie servieren lassen, bloß um das Zeug mal anzusehen, aber völlig ausgeschlossen, wissen Sie, es gibt ja zweifellos eine Menge so ganz nahrhafte Dinge, aber sie sich gleich zuzumuten in den Mund . . .

(Kotschnüffel, Jöhlinger, Olf, einige Offiziere treten auf.)

WILDUNGEN: Exzellenz will nur die Kabinettsordre überreichen. Anrede soll ich machen. Gemeinsamkeit der Ziele, welcher Ziele? Verstaatlichung der völkischen Geistigkeit, wenn das der Krieg brächte! Kommission bei der Geburt, Ausmerzung des Untauglichen, beamteter Ausschuß zur Prüfung welcher Art Schule, später welcher Beruf, Taylorsystem des Psychischen – ein Ziel, aufs innigste zu wünschen!

KOTSCHNÜFFEL: Großzügig, Durchlaucht! Stumm-machend weitschauend! Die Freiheiten des Volkes gerade in sozial-hygienischer Hinsicht kann ein weitsichtiger Staat nicht prolongieren. Man möchte von Wildnis sprechen, ja von mythischen Verhältnissen, wo bleibt zum Beispiel das Säugegesetz: Montag, Mittwoch, Freitag die rechte Brust, die übrigen Tage die linke? Wo die Normierung der Färbung des Säuglingskots mit Anzeigepflicht? Große Aufgaben, Durchlaucht! Durchschwängern wir die Heimat, gründen wir einen Konzern, erziehen wir das Volk – was sage ich, erziehen? Nein, befehlen wir, nicht mehr Kinder zu zeugen, Nachkommenschaft, wahllose Gebilde – nein: Knochensysteme, fünf Kugel- und vier Achsengelenke, mehrere

Beuge- und Streckmuskeln, ein halbes Pfund Herz – – –

OLF: Aber bitte: modernste Apparate. Bedenken Sie *(faßt Kotschnüffel und beugt Unter- und Oberarm gegeneinander):* Hin und her – gute alte Kurve – einachsig – Turnverein – Familienvater – ganz veraltetes Gelenk – *(bewegt Kotschnüffel im Schultergelenk)* sehen Sie so...

KOTSCHNÜFFEL: Gehen Sie los!

OLF: Kugelgelenk!

KOTSCHNÜFFEL: Kollege!

OLF: Ich lasse ein Volk verderben für eine schöne Stadt. – Was ist das Fruchtwasser? Eine schwache Salzlösung. Ufertiere! Sehn Sie die Fächerkrone einer Palme stehen?

KOTSCHNÜFFEL *(zu Wildungen):* Er drückt sich etwas unklar aus, Durchlaucht. Er meint die Stadt in hygienischer Hinsicht. Ihre Bedürfnisanstalten sind in der Tat recht gut, einzelne ganz vorzüglich. Eine habe ich sogar abgebildet in meinem Werk über das Nachtgeschirr der Kinder im sechsten Lebensmond. *(In den Hintergrund.)*

VICHY *(bietet Zigaretten herum):* Gut geschlafen, ausgeschnaubt und 'ne syrische Zigarette in der Schnauze – – es geht noch immer – 'ne Schlacht ist auch nicht ohne.

FACHINGER: 'ne was? – – – Waren Sie wirklich so...? Tatsächlich...? Na, Menschenskind, erzählen Sie doch mal. Entziehen Sie sich doch nicht immer so. Wo stecken Sie denn wieder die letzten Tage? Fromme Schwester oder Franktireuse?

VICHY: Riechen Sie nichts? Ich komme aus der Tiefe. De profundis. Bei den Beamten habe ich mitgegessen – – –

GEROLSTEIN: Naturmensch – –

VICHY: Wissen Sie, so Ärzte und Gerichtsmenschen. Eine ganz merkwürdige Gesellschaft. Der eine stammt aus Allenstein, und der andere geht nicht baden, weil er Frau und Kinder hat. Zweifellos eine ganz merkwürdige Gesellschaft, müssen Sie auch mal machen. Wenn ich da so 'reinkam mit meinem Houbigant, schnüffelten sie alle mit der Nase in der Luft! Wenn man da nicht aus allen Löchern stinkt, ist man ein Schwein.

GEROLSTEIN *(zieht Olf nach vorn):* Ach, hören Sie, lieber Doktor, ich möchte mich mal in einer Vertrauenssache als Arzt so zu Ihnen aussprechen! Wes das Herz voll ist! Es handelt sich nämlich um eine gar nicht ganz unwichtige körperliche Angelegenheit. Wissen Sie, immer wenn ich nicht so ganz erstklassig geschlafen habe, woll'n mal sagen, so hin- und hergeworfen, ein zu dickes Plumeau oder das ewige Autogehupe, na kurz und gut, ich will nicht viel draus machen, dann habe ich regelmäßig am nächsten Morgen, wenn ich die erste Zigarette hinter mir habe, so ein wundes Gefühl an der Zunge. Sehn Sie hier *(steckt die Zunge aus),* entschuldigen Sie die Ungezogenheit, aber man muß ja wohl den Körperteil entblößen vor dem Arzt, hier, so eine ganz umschriebene Stelle, so ein säuerlich wundes Gefühl. Meinen Sie nicht, das was draus werden kann, so Krebs oder so? Ach, hör mal, Vichy, du hattest doch auch mal so 'ne Sache, am Arm glaube ich, wie hast du das denn fortgebeizt?

OLF: Nicht ängstigen, Durchlaucht. Erheben Sie die Blicke von Ihrem elenden Kadaver –

GEROLSTEIN: ... Wa ...?

ETAPPE 317

OLF: Zu der augenblicklich so eigentümlich riechenden
Erde, die so tröstlich ist – –

GEROLSTEIN: Schwärmer!

OLF: Schwärmer? Weltgefühl? Mond und dunkles Was-
ser – ich?? Nur, Durchlaucht, mein Hirn blutet in einer
Vorgeburt unsäglicher Bastardierungen. Die werden
Sie nicht sehn und ich nicht sehn, aber Fruchtwasser – –

GEROLSTEIN: Zum Freischwimmen, hä hä hä!

6. S z e n e

*Paschen mit den Geistlichen aus seinem Zimmer,
Händeschütttteln, Verbeugungen.*

PASCHEN: ... Tiefes Glück, Sie noch einen Augenblick
für mich gehabt zu haben, hier im Alltag, in Feindes-
land, in Kampf und Ringen verstaubt so vieles, und vielleicht das Beste gar ... Leise Glocken ... Sehnsuchtsklänge ...

OLF *(zu Paschen):* Die Sau beleckt ihr Junges auch, und
das Mädchen ist durch ihr Euter zweifellos gerechtfertigt: aber Sie als Mann, für sich selbst die ausschließlich dekorative Bedeutung der Ethik glanzvoll reprä-
sentierend, propagieren die Gesinnung, den inhaltlichen
Wert.

PASCHEN: Ein unerwarteter Vorwurf.

Olf: Indes ich träume von einer Männer-Menschheit, die,
des rein formalen Charakters ihres geistigen Aufbaus
sich aufs konkreteste bewußt, nur noch in Formen denkt,

tangential, funktionell, mit ausgehöhltem Begriff und abgelassenem Wort. Das wäre der Tanz, das wäre das Glück.

PASCHEN: Tango! Chaine anglaise! Angetreten! Jöhlinger, Kotschnüffel, das erste Männer-Paar! Die jungen Herren träumen! Grünschnäbel, Onanisten, lumpige Frondeure, wieviel Mannheit vertreten Sie, hä? Wer ist das: Olf? Stiebel auch bezahlt? Was kostet Ihr Traum? Wollen Sie mal warm zu Mittag essen? Fünfhundert Millionen Menschheit säubert sich im Krieg, und Sie Schnösel – –

OLF: Säubert sich? Was? Dies koddrige Geschmeiß, immer noch hingerissen von der Komponente aus Luftdruck und Peristaltik, die sie Seele nennen, ergriffen bis zur Wehmut von ihrem aufrechten Gang – indes eine Zukunft bereits sichtbar aufrötet, in der als letzte Transzendenz die Himmelfahrt des Kotes in die Erde gestattet werden wird.

7. Szene

Exzellenz mit Gefolge. Musikkapelle, Choral.
Herzog Wildungen tritt vor.

WILDUNGEN *(zu Paschen):* Auf den Schwingen der Zeit kam diese Stunde . . .

KOTSCHNÜFFEL: Welche Bildhaftigkeit der Sprache! Welch seherischer Blick historischer Bewertungen!

WILDUNGEN *(zu Paschen):* . . . kam diese Stunde, und wenn heute ich, Herrenmeister eines Ordens, so alt wie die Geschichte unseres Landes, Ihnen als Erstem den Ordensmantel um Ihre Schultern lege und Sie zum Ritter und Herrn mache, so folge ich darin nur dem weiten Rufe dieser Zeit, die wieder die ethischen Werte als die maßgebenden und ausschlagbringenden in den Vordergrund rückt; und wenn schon der Weise sagt, Wissen adelt, wieviel mehr noch das Gemüt, wieviel mehr noch ein warmes Herz, das für die Menschheit schlägt, in Demut und opferfroh.

PASCHEN: Wer stürbe nicht in dieser Zeit –!

WILDUNGEN: Ihre Verdienste sind bekannt. Die Waisen nennen Sie ihren Vater, die Krüppel ihren Bruder und Arzt, und niemand schätzt es glücklicher als ich, daß Sie von einer weisen Vorsicht ersehen sind, zu wirken in diesem Lande, erkauft mit so viel teurem Blut – die Schatten versöhnend, die Manen heiligend, ja, ich sage wohl nicht zu viel, wenn ich es ausspreche: Die Gefallenen jubeln heute in ihren Gräbern, daß sie Ihnen den Weg bereiten durften.

PASCHEN: Vergeben Exzellenz dem Mann die Träne, die er vergehend seinem Volke weint.

WILDUNGEN: Und nun, mein Ritter und Herr, walten Sie Ihres hohen Amtes in gesegneter staatsdienstlicher Arbeit, Ihres großen Werkes an dieser Stätte, die die Male jahrhundertealter Geschichte trägt, in dieser Feste des gefangenen Königs, in dieser so umkämpften Stadt.

(Paschen über Wildungens Hand.)

OLF: Wer hat diese Stadt schon einmal anders gesehen, als wo eine Wache gehen könnte? Wer sah den weißen Schein des einen Hauses mit den Säulen und dem flachen Dach?

PASCHEN: Schweigen Sie, widerlicher Schwätzer. Exzellenz bewegt die Lippe, Exzellenz erweitern die Pupille –

KOTSCHNÜFFEL: Er meint wahrscheinlich die Bedürfnisanstalt aus meinem Buch...

OLF: Ich sehe den Zug der Welt sich teilen vor einem Haus, unumstellt von allen Zwecken und sich niederlegen um eine Halle, vor der nie verging das südliche Meer...

PASCHEN: Exzellenz, er ist krank. Heute morgen schon fieberte er sehr...

OLF: Darin Jagden von Faunen, erlöst zu ihren Leibern, lachende Gebilde mit so viel Glücken zwischen Trauben und Fraun; Leiber, schön rauschend um ihre Scham, Anemonenwälder der Liebe; Schlachten zwischen Heeren berstender Gebärden; ein Urwald aus Daseinen, vergöttert zur Form und gespannt gehalten von einem unversieglichen Blut – – wollt ihr noch immer kaltes Land erobern?

PASCHEN: Er ist schwerkrank. Heute morgen schon hohes Fieber. Ich wollte ihm noch die Weihe dieses Festes gönnen. Es war unrecht, Exzellenz. Vergeben Exzellenz.

Exzellenz: Armer junger Mann. Wir aber wollen die Mächte, die unsern Aufstieg wirkten, um uns versammeln in dieser Stunde und flehen, daß aus ihrem Leuchten auch diesem Lande Grünen und Erwachen komme! *(Streckt seine Rechte hin.)* Ich, der Wille, es zu vollenden!

PASCHEN *(legt seine Rechte hinein):* Ich, das Gemüt, die Seele im besonderen.

ETAPPE   321

KOTSCHNÜFFEL *(tritt herzu):* Und ich darf wohl sagen: Ich, der Glaube.

OLF: Euch zu verwüsten. Ich! Heran! Gesindel, heraus
aus euren Tressen und Kokarden, heraus aus euren Leibern, duftenden und stinkenden, zu mir heran: Gehirne! Exzellenz, was sehe ich, eine Arschbacke, weichgekocht, eine Rinne zur Scham und eine ins Gekröse?
Herr Geheimrat, das war es? – Ein Schiffpott, in dem
drei Kröten rammeln? Nächstenliebe? Sodomiterei!!
Gehorchen? Ehrfurcht? Weißes Haar? – Was ist an Ihren
brüchigen Kaldaunen und Ihrer verdickten Vorsteher-
drüse besonders verehrungswürdig, Exzellenz? Greise
mästen? Föten säugen? – Gott sei Dank, daß diese miese
Tierwelt den Tod noch an der Gurgel spürt – – heran,
Gehirne, Muttersäue mit euren Wortferkeln, jetzt ist
das Land zerstückt, Europa taumelt, schreiender Mond
und wildernde Gestirne – wo ist der Stern für meine
Brut?

(Man führt ihn ab.)

OLF: Das Menschgefügte, das Erdachte, der aus der
Strieme Hirn wundrote Schein schwält ab. Was kläfft
ihr noch, Gesindel, Gebälke ohne Dach, Sparren an toten
Giebeln ...

PASCHEN: Euer Exzellenz wollten die Gnade haben,
heute nachmittag die reorganisierten Irrenanstalten zu
besuchen. Wir werden das schmerzliche Schauspiel haben, diesen gefallenen Morgenstern noch einmal zu begrüßen.

EXZELLENZ: Dieser junge Mann! Was für Redensarten!

Ende

DER VERMESSUNGSDIRIGENT

Erkenntnistheoretisches Drama

Zusammenfassung

In Pameelen wendet sich das Jahrhundert vehementester Logik, das die Weltgeschichte sah, auf sich selbst zurück. Der Trieb nach Definition, in ihm qualvoller als der Hunger und erschütternder als die Liebe, kehrt sich in ihm gegen das sogenannte eigene Ich.

Mit der allgemeinen logischen Funktion des Urteils und Vergleichens, mit der ganzen foudroyanten Methodik naturwissenschaftlicher Betrachtung, mit kausaler Analyse, mit Transplantationen, mit allen derniers cris aller Psychologien versucht er sich daran, dies Ich experimentell zu revidieren.

Seine Grenzen sucht er abzutasten, seinen Umfang zu bestimmen. Wo ist der große Staatsanwalt, ruft er einmal aus, der ihm die Schranken weise, wo trete der Kreuzzug auf, der ihn erreiche, ein andermal.

Aber das Uferlose ist es, an dem er altert und zugrunde geht. Daß ihn irgend etwas einmal begrenze, ist seine Qual, für die er sich blendet; in einer Hütte lebt er, der Don Juan nach einer Niederlage, doch ewig bleibt er unbefruchtet.

Einstürzt hinter ihm das γνῶθί σαυτόν des alten Weisen, das immer noch als besonders achtbare Forderung gesteigerten Innenlebens gilt. Einstürzt jede Fragestellung, die mit Erkenntnis rechnet, denn schon die Syntax läuft über in das Du, und der Kausalsatz herrscht in der Holunderlaube, in der sich abends was begibt.

DER VERMESSUNGSDIRIGENT

Das Ich ist ein Phantom. Kein Wort gibt es, das seine Existenz verbürgte, keine Prüfung und keine Grenze. Keine Erlösung, wie zum Beispiel für die Marmorstufe im zweiten Akt:

PAMEELEN *(langsam, sakramental):* Mar-mor-stufe! Sehen Sie nicht, Picasso, wie klar, herbstlich und gestillt sie daliegt nach diesem ungeheuren Ausbruch in die Wirklichkeit, spüren Sie selber nicht die Versöhnung, weil Sie sie logisch so tief erschöpfen konnten?

PICASSO *(ist mit der Frau aus dem Fenster gestiegen):* Alter Vermessungsdirigent!

PROSA UND SZENEN

Personen:

Jef van Pameelen, ein Arzt
Picasso
Mieze
Eine Frau
Pameelens Vater

Vorspiel

Pameelen betritt den Flur eines Hurenkrankenhauses.

PAMEELEN: Ich habe hier absolut nichts zu suchen. Ich
komme von ganz woanders her. Aber ich will euch einbe-
ziehen in mein Dasein. Hinzutreten sollt ihr zu meiner
Gesamtkonstitution. O Grauen vor Erlebnisunfähigkeit!
O Erweiterung des Ichs! Also: ein kahler Gang mit einer
Uhr. Nun gut, wo sind die Huren?

EINE STIMME: Ein kahler Gang mit einer Uhr? Tiefer!
Hinbreitung! Erweichung! Die Pförtnerwohnung? Die
Haarnadeln am Boden? Rechts der Garten? Nun?

PAMEELEN *(markiert):* Ich kenne ein ganz ähnliches
Haus wie das eben von Ihnen beschriebene, Herr Doktor!
Ich trat ein an einem warmen Frühlingsmorgen, es kam
zunächst ein kahler Gang mit einer Uhr, rechts die Pförtnerwohnung, Haarnadeln lagen am Boden, höchst spaßig,
und rechts war ein kleiner Garten, ein Rosenbeet in der
Mitte, zwei Hämmel weideten angepflockt im Gras,
wahrscheinlich die Wassermannhämmel.

DIE STIMME: Das mit den Hämmeln ist sehr gut, eine
fernliegende Assoziation, dabei sich auf den Sinn des

DER VERMESSUNGSDIRIGENT

Krankenhauses beziehend und mit einer leicht humoristischen Nuance. Den Frühlingsmorgen können Sie sich schenken. Weiter!

PAMEELEN: Müde!

(Peitschenknall.)

PAMEELEN: Sie haben gut reden! Zunächst muß man doch einen Gesichtspunkt haben, einen Erlebniswinkel.

DIE STIMME: Quatsch. Die natürliche Heiterkeit der Sinne, die allgemeine Aufnahmefähigkeit des Geistes – meinetwegen reduzieren Sie auf Gemütswert!

PAMEELEN *(zerknirscht):* Steige auf, Erde, erbarme dich, kahler Gang, rausche, Pförtnerwohnung! Kleine Dinge, kleine, kleine Dinge, sammelt euch in meinem Auge! Oh, es nähert sich, liebe Alte, Großmütterchen mit dem Stecken! Jawohl, also *(markiert):* Die Mutter des Pförtners, um noch dies zu sagen, war eine erstaunliche Person. Total blind, aber total, sage ich Ihnen, sah Ihnen die Hand vor Augen nicht und schlich mit einem Stecken den kahlen Gang entlang, jämmerlich.

DIE STIMME: Gut, die Blindheit hätten Sie noch etwas lebhafter ausmalen können: mit erloschenem Blick, ausdruckslosen Augenhöhlen und ähnlichem, aber es war leidlich. Bitte weiter!

PAMEELEN: Aber es kommt doch auch darauf an, zu wem man sich zu äußern hat!

DIE STIMME: Es kommt nur darauf an, daß Sie sich ansammeln. Also die Haarnadeln!

PAMEELEN: Haarnadeln! O lieber Gott, was läßt sich von einer Haarnadel ansammeln. Am Boden lagen sie –

jawohl, am Boden – am Fußboden – im Staub des kahlen Gangs – kann ich die Haarnadeln nicht fortlassen?

DIE STIMME: Ausgeschlossen! Weltumspannung!

PAMEELEN *(markierend):* Da lagen Haarnadeln am Boden, nicht eine einzelne etwa, das hätte ja Zufall sein mögen, nein, mehrere und von verschiedener Größe. Ein Kampf? Waren zwei Nebenbuhlerinnen unter den Buhlerinnen zusammengeraten? Hatte die Liebe sie entzweit? Oder deuteten sie auf die Gründlichkeit der untersuchenden Ärzte, die auch das Haar lösten zur Sicherstellung der Diagnose, oder – darf man vielleicht noch tiefer gehen? – weil der Mitteleuropäer zum Kausaltrieb neigt? Jedenfalls, eins schien mir sicher, in diesen Haarnadeln sahen mich die ganz großen Dinge des Daseins an: die Leidenschaften und der Kampf, der Hunger und die Liebe; der Wahrheitsdrang, der in uns schwachen Menschen ruht und uns höher und höher treibt bis in das Firnenlicht, bis in das große Leuchten.

DIE STIMME: Meisterhaft! Der Anfang mit der Zahl ist primitiv, aber der Aufstieg in sechs Zeilen zum großen Leuchten unter Herausarbeitung des Kausaltriebs – alle Achtung! Nun zu den Damen!

PAMEELEN *(legt die Hand auf die Türklinke, läßt sie wieder sinken):* Oh, dies Verwelken der Welt in meinem Hirn! Schon diese peripheren Ermüdungen, vor allem aber dies kortikale Verblühn . . .

(Peitschenknall.)

(Pameelen öffnet die Tür. Er sieht ein Untersuchungszimmer, einen Arzt am Untersuchungsstuhl, um ihn herum die Huren.)

DER VERMESSUNGSDIRIGENT 327

PAMEELEN *(in der Tür):* Ha, Gewoge! Sinneseindrücke,
zunächst ganz peripher! Seelenzehen wölbt mich in den
Himmel!

EIN ARZT *(am Untersuchungsstuhl):* Man faßt in Vor-
derleiber, man sticht in Hinterteile. Ichthyoltampons fliegen in die Scheide, Harnröhren spielen mit Protargol.
Beine breit!

PAMEELEN *(hilflos an der Tür):* Ich kannte einen Herrn,
er hat es mir selbst erzählt, der sah auf seine Uhr, und da
kam ihm der Gedanke an einen kürzlich gefaßten Regierungsbeschluß, über Papiergeld und den Antrag
Bayard. Wie glücklich war dieser Herr! Wäre er doch
hier! Er hülfe mir.

WEIBLICHE STIMME *(am Untersuchungsstuhl):* Sie sind
wohl verrückt? Ich eine Krankheit? Kriegt man die vielleicht in der Elektrischen? Seit drei Wochen habe ich
keinen Mann angerührt, und mein Freund ist gesund.
Seit drei Wochen nicht *(steckt den Daumen in den Mund
und knipst mit dem Nagel an den Vorderzähnen nach
vorn)* so viel! Nicht so viel!

PAMEELEN: Welche Frau! Welche kühne Beherrschung
des Raumes! Welch mythische Selbstverständlichkeit in
der Ableitung des Psychischen in die Bewegung! O tierisch holde Unduldsamkeit gegen Ansammlung von Reizen! Wie sie das Spekulum von sich stößt, die Knie an-
zieht, welche Abwehrbewegung! O holder süßer qualvoll
ferner Frosch, die Schwefelsäure von der Bauchhaut wi-
schend, die ihm der Knabe hingespritzt!

AM UNTERSUCHUNGSSTUHL: . . . das kleine Spekulum? – – – Nein, das große – – Ruhe, – – Beine breit,
fertig . . .

PAMEELEN: O Zweckmäßigkeit der Sekretentnahme! O Hodenschutz! Gemeinsystem! O Handlung bescheiden erweiterter Reflexbögen! Aufschimmert Qualle, kontraktiler Schleim.

I. AKT

Im Untersuchungszimmer eines Arztes.

1. Szene

PAMEELEN *(eine Visitenkarte in der Hand):* Sie sind Picasso?

PICASSO: Ich bin so krank.

PAMEELEN: Sie wollen mich konsultieren wegen . . .?

PICASSO: . . . der Gehirnebene. Wenn dies *(mit der Hand)* die allgemeine staatlich-logisch fixierte Ebene ist, bitte ich eine Drehung erwirken zu wollen, um eine Kleinigkeit, vielleicht um fünf Grad. Nur daß das Reizpotential eben überschritten ist. Kokain habe ich genommen, bis mir die Schenkel zitterten; Koffein, daß mich das Herz an die Pariete warf, bitte etwas dauerhaft Wirksameres, vielleicht Curare?

PAMEELEN: Ich glaube, Sie verkennen . . .

PICASSO: Ich verkenne nichts. Was ich erbitte, ist die Rückverlegung des Brennpunktes, sozusagen; eine Korrektion der Myopie.

PAMEELEN: Aber es gibt Normalsichtigkeit.

PICASSO: Aber kein Regulativ für Assoziationen. Ich erhebe vor Ihnen den Anspruch auf freie Gehirnebene, denn Sie sind kein Staatsbeamter.

PAMEELEN: Aber die Rasse . . .

PICASSO: Meine Potenz ist gering, meine Zeugungsfähigkeit erloschen, bitte, überzeugen Sie sich *(öffnet die Hose).*

PAMEELEN: Wenn das Dasein überhaupt einen Sinn haben soll . . .

PICASSO: Erektion und Barzahlung.

PAMEELEN: Und das Dreieck mit hundertachtzig Grad.

PICASSO: Riekengefiepe.

PAMEELEN: Sie leugnen den Geist?

PICASSO: Ich flehe Sie um einen Satz an, dem nicht der . . . steht.

PAMEELEN: Der Stuhl ist braun.

PICASSO: Wie?! Sie wollen mich reizen? Sie erlauben sich mit mir Intelligenzprüfungen vorzunehmen? Der Stuhl ist braun!! – Hören Sie denn etwa nicht aus diesem sauber geschniegelten Urteil den gutgelaunten Beischlaf heraus, aus dieser abgeschlossenen, sachlich unantastbaren Behauptung die Verwahrung gegen exotische Vorstellungen, die Abwehr des Zügellosen, die Serenade auf den Mittelstand, den Samengeruch, daß alles dies von jeher schön war?

PAMEELEN: Ihre Nomenklatur?

PICASSO: Gurgeln. Aber nicht im Hals. Im Auge –

PAMEELEN: Und zwar?

PICASSO: Die Ocker einer Logik, die – – kurz und gut: Curare?

PAMEELEN: Gewisse Bedenken . . .

PICASSO: Bedenken? Sie? Wer ist das? Schulze stand am Schild unten!

PAMEELEN: Ein Programm!

DER VERMESSUNGSDIRIGENT

PICASSO: Sie erklären demnach offen, ein solcher zu sein, dem ein nahes Zusammensein mit Jungfrauen und Mädchen schon im Mittelalter als ein ausgemachtes Kräftigungsmittel für Greise galt, ja noch weiter zurückverfolgbar bis ins Alte Testament, und dem ein Verwaltungsrat ein Vorgehen nur mit größter Genugtuung begrüßen kann? Ja selbst gegen das Schneiden von Weidenkätzchen würden Sie sich in vertraulich gehaltenem Rundschreiben wenden? Herr Doktor, ich will Sie nicht kränken, aber *(hält sich die Nase zu, spricht durch die Zähne)* ich meinerseits dichte die Öffnungen ab; vielleicht sitzt doch irgendwo ein Stück versprengter Eierstock, und es erfolgt Befruchtung.

PAMEELEN: Wir wollen nicht abschweifen. Sie wünschen . . .?

PICASSO: Daß die Schenkel einfielen und die Hirne horizontal kröchen – warum mußten wir die Frauen von vorne . . .? Glauben Sie mir, Herr Doktor, wenn ich Ihnen sage, es geht etwas vor sich?[1] Sie kennen die häufigen Rote auf meinen Bildern? Wie stürzte ich sie hin von Lippen über Brüste in den Schoß; hart lag das Fleisch, Stück neben Stück, und der Flaum vor den Schatten. Aber wenn ich sie jetzt erblicke, vollziehen sich die übelsten Kondensationen gerade in Stirnhöhe, es kräuselt sich etwas unter dem Schädel, als wolle jemand Makronen backen –

PAMEELEN: Typische Begriffsbildung!

PICASSO: . . . und darum markierte ich den Krampfanfall und konsultierte Dr. Krause. Haben Sie vielleicht Mikroskope? Drei, ja? *(Zieht etwas aus der Rocktasche, beschäftigt sich an den Mikroskopen, geht dann zu Pameelen, beugt den behaarten Kopf):* Verheilt, nicht?

PAMEELEN: ... Leichte Schorfbildung.

PICASSO *(spielt mit den Fingern der linken Hand):* Beweglich, nicht? Und nun treten Sie bitte an die Apparate, ja, an den Abgrund, kann ich vielleicht sagen ...

PAMEELEN *(gähnt).*

PICASSO: He?

PAMEELEN: Olle Kamellen.

PICASSO: He?

PAMEELEN: Beethoven, Nietzsche, Picasso. Freies Feld, Gewitterstimmung.

PICASSO: Operiert von Dr. Krause. Rechte Stirnwindung, zwischen Broca und Wernicke.

PAMEELEN: Sie hätten demnach?

PICASSO: Jawohl, ich hätte! Ich mußte die Entscheidung herbeiführen. Hier hielt ich es, hier mußte es durch. Und nun sind die Pyramidenzellen gleich blau, die Nisselschen Körperchen in gleicher Weise gut gekörnt. – Kurz, wenn das Materielle versagt, bleiben nur die funktionellen Differenzen, und deswegen bin ich hier.

PAMEELEN: Konditionalsätze ...?

PICASSO: ... Wie?

PAMEELEN: Ableitungen? Empirien? Schlußgemöse ...? Schulze!!

PICASSO: Sie meinen ...?

DER VERMESSUNGSDIRIGENT 333

PAMEELEN: Picasso, Ihr Monokel ist doch nur ein Rück-
zugsgefecht!

PICASSO: . . . Bliebe nur das Tierauge? Transplantation?
. . . . Überkommung!! *(Ab.)*

2. S z e n e

Mieze tritt ein.

MIEZE: Süßes Geschöpf . . .! Lebenswunder! Sie!!

PAMEELEN: Ausgeschlossen.

MIEZE: Was heißt?

PAMEELEN: Völlig ausgeschlossen.

MIEZE: . . .?

PAMEELEN: Dann könnten die Waschfrauen schwanger
werden, weil sie Nachthemden ausseifen.

MIEZE: Weil wir uns liebten, Jef.

PAMEELEN: Fräulein, was geht nicht alles an unserm
Unterleib vor.

MIEZE: Vertierung! Und einst Umarmung, Bewußtseins-
verlust!

PAMEELEN: Fräulein, warum so erinnerlich, gerade im
Blattwerk Ihrer Scham? Woanders wäre die Sache längst
eingetrocknet. Also wann werden Sie mich konsultieren
wegen unregelmäßiger Blutung?

MIEZE: Nie!

PAMEELEN: Sie erwarten, daß ich meine logische Kontinuität unterbrechen lasse durch physiologische Bizarrerien vom Range eines Experiments?

MIEZE: Der Flieder blühte, die Nachtigallen . . .

PAMEELEN: Gemütswerte! Gut! Erklärungen! Fräulein, ich bin der neue Mann, das heißt eigentlich der Urmann, aber Sie können auch sagen, die Koda. Jedenfalls: das Gehirntier, das logische Wüstenphänomen, die mathematische Lilie, Programm: Entgeschlechtlichung des Gedächtnisses oder Verhirnung des Geschlechts. Projekte: Unterwühlung des Euters, Einkreisung des Nabels, Abbau der Eierstocksatavismen – schlanke Logik! Beben Sie vielleicht in Ihren Angeln, Tiefstand Gottes? Also wann?

MIEZE: Und damals! Der Flieder blühte . . . die Nachtigal . . .

PAMEELEN: Fräulein, Sie selber deuten in die Tiefe. Was ist das Äußerste, das Allerletzte? Was blieb? Das Gedächtnis! Mit mir geboren, in mir geformt, unveräußerlich, unvererbbar, meine Treue, mit mir zugrunde gehend, letzter Nachtgesang und Felsenlied: Das diskursive Ich.

MIEZE: Dann wäre es also ein Wunder –

PAMEELEN: Nein, ein Irrtum, und zwar Ihrerseits. Ich kann nicht Nicht-ich werden. Das widerspräche dem Satz von der Identität und das wäre die Auflösung.

MIEZE: Das verstehe ich nicht. Aber es genügt mir, zu wissen, daß Sie mich nicht mehr lieben. Ich werde allein weiterleben.

PAMEELEN: – und den Irrsinn gebären?

DER VERMESSUNGSDIRIGENT 335

MIEZE: Jawohl! Das Kind! Gegen Sie und alle Welt! Das
Kind gebären! Triumphgesänge!

PAMEELEN: Wissen Sie denn, um was es geht?

MIEZE: Jawohl, darum, daß ihr nicht werdet wie die
Tiere.

PAMEELEN: Jawohl, und darum, daß nicht in irgendeinem Bauchwerk eine meiner Fibern Unzucht treibt! –
Und daß wir nicht betastet liegen von den Dingen und
allen Echos hin und her und zerrissen von Gestirnen, unsern Bruch preisgebend und das abgenackteste Gebein –

MIEZE: – und daß ich nachts in meinem Bett liege und
das Bett vergeht und ich treibe auf dem weichen, dunklen
warmen Blut, Tierblut, Blumenblut, und am Ufer steht
der Untergang und das Grauen und die Untreue, aber
das Blut rauscht, rauscht, rauscht, wundervolle stille Gesänge der Liebe –

PAMEELEN: – und daß es sich heraufgeflucht hat in die
Stirnwinkel, in die Schatten der Gewölbe, kleine Adler,
kleine Horste. Jetzt aber flügelklafternd . . .: Milchstraße
und Andromedanebel staubhaft in den Fängen, hell bel-
lend: der Welthund! Mein Ichbegriff, meine Stirnen-
ewigkeit – daran wollten Sie tasten? *(Beiseite)* Pfui Deibel! Schon wieder Durchbruch der Gesamtnatur *(spuckt)*,
Substanzbröckel! *(unanständige Bewegung mit den Hüf-*
ten) Beischlafstellung! . . . Also, Fräulein, wann? Jetzt ist
es dritter[2] Monat und es geht noch in eine Kaffeetasse?

MIEZE: Also leb wohl! *(Geht zur Tür.)*

PAMEELEN *(geht hin und her, nimmt von dem Tisch et-*
was und steckt es in seine Tasche. Weich): Mieze!

MIEZE *(zögert)*.

PAMEELEN *(ebenso)*: Mieze! *(Auf sie zutretend)* Hast du noch die Narbe auf der Stirn? Zeig her. *(Streicht ihr das Haar aus der Stirn, führt sie zu einem Sessel.)*

MIEZE: Oh, das weißt du noch?

PAMEELEN *(setzt sich auf die Lehne des Sessels)*: Erzähle, wie war es doch, du warst klein . . .?

MIEZE: O du! Als Mädel schickte mich meine Mutter in den Garten Äpfel holen.

PAMEELEN *(legt seinen Arm um ihre Schulter)*.

MIEZE: Jef!

PAMEELEN: – also in den Garten – *(faßt mit der Hand in seine Tasche, zieht etwas 'raus und träufelt ihr unbemerkt etwas auf die Bluse.)*

MIEZE: – im Sommer war es, die Pelargonien blühten gerade so stark –

PAMEELEN *(träufelt nochmals)*.

MIEZE: . . . so stark . . . und . . . so ermüdend . . .

PAMEELEN: Also Pelargonien, waren es viele?

MIEZE: Oh . . .

PAMEELEN: Wie viele? Zähle mal die Pelargonien . . . eins . . . zwei . . . drei . . .

MIEZE: Zwei . . . drei . . . vier . . . Süßer!

PAMEELEN *(zärtlich)*: . . . Mieze!

MIEZE *(zögernd)*: Liebst du . . . mich . . . Jef . . .? Weißt du noch das Zimmer . . .?

DER VERMESSUNGSDIRIGENT 337

PAMEELEN: Weiße Blumen... wieviel Blumen...?
Vier... fünf... sechs...?

MIEZE: Fünf... sechs... sieben...

PAMEELEN *(hebt ihr die zugefallenen Augenlider einen
Augenblick auf, steht auf, ruft ins Nebenzimmer):* Berta,
hier ist eine Dame unwohl geworden, auf den Opera-
tionstisch! *(Ab.)*

3. Szene

Der alte Pameelen tritt ein.

DER ALTE PAMEELEN *(zu Picasso):* Ich bin dein Vater,
vom Lande, ein kleiner Mann, wenn ich im Hotel ein
Glas Bier bezahlen will, mache ich mich umständlich
bemerkbar; ich müßte wegen eines Magenkrebses wohl
gelegentlich ins Bad, aber schließlich für den kleinen
Ort genügt es.

PICASSO: Daß zwischen uns Relationen bestehen, be-
streite ich nicht; aber nur als Sonderfall eines Systems
von Relationen zwischen weit allgemeineren Begriffen
und Beziehungen.

DER ALTE PAMEELEN: Wie geht es dir? Ich werde
täglich älter. Ich wollte dich noch einmal sehen. Kann ich
bei dir wohnen?

PICASSO: Bei mir kann niemand wohnen, meine phy-
sische Voraussetzung.

DER ALTE PAMEELEN: Darf ich mich ein wenig setzen
und die Tasche hinstellen, weil ich müde bin?

PROSA UND SZENEN

PICASSO: Lassen Sie doch diese unanständigen Kausalsätze.

DER ALTE PAMEELEN: Ich soll dich von Martha grüßen.

PICASSO: Nehmen Sie sie in naiver Vorstellung als gegeben an, oder, sie bezweifelnd, bedienen Sie sich eines kurzen Konventionalsatzes zwecks Unterhaltung?

DER ALTE PAMEELEN: Ich verstehe dich nicht.

PICASSO: Sie verstehen mich nicht? Diese elementare Vorfrage, an der ich mir Beulen in das Gehirn assoziiert habe, die verständen Sie nicht? Mir ins Gesicht offen bekunden Sie, daß Sie zeit Ihres Lebens nur der Begattung gefrönt haben, und zwar tunlichst mit der Frau eines Stadtrats?

DER ALTE PAMEELEN *(weinend):* Oh, Jef, was für Redensarten!

PICASSO: Was sind Ihre Tränen gegen mein Dasein! Wenn eine unbescholtene Frau mit einem Gemüsekorb auf der Straße geht und, weil sie etwas vergessen hat, plötzlich kehrtmacht – ist das das Leben? Wenn ein Mann in Turnschuhen an einem Sommermorgen am Ausgang einer Stadt steht – muß das sein? Ich aber suche das Notwendige. Ich bin so oft bespien; mir sollen keine Hunde mehr zwischen die Beine laufen; nein, das nicht!

DER ALTE PAMEELEN *(zieht ein großes rotes Taschentuch und weint).*

PICASSO: Nicht genug, daß Sie – wenigstens unter Zugrundelegung der allgemeinen, heutzutage geltenden biologisch-gynäkologischen Ansichten und unter vorläu-

DER VERMESSUNGSDIRIGENT

figer Außerachtlassung der Ultraviolettstrahlen – mich veranlaßt haben, respektive dazu imstande gewesen wären, jetzt weinen Sie auch noch über Ihr Dasein? Oh, ich sage Ihnen, die Sterne, um ein Bild aus einem allgemeinen gefühlsbetonten Vorstellungskreis, der auch Ihnen nicht fremd sein dürfte, zu wählen, stehen Brust an Brust geschmiegt und saugen sich an den Titten gegen meine Einsamkeit – und *Sie* weinen?

DER ALTE PAMEELEN *(weinend):* Dankbarkeit! Mühsame Erziehung! Spargroschen!

PICASSO: Wie trat der kaukasische Knabe auf? Geordnet lag sein Weltbild, es schlummerte der Systematisierungsdrang. Da aber vor unmündigen Organen hielten die Hand nicht Sie: es drangen Substanzklistiere in widerstandslose After. Durch Vermehrung des Erfahrungsbestandes, durch Hinweis auf ansehnliche Wasserfälle, durch Hinzutritt des Indianers reizten Sie seinen in diesen Breiten nächst dem Hunger brutalsten Trieb: die Einheit des Denkens herzustellen, und er schweifte aus. Die Logik, von der Art als der intellektuelle Schaukelstuhl des Schamträgers gedacht, er betrieb sie als das offene Laster. Er machte die Milchkuh zum Jaguar, er wogte, Kastrate über Nixen, wo das Meer den Schleim zur Ohnmacht dünnt. Jetzt geht er vielleicht durch die Nacht; hell funkeln die Sterne. In bekannter Weise überkommen ihn die Erhabenheit und die formalen Prinzipien, plötzlich aber ertönt die innere Stimme: Mein Herr, öffnen Sie die Hose, entströmen Sie Weltgeruch, und nachdenklich fragt er sich, wo sind nun eigentlich die Pisangs vom intelligiblen Ich?
Darum nehmen Sie Ihre Tasche und gehen Sie zurück aufs Land, aber ich sage Ihnen, es kommt eine Zeit, da

haben die Hunde keine Schwänze mehr und die Dorf-
bewohner keine Koordinaten. Da sind wir alle nackt,
stille Wüste. Wüste ist trockenes, heißes, staubiges Land;
unfruchtbar, mit Abendröten, Taifunen und Karawanen,
lesen Sie unter Gobi nach! Und witterten Sie eben in diesem Ausklangssatz die schließliche Läuterung, das
schlichte „und dennoch" und – zumal das Komma abrupt
zwischen den beiden Vorstellungskomplexen stand –
einen gewissen Firnenschnee und das bekannte große
Leuchten? *(Zieht eine Dose und nimmt ein.)* Ich pflege
nach solchen Sätzen immer eine Spermatothanatos-Pille
einzunehmen. Ich möchte nichts hinter meinem Rücken
befruchten. –

PAMEELEN *(tritt aus dem Nebenzimmer herein):* Grüß
Gott, Vater!

DER ALTE PAMEELEN: Wie? Ihr seht ja beide ganz
gleich aus?

PAMEELEN: Ja, wir sind prinzipiell archimedische
Punkte –

PICASSO: Bezugsgebiete völlig gleichen Ranges –

PAMEELEN: Koordinatensysteme –

DER ALTE PAMEELEN: Ach so!

II. AKT

Hütte im Hochgebirge. Schnee. Abend.
In der Hütte Geräte, Hunde, Knochen, Blumen.

PAMEELEN *(allein):* Frierend, Kaffee titschend, die
Stube voll Rauch, da kein Schwein den Ruß aus den
Rohren fegt – Dionysos zwischen Hund und Hyazinthe –
Kunsthonig, sterilisierte Milch – neo-johanneisch – *(setzt
sich an den Tisch, holt ein Blatt aus der Schublade):* Konzentration! Werk, hervor! Spotte, Hund, grinse dein
dreckiges Maul über alle Kontinente, hier knirsche!! Ein
Blatt!! Ein Wort!! Formel! Erraffung! Einbezug! Was
ist: Ich und der Tod! Auf! Springe, mein junger schek-
kiger Hirntiger, benessele[3] meinen Dschungelschädel! Be-
mörsere das kodderige Ländergeschmeiß! Domdreck,
Schamfleck – bebackzahne es!
Schnee um meine Hütte! Weiße Unbesambarkeit! Un-
fruchtbarer, Walstatt der Entrauschten! Keimfrei läßt
der Stern sich in mein Auge. Definitives: Einmaligkeit,
brülle deinen Singsang, hole Atem –! Gute Winterluft!
Galopp!
Sehnsucht, singe deine dunklen Wolken alle aus; alle
meine Bäuche will ich kennen, mein Gezottel! Lüste,
eure Straßen alle! Milde Nächte sind um meine Seele, ihr
sollt alle morgenrötlich werden – aber Stimme! Antwort!
Hohle Hand! Stürzt die Stille!

(Pause.)

Immer hinter dem Fremden her! *(grimassierend)* ein
Faun Moqueur, mit Widderhorn und Trauben. Ein
Frauchen in der Straße, wo sie wohnt; getreuer Nach-
bar, Dörflichkeit, der Friede.

Der Heilige, das Händemal. Die Reise, und eine Stadt zerschmettert um den Hügel.

(Pause.)

Und überstürzt von Erde, von Gestirnen – maulwurft man seinen kleinen Schädelhügel und Meere blauen Hohn und Sommer prassen – –
Rache – –!!
Grenzsteine – –!!
Errichtung – –!!

(Frau mit kleinem Kind tritt ein.)

DIE FRAU: Verirrt – Nacht – kleines Kind.

PAMEELEN: Platz! Wärme! Ofen! Bank!

(Pause.)

PAMEELEN *(sieht lauernd das Kind an):* Ihre Vermehrung?

DIE FRAU *(nickt).*

PAMEELEN: Einziges Kind?

DIE FRAU *(nickt).*

PAMEELEN *(gierig):* Verheiratet? Angesehener Mann? Weitverzweigte Familie? Wirkungsbereich? Einfluß? Vermögen?

DIE FRAU *(nickt).*

PAMEELEN: Wollen wir ihm Schokoladenspeise zu essen geben? Kleines Restchen?

DIE FRAU *(nickt dankend).*

PAMEELEN *(holt aus dem Ofen Speise, tut Pulver zu).*

DER VERMESSUNGSDIRIGENT 343

DIE FRAU *(füttert das Kind).*

PAMEELEN *(zusehend):* Wie ein Hündchen, erst veräcdt-
lich, dann schnuppernd, schließlich fressend.

(Kind wird hingelegt, schläft ein. Pause.)

DIE FRAU: Die Nacht ist hell und niedrig. –

PAMEELEN *(sieht lauernd das Kind an).*

(Pause.)

DIE FRAU: Der Mond –

PAMEELEN *(sieht lauernd das Kind an).*

(Pause. Das Kind macht einige tiefe Atemzüge. Stille.)

PAMEELEN: Nun ist es tot. Das Opfer! *(Tritt vor die
Hütte.)* Gott! Nacht! Hochgebirge! Schuft ihr den Mann?

(Pause.)

PAMEELEN *(schreit):* Er hat einen Schamfetzen hinge-
hauen euch zur Ehre – schuft ihr das fluchbeladene
Vieh? – –
– – Keine Sternschnuppe? Kein kleines Nordlicht? *(Taumelt.)*

PAMEELEN *(zurück in die Hütte):* Frau, lassen Sie Ihr
Flennen, Ihr Kind lächelte, als es schlafen ging. Kalku-
lation hinsichtlich Ihrer: Aus einem Wirbel von Gefühlen Umformung Ihres Daseins, jetzt wie immer, Weiber,
Zibben, Beuteltiere. Vorläufig negativ, später positiv,
schließlich Begattung.

DIE FRAU: Tierisch – roh –

PAMEELEN: Tierisch – roh! Wenn der Mann sich vorfühlt, an seinen Schläfen neue Ebenen, neue Winkel zittern spürt – keuchend den Stollen der Logik in die Scham vortreibt –

DIE FRAU: Und gerade mein Kind.

PAMEELEN: Jawohl, Frau, mächtiges Haus! Da ist der Weg ins Tal, Rache! Kreuzzug! Ich bin der Don Juan nach einer Niederlage! Zerreißungen, Zerfleischungen aus Ihrer Hand! Weihen Sie mir die Brautnacht mit mir selber, es ist danach Gebrüll in mir aus tausend Tigergruben – – –

DIE FRAU: Sie meinen den Prozeß –

PAMEELEN: O komme, großer Staatsanwalt! Fußfesseln, klirrt mir erste Harmonien! Schafott, begrenze mich! Aus Beil und Kugel Formung meines Ich – Ich wuchere – – –

PAMEELEN *(setzt sich wieder an den Tisch, nimmt das Blatt vor):*
(Pause.)

Steiltreibung! *(Erhebt sich.)* Letzte Formel! Mich-Umfassung! Ich altere, ich muß! *(Geht auf die Frau zu.)* Lockerung! Hilfsstellung! *(Faßt sie an.)* Hier ins Dunkel. Die Säuberung! Kein Ausgang als in sie und kein Eingang, wo die Wolken leise streichen und auf Schnee und Firne die Hütte schläft – Scheidung! *(Es begibt sich etwas.)*

PAMEELEN *(sich erhebend):* Gewachsen?? *(Fühlt sich mit der Handfläche auf den Schädel.)* Aufgehellt? *(Am Fenster.)* Prallt ihr zurück, Brücken und Pfeiler, beglänzt? Beugt ihr euch, Stufen des Erlösten und Säule, auf der die Alke schläft?? *(Kurz kehrt.)* Du hast Reste gelassen! Die Hefe gärt noch, die Hüfte grünt herauf! Nochmals

DER VERMESSUNGSDIRIGENT 345

fürs Geld! Hier am Fenster, dem Licht ins Angesicht! Rüstigkeiten, Wandertriebe – meinen Hintern! *(Es begibt sich etwas.)*

(Picasso steigt ins Fenster und wiehert.)

PAMEELEN *(von unten herauf):* Nicht ganz wohl, Picasso?

PICASSO *(wiehernd):* Schau, schau.

PAMEELEN: Laß nichts durchs Fenster, falls etwas kommen sollte. –

PICASSO *(wiehert und spannt einen Regenschirm auf nach außen).*

PAMEELEN *(sich erhebend):* Nun? *(Sie betrachten gemeinsam den Regenschirm; Pameelen zuckt die Achseln.)*

PICASSO: Totes Rennen!

PAMEELEN: Frau, Ihre Zunge an meinen Backzahn, es knirscht da so, ich ahne Flugsand. Mir scheint, er schämt sich seines Kotelett-Vaters, pfui Deibel, Ich-Statur!! – Unsöhnlichkeit –!! *(Geht wieder über die Frau.)*

PICASSO *(wiehert).*

PAMEELEN *(von unten herauf):* Du hast dir jetzt – ein so eigentümliches – Lachen – angewöhnt. –

PICASSO *(beleidigt):* Ich habe doch jetzt rechts das Tierauge!

PAMEELEN *(aus dem Hintergrunde):* Ach so, das Tierauge!

PICASSO: Gar kein Atomgewicht mehr, Schwerkraft ist

346   PROSA UND SZENEN

Unfug, nur noch bunte Kurven; von euch beiden sehe ich augenblicklich nur zwei Hohlkörper, reflexbesprenkelt. – –

PAMEELEN *(aus dem Hintergrund):* Das Tierorgan!

PICASSO *(zögernd):* Der Flächenblick. –

PAMEELEN: Das Schaumauge!

PICASSO *(unsicher):* Pameelen, haben Sie kürzlich mal – Pameelen, ich muß es Ihnen gestehen, ich habe plötzlich eine so große Liebe zu den Ausrufungssätzen bekommen. Sie schließlich sind doch primitiv, spargelförmig, unassoziiert. –

PAMEELEN *(kommt aus dem Hintergrund gestürzt):* Picasso!! *(Erschüttert)* Eisatem[4], weißes Blut –!

PICASSO: Scheibenhonig! Euter! Geträufe! Radau! Gestänke! *(Faßt die Frau an.)*

PAMEELEN: Und die Ausmessung?? Picasso, letzter Bruder, alle Stunden der Verzweiflung rufe ich auf, da Sie mit mir rangen nach der Reinigung – daß wir endlich weiß würden *(zeigt)* wie diese Marmorstufe hier: so hingebreitet, so wirklich, so erkenntlich – –
(Flehend): Picasso!
(Langsam, sakramental): Mar-mor-stufe – Sehen Sie nicht, Picasso, wie klar, herbstlich und gestillt sie daliegt nach diesem ungeheuren Ausbruch in die Wirklichkeit, spüren Sie selber nicht die Versöhnung, weil Sie sie logisch so tief erschöpfen konnten?

PICASSO *(ist mit der Frau aus dem Fenster gestiegen):* Alter Vermessungsdirigent!

DER VERMESSUNGSDIRIGENT

III. AKT

1. Szene

*Pameelen, gealtert, im Schurzfell eine Weintonne
behämmernd.*

PAMEELEN: Dies ist der Reifen: Sprengung: Hinge-
ströme. Dies ist der Reifen: Sammlung: Ichgefühl –
(blickt auf) ein Hüttendach, ein Schnee – *(zögert):* es
träuft, es klirrt, vom Dachfirst an die Erde – also: ein
Schnee, in dem es rinnt. *(Stutzt.)* Es – rinnt –: Du hebst
die ganze Erde an: Die Wärmeschwankung, Perihel;
die Folgerung: Föhn, Lawine, Verschüttung, Hilfs-
korps, Familienunglück, Zeitungsnotiz. Liegt deiner-
seits dazu Bekennung vor? *(Beißt die Lippen zusammen, hämmert.)*
O Hinstrom! Schweigendes Zerfluten! *(Hämmert. Sieht
auf.)* Zwei Gemsen! *(Zerreißt die Reifen, jauchzend:)*
Zwei Gemsen! schattig auf dem Hügel! umbrannt vom
Licht!: Berggemse – mittelgroße Ziegenart – langlebig
– Herbivore – Feistzeit im Juli – Brunst im Januar –
wohnt in Gehölzen – Schonzeit – Muttertier – *(stürzt
zu einem Stutzen an der Wand:)* Herabnahme! alter
guter Stutzen! Anlegen! Entfernungsschätzen! Zielen!
Kimme! *(Stürzt überwältigt in die Knie, der Stutzen
entfällt ihm, schluchzend:)* Gewollt! gewollt! Zieleinheit! Tätigkeitsdrang! Willenszusammenschluß! Zieleinheit! Zieleinheit! Dinge!! Dinge!! *(Bebt lange in
Erschütterungen. Erhebt sich dann, schließt die Läden,
setzt sich in die dunkle Hütte.)*
(Flüsternd:) Leise! Keine Konzessionen an die Syntax!
Nur Ich-Gemurmel: Fremder! Fremder! *(Schnell:)* Das

Dach, auf dem der Schnee rinnt. Ein Gang zum Brunnen. Zerstoßen des Eises. Gaumengefühle. Der Bergdonner. Lichtbläue –: Das war dein Tag. Fange dich! *(greift mit der Hand)* fange dich!

(Pause.)

Der Welten leises Bröckeln, der sanfte Zweifel, das Gefälle; am Hirn selbst: stiller Aufschluß, Flut, versagender Zerfall – nur Ich: Erstarrung, Gültigkeit.

(Pause.)

Der Welten leiser Übergang, das Rainhafte der Gegenstände, wo brennte ohne Hoffnung ein Ding-Seelchen – nur Ich: einmalig, endgültig.

(Pause.)

Leise Stimme: stoße durch! Entformung! Bekränze dich mit Tod. – Antwort: Leise feige Stimme, es wird sich zu Ende geeitert – tiefer! – Entreizung! – *(Sticht sich die Augen aus)* der große Revisor!!

2. S z e n e

Die gleiche Hütte. Pameelen: alt, am Stecken, grau.

PAMEELEN: Seit Jahr und Tag vereist. Vergesser, entufernd Worten und Begriffen. Dingdenker.
Stein ist nicht hart und grau und schwer und Kiesel oder Polder; was Beutetier erreicht, was Baumfrucht trifft, sucht, wenn mich hungert, alte Hand. Und war immer um mich: trug mir das Essen zu, die Streu, den Rock, das Schuhwerk, immer hinter dem Fremden her. Tag vergeht, Nacht zerrinnt; Totenhaar, Erblindung.

DER VERMESSUNGSDIRIGENT   349

So viele Felsen hallten von dem Schreien, den Hirn-
gewittern letzter Dränge, den Menschlichkeiten.
Doch Hügel stürmen durch die Nacht, blaue Lachen
des Himmels schauern helle Wolken, Birkenweiß; dann
Wälderröte, Vergänglichkeit, unter Laub schleifend.
Ich will noch einmal in das Tal: den Weg hernieder,
Mund, spitze dich; alte Laute um Zunge und Zahn: wer
sagte denn Erkennen?
Süß ist Land; Brotdörfer, Mehlhöfe; über Wiesen treibt
das Auge.

3. Szene

PAMEELEN *(sterbend):* Ha! Abschluß! kastrierter blin-
der Kadaver, die Ohren zugewachsen von Alterskreb-
sen, steige auf, mein Mythos, Welthund belle!
Wie? kein Wauwau? Und eure Treue sprichwörtlich?
Also selbst ist der Mann: Ich will mich meines Morgen-
frühstücks erinnern! Steige auf, optisches Erinnerungsbild, enthülle mich: Kaffee oder Tee? Speck oder Eier?
– Gehirngewebe, solltest du ...? Komm herauf, Ta-
schenspiegel meiner Brunstzeit, raune durch das Duster:
spielt sich ein besonderes Lächeln um meine Lippen,
ducke ich mich, verbeuge ich mich tief, suche ich mich der
Betrachtung zu entziehen, war ich der Frohe oder der
Gebückte, wem fällt selbsttätig der Kot herunter, wem
stirbt es hinten schon, entformungsfroh ...? *(Es wird
an die Tür geklopft.)*
Totengräber, noch nicht! später! aber erwarten Sie
keine Zitate. Es liegt nicht vor, daß ein achtbarer Herr
das Zeitliche segnet. Ein armes Luder ohne Formel und
Sich-Umfassung ist bald von stillen Dingen zugedeckt.

350 PROSA UND SZENEN

dreimasternd im Taifun des Unbewußten. *(Von draußen die Stimme Picassos.)*

PICASSO: Pameelen!

PAMEELEN: Welche Stimme?

PICASSO *(von außen):* Ich muß Sie...

PAMEELEN: Ich kann nicht...

PICASSO *(von außen):* Ich muß, ich muß *(bricht die Tür
ein),* Pameelen! das neue, das große Glück! *(tritt an
Pameelens Bett)* Pameelen, Sie müssen es noch hören:
die Taunacht! die Erlösung –!

PAMEELEN: Ich...?

PICASSO: Pameelen, wir werden nicht geboren, wir erschaffen uns –

PAMEELEN: Wir erschaffen uns?

PICASSO *(überwältigt):* .... wir sind zugelassen zu
einem Schicksal –

PAMEELEN:... Wir? *(Wendet sein erblindetes, schmut-
ziges, sterbendes Gesicht ihm zu.)*

PICASSO: Und wenn es die letzte Stunde ist, Ihr Augenbrechen, Ihre letzte Brunst: wir erschaffen uns, und ich
gehe, mich zu erschaffen. –

PAMEELEN *(schwer röchelnd, letzten Atems):* Mit Curare oder ohne Curare?

PICASSO: Curare – was war das doch?

PAMEELEN: Picasso!

PICASSO: Ach so!

Ende

KARANDÀSCH

Rapides Drama

Zusammenfassung

Pameelen betrachtet das sogenannte geistige Dasein unter dem Gesichtspunkt seiner sprachlichen Komponente. Er ist ein erklärter Gegner des Substantivs, das für das Einmalige den Begriff setzend die Tragödie einer Menschheit schuf, für die das Vergängliche nur ein Gleichnis war.

Er seinerseits bevorzugt das Verbum, als den Träger der Bewegung. Ferner meint er: das Wort ist Allgemeingut und das Wort besagt nichts (daher: „unsere Schnauze munkelt").

Für ihn fängt das Glück da an, wo die Lippe stumm ist und starr und weiß eine Zahnreihe klafft zum Fraß und gegen Fische (Triton).

I. AKT

DER SANITÄTSRAT

1. Szene

PAMEELEN: Die Pastete ist knetbar; formen wir das Pack!

RENZ: Ich am Magen.

PLENZ: Ich am Kragen.

PAMEELEN: Vorschlag! Standardbegriffe!

RENZ: Persönlichkeit!

PAMEELEN: Zu Ende gegangene Jahrbillion.

PLENZ: Gebet, die Beziehungsetzung zu Gott, erschuf das Einzelschicksal. Der schaurig unbehaarte Frontalhöcker der Katarrhmeridiane, Königsberg, warf die Einheit des Denkens als Forderung in die Masse. Die Vorstellung eines nervösen Zentralorgans innerhalb der leiblichen Geschlossenheit gab das psychologische Moment dazu.

RENZ: Abscheulich!

PAMEELEN: Und nun ?

PLENZ: Rotation um den Nabel!

RENZ: Eine Handbreit tiefer!

PLENZ: Hi! Hi!

PAMEELEN: Achtung!!!

DER CHEFARZT *(eintretend):* Morgen, Kollegen!

DIE DREI: Guten Morgen, Herr Chefarzt!

KARANDASCH 353

DER CHEFARZT: Muß mal rasch 'n Happen essen!
Pfeiffer!!

(Pfeiffer erscheint.)

CHEFARZT: Ist die Station in Ordnung? Für alle Fälle
gerüstet? Jedem Zustrom gewachsen? *(Geht an den Apo-
thekenschrank.)* Wo ist der Fieberwein? *(Entnimmt eine
Flasche.)* Der Schwerkrankenlikör? *(Entnimmt eine
Flasche.)* Der Heruntergekommenen-Ernährungszu-
stands-Eierkognak? *(Entnimmt eine Flasche.)* Das Blut-
geschwür? *(Entnimmt eine Flasche.)* Die Phlegmone? *(Ab
ins Nebenzimmer.)*

PAMEELEN *(weist auf den Abgegangenen):* Eröffnung
der Schachtel! Reduktion! Motorisches zum Zwecke der
Nahrungsaufnahme. Scherzhafte Verbrämung. Basis:
Allgemeine körperliche Munterkeit. Hirnbedeckende
Grundvorstellung: aufrechter Mann, kleiner Schnaps.
Handlungsleitendes Hauptwort: geschlossene Persönlich-
keit.

RENZ: Tja...

PLENZ: Nahrungsaufnahme...?

PAMEELEN: Früher Morgen, Alkohol im Sinne körperlichen Begehrens in der Richtung der Lust spielt hinein,
aber meinerseits bereits subsumiert unter: scherzhafte
Verbrämung *(schnupft).*

PLENZ: Demnach –

PAMEELEN: Das handlungsleitende Hauptwort bildet
die Weltgeschichte. Changieren wir. Geheimbund. Husten, Onanie, Kokain, alles was den Unterbau etwas
lockert, muß gesetzlich eingeführt werden *(schnupft).*

354 PROSA UND SZENEN

RENZ: . . . Sie führen ein . . .?

PAMEELEN: Ich lockere. Beteiligung! Herr Plenz, lassen
Sie Ihr Institut in dem Sinne arbeiten, daß an der Knie-
scheibe der Wille sitzt, in der Achsel der Konditional-
satz, das Schließvermögen am Gesäß; Herr Renz, veröffentlichen Sie eine Reihe unantastbarer Untersuchungen,
daß das Negerkind, mit Kartoffelsalat ernährt, nicht die
Vorstellung des Sofas bilden kann – und der Bürger ist
erschüttert – –
Achtung! *(Am Fenster.)* Der Musikpavillon! achteckig
neuerbaut – Lazaretthof. Jawohl, das Unzweckmäßige
hat seine Stätte auch, doch auf und ab geht kranker Mann,
auch Aufstieg wird verordnet, der Staat regelt das
Chaos – meine Herren, ich krepiere . . .

(Der Chefarzt kommt zurück.)

CHEFARZT: Herr Renz, Sie haben mir eine Meldung
geschickt.

RENZ: Über das Gas.

CHEFARZT: Sie schreiben . . .

RENZ: Es fließt nicht.

CHEFARZT: Das ist nicht wahr!

RENZ: Verzeihung!

CHEFARZT: Das ist nicht wahr!

RENZ: Ich habe . . .

CHEFARZT: Hier ist die Meldung.

RENZ: Da steht . . .

CHEFARZT: Es fließt nicht.

RENZ: Eben!

CHEFARZT: Es fließt auch nicht.

RENZ: Also!

CHEFARZT *(brüllt):* Es strömt. *(Ab.)*

RENZ: Reduktion: Kontrastgefühl: Kretin. Zustrom zum Ich-Komplex. Steigerung der Auto-Note. Handlungsleitendes Hauptwort: Chefarzt! Pameelen, Sie haben recht, das Hauptwort degoutiert mich.

PAMEELEN: Auf zur Tat! Denn betrachten wir freimütig das Leben: immer geht es durch Kampf zum Sieg, und dem Hauptthema passen Nebenmotive prächtig sich ein.

RENZ: Aus den Gelenken muß es kommen, eine neue Einstellung in den Raum...

PLENZ: Durch Generationen grüne Brillen...!

RENZ: Schallverstärker...!

PLENZ: Barium in die Mutterbrust...!

PAMEELEN *(mit Schnupfdose):* und diese kleinen flimmernden Kristalle *(reicht herum)*, dieses feine levantinische Kraut *(alles schnupft)*, diese zarte unscheinbare Staude... *(flüsternd)* nehmen Sie, seien Sie mit von der rauhen Kehle..., wenn so der Atem darüberstreicht und es herkommt als eine fremde Stimme..., wenn Sie sinken: Stück um Stück...

RENZ: Wie ist mir...?

PLENZ: Taumel...

RENZ: Glücksgefühl.

PLENZ: Und wenn diese Schweine sterben, sagen sie, sie haben auch gelebt –

RENZ: Aber wir . . .

PAMEELEN: . . . unter Schauern des Zerfalls, unter den Strömen des Vergehens . . .

PLENZ: Die neuen Typen.

PAMEELEN: Der Chefarzt: da: klein, kleiner, am kleinsten . . . er schwankt, fort . . . Buchstaben . . .

RENZ: . . . Vier . . .

PAMEELEN: Ein Hauptwort . . . und Pfeiffer: auch ein Hauptwort . . . mit Untergruppen.

PLENZ: Aber wir . . .

RENZ: . . . Die neuen Typen . . .

PLENZ: . . . Die neuen Schweine . . .

RENZ: . . . Der gelockerte Unterbau . . .

PAMEELEN: . . . Ich glatte ein . . .

RENZ: . . . Er glattet . . .

PAMEELEN: . . . Das Ur . . .

PLENZ: . . . Die . . . ??

PAMEELEN: Das . . . !!!

PLENZ: Prophete!

RENZ: Jeremias!!

PAMEELEN: Amen!!!! –

KARANDASCH 357

2. S z e n e

RENZ *(im Laboratorium):* Wie ist mir...? Mir ist so dichterisch...? Ich glaube, wenn ich Esterbrookfedern hätte, die einzigen, mit denen ich schreiben kann... ich glaube wahrhaftig – aber mit Tintenstift...?
An Problemen sollte es mir nicht mangeln. Etwas würde ich schon finden. Etwas, was meine Ansicht wäre; etwas, was ich verteidigen könnte; etwas, für das ich einträte; etwas fast bis zum Beschwören, das Eindrücke von mir hinterließe, eine Art Physiognomie – kurz: etwas!
So weit wäre ich also. Genau so weit. Was könnte man nun mit etwas anfangen? Wohin könnte man es führen? Wo anschließen? *(Brüllt):* Etwas!! Tuchfühlung!! Rechts heran!! Deibel!! Man muß doch aus etwas etwas machen können...? Unerhört!!

(Pameelen tritt ein.)

RENZ: Wie schließt man etwas an...?

PAMEELEN: Das ist ausgeschlossen.

RENZ: Sie irren.

PAMEELEN: Seitdem die brutale Hypothese des Ich als Gesamtumfasser – –

RENZ: Sie irren! Die Glut meiner Vollpersönlichkeit straft Sie Lügen! Ich habe etwas. Ich frage Sie nur, wie schließt man an; das ist ein rein mechanisches Problem.

PAMEELEN: Sie rühren an das Problem der Schachtel, an das große Problem der Schachtel.

RENZ: Aber ich habe etwas. Nehmen wir an, ich hätte

etwas, das meine Ansicht wäre, etwas, das ich verteidigen könnte, etwas mit Schwurfinger, Physiognomie, kurz ein echtes Etwas.

PAMEELEN: Dann sagen Sie Karandasch.

RENZ: Sie sagen?

PAMEELEN: Karandasch.

RENZ: Sie meinen?

PAMEELEN: Dann vergeben Sie sich nichts.

RENZ: Sie meinen . . . ?

PAMEELEN: Das ist die große Eidesformel, die ich gebrauche, wenn ich mitten im sogenannten Dasein stehe und heißt: als ob Worte Sinn hätten. Wir glauben es doch nicht mehr, Renz, wir glauben es doch nicht mehr. Alle Vokabeln, in die das Bürgerhirn seine Seele sabberte, jahrtausendelang, sind aufgelöst, wohin, ich weiß es nicht. Wir müssen quasseln, weil wir fressen müssen, wir müssen grinsen, weil wir arme Luders sind, aber: Karandasch, Karandasch – das ist die Schachtel: die Worte sind geordnet: unter jedem steht ein kleiner Mann. Nachts schläft kleiner Mann bei kleiner Frau, fortzupflanzen, anzuschließen, Wort zu füllen mit neuem Mund. Legt in Sarg sich, letztes Wort, Gott zu Häupten, Kranz zu Füßen, Weib steht seitwärts, Träne rinnt – aber Sie und ich? Renz, der Worte sind so viele: Spreu der Tenne, Schatten der Verlorenen, aber die alten Worte, Renz, die uralten Worte – Karandasch – Karandasch.

3. Szene

Feld, Wald, Wiese:

EIN MANN: Guten Abend, Herr van Pameelen.

PAMEELEN: Guten Abend, mein Herr.

DER MANN: Haben Sie Ihren Kragenknopf verloren?

PAMEELEN: Nicht, daß ich wüßte.

DER MANN: Sie suchen hin und her.

PAMEELEN: Hinter den Sträuchern.

DER MANN: In den Lüften.

PAMEELEN: Ein Leitmotiv.

DER MANN: Eine Lebenshypothese?

PAMEELEN: Dies!
(Pause.)

DER MANN: Gruppierungsdrang?

PAMEELEN: Mehr Peinlichkeit.

DER MANN: Sie erlebten...

PAMEELEN: Vom Laboratorium ins Museum gehend,
daß ich den Göttern in die Gurgel sah.

DER MANN: Sie sahen...?

PAMEELEN: Gips.
(Pause.)

PAMEELEN: Und es eilt, ich erfand etwas.

DER MANN: Dafür bin ich der Gärtner.

PROSA UND SZENEN

PAMEELEN: Ich dachte es schon: die Rosenstöcke –

DER MANN: Und Bast und Binden –

PAMEELEN: Wie ist das Rauschen?

DER MANN: Uralte Frage! –

PAMEELEN: Eine Fächerkrone, ein Kiefernkrüppel? –

DER MANN: Der Weltesche –

PAMEELEN: Yggdrasil?

(Pause.)

PAMEELEN: Also knüpfen Sie mich auf.

DER MANN: Erläutern Sie sich.

PAMEELEN: Ich erfand den Frigo.

DER MANN: Das heißt.

PAMEELEN: Ich, mit meistens rauher Kehle. den Blick
auf einen Ofen, eine Tasse Kaffee und das Nichts, stellte
fest, daß Wasser von 15° drei Stunden lang durch eine
Spirale kunstvoll angelegt gespült, das Zeugungsglied
gesunden läßt, wozu meine Kollegen . . .

DER MANN: Zeugungsglied?

PAMEELEN: Sozusagen.

DER MANN: Da wäre –

PAMEELEN: Zum Beispiel.

DER MANN: Aufbau.

PAMEELEN: Rüstigkeit?

DER MANN: Lerchenschlag!

KARANDASCH 361

PAMEELEN: Ortsgruppe?

DER MANN: Diesbezüglich!

PAMEELEN: Lebensabend??

DER MANN: Forderung!!

PAMEELEN: Firnenschnee?

DER MANN: Großes Leuchten!

PAMEELEN: Milchstraße?

DER MANN: Feuerzauber!

PAMEELEN: Stammbuch?

DER MANN: Wie du, wenn du stirbst!

PAMEELEN: Erfüllung!

DER MANN: Frigo!

SPEZIALARZT *(hinter Strauch vortretend):*
Kollege, was höre ich?

PAMEELEN: Frigo!

SPEZIALARZT: Sie ruinieren Familienväter.

PAMEELEN: Lernen Sie Hebamme.

SPEZIALARZT: In drei Stunden beseitigen, was man in acht Wochen heilen kann?

PAMEELEN: Mein Gang ist frei und rüstig.

SPEZIALARZT: Darum handelt es sich nicht.

PAMEELEN: Oder haben Sie etwas Brüchiges in meiner Rückenlinie bemerkt?

SPEZIALARZT: Das sei ferne.

PAMEELEN: Eine Neigung zur Spirale?

SPEZIALARZT: Nicht in die Tüte.

PAMEELEN: Etwas Kreislaufhaftes?

SPEZIALARZT: Genug!!

PAMEELEN: Etwas, was auf meinen . . . anspielte?

SPEZIALARZT: Mein Herr!

PAMEELEN: Mein Ich, als motorisches Leitmotiv –

SPEZIALARZT: Zur Sache!

PAMEELEN: Und nun, wo ich endlich –

SPEZIALARZT *(vorwurfsvoll):* In dieser großen Zeit . . . ?

PAMEELEN: – Das psychologische Korrelat –

SPEZIALARZT: Privatinteressen . . . ?

PAMEELEN: Ich kranke –

SPEZIALARZT: Wo zehn Millionen Volksgenossen, wo
die ganzen eigentlichen Teilnehmer dieses großen industriellen Unternehmens durch große Städte kamen, in
denen eine Kontrolle der Prostitution nicht bestand . . . ?

PAMEELEN: Ich bange –

SPEZIALARZT: Wo die spezialistische Behandlung
draußen eine zureichende nicht war . . . ?

DER MANN: Er krankt doch!

SPEZIALARZT: Hat er 'n Metschlauch um die Brust?

DER MANN: Er ringt doch – . . .

SPEZIALARZT: Baldure! Palmen!! Weltebereschen!!!

DER MANN: Titanidisch –

SPEZIALARZT: Andre Drüsen!!

4. Szene

PAMEELEN: Um die Knochensplitter meiner Weltanschauung nochmals hervorzukotzen – der Mensch als An-
gewohnheit – spät wand das Ohr sich in die Schallmasse –
nun hört bereits der Mittelstand; ferner riecht er, der
Hund schnüffelt – die Nase geht zurück; und Angriff und
Widerstand als die Formen unserer Betrachtungsweise
populär erkannt – was tut der Dramatiker?

STERNHEIM[1]: Er läßt frühstücken.

PAMEELEN: Unter welchem Gesichtspunkt?

STERNHEIM: Das Publikum will Frühstück sehn.

PAMEELEN: Behaglichkeit?

STERNHEIM: Tout comme chez nous!

PAMEELEN: Und after dinner?

STERNHEIM: Er formiert den Angriff.

PAMEELEN: Gegen?

STERNHEIM: Den Widerstand.

PAMEELEN: Reich und arm?

STERNHEIM: Bürger und Genie.

PAMEELEN: Zum Knochenkotzen.

STERNHEIM: Kein Entrinnen.

PAMEELEN: Die Drohfaust! Hah!

STERNHEIM: Die junge Brut.

PAMEELEN: Der Alte bockt.

STERNHEIM: Die Jungfer jungt.

PAMEELEN: Blutschande.

STERNHEIM: Greuel.

PAMEELEN: Koitus.

STERNHEIM: Der Lendenwirbel.

PAMEELEN: Numero Fünf.

STERNHEIM: Die Schachtel auf!

PAMEELEN: Ein Widerstand!!

STERNHEIM: Ideenkampf.

PAMEELEN: Lokalgeruch.

STERNHEIM: Mit großer Zeit!

PAMEELEN: Und Ewigkeit!

STERNHEIM: Und Firnenschnee!

PAMEELEN: Und Karandasch!

STERNHEIM: Achtung!!: Der Sanitätsrat!

PAMEELEN *(ins Nebenzimmer):* Renz, hier wird was angeschlossen!

STERNHEIM: *D e r S a n i t ä t s r a t!* Typischer Seelen-
kampf!! Rechts und links vom Zuschauer!

Seitlich Eingang ins Klosett!
Personen: Der Sanitätsrat. Der junge Mann.

DER SANITÄTSRAT: Coquelicot! Sehen Sie, junger Mann, jede Krankheit, selbst die scheinbar harmloseste, kann etwas Heimtückisches bekommen.

DER JUNGE MANN: Freilich! Freilich!

PAMEELEN: Mir fehlt der seelische Gehalt.

STERNHEIM: Der Affe ist bloß faul! Sie junger Mann! Guttural! Urkraft ins Parterre!!

DER SANITÄTSRAT: Ich meine die Spontanheilung.

PAMEELEN: Aber der Dauerwert!

STERNHEIM: Hören Sie was . . . ? Hören Sie etwas gegen etwas dröhnen?

DER JUNGE MANN: Freilich! Freilich!

STERNHEIM: Sie sind gar nicht gefragt. Sie sind Widerpart! Arbeiten Sie Widerpart! Widerpart will der Betrachter, sagen will er: Ja, so was gibt's!!!

DER SANITÄTSRAT: Handelt es sich demnach nur darum, mit möglichst viel Instrumenten möglichst wenig nachweisbaren Schaden anzurichten – – –

DER JUNGE MANN: Freilich! Freilich!

STERNHEIM (zum jungen Mann): Das ist ja unerhört! Zum Deibel! Wollen Sie jetzt vielleicht klaffen? Wollen Sie jetzt vielleicht endlich anfangen zu klaffen? Sie Schnösel, der Bürger will, daß etwas klafft: Konflikte! Verwesungsodem! Abgründe über die weiße Weste!

DER JUNGE MANN: Freilich! Freilich!

366   PROSA UND SZENEN

STERNHEIM: Das geht zu weit! Sanitätsrat, Firnenschnee!
(In die Kulissen): Der Mensch, naturgebunden!

SANITÄTSRAT: Unser hoher Beruf, ohne Rücksicht auf
materiellen Erfolg –

STERNHEIM *(in die Kulissen):* Keinen Donner!! Sanitäts-
rat, gut! Lateinisch!
(In die Kulissen): Fensterläden!!! Wogenprall!!! Letzte
Dinge!!!!!

SANITÄTSRAT: Humanitas!

STERNHEIM *(in die Kulissen):* Das ist ja eine ganz un-
glaubliche Schmiere . . .

PAMEELEN: Aber was meinten Sie denn mit Coquelicot?

SANITÄTSRAT: Das sage ich aus Selbstachtung.

STERNHEIM: Zögernd!

SANITÄTSRAT *(zögernd):* Wenn ich mit Kollegen unter
vier Augen spreche.

STERNHEIM: Zuversichtlich!

SANITÄTSRAT *(zuversichtlich):* Das bedeutet –

STERNHEIM: Markig!

SANITÄTSRAT *(markig):* Ich schwöre alles ab.

PAMEELEN: Sternheim, was für ein Griff in die Wirklichkeit!!!

STERNHEIM: Ha!

II. AKT

DIE WEINPROBE

PAMEELEN: Herr Rosenthal, Herr Pasemann, wovon leben Sie, Sie sehen vor sich, Ihre Blicke scharren vor dem Nichts! Geographisches! Kapelle, Flußlieder!! Pfingsttouren! Musenstädte! Meine Herren, Vergleichsmomente! Eichwälder! Bucheckern!! – Sie bieten stumm Zerfall zur Schau . . . ??

Herr Professor trinken ein Weinchen, einen Steinwein, ein Bocksbeutelchen –! Einsaugen unter Luftzutritt, ha, Lustverstärkung – es prasselt Aufbau hin und her, nur Sie –

STIMME: Schon voll – –.

PAMEELEN: So irdisch tief! Die Bäderbehandlung der Blasenleiden!!

PROFESSOR: 1904!

PAMEELEN: Erfahrung hier.

PROFESSOR: 1904!!

PAMEELEN: Erfahrung dort.

PROFESSOR: 1904!!!

PAMEELEN: So Rückschluß! So Vergleichsmoment!

PROFESSOR: Das habe ich schon 1904 als sinnlos bezeichnet!!!

HEUER: Hört! Hört!

PROFESSOR: Zum Wohle!

WITTE: Rebensaft! –

PAMEELEN: Postgebäude: Hauptpostgebäude!! Reichs-
hauptpostgebäude!!! Drähte, Funken, Aufleuchtungen –!!
Ein Differenzierungsgespräch!! Einen Hektoliter, eine
Arena, einen Trasimenischen See von old dry Madeira
für ein Differenzierungsgespräch! Das Lieblingslied? Be-
greift jemand, warum das Weserlied das Lieblingslied
von Herrn Neuendorf ist? Nein, meine Herren, das wird
niemand begreifen, es wäre auch zuviel verlangt, denn
was dem einen recht ist, ist dem andern billig! Wer bevorzugt Braunlage? Wo ist das Individuum aus Flöha?
Oh, wo ist der Schneeverwehte, von wessen Glocke
sprang der Draht –
Aber er wird kommen.

STIMME: Der neue Kantus

PAMEELEN: Von dem ich sage . . .

STIMME: Er hat sechzehn Verse . . .

PAMEELEN: Der aufstürzt und versandet . . .

STIMME: Aber wir singen nicht alle . . .

PAMEELEN: Der Unterbrochene, der sich selbst vergißt –
Kalbsfüße, Mauerritzen, Stromunterbrecher, Herr Gundlach, was für Gegenstände! Was für unverdient sicher-
gestellte Gegenstände! Gott wird weiterhelfen! Gradzu
Ihr Auge sieht eine Mauer lang, ob Birnen blühen – – !

GUNDLACH: Auge?

PAMEELEN: Kalbsfüße!

GUNDLACH: Kalbsfuß??

PROFESSOR: Silentium!!

GUNDLACH: Bierjunge!!

FETTER: Impfzwang!!

BÖCKER: Anwurf!!

SCHÖNFELD: Vorkommnis!!

PAMEELEN: Berinde mich, schrie ich, berinde mich einen
Laternenpfahl an, auf die Tram wartend, hierherbe-
strebt, der seine Stammhaftigkeit jäh an mich warf. Gebilde! Wesen! Objekte! Ja, selbst Anpflanzungsobjekte,
beispielsweise Edelkastanie, Nährfrucht, Hain mit Ziegenpfad und Winterhort –: euer Pferderücken: euer Zen-
taurennacken, eure Nüstern, aus denen Feuer beißt: raucht
ihn trocken, der sich selber träumt, sich unter Sterne
stellt, in Morgen bleicht –

STIMMEN: Laternenpfahl
Laternenpfahl
Gebilde
Wesen
Ziegenpfad
Es lebe

PAMEELEN: Halt, meine Herren! Halt! Sie übernehmen
sich! Sie könnten sich erschöpfen! Meine Herren, Sie träl-
lern Gebilde sozusagen, Sie blasen sie auf dem Kamm,
um mich so auszudrücken – aber sehen Sie doch mich an,
ich hatte auch einmal eine Schnauze, ein Wunderhorn,
eine Amalthea – hei, Lippe, Beilager des Knaben gegen
Sterne, Feld, Wald, Wiese und jetzt dem Manne Bröckel
in den Fransen . . .
Aber, meine Herren! Selbstbetrug! Keine Käufer, sondern Kunden! In Ihrem eigensten Interesse: keinen Laut
mehr!! Gerstensäfte, Gesänge, Barkarolen! Meine Her-

ren, es stöpselt Sie Erhebung, vor Ihnen aber steht der Gestöpseltste, der also spricht: Wir sind Funktionen! Auf über die Planken! In die Orsuna-Schlösser, wo die Feige syrtet...

Rückblick: Die Herausbildung des Menschengeschlechts kann, wie der Verlust seines Haarkleides beweist, nur in warmen Gebieten gelegen haben. Man hat in Brikettlagern gefunden Palmen und Geknöchel – jetzt wissen wir, daß er an einer See gelegen hat. In Büffelfellen, in Kokosgeschnüren, auf einer Insel aus Korallen, vom Meer behütet: am Bauch von Rochenhäuten, als Helm die Flosse eines Diodon. Umschnaubt von Delphinen, beschneit von einer Perle, im Schaum von Schildkrot, im Chiton heller Schalen, der Muschel entstiegen und zwischen Hanf und Betel der Weltensieger –

Geweltensiegt, gesappt, gemörsert, gemint, gestollt –: ich sage Ihnen: Zipollen aus dem Zeitalter Nitokerts, Engel aus dem Quattrocento, Saumtiere, die Hippursäure absondern, Trugschlüsse, Brückengeschlage, Aussichtseröffnungen, Alabasterbrüche, Floren, Faunen, Gnadenbilder und Samume –: an jedem ausgefransten Rand der Ökumene stehen die Pisangs, wiegen und weibern empirisch, historisch und syntaktisch – Schluß! – Weltenwende!! – Kapelle: – Tusch!! Ein Schuft, wer noch funktionellt! Ein Stiesel, wer sich noch gruppiert, vom Styx bis zur Ancre! Ein Mungo, wer noch linear lebt –: ich schwelle knotig.

Es wird vielleicht zu grau. Die Möwen kommen vom Meer. Das Violett schlägt einen Strauch hoch, angegangen. Da steht vielleicht ein Zug. Da ist vielleicht ein Eckplatz. Regungslos fährt vielleicht das Auge, abgehoben vom Geschehn. Sie sehen mich fragend an, aber ein Herr notiert einen Einkauf, in Krotoschin

wird eine Hure kaserniert, irgendwo an irgend etwas die letzte Hand gelegt . . . Sollte daran sich vielleicht beteiligen ich? Sie schütteln Ihr Haupt, aber entheben Sie sich bitte der Antwort nicht, stehen Sie mir schlecht und recht Rede, entäußern Sie sich einer Ansicht: zu dem Herrn, der eine Frage beantwortet, zu dem Privatmann, der einer Anregung folgt – wollen dahin Sie vielleicht verweisen mich oder an den Zuganschluß, dem Thema von Erörterungen, dem Wechsel der Abfahrtszeiten, an das Zentralorgan der Textilindustrie?
Aber es geht vielleicht ein Zug. Er geht vielleicht durch Nacht. Er geht vielleicht durch Tag. Da ist vielleicht ein weites grünendes Licht. Da ist vielleicht ein Schneefeld, selbst Sierra –: Ha? Wie? Gegen den Himmel steht das Minarett zwischen Falken, die die Luft durchschießt – – wie? in die Nacht gesät der Stern? Eine Fächerkrone, und das Zarte beklommen unter Stein des Blau; die Ziege braun und eutrig durch die Gasse? Schalmeien an die Hemisphären –: ha! Dasein: Liebe und Stiergefecht, ein Messergriff und die Gitarre, Fandango und eine Rose im Haar –, was sagt der Andalusier? Salzfaß meiner Seele, und hinter dem Fächer glimmt der Traum – – Schalmeien an die Hemisphären, Triangeln wirren das Gebälke, von Schläfen geht der Seim, Gelenke stürzen, Knöchel pintschern – ein Strömen in die hündisch süße Nacht – Herr Bäumer, Sie trinken –

BÄUMER: Ein gutes Weinchen

PAMEELEN: Befriedigung

BÄUMER: Bekömmlichkeit

PAMEELEN: Herr Fetter, keinen Laut mehr! Sie peitschen mein Erschlafftes –

STIMME: Pameelen!

PAMEELEN: Entschuftet

STIMME: Pameelen!

PAMEELEN: Verbogen

STIMME: In silbernen Wirbeln um Erde und Meer

PAMEELEN: Stimme, Silentium! Auf! Hinab! Zwischen
die Stühle! An die Tischbeine! Herr Rosenthal entäußert
sich der Form, Herr Pasemann vergeht im Ganzen – Ordonnanzen, Dämmerung, Osramlampen, Glühbirnen,
Auergase –: Weltuntergang!! – es gluckst nach Embryo
– es schlottert nach Brustmilch – Schöße, Schöße, was
kalbt ihr . . . ?

III. AKT

SCHULZE

1. Szene

PAMEELEN *(tritt in sein Sprechzimmer):* Die Welt als Substantiv, die Welt als – – ha, was wichst mich an? In ländlicher Terminologie: Kontrollhure, griechisch: Hetäre, mein Fräulein, schlechthin –

DAS FRÄULEIN: Rötung. –

(Pause.)

PAMEELEN: Dunkelfeld!

DAS FRÄULEIN: Traubenzucker!

PAMEELEN: Zedernöl!

DAS FRÄULEIN: Brechungsindex!

PAMEELEN: Lichtkegel!

DAS FRÄULEIN: Stichflamme!

PAMEELEN: Spirillen! Alles Spirillen!

(Pause.)

DAS FRÄULEIN: Todesstoß!

PAMEELEN: Quecksilber!

DAS FRÄULEIN: Erbsünde!

PAMEELEN: Wassermann!

DAS FRÄULEIN: Zusammenbruch!

PAMEELEN: Kleider hoch!

DAS FRÄULEIN: Viertes Glied!

PAMEELEN: Gesäßfalte!

(Pause.)

PAMEELEN *(manipulierend):* Ha, Zuckung? Begrifflich: Fluchtrunzelnd?! Mein Fräulein: Papelschwund, mein Fräulein: Überhäutung, mein Fräulein: Spirillen- sterben. –
> quadert!
> quadert!
> quadert mich!

DAS FRÄULEIN: Vertrauenssache!

PAMEELEN: Sollte!
> Sollte!
> Sollte ich?

DAS FRÄULEIN: Berufsschande!

PAMEELEN: Hinten an einem Fräulein sein?

(Fräulein entweicht.)

PAMEELEN: Pameelen, ich schwöre dir, Pameelen, ich schwöre dir bei deiner Kaffeetasse, bei dem nächsten Patienten auf das Ding an sich zu achten, mit ihm in gei- stigen Austausch zu treten als mit einem aus sich selbst rollenden Rad im Sinne des bodenständigen Gesprächs.

(Herr tritt ein.)

Guten Morgen, mein Herr! Guten Morgen, mein lieber Herr! Seele gegen Seele, topp, Hand drauf! Rad gegen Rad! Es kommt von Herzen!

DER HERR: Ein freundlicher Empfang!

PAMEELEN: Mitglieder der gleichen mäßigen Breiten-

KARANDASCH   375

grade, Teilhaber der nämlichen modernen Kulturströme,
alle unter dem nämlichen gestirnten Himmel, jeder ein
teures dienendes Glied –

DER HERR: Bruder, an mein Herz!

PAMEELEN: Kausalsatz!

DER HERR: Zähre!

PAMEELEN: Wangenkuß!

(Pause. Der Patient will sich entkleiden.)

PAMEELEN: Aber lassen Sie doch . . .
Aber was machen Sie denn da . . .
Aber, mein Herr, das ist doch unanständig . . .
Mein Herr: nochmals: schließen Sie den Bekleidungs-
gegenstand!
Wie bin ich Ihnen gegenübergetreten! Sagen Sie selbst!
O nur zu naiv! Sie, den ich eben Bruder nannte, jetzt öffnen Sie die Bekleidung? Ist das Ihr Menschentum, daß
Sie mich auf ähnliche Phänomene an ähnlichen Gliedern
zu Rückschlüssen veranlassen wollen? Ist das Ihr Glaube,
daß Sie, frei gesagt, Ihre regionären Lymphdrüsen in
Erfahrungszusammenhänge von mir einstellen lassen
wollen? Mein Herr! Ich sehe klar: Der letzte Nebel ist
zerronnen: Ich bezichtige Sie, leugnen Sie nicht: Sie
wollten mich zum Vergleichsmoment drängen!

DER HERR: Aber –

PAMEELEN: Mein Herr –

DER HERR: An Ihrem Schild –

PAMEELEN: Stand Schulze! Von 2–3 da lause ich euch
die Pickel vom Bauch, von 2–3 da melke ich euch die Drüsen klar, von 2–3 da heize ich mir die Klauen in euren

Mastdärmen – aber gerade Sie, nach dieser wahrhaft menschlichen Viertelstunde, nach diesem Zusammenströmen unserer hehrsten Tümer – –

DER HERR: Erpressung!!

PAMEELEN: Berappung!!
Wie? Was? Ich sehe noch keine Portefeuilles aus Ihrem Bratenrock flitzen, mein Herr? Ihr Blick schweift an die Klinke, mein Herr? Sie haben eine Visitenkarte in Ihrem Hut, mein Herr! Sie haben eine Braut in Ihrem Haus, mein Herr! Sie haben Anhang, mein Herr, der manches hochhält – grüßt Sie auf der Avenue der Pickeldoktor –

DER HERR: Zusammenbruch!

PAMEELEN: Das Scheckbuch vor, junger Mann! Das Jahrtausendscheckbuch, junger Mann!: Unterstanden Sie: Lebensverlängerung? Zu Befehl, ja! Waren Sie kleiner Mann von: Ausheilung? Zu Befehl, ja!! Hatten Sie: Errungenschaften über sich? Couponscheren, Safeschlüssel, Kupferminen – heraus!! – bezahlen Sie Ihre Genesungssubstantive! –
Wie? Was? Sie! Zangen, Sonden – alles, da!! Schulze hat teilgenommen an Vergleichsmoment!! Taler her! Ksch! Ksch! Sonst spritzt er dir was zu!! Taler her!

DER HERR: Kulturstufe!

PAMEELEN: Schulze hat mitzementiert! Noch 'n Taler, dann singt er Mennonit, – noch 'n Taler, dann schleicht er aufm Bauch und pastert Lama –, noch'n Taler, dann macht er Gebetsmühle – Kamelshäute! Kunsthonig! Urpropheten! Was sind wir denn: 'ne unbewußte Samenblase rechts und links im After, aber die Schnauze munkelt –

DER HERR: Höhentrieb –

PAMEELEN: Entweichung. – – –

2. Szene

PAMEELEN *(stürzt in ein Museum):* Ist hier vielleicht der
Herr durchgekommen? Hallo! Torsen, Panther, schöne
Hintern, ist hier vielleicht der Herr durchgekommen?
Antwort, Bocksgebein! *(Sieht sich um.)* Sie, junger Mann,
die Klappe zu, Ikaridenschreie – alles schon geschrien!
Niobe, so schmerzverzerrt, Kindersterben, so was gibt's!!
Tout passe, tout casse, tout lasse, Adonis; in einer Scherbe
dunklen Sands die blaue Anemone, doch Weinhang in
Trauben = Morgenröte – – Museumsdiener, einen Cock-
tail! *(Setzt sich.)*

PAMEELEN *(sich umsehend):* Veilchen! –

MUSEUMSDIENER: Mein Gott, Veilchen!!

PAMEELEN: Tamariskenblatt, fast wühlend; aus Hya-
zinthenrissen die Locke tropft – helle Munde, stille Reigen. –
Eigenwärme siebenunddreißig Grad, Jauche nördlichster
Kulturen an den Hacken – auf, Schulze, Roßapfel der
Nacht! –
(Sich umsehend) Weinberg um mich, Kelterfest hernieder! Den Pinienzapfen, Fackeln, bacchisches Gerät!
Streift Häute über Reifen, Korybanten –: Schlauchtanz! –
Farewell, mein Herr! Pameelen hebt die Stirn, der Pik-
keldoktor erhebt die dreckige verfoste unrasierte Götter-
stirn, dicht bis dahin, wo das Nichts das Alles ist: Komm
du, der seine Ammen berauscht und die Hirten, wenn sie
vespern, mit dem ungemischten Trank, komm du, der

durch die Berge rauscht, mit Efeu und Lorbeer dicht bekränzt – Mänaden –

MUSEUMSDIENER: Schlangenhaar –

PAMEELEN: Hallen durch die Wälder –

MUSEUMSDIENER: Gellend –

PAMEELEN: Komm, o Nächtlicher, in den Tempel zu Elis,
komm mit den Chariten in den heiligen Tempel, tobend
mit dem Stierfuß!

MUSEUMSDIENER: An diesem Ort muß Ruhe herrschen!

PAMEELEN: Es handelt sich um innere Vorgänge, Veteran! Ausklänge, Abendschoppen, Sherry-Brandys! Es
nähert sich der Firnenschnee! Hopp! Über mich! Der bei
den Nymphen steht, mit weißer Wolle sie betört, Lippe
am Syrinx, Ferse voll Tanz überall, wo Krokus blüht, –
und der den Bock entfettet – über mich, Vergessenheiten
– Pasiphae, wie du am Stier vergehst –

MUSEUMSDIENER: Unzucht, alles Unzucht!

PAMEELEN: Nein! Hoeck: Mykene, Ein Versuch zur
Aufhellung, Göttingen 1829! Schäumen Sie, Veteran!
Verletzte Vogelbrut, Medaillenträger! Phrygische Schau-
er! Blutbelaubt: Reigen und Nacht und Blüte –

MUSEUMSDIENER: Kitsch! Alles Kitsch!

PAMEELEN: Kitsch! Holder Wahnsinn! Neo-Kreta! Alles orphisch! – Doch da lurcht Schiffgetier: Herbei mein
Jagdzug: An meine Knie, süßer Triton: Zwei Zahnrei-
hen, starr und klaffend – Kiefer und Gegen-Kiefer, geliebte, stumme – –

Ende

DREI ALTE MÄNNER

Gespräche

*In einem Herrenzimmer, nicht reich, aber angenehm
möbliert, dem man ansieht, daß seinem Bewohner be-
queme Sessel, großer Schreibtisch, weicher Fußbodenbelag,
Bücherregale, wenige Stiche an den Wänden wünschens-
wert erscheinen, sitzen drei ungefähr gleichaltrige Herren,
modern, aber verschieden abgestuft gekleidet. Ausgezeich-
netes Kristall an Gläsern und Karaffen auf den Tischen,
gutes Porzellan für Whisky, Wodka, starken Kaffee,
Zuckerschalen. Alles Raucher. Es ist Abend.
Ferner: ein junger Mann.*

I

DER EINE:

Ohne Ergebnis, ohne Erkenntnis – einfach hinab – unmöglich, wir müssen das einmal besprechen. Lawinen amorpher Existenzen wälzen sich in mein Gesichtsfeld – wer weiß zum Beispiel den Geburtstag seiner Großmutter, eines Wesens, das uns nahestand, wer wußte ihn je – Daten! Daten! Überall fehlen Daten! Briefe ohne solche, Dokumente ohne solche, auf den Poststempeln kann man sie nicht entziffern – daher auch das Dilemma mit den Horoskopen, die brauchen sogar die Geburtsstunde – aber die Daten fehlen, um den ganzen Nonsens richtig zu überblicken –

(hantiert an seinem Rock herum)

Mit der Weitsichtigkeit endet das Glück – früher konnte ich auf dem Kurfürstendamm nachts im Laufschritt den kleingedruckten Kurszettel nacktäugig überfliegen, heute klopft man sich den ganzen Tag die Sakkotaschen nach seiner Optik ab –, junger Mann, Tao sagt, der Sohn ist älter als sein Vater, also wissen Sie mehr als ich: wo ist meine Brille?

DER JUNGE MANN:

Ich würde zunächst das Monokel benutzen, das über Ihrer Weste hängt.

EIN ANDERER:

Oszilliere wie Sie! Datums- und Schwerpunktsdenken! Wenn es tatsächlich so ist, daß die Sterne Himmelskörper sind, wäre alles klar! Dann wären wir Mondkälber, wenn wir dächten, dann wären wir alle Pflaumenmus. Da wir

aber denken, wird das mit den Sternen nicht stimmen,
sonst wäre doch alles unter sich geblieben, und wir wären
nicht der Abhub, als der wir hier Whisky trinken müssen.
Im übrigen will ich niemandem die Augen öffnen, ich
möchte sie lieber einigen schließen.

EIN ANDERER:

Von einem Sessel zum anderen und dann die drei Schritte
zum Zeitungskiosk, das hält man durch trotz aller Wirt-
schaftskrisen. Als wir jung waren, gab es doch noch Skan-
dale, großartig! Erinnern Sie sich an die Serenade, deren
Hersteller eine Kronprinzessin von Mann und Kindern
ver- und dann entführte? Nach einem Jahr war er Tasten-
hämmerer in einem Tingeltangel und sie schlurfte durch
die Gosse. Themen, Stoffe, Aufregungen, zitternde Kontinente – übrigens die Serenade lebt weiter, ich hörte sie
kürzlich in der Nähe von Triest mitternachts von einem
Geigenbettler, und sie war herrlich wie am ersten Tag.

EIN ANDERER:

Das Denkerische und die Serenade! Während der Verfüh-
rer tätig war, errechnete ein Vierziger das Quantengesetz,
eine der großen Theoriengruppen der modernen Physik.
Die Welt der Töne und die Welt der Atome, wo durch-
kreuzen sie sich? Litten Sie persönlich an der klassischen
Kausalität, bedurften Sie einer Verknüpfung des diskon-
tinuierlichen Energiequants mit der kontinuierlichen Welle,
verlangte es Sie überhaupt nach einer Veränderung des
physikalischen Weltbildes, in dem nicht mehr die Auffassung von einer stetigen Energieverteilung galt? Weltbild!
Immer dies Wort! Es sind doch alles nur Märchen. Augenblick an Augenblick – das ist die Welt. Dort ein Schluck
Kaffee, dort eine rote Weste, dort ein sinkendes Gefühl

und dort ein Honigopfer – Reminiszenzen, Prophetien und Präludien und dann löst sich alles auf in einer Augustnacht, in der es nach Kränzen und Stoppeln riecht.

EIN ANDERER:

Es sind alles Märchen. Ich erzähle Ihnen eins. Ich saß während der letzten Lebensstunden einer Greisin an ihrem Bett, sie hatte nichts zum Zudecken außer einem Überschlaglaken, fror, auf dem Tisch stand ein Karton angefaulter Gravensteiner, vom Diener ihres Bruders aus dem väterlichen Park heimlich an sie geschickt. Als Mädchen trug sie einen der berühmtesten Fürstennamen der Nation. Ihr Mann war Repräsentant seines Landes am ägyptischen Hof. Als die erste Eisenbahn von Alexandrien nach Kairo feierlich bekränzt abging, fuhr sie mit vier Hengsten um die Wette und besiegte den Residenten. Als ihr Mann nach Lissabon versetzt wurde, übernahm eine holländische Transportfirma den Umzug. Da war ein Packer – kurz und gut, sie heirateten dann auch, es dauerte ein halbes Jahr. Seitdem zahlte ihr ihre Familie monatlich sechzig Mark und jetzt das Paket halbverfaulter Äpfel. Ich fragte: wie denken Sie denn nun jetzt über die vier Hengste und den Newskyprospekt, über den Sie im offenen Schlitten zum Zarenball jagten, der Botschafter fragt Ihren Mann: welche Ulanenuniform tragen Sie denn da? II. Brandenburgisches Nr. 2. Unmöglich, sagt der Botschafter, Chef Kronprinz Rudolf, bei der politischen Konstellation ein grober Fauxpas, sagen Sie dem Zaren ein anderes Regiment; – Sie kommen an, vor dem Palais lodern die Feuer, die Gorodowois werfen immer neue Baumklötze in die Glut – die Zarin im strahlenden Kokoschnik, die Brillanten von den Perlenohrringen rieseln

über die Atlasrobe bis zu den Fußspitzen – Tuberosen-
düfte und der Kaviar, wie man ihn essen soll: auf einem
warmen Kalatsch, einer Semmel mit einem Henkel wie ein
Körbchen – –: Wie denken Sie jetzt darüber? Sie schwieg
lange, sah vor sich hin, sagte dann mit tiefem Ernst: „Er
hatte doch aber einen so schönen Schnurrbart" – Der
Schnurrbart lag fünfzig Jahre zurück, aber sie sah ihn
in ihrer Todesstunde, es war ihre letzte Äußerung – so
endete ihr Märchen.

DER JUNGE MANN:

Widerliche Greise mit ihrem nihilistischen Geschwätz! „Am
ägyptischen Hof" – – damit ist es ja nun wohl vorbei, aber
es bleiben die ägyptischen Kamele.

EINER:

Ach, es bleibt viel mehr! Es tritt auf der Wunderknabe
Pierino, hören Sie, junger Mann –

(zieht eine Zeitung hervor, liest):

„Der zehnjährige italienische Wunderknabe Pierino
Gamba dirigierte in der Harringay-Arena vor zehntausend
Zuhörern das Liverpooler Orchester. In schwarzem Samt-
bolero mit weißer Hals- und Manschettenkrause und weißen Söckchen dirigierte er Schuberts Unvollendete und
Beethovens Fünfte. Ehe noch die letzten Töne verklungen
waren, sprangen die Zuhörer auf und überschütteten Pierino mit langanhaltendem Applaus." Beachten Sie: es tritt
auf der Wunderknabe, der Frühpianist, der von den Eltern dem Podium Dargebotene – einmal hieß er Mozart,
einmal hieß er Liszt, jetzt: Pierino –, er tritt ein in den
Reigen, er setzt die Reihe fort, der Zyklus erweitert sich,
die Jahrhunderte überspringen sich, aber sie bleiben, der

Kulturkreis atmet – mehr werden auch Sie nicht atmen, junger Mann – nie!

DER JUNGE MANN:

Möchten Sie! Was ich atme, schnüffle, direkt inhaliere, ist, daß Ihnen Ihre Märchen platzen und Sie in die nackte Wirklichkeit müßten wie wir.

EINER:

Meine Wirklichkeiten waren nicht ohne. Erst ein Dorf, schon halb litauisch, neun Monate barfuß, drei in Holz-pantinen; mein Vater war im Erscheinungsjahr des dona-tischen Kometen geboren, konnte aber wenig Gebrauch davon machen, beschäftigte sich mehr mit Kartoffelsäcken, ferner war es das Jahrzehnt, in dem die Lupine aus Si-zilien eingeführt wurde, und die mußte er schleppen. Dann trampte ich, die Voraussetzungen für die Überfahrt sind ohne Belang, der Gutsbesitzer und ein Gendarm traten dabei als Wirklichkeit hervor. Also trampen – Schwellen-gang, bestimmte Schrittgröße und an einer Kurve auf die Kuppelung, dann in das dachlose Coupé. Beim Labour-agent vermittelt für künstliche Augen, aber, sagt das erste Geschäft, die Negeraugen fehlen in der Kollektion, und die sind am meisten gefragt – das zweite wollte Augen mit roten Äderchen, das waren lokale Schwierigkeiten. Dann Schuhkappenausstanzen, dreitausend täglich, abends Wurst verkaufen, die eingetrockneten Scheiben und harten Enden frißt man selber; Turkeykiller, hochbezahlt, Truthähne schlachten, aber vorher die Federn ausrupfen, gemein – nix very nice und very beautiful – – Von den Breiten des Trans bis zu den Ländern der schleimigen fetten Pulque – Wirklichkeiten eine Masse, aber ich bin nicht schlau aus ihr geworden.

EIN ANDERER:

Gehe wieder aus und kehre heim. Soweit ich weiß, waren wir alle nicht viel zu Hause, und da wir kein Money hatten, fälschten wir die Pässe, mit ihnen überquerten wir die dunklen und die gelben Flüsse. Das Jahrhundert breitete sich vor uns aus mit Pampas und Savannen. Neben den Gauchos die Lassos geworfen und mit den Vaqueiros die Herden bewacht, ich entdornte Kakteen, um die Rinder zu ernähren. Jenes Jahr 15, als man dachte, die Sonne käme zu nahe – 60° um die Pedale, die Hufe schlugen Feuer, die Euter der Kühe, von Zecken zerfressen, hart, wie versteinert, der Himmel durchsichtig bis zur Unendlichkeit, das ganze Land eine Symphonie aus Asche.

Dann war ich Weißer Mann – – wenn man den Baumwollniggern mit der Hickorypeitsche über den Schädel schlug, staubten die Schöpfe, aber ich mußte es, meine Brotherren in den Kulturländern wollten ihre Jachten modernisieren und ihren Stallmeistern günstigere soziale Lebensumstände sichern. Dann in die Reissümpfe, in die Indigofelder, auf die Märkte: kaufte manche vorzügliche Partie Hände – wenn sie nicht wollten, den Katzenzug über den Rücken, hinterher goß man Pfeffertee über die Schrunden. Eine Regentin in den Kulturländern bekam ein Orchideenbukett, das blühte unter brasilianischer Spezialpflege sechs Wochen, an dem war ich beteiligt, allerdings an der untersten Skala, wo die Panther und Klapperschlangen flitzen.

Alles Wirklichkeiten – aber wo setzten sie an – an den Knochen, an den Muskeln einschließlich Luftmangel und Spirochäte –, wo blieben sie, was hinterließen sie? Wenn ich jetzt darauf zurückblicke, kommt mir alles völlig unglaubhaft vor, völlig imaginär, wir sind ein Ich, aber wir durchlöchern es in jeder Stunde, wir sind vererbt, aber wir durchbrechen die Vererbung, wir flechten uns einen Kranz ums Haupt von Pampasbränden und Vanadiumgründen, wir schlafen auf Kamelmist und auf Lamahäuten, überstehen das alles, und dann sitzen wir eines Abends da und reden in das Dunkel –

EINER:

Aber wir schweifen ja völlig ab, ich sagte doch: ohne Ergebnis, ohne Erkenntnis, einfach hinab – unmöglich, das müssen wir mal besprechen. Früher schien doch alles prima: Jugend, Mannesjahre, Silberfeste, alles so organisch, aber wenn man jetzt in sich hineinfaßt, ist alles Wiesenschaumkraut. Aber etwas muß es doch geben, es ist doch etwas da, ein Innen, darin wandern wir doch ruhelos immer hin und her, prüfen, überhören es, erhalten Weisungen – lügt es denn in mir, nein, etwas muß es doch geben!

EIN ANDERER:

Sie müssen das nicht so faustisch anlegen, Ihr Kaffee ist so gut, und den ganzen oberen Peneios kann man durch Seifenblasen ersetzen. Lieber Freund, was soll es denn geben? Sie wissen doch, wie intensiv wir beruflich tätig waren, dazwischen tranken wir gegorene Pflanzenbestände und trieben auf den Fluten des Rausches. Die Himmel wechselten, die Bilder fielen. Was in mir *an sich* bleiben wollte, war nicht das Beste. Wer viel erkennen will, muß viel spielen.

EIN ANDERER:

Oder meinen Sie aus den geistigen Tätigkeiten ergäbe sich jenes Ergebnis? Nun, ich war Bürobote in Pasadena bei Johnny Macpherson, der das große Teleskop putzte,

DREI ALTE MÄNNER 387

mit Speziallappen, da fand ich manches. Wissen Sie wieviel Tierarten es auf der Erde gibt? Es gehört nicht unmittelbar hierher, aber es sind drei Millionen, bis 1930
waren darunter 750 000 Insekten, darunter an erster Stelle
250 000 Käfer, davon 35 000 Rüsselkäfer – das ist natürlich ein Ergebnis. Oder vielleicht nützt es Ihnen zu erfahren, daß die Darstellung des metallischen Kupfers aus
seinen nichtmetallisch aussehenden Erzen eine der unge-
heuerlichsten technischen Eroberungen des Menschen war,
seine Aufrichtung aus der Steinzeit, diese Erze schmelzen
erst bei 1083°, diese Hitze wollte erzeugt sein – zweitausend
Jahre vor Christus, mittels Blasebalg – sicher einer der
größten Freudentaumel aller Zeiten im oberen Niltal!
Oder geistige Verbindungsfäden von Montesquieu zu Sun
Yat Sen und vom englischen Civil Service zum chinesischen
Prüfungs-Yuan – das waren spirituelle Ergebnisse in Pasadena, aber ob sie das Ergebnis zeitigen können, das
Ihnen vorschwebt, müssen Sie selber wissen.

DER EINE:

Nein, ich meine mit Innen etwas anderes, ich meine das,
was uns zwingt zu sein, was wir wurden. Fünf Jahre die
Gioconda malen, fünf Jahre über sie gebeugt sein, schweigen, sie niemandem zeigen, sie nicht verkaufen – dagegen
kann Raffael nicht an, der jeden Morgen mit sechzig Knap-
pen zu Hofe ritt. In dem Zimmer, wo er malte, waren
Bruchstücke hellenischer Statuen, hundsköpfige ägyptische
Götter aus schwarzem Granit, Gemmen der Gnostiker mit
Zauberinschriften, byzantinische elfenbeinharte Perga-
mente mit Bruchstücken ewig verloren geglaubter griechischer Dichtungen, Tonscherben mit assyrischer Keilschrift,
Schriften der persischen Magier in Eisen gebunden, mem-

phische Papyri durchsichtig und fein wie Blumenblätter –:
darin mußte er sich verwandeln, dem nachhängen, vielleicht sogar unterliegen – da lebte er fünf Jahre seinem
einen inneren Gesicht.

EIN ANDERER:

Wunderbar! Aber Sie sprechen vom Mittelalter, in das
gehört ja auch jenes bekannte Studierzimmer mit den
Flaschen und Phiolen, es ist oft besprochen worden, daß
es das heute nicht mehr gibt. Man sagt immer: der Mensch,
aber man vergißt seine Mutationen. Heute sieht das Innen
so aus: eine Reihe methodisch bestimmter Sachzusammen-
hänge: Zoologie, Physik, Genetik. Dann die Aufschwungs-
und Zerknirschungsorganisationen: Heilsarmee, Christian
Science, Mormonen, die Tempel in der Wüste und dazu
im Abendland die sanften Bauchredner der Synthese, aber
das sind alles große Fossilien, standardisierte Bequemlich-
keiten, ausgewaschene Bezüge. Ihre Bemerkung über Lionardo aber veranlaßt mich zu der Frage: haben Sie sich
einmal mit dem einzig beunruhigenden Phänomen des
Zeitalters befaßt und was es bedeutet: das Produktive!
Zweifelhafte Zustände – ergriffen sein und dennoch unbeteiligt –, wissen Sie, was Osmose ist – ? – Daran müssen
Sie immer denken! Durch sich hindurchlassen den Dunst
der Götter, den Rauch der Pythia, die Emanationen un-
erahnbarer Gestalten – Materialisationen –: Und den
Schwaden nachsehn, nüchtern wie ein Tabakshändler, der
Papyros mit und ohne Mundstück auslegt und – sogar da-
bei betrügen. Zweifelhafte Zustände, aber nicht zweifel-
hafter als das ganze menschliche Gewebe.
Stimmungen, diese und jene und dahinter die Worte,
Eindrücke von Innen und von Außen und dazwischen die
Erregung, sie sprachlich zu erfassen. Denken, das sich an

DREI ALTE MÄNNER

Beobachtungen hält, Zahlenreihen, Statistiken, Prozente – geschultes Denken, gut – aber Denken, das sich im noch nicht Vorhandenen bewegt, im Imaginären –: Ausdrucksdenken – dies und dann die Verzerrungen und die Träume.

Also, die Sprache hob sich aus den animalischen Lauten, und heute stehn wir vor einer Menschheit mit Wortbildungsspasmen erst epileptoid, dann von deutlich kathartischem Charakter. Stil ist Übertreibung; Ausdruck: Anmaßung und Unterdrückung: mit so übler Methodik bewegt sich der Geist. Er wirkt eitel und müßig in dem Augenblick, wo ihn Ihr Ernst oder Ihre Trauer, Ihre alten Stunden ihn verlassen. Wahrscheinlich steht etwas dahinter, was eher das Schweigen begünstigt, wie es der Vers aus der Offenbarung andeutet: „Versiegele, was die sieben Donner geredet haben, schreibe es nicht." Alle Grundfragen des Seelischen werden damit von neuem unentschieden und nun seine Beziehung zum Körper: Mens sana in corpore sano, die Legionen klirren, die Adlerbanner rauschen! Zu Zwei: man kann über den Kanal schwimmen und hat schon einen Krebs im Bauch; – man stirbt abends um sechs an Lungentuberkulose und liebt nachmittags von zwei bis zweieinviertel nach Herzenslust. Etwas Abwegiges ist immer schon im Gange. Aber das ist noch Gold gegen Nummer Eins. Hier stehn wir vor dem Schönen, Guten, Wahren. Und der eine hält eine Heidelandschaft in Öl für schön, der andere eine Regierungserklärung für wahr, und der dritte findet ein Etablissement gut, das von sich inserieren kann: „eines der seltenen Hotels, wo das Fleisch vor den Augen der Gäste tranchiert wird. Kein Nordwind!" – – so relativiert sich in uns die alte römische Virtus.

DER JUNGE MANN:

Unterhalten Sie sich eigentlich – oder was Sie dafür ansehn – in Berlin oder in einem kalligraphischen Vakuum? Welches ist der Unterschied zwischen einem Phallus und einer Luftpumpe? Bei Ihnen keiner!

EINER:

Ja, wir wollen uns der Jugend widmen, die so aufgeschlossen dasteht. Also, junger Mann, wenn ich den Erdteil regierte, würde ich zunächst die Doppelnamen verbieten, die in manchen Ländern so verbreitet sind, ein kurzes Wort genügt für diese Stummelindividualitäten. Dann würde ich auf die archaische Uhrzeit zurückkommen: zweimal I–XII, in den Kursbüchern könnte man ja für die Nachtzeiten wie damals die Minuten unterstreichen. Dann: Gamaschen! Viel Schlaf, er ist an sich völlig unverständlich und sinnlos, aber das nachhaltigste Schönheitsmittel der Biologie! Nicht zuviel Sonne, das Licht wird verkannt, die Dämmerung ist die eigentliche Menschheitsbeleuchtung. Ferner: konstante Umwelt, dort halten Sie sich länger, in den marinen Tiefseeräumen lebt noch das Paläozoikum! Und zum Schluß: Meiden Sie: apokalyptisch – das siebenköpfige Tier aus dem Meer und das zweihörnige aus der Erde war immer da!

DER JUNGE MANN:

Ich lese manchmal ausländische Zeitschriften, darin verstehe ich alles außer den Witzen: so bei Ihnen. Die Großmutter ohne Datum, der Großvater mit unbekannter Schuhnummer, die Enkel mit mutiertem Gehirn, das Innen

auf dem Strich nach Außen, die Seele im Zug zum Epileptoid – warum bleiben Sie eigentlich noch vor Ihren Zucker-
dosen?

DER EINE:

Ich glaube nicht, daß ich nur im Namen des Mittelalters
sprach und daß Sie mir im Namen des aktuellen Pan-
dämonions erwiderten, ich halte die These von der Mutation auch schon wieder für Orthodoxie und für einen
intellektualistischen Versuch, die zeitgenössische Unausge-
glichenheit von Kausalität und Tiefe zu verschleiern. Aber
der junge Mann hat recht: warum bleiben wir eigentlich
noch? Soweit ich weiß, sind wir alle ziemlich entfernt von
Familie und Menschlichkeit, bekränzen Gräber, gehn mit
Toten. Manchmal besucht uns vielleicht noch eine jener
teuer erkauften Mischungen aus Intelligenz und Sinnlichkeit, sie ruht sich bei uns aus – es ist Stromsperre, sie
nimmt den Detektor in die Hand, legt sich den Kopfhörer
auf das Haar und eine Rose an den Mund –, sie ruht,
schön und verderblich, und man sieht einen Augenblick
die Stellung vor sich, in der Zeus zu Leda ging, aber man
überschätzt sie nicht mehr so.
Natürlich könnte man gehn. Aber soll man dem Tod den
Anstrich von etwas so Gewaltsamem geben – er sollte
zu den Heiterkeiten des Geistes gehören und er könnte
es wohl. Das Fest ist aus, man sieht die Sträuße entlang,
in das Starrwerden der Rosen, in die Entspannung der
Gladiolen, die sich sinken lassen. Und wie das ganze Fest
improvisiert war, bleibt es bis zum Schluß. Wir lebten
etwas anderes, als wir waren, wir schrieben etwas anderes,
als wir dachten, wir dachten etwas anderes, als wir erwarteten und was übrigbleibt, ist etwas anderes, als wir
vorhatten.

EIN ANDERER:

– oder auch die Stunden, in denen man sich daran erinnert, wieviel Totes wir in uns herumtragen – Schläfen,
zarte, – kindliche süße Worte – Leiden, die umsonst waren – Tränen, die neben uns rannen – Glück, Trauer,
alles hinab, so viele schon wieder unbekannt gewordene
Stunden, die nur noch in mir leben, solange ich bin, in
meinen Gedanken, in meinen Blicken, und die ich nicht
fallen lassen kann und für die ich weiter das Unvermögen
zu erkennen trage. –

EIN ANDERER:

Eine hellenische Reminiszenz, so sehr das Licht zu lieben,
und eine christliche, sich Schatten zu verpflichten.

EIN ANDERER:

Und dahinter das abendländische Finale: zu glauben,
daß es etwas gibt. Von diesem Etwas immer wieder fortzujagen, auf wahren Rossezügen, Mammutballungen, Dick-
häutermassenkatastrophen immer wieder fortzujagen,
Verneinung auf Vernichtung häufend, Zertrümmerung
auf Zerschmettern, Pest auf Gifte – um dann eines Abends
wieder dazusitzen und zu glauben, *daß es etwas gibt.* Ein
unausdenkbarer, unfaßbarer, tragischer, tiefer Weg, und
er kann nicht abgebrochen werden, die Rasse wird ihn weiter bis ans Ende gehen.

DER JUNGE MANN:

Es ist so dunkel – wer spricht eigentlich von Ihnen?

EINER:

Jeder könnte alles sprechen. Die Individualitäten diffe-

renzieren sich nicht mehr voneinander durch ihre Sentenzen – das Kollektiv empfindet, die Lippe spricht.

DER JUNGE MANN:

Das ist wohl das mythische Kollektiv der Primitiven?

EINER:

Ja, es liegt etwas in der Luft und gewinnt sich Stimme.

DER JUNGE MANN:

Und das Ganze ist wohl ein Herbstabend und gewinnt sich
Symbol?

EINER:

In der Tat, um gewisse Voraussetzungen werden Sie bei
einem Rendezvous nicht herumkommen.

DER JUNGE MANN:

Kollektiv sprich weiter, die Gasbeleuchtung erscheint am
Himmel!

EINER:

Das Kollektiv wird schlafen gehn. Und Sie, mein Freund
und Gastgeber, müssen Sie wirklich hinab? Das Jahrhundert breitete sich vor Ihnen aus mit Pampas und Savannen, zu Zedern hoben Sie die Augen, in Gärten sahn Sie
tief hinein. Sie banden das Segel an den Mast und schlugen die Sichel an die Erde – ahnen Sie nicht, welches Wort
die sieben Donner redeten –: Gehe wieder aus und kehre
heim?

II

Dieselbe Szene und dieselbe Situation.

DER GASTGEBER:

Den heutigen Abend wollen wir ganz im Gegenständlichen verbringen. Die Arbeit, in der Robert Mayer das Gesetz von der Erhaltung der Energie aufstellte, soll vier Seiten lang gewesen sein – sie wurde die Taille des Jahrhunderts. Die Relativitätstheorie in ihrer ersten Fassung gab sich als drei Handbreit Formel auf einem Blatt. Das Verhältnis von Quantität und Intensität ist offenbar ein besonderes. Unsere Existenz auf eine so kurze Formel gebracht – wie würde sie lauten?

EINER:

Die Gestalt im Dunkel.

DER ANDERE:

Weder ἕν noch πᾶν.

DER JUNGE MANN:

Weder Henne noch Hahn.

EINER:

Provoziertes Leben.

DER ANDERE:

Die Auswanderung des Bewußtseins vom Mittelmeer.

DER JUNGE MANN:

Kurz: Verlorene Eier oder drei arme Waisen im Sturm der Zeit.

DER GASTGEBER:

Die Gestalt im Dunkel: Bitte drei Minuten.

EINER:

Gloriose Sonnen, Blau von tiefer schwärmerischer Pracht, makellos geschlossene Himmelsräume jenseits aller Sternfragmente – so wird der erste Tag gewesen sein, ich sehe ihn, er ist da. Aber für unsere Konversation müssen wir die Zeit einführen – also der Mensch tritt auf, Störer aller Gleichungen und aller Gleicher – dieser Sommerfrischling, wie ihn Gautier einmal nannte. Sie kennen den interessanten Schöpfungskalender: Januar: Bildung der ersten silikaten Erdrinde bald nach dem primären dissonanten Akt. Februar: Erdrinde zwanzig Kilometer dick, Heraussprengung eines Teils der Erde durch Meteoraufprall, Abflug, Mondgeburt, Krater: nordpazifischer Raum. Zu Ostern die Eiweißgratifikation, Flora und Fauna. Am Silvester kommen wir, also am letzten Tag, genau nachmittags fünf Uhr, da wird der Daumen abgespreizt und wir vermehren uns von der Vorderfläche. Dies alles Geologie, Paläontologie, Genetik, kurz, die Entwicklungshypothese als Deutungsprinzip vorausgesetzt.

Eine eckige Art zu denken. Eine Anthropologie aus Notdurft, eine Art Spionage zur Sicherung noch nicht ganz festgelegter Grenzen. Aber selbst mit dieser Methodik aus Raum und Zeit bleibt der Mensch der professionelle Verwischer seiner Spuren.

Doch ich will mich nicht in Mythologie verlieren, ich will vielmehr einen Blick auf das Körperliche werfen, den Körper, es wird sich allerdings zeigen, daß er der Schulfall des Mystischen ist. Sie gehen schlafen, nicht geraucht, nicht getrunken, auch sonst nichts, völlig in Ordnung, und

Sie erwachen zerstört, leidend, bekommen nicht einen Fuß
vor den anderen – was vollzog sich in der Nacht, wer vollzog sich in der Nacht? Bedenken Sie überhaupt die unheimlichen Eindrücke, die ohne Unterbrechung vom Körperlichen
in unser Bewußtsein einströmen und die so bestimmend sind,
daß man den Körper schlechthin als Parzenheim und Wel-
tenesche bezeichnen kann. Oder bedenken Sie, wenn die
Leute immer sagen: „aus heiler Haut" – aus heiler Haut entsteht irgendein Leiden – natürlich: jedes Leiden! – auch
diese heile Haut ist der Volant vor tausend Fragen. Es ist ja
auch vollkommen klar, daß etwas so Künstliches, Altes,
Fremdartiges wie der menschliche Körper nur durch straffe
zentrale Regulierungen in Ordnung gehalten werden
kann, da kann nicht jedes Organ etwas Privates arran-
gieren. Es ist der Geist, der sich den Körper schafft, sagte
Schiller und starb mit fünfundvierzig Jahren an Tuber-
kulose, man müßte ihn also als Selbstmörder bezeichnen,
aber er ist es nicht, die Sache liegt anders, Beispiel: die
Leber, ich habe über sie nachgelesen: ein Filter, ein Ent-
giftungsapparat, eine Drüse, ein Reservoir, wer hat das
erdacht, sie in Beziehung gebracht zu Nahrungsaufnahme,
Fettspeicherung, Blutfülle – nur denkbar, nur sinnvoll, nur
beziehungsfähig innerhalb des totalen fleischlichen Systems – vorausschauend oder versuchsweise oder spiele-
risch – Erfahrung und Idee, Nützlichkeit und Entelechie
in einem raffiniert und ursprünglich – und Sie selber leiten das alles nicht, wissen gar nichts davon – müssen darüber nachlesen – also wer ist interessiert daran, wer regelt
das Spiel der Drüsen – wer und was?

DER JUNGE MANN:

In jedem Körper ist Liebe, und in jedem Körper ist Tod
– wenn Sie weiter nichts wissen –

EINER:

Ich wende mich nun dem Künstlerischen zu, dem Künstler, seinem eigentlichen Wesen, jedenfalls dem mit der
heutigen Situation identischen Phänotyp. Nach außen starr
sein und schweigen, jeden Zug des Gehabens, der mimi-
schen Besonderung dämpfen und innen mit Kompressor
arbeiten, schichten, schneiden, schälen, bis der Ausdruck
dasteht, wie die verborgene, im Hintergrund wirkende,
nie hervortretende, ewig unbekannt bleibende Gestalt es
wollte, die Gestalt im Schatten, die von Schleiern umwogte
anfängliche Figur, das gesichtslose, aber Züge entwik-
kelnde Sein, das Urwort, das alte Wesen, die Hieroglyphe.
Material heranbringen im Fluß, nicht mehr in systemati-
schen, psychologischen, taktischen Zusammenhängen, reines Magma, das heiße Gestein der Seele, dies beugen, dies
zu Farbe machen, dies melodisch machen, in Sätze fassen,
kurz dies in jene formale Sphäre sich bewegen lassen, die
nichts Menschliches hat, für die das Menschliche zu früh
oder zu spät ist, zu vorläufig oder zu final, zu der wir
aber – es bleibt keine andere Möglichkeit der Deutung – zu
der wir offenbar unterworfen gehören. Wieviel menschliche Zerrüttung, wieviel Opferung von Geliebten, wieviel
Wüste und wie wenig Wasserstellen, wie wenig Stimmung
und wieviel Nötigung lebt in dieser Sphäre, in der es keine
Entwicklung gibt, die kein Zyklus ist und keine Linse, die
etwas bricht, sondern bei der es sich um reine Zustände
handelt, Passagen, Klärungsanlagen, wobei es undurchsichtig bleibt, was es zu klären gibt und eigentlich für wen.
Das ist meine Arie über die Gestalt im Dunkel.

DER JUNGE MANN:

Etwas Profundes flach dargestellt; altmodisch wie Atom-
physik.

EINER:

Ich bin Ihnen so dankbar, daß Sie ein Fremdwort für Tiefe anwenden, diese ist nämlich selbst ein kritisches Problem, und ich könnte von neuem anfangen zu singen.

DER GASTGEBER:

Sie kennen meine Definition vom Menschen: ganz nett, aber sie bleiben alle zu lange, sie sagen einen Moment, und dann nisten sie sich ein. In den Fehler wollen wir nicht verfallen. Also bitte: das Bewußtsein verläßt das Mittelmeer.

DER ANDERE:

Sehen Sie seine Küste entlang, in Arles das gelbe Haus, was es enthält, sind erhitzte Sonnenblumen und einge-rollte Äcker; und bei Antibes das Palais Grimaldi: an den Wänden Kurven und gefärbte Drähte –: Alles neurotisch, alles wach, sofort bemerkt, ruhelos, nervös – überanstrengte Grundlagen und gespaltene Affekte. Den Mittelmeerlän-dern fehlt ihr China, sein Löß, seine Ruhe, die Jahrtau-sende trägt. Denken Sie vor ihm: Marseille, Turin, Tel Aviv – alles Zentren von Progrès moral und Soziologie, von Geschichtsbildung und theoretischen Destillationen –, demgegenüber sehnt man sich geradezu nach einem Land, in dem die Erde die Handlung führt mit Sonne, Mond und Meer, man sehnt sich nach Häfen, die nach Kopra rie-chen. Weichlich diese Bucht von Sorrent, Kulissenzauber für ästhetisches Halbblut! Schon bei dem korinthischen Kapitäl begann das Dégénéré, Feuilletonismus gegenüber der Realität des alten sturen dorischen Klotzes!
Mignons Süden, der Süden Goethes und Byrons liegt heute in Tahiti und Fakavara: da die Mänaden, sie kauen Betel, und Bacchen, fett von Kokos.

DREI ALTE MÄNNER

Die Antike ist zu Ende, als wir anfingen, warfen die Ausgrabungen noch einmal ihren Glanz empor, heute ist sie durch alle die neubezogenen Orestdramen und Antigonetragödien nicht mehr zu erwecken – ein Rinnsal, von dessen drei Quellen der demokratisierte moderne Blick verlegen fortsieht: Sklaverei, Knabenliebe und die gemeine Zwietracht der Städte. Auf die Kreuzzüge wirft man noch gelegentlich ein Auge, weil sie das Ambraöl brachten und den Reliquienhandel erschlossen, – ich besuchte Aigues-Mortes, von wo der erste ausging, ein fahles Fieberloch, mich befiel weder Kreuz noch Feuer. Das Christentum, in Dostojewskis östlicher Fassung zum letzten Male überzeugend, redet mit seinem moralischen Dualismus längst an uns vorbei, es bot sich allen Kontinenten an, aber es hätte lieber gesammelt bleiben sollen im Berg Athos oder in Sankt Gallen – die Heiden mit Maschinengewehren bekehren, dann mit Gartenschläuchen taufen und sie dann als Kulis schuften lassen, das war wohl nicht das Wahre. Einige Jahrhunderte verlagerte sich das Meer, griff über, nach Aachen, nach London, nach Paris, aber vergeblich, die Entscheidungen in Europa fallen heute in Wladiwostok und Ecuador; es kann sich noch ausrichten, aber die Impulse kommen von woanders; die Kraftwerke von Brookhaven sind wesentlicher und die Reitervölker nördlich der Großen Mauer umworbener.

Doch ich rede nicht von Untergang, nichts liegt mir ferner. Seine persönlichen Stimmungen geschichtsphilosophisch zu überspannen ist nicht meine Art. Ein moderner Mann denkt überhaupt nicht nihilistisch, er bringt Ordnung in seine Gedanken und schafft sich eine Grundlage für seine Existenz. Diese Grundlage beruht für uns Heutige auf Resignation, aber Resignation ist kein Pessimismus, sie führt ihre Perspektiven bis an den Rand des Dunkels, aber sie bewahrt Haltung auch vor diesem Dunkel.

Den Winden folgen und den Fetischen – das Südseelied. Ob einige hundert Kilometer weiter Theorien über den Menschen vorliegen, Hypothesen über Staat, Milieu und Wirtschaftssysteme – bei den Atollen handelt es sich darum, nach Perlen zu tauchen und die Ruder auszulegen. Wie wollen Sie überhaupt die Erscheinungen des Lebens beurteilen, sein Bogen ist so weit gespannt. Er reicht von einem Morgen in Sumatra, wenn sich die fliegenden Hunde in den Schlafbaum hängen und der Orang auf seinem Ast mit spitzen Fingern zwei Stacheln aus dem Kranz der Durianfrucht reißt, um den Saft zu schlürfen, über die Frühlinge anderer Länder, die mit weißen Reihern kommen, die Teesträucher duften und der Reis schießt auf, und dann der Herbst mit den Taifunen. Ein amerikanischer Statistiker urteilt, das Leben besteht aus Orgasmen und aus Handlungen, die sie vorbereiten, während Pascal meinte, die Liebe sei nur erlaubt, um Heilige zu erzeugen; ein Dritter schrieb, der Sexualverkehr mit Tieren sei für Landbewohner naheliegend. Die Europäer sind verpflichtet, um jedes Leben zu kämpfen, auch um seine armseligste Frist, um jede Stunde mit Spritzen und Sauerstoffgebläse – bei gewissen Nomadenstämmen steckt der älteste Sohn den Speer durch die Zeltwand und der Alte wirft sich von innen mit dem Herzen dagegen – – Gewohnheiten, Notwendigkeiten, Urreste, Kausalitäten – das Mittelmeer ist eine Faser im Holz, aber der Bogen ist sehr weit gespannt.

DER GASTGEBER:

Ob das alles zutrifft, laß ich offen. Aber wenn wir absterbende Mittelmeerländer sind, was aus seinem Umkreis möchten Sie zum Abschied noch einmal erleben?

EINER:

Einen Sommer am Walchensee und eine Aufführung von „Bohème".

DER ANDERE:

Honig vom Hymettos und eine Wand voll französischer Impressionisten.

DER JUNGE MANN:

Mich interessiert vom Mittelmeer immerhin noch, ob Brutus recht hatte.

DER GASTGEBER:

Eine sehr heikle Frage! Aber einer von Ihnen gebrauchte die Formel: Provoziertes Leben – was meinen Sie damit?

EINER:

Läßt es sich verwandeln, läßt es sich steigern, das ist die Frage. Das Gehirn, von der abendländischen Menschheit als Sperrungsorgan herausgemendelt, läßt es sich bewegen, läßt es sich erlösen? Bei dem, was ich jetzt sagen werde, entstehen Gefahren – rechnen Sie damit.

DER JUNGE MANN:

Wieviel Meter muß ich mich abstellen?

DER EINE:

Ich könnte von den Trümmern ausgehen, auf die vom Fenster unser Blick fällt, dem Kurfürstendamm, unserem alten Luststrich, schimmelzerfressene Brandmauern, Rost, Höhlen, darin frostverzerrte, haßerfüllte Gesichter – der

Geist als Widersacher des Lebens, das ist was für gemüt-
liche Abende und warme Stuben, aber der Geist im Stu-
dium von verfaulten Schuhsohlen, Rattenersatz, abgefro-
renen Pedalen – Hiob als Bonvivant, Niobe als Bajadere,
wären wir doch der Mann im feurigen Ofen, schreien
ganze Straßenzüge, damit wir nicht so frören – da wird's
gigantisch! Aber das war wohl immer von Zeit zu Zeit so,
und wir wollen es nur als Hintergrund bemerken. Ja man
könnte sogar vor diesen aktuellen Phänomenen die Frage
aufwerfen, was schlimmer ist, die akzidentelle Misere oder
das Leben an sich, als Bewußtsein und metaphysische Last.
Aber lassen wir das zunächst beiseite, halten wir fest: die
Existenz als unerträgliches Gewicht auf generationsuralten
erbmäßig gesicherten körperlichen Muskelgruppen und
geistig auf genormten Begriffsgebundenheiten, von Öffentlichkeit und Kulturtraktaten täglich neu zurechtge-
stanzt und zementiert.

Es handelt sich um Sie, junger Mann, uns kann es gleich
sein, wir haben es hinter uns, Sie stehn zur Frage. Was
wir Ihnen hinterlassen, ist Modder im Schädel, Mörtel auf
den Bürgersteigen, Motten im Pelz, beziehungsweise in
den Lumpen. Was ich Ihnen zum Abschied bieten könnte,
ist etwas Kaltes, Polarlicht, das im Norden brennt, alle
Stallaternen und Funzeln müssen es bekämpfen – mit
Recht, denn es handelt sich um eine Entscheidung, für die
es keine Richtlinien gibt.

Ich weiß nicht, womit Sie sich beschäftigt haben, darum
will ich Sie über folgendes orientieren. Die Rassen sind
zu Ende, neue Arten entstehen nicht mehr, selbst dem ex-
perimentierenden Abendländer ist in dieser Richtung nichts
gelungen, weder durch Röntgenbestrahlung noch durch
Kreuzungen noch durch Umweltänderungen konnte er eine
neue Genmutation erreichen. Unser Großhirn ist der letzte

DREI ALTE MÄNNER 403

Sprung, nun läuft es aus. Jeder sieht, wohin es läuft. Das
westliche Denken ist so entartet, daß es nur noch in Zusammenhängen denkt mit Sicherungen nach rechts und
links, ein Denken ohne Wagnis, mechanische Absonderung
grauer mehliger kausalvermörtelter Mitropawindungen
in einem Rundschädel, der nur noch an industrielles Fortkommen denkt – aber auch damit wird es dürftig. Fades
Ziel- und Gedankendenken – was ich Ihnen biete, ist Ausdrucksdenken, ein Denken, das flammt und sich ver-
schlingt, eine transzendente Stunde, eine direkte Stunde
Gottes, der bestimmt nicht weiterwill, sondern sich entfaltet
und versinkt.
Ich bin nicht der Meinung meines Vorredners, daß alt sein
resignieren heißt, im Gegenteil, alt sein heißt, das Äußerste
wagen dürfen, alles, was die Parteien Verantwortung nennen, damit ist es vorbei – die Welt ist nicht mein Wurf
und die Erkenntnis nicht mein Jammer, darum sage ich
Ihnen: steigern Sie Ihre Augenblicke, das Ganze ist nicht
mehr zu retten, oder, wie ein moderner Schriftsteller
schrieb, unser Leben währet vierundzwanzig Stunden, und
wenn es hochkommt, war es eine Kongestion.

DER JUNGE MANN:

Was ist das: eine Kongestion?

DER EINE:

Blutfülle, Bluthinströmen; – der obenerwähnte Amerika-
ner nannte es Orgasmus; aber ich beziehe das auf einen
bestimmten Punkt: wo der Hirnstamm anschwillt und das
Bewußtsein sich verwandelt, vor dem die Karawanen nie-
derknien mit dem Kornbeutel, der das Mohnhorn trägt.
In unserem Gehirn liegt die Vorwelt gesammelt mit ihren

404 PROSA UND SZENEN

verdeckten Kräften, aus seinen Nähten, Lötstellen, Rissen stößt sie gelegentlich vor: im Rausch, im Traum, in Trancezuständen, in gewissen Geisteskrankheiten – jedenfalls sie ist da, alle jene Zeiten und Zustände sind da, als Außen und Innen noch nicht getrennt waren, Gott und Nicht-Gott noch vereint, die unerträglich gewordene Spannung zwischen Ich und Welt noch unerklungen – sie ist da jene Prähistorie der Wirklichkeit, in der der akausale Beziehungswahn sein Arkadien feiert. Das alles, mein Freund, können Sie sich zurückerobern, durch kleine Substanzen. Potente Gehirne stärken sich nicht durch Milch, sondern durch Alkaloide. Ein so kleines Organ von solcher Verletzlichkeit, das die Geschichte der Erde auf sich nahm, können Sie nicht wie ein Vergißmeinnicht mit Grundwasser begießen, das erhält sich nur in Schöpfungskrisen. Existenz heißt Nervenexistenz, Bewußtsein heißt Leiden und sich steigern, Leben heißt provoziertes Leben – voilà – treten Sie ein – weltallhafte Kälte, erhaben und eisig, entsteht in Ihrem Gefüge: bei Glut in der Mittelachse – Empfinden von Gliederverlängerung und -verkürzung, gleichzeitig Schwellenverfeinerung, Eindrucksansturm, Fremderregbarkeit, gerichtet auf ein Universales: „Herr laß mich blühen" (die Cosmic emotion Buckes) –, treten Sie ein in die einzig rechtmäßige Wirklichkeit, in die Wirklichkeit rein aus Hirnrinde –

DER GASTGEBER:

Aber das kann man doch nicht veröffentlichen – das ist doch heller Wahnsinn!

DER EINE:

Innerhalb eines Zeitalters, das seine Perspektiven so ins Imaginäre verlängert, rückwärts in Lichtjahre, die nie

DREI ALTE MÄNNER

einer sah, vorwärts in Zahlen und Ideen, zu denen keine
Anschauung je mehr vordringen kann, gibt es einen Maßstab für Sinn und Wahnsinn überhaupt nicht mehr. Gegenüber diesem aktiven Ausverkauf des letzten physiologischen Fonds, Ersatz durch nacktes Nichts, pendelnde Zer-
brochenheiten, von Kunststoffen klirrendes Chaos ist meine
Formel menschlich groß, sie übernimmt eine Tiefe, die
wir immer noch in uns ahnen. Denn, antworten Sie mir,
mein Freund, was immer Sie je an sogenannten Wirklichkeiten erlebten, haben Sie nicht immer und stets und überall nur Ihre eigene Eingeburt realisiert, Ihre Vorwelt, Ihr
altes Sein, die heiteren oder tränenbringenden Motive jener geschilderten Gestalt im Dunkel? Legen Sie meine
Formel individuell aus oder sozial: – füllen Sie sich persönlich Ihren eigens dafür ausgebohrten Zahn mit der
durchtränkten Pfropfplombe oder führen Sie sich auf Ihrer
Bequemlichkeit eine Prise Schnupfpulver in die Schleim-
haut Ihres Darms – fühlen Sie in Zuckungen und Atem-
störungen Apathie oder Beweglichkeit, Regression, glück-
hafte Stillungen aus Raumerlöschen und Bewußtseinsver-
lust – mit welchen Mitteln immer Sie es finden: das Vergessen für das grauenvolle Rinnen Ihrer Stunden – – oder
denken Sie zukünftig und allgemein, immer wölbt sich
über meine Formel ein epochaler Himmel: wenn die Rasse
kein anderes Gesetz mitbekommen hat, als schöpferisch
zu sein und schöpferisch sein nichts anderes heißt, als neue
körperliche Realitäten schaffen – dann ist es Ihre pädago-
gische Pflicht, in die Schulen Pervitin einzuführen zwecks
Zentrenlösung und Bewußtseinszielung und Stunden für
Injektionstechnik in den Lehrplan einzusetzen –

DER JUNGE MANN:

Hallo –! die neuen Leibesübungen – Turnvater Jahn!

DER EINE:

Eine glänzende Bemerkung – schon spielen Sie mir die Bälle zu –, die archaische Muskelseele war ein wesentlicher Beitrag zu unserer Bewußtseinsbildung – hervor, ihr alten Mäuslein – einen Meskalinkuß, kontraktiles Dornröschen, zucke, steige aus deinem knöchernen Sarg –!

DER JUNGE MANN:

Und die Grimmschen Märchen sind auch alle da.

DER ANDERE:

Märchen über Märchen – Mama Cuca hat eine dicke Backe von Cocablättern; – Helena gibt den Helden Nepenthes beim Mahl, wenn die Stimmung sinkt, oder den Kriegern vor der Schlacht – im Träumer-Rancho von Chimbote, in Zelten, während der Zauberer die Trommel schlägt, erfolgt die Einverleibung der Fröhlichkeitspillen oder des Krautes der Gräber, das die Vereinigung mit den Geistern bringt. Die Lösungen quellen aus den Feldern, aus Kraut und Wurzeln, aus Pilzen und Blüten – ein Urtrieb, keineswegs von entarteten, sondern ebenso von primitiven Völkern, steigt aus den verdeckten Zentren, rötet Sie mit jener Grunddurchdringung, mit jenem Rausch, mit jenem Allgefühl –: die Welt ist eine Substanz – – *Gott ist eine Droge* – ah, eine Droge von Gottes Strauch – –

DER JUNGE MANN:

An den das Bein hebt des Prometheus' Hund.

DER EINE:

Ein guter Hund, er bellt die Geier fort, die nach seiner Leber hacken.

DREI ALTE MÄNNER

DER GASTGEBER:

Meine Herren, die Mittelmeerterminologie ist doch aus-
gewandert.

DER EINE:

Aber Phaidon bleibt! Endogene Bilder sind die letzte uns
gebliebene Erfahrbarkeit des Glücks. Phaidon bleibt, Tao
lächelt, die Erde wirft die Blätter ab, und das Quartär
rollt sanft die Dünung herunter.

DER GASTGEBER:

Aber vorher noch diesen Tokajer – denn wirklich gehört
uns nur, was wir trinken.

DER ANDERE:

Und gelegentlich die Damen mit Kopfhörern – denn wirklich leben wir nur, wenn wir vergessen.

DER JUNGE MANN:

Und nun sind wir wieder so weit, wie Sie sein wollten:
Tao ist da und das Urwort und die Bilder – das höchste
Wissen im Chippendale-Sessel und die Schwermut im
Rolls Royce. *Aber ich bestehe auf meiner Frage nach Bru-
tus.*

DER ANDERE:

Manchmal geschieht ein Mord und dann war es ein Träu-
mer-Hamlet oder Brutus, junger Mann, Ihre Frage zahlt
sich auf dieser Welt nicht aus. Hier im Staube verwirk-
licht sich nichts, Ideen beziehen sich nicht auf die Erde,
an die Erde können Sie an gewissen Stellen Drähte anlegen, und in gewissen Breitengraden können Sie Ihre

408 PROSA UND SZENEN

Lupinen entbittern, aber es geht auch mit bitteren Lupinen, auf etwas mehr oder weniger Magervieh kommt es auf diesem Stern nicht an. Aber wir müssen zum Schluß kommen –: Verwirklichung – wo zum Beispiel? Das Christentum – allzuviel Kriege. Der Islam – sein Paradies lag im Schatten der Schwerter, aber seine Alhambra füllt sich mit Myrten und Melancholie. Nietzsche – alles in Ordnung, bis die Politiker bei ihm ihr Bild bestellten. Goethe sitzt in Weimar und dichtet die Iphigenie, draußen tobt die Schlacht von Jena und Auerstädt, sie irritiert ihn, doch er schreibt weiter, Abwegiges, aber Bleibendes, das Parzenlied. Drähte, mein Freund, ein Eldorado für Monteure, Saisonaufträge für Streckenarbeiter! Demgegenüber besitze ich zu Hause einen mittelalterlichen Text mit Sprüchen in Mönchslatein, die enthalten Erkenntnisse von Dauer. Auch stand ich kürzlich vor dem späten Selbstbildnis des Tintoretto, und es warf mich nieder durch seine Gewalt, das war ein Haupt, ich lernte mehr aus ihm über Leben und Wirtschaft als aus allen Ihren Transparenten und Spruchbändern. Das sind Verdichtungen, aber es gibt noch mehr.

DER JUNGE MANN:

Nach dem toxischen Weltbild wollen Sie mir jetzt wohl das ästhetische offerieren?

DER ANDERE:

Jedenfalls beantwortet es Ihre Brutusfrage: Ein Dolch im Zufall und eine Toga voll Blut. Ich aber greife in die Nacht, eine Stimme ist im Raum, ich drehe das Radio weiter, sie bebt, dann bricht sie ab, eine Bläue ist erloschen. Aber welche Versöhnung, welche augenblickliche Versöhnung, welche Traumumarmung von Lebendigem und Totem, von Erinnerungen und Nichterinnerbarem, das keine Vorstellung je ersah. Oder Sie stoßen auf ein Gedicht, ich habe das einige Male erlebt, vier Reihen nur, aber es schlägt Sie völlig aus Ihrem Rahmen, es ist – ich weiß nicht, ob es in anderen Erdteilen ähnliches gibt, vielleicht der Kranichfries von Manofor oder ein Balilied, es kommt aus Reichen, denen gegenüber die Sterne und die Strahlen und die Sonnen Gehbehinderte wären, es kommt von so weit her, es ist: – *vollendet.* –

DER JUNGE MANN:

Was ist das für eine neue Formel?

DER ANDERE:

Von der Unvereinbarkeit unserer inneren Elemente, die Formel von der olympischen Disharmonie des Alls. Einer von Ihnen gebrauchte das große Wort, er schaffe Ordnung in seiner Existenz – aber wissen Sie überhaupt was Ordnung ist und ob Sie eine Existenz denn führen? Hängt das nicht alles wie eine Strähne, wie ein Weichselzopf nach langer Krankheit um Ihr Haupt? So viel Sicherheit, meine Freunde, so viel Feste – aber schaffen Sie wirklich aus Abend und Morgen einen neuen Tag, und wenn Sie fertig sind, der alte Anfang und der neue Anfang, blecken sie nicht einander zu? Denken Sie die Ungeheuerlichkeiten, mit denen wir leben. Das Unvereinbare! Das innere Gewebe – alles Laufmaschen! Diese Vergänglichkeit! Denken Sie, welch unendliches Gewicht die Gegenstände kürzlich Verstorbener für uns besitzen, eine Schuhschnalle, die sie bei ihrem letzten Gang trug, oder ein eiserner Schlips, den er sich immer unter den Gummikragen schob, an ihnen haften nun das Wesen, die Tage, die Gewohnheiten der so Geliebten, das kann lange dauern, aber dann läßt es nach, und Reißverschluß und karierte Selbstbinder treten an ihre Stelle.

Auflösung und Verderbnis, wohin Sie sehn. Denken Sie zum Beispiel an die Psychotherapie, der Kranke soll ausgerichtet werden, aber wohin, der Staat ist nicht mehr da, der Fortschritt ist nicht mehr da, die Familie ist nicht mehr da, die Ärzte haben es schwer, die konzessionierten Räuberbanden, die uns ausbeuten, sind auch nicht mehr stabil, Manolescu bringt Al Capone um und der Finanzgang den Versicherungsschwindel, alles frißt des anderen Fleisch – Zeitläufte, Institutionen, Kommunen – alles nach Babel gebracht.

Natur und Kunst, verkehrter Ball! In Hollywood werden Plastikbusen entwickelt und Bakelitkrampfadern bereitgestellt, es gibt Milch ohne Mutterschaft und künstliche Kühe. Im Atlantik hebt sich der Bodengrund, und im Pazifik versacken die Kontinente. Erdbeben in Frisko und Yokohama, die Meere kochen, und die Wüsten treten wieder unter Wasser. Von Hamburg bis Hakodate pflastern sie sich durch die Lazarette, unterscheiden die Beulenpest durch Ratten und die Lungenpest durch Tabargane, am besten bekämpft man beide durch Maschinengewehre, wie es die Kulturträger in Indien und Rennenkampf in der Mandschurei besorgten: die Orte einschließen und jeden Ausbrecher umlegen, dann saniert's sich von alleine. Kris, Dolche, Mantelgeschosse, Jauchetonnen – Blumentöpfe mit ausgehungerten Iltissen den Gefangenen an den Hintern gebunden und die Aufständischen bedienten ihrerseits die Ladys mit dem indischen Skarabäus, einer dornigen Käferart, die sie in gewisse diskrete Körperhöhlen brachten – –; das sind Sie: die Lüste eines Katers und das Gehirn eines Ungeziefers – das sind Sie: Und dann sinken Sie plötzlich hin und sagen: vollendet –!

DER GASTGEBER:

Wie göttlich wir sind – mit und ohne Drogen!

DER JUNGE MANN:

Wer Strophen liebt, der liebt auch Kata-strophen; wer für Statuen ist, muß auch für Trümmer sein.

DER ANDERE:

Sie meinen Polarität? Ach, synthetisieren Sie doch nicht! Verweilen Sie vor dem Unvereinbaren, halten Sie durch usque ad finem. Ihr Leben in seinen Abwegigkeiten, Irrtümern, Zerknitterungen, Halbheiten – das tragen Sie Ihrer letzten Stunde zu, und ich bin sicher, sie wird es hinnehmen und Sie nicht verweisen. Sich irren und doch seinem Inneren weiter Glauben schenken müssen, das ist der Mensch, und jenseits von Sieg und Niederlage beginnt sein Ruhm. In sich allein bleiben, für seine Zerstörungen keinen verantwortlich machen und sich bei niemandem hinterlassen –

DER JUNGE MANN:

Man könnte Sie lieben.

DER ANDERE:

Sie deuten mich falsch. Nichts haben als seine Zweifel und seine Krisen, Schläge hinnehmen, schweigen – immer vor Augen, man muß die Hand ruhig am Zügel halten, wenn man mit Wölfen reitet –

DER GASTGEBER:

Aber vielleicht seinen Eltern danken, daß sie einen richtig gemacht haben, daß alles in der Mitte hing und stand, was dahin gehörte, und die Arme an der Seite –

PROSA UND SZENEN

DER JUNGE MANN:

Sechzig Jahre und noch Backzähne –

DER GASTGEBER:

Die Gestalt im Dunkel hat sie ihm noch gelassen –

DER EINE:

Aber die Füllungen waren nicht aus Fakavara –

DER JUNGE MANN:

A propos Füllungen – nochmals Orgasmen: Haben Sie Heilige erzeugt?

DER ANDERE:

Heilige oder Unheilige, einige suchen ihren Weg. Heilige oder Unheilige, Ost oder West, bye bye oder Duswidanja – wir waren eine große Generation: Trauer und Licht, Verse und Waffen, Trauer und Licht, und wenn die Nacht kommt, werden wir sie ertragen – was ertrügen wir nicht? Bleiben, die Stunde halten! Die Formel lautet: Leben ist nichts, Sein ist alles.

DER GASTGEBER:

Und wie denken die anderen hierüber?

DER JUNGE MANN:

Als Formel: ja – aber die Ausführungsbestimmungen dazu?

DER ANDERE:

Ausgeführt wird überall – uns lassen Sie verweilen.

Ende

DIE STIMME HINTER DEM VORHANG

I

DIE BEISPIELE

ALFRED:

Weiche hinter deinen Vorhang, großer Vater, es ist besser, man sieht sich nicht ins Auge. Dort kannst du deine Pfeife schmauchen oder deinen Bart streicheln, auch ein Nickerchen machen, wenn es dich langweilt, und ich persönlich rede gerne gegen eine Wand, sie ist der natürliche Zuhörer. Wenn du dich bemerkbar machen willst, läute. Ich habe dir zwei Glocken hingestellt, verschieden abgestuft. Die hellere heißt: schneller, nicht so viel Details, die sonore: etwas langsamer, mehr Vertiefung. Läutest du beide, will es sagen: Du streifst das Kosmische, finde nicht etwa heim. Ich beginne – sela.

Ich bin Alfred, dein Erstgeborener. Du nanntest uns nach dem Alphabet. Berthold ist noch nicht da, kommt später, er weiß noch nicht, was er vortragen soll, was sich gerade nach vorne drängt, es geht alles durcheinander. Das Programm lautet, was sagt der Erzeuger zu seinen Söhnen und Töchtern – heutzutage. Erzeugungsjahre liegen zwischen dreißig und sechzig Jahren zurück. Etwas frisiert wird ja die Sache werden, aber man soll ja auch kein Kauderwelsch reden. Ich persönlich befinde mich in der besonderen Lage, daß ich das, was ich aussprechen möchte und aussprechen könnte, nicht mehr aussprechen mag. Also von vornherein ein Kompromiß. Entweder nämlich wälzt sich die Sache von selber weiter, dann braucht man nicht

zu reden, oder sie muß gestoßen werden, und dann möchte
nicht ich es sein, der es täte.

Wenn in allem das Heilige ist, müssen wir es suchen.
Wenn es große Gebote gibt, müssen wir uns fragen, wie
wir dazu stehen. Wenn es Rufe aus fernen Welten gibt,
müssen wir uns bemühen, sie zu erlauschen – „müssen"
und „ferne Welten" – spricht schon der Versucher?

Im Augenblick beschäftigen mich die Fehltritte in glücklichen Ehen. Treue ist ein so ungeheuer innerer Prozeß,
daß man ihn überhaupt nicht lehren oder verkünden kann.
Für die Praxis gilt meine Maxime: gute Regie ist besser
als Treue. Den Partner schonen, nicht merken lassen, kein
Wirklichkeitsfanatismus an dieser Stelle! Aber wenn es
nun mit einem durchgeht –

Hallo, da kommt ja Cilly, C wie Chérie, also Nummer
drei – Cilly, kann eine Frau zwei Männer lieben?

CILLY:

Das kann sie unbedingt.

ALFRED:

Aber wenn sie den einen wirklich liebt, mit ihm ver-
schmilzt, Wachs in seiner Hand ist, kann sie dann noch
einen anderen lieben?

CILLY:

Das kann sie unbedingt.

ALFRED:

Wie macht sie das?

CILLY:

Vielleicht ist der eine alt und der andere jung, vielleicht

ist der eine ein Gott und der andere ein Mensch. Sie wird sich immer ungeheuer geschmeichelt fühlen, wenn der Gott sie begattet, aber sie wird immer mit dem anderen gehen. Es ist ausgeschlossen für einen Mann, auf Liebe zu rechnen, wenn er nicht über gewisse Banalitäten verfügt, vor allem muß er immer da sein, und die Götter haben so viel Aufsichtsratposten – gottweißwo alles.

ALFRED:

Wenn in allem das Heilige ist, wird es auch in der Sinnlichkeit sein.

CILLY:

Kannst du dir einen Prokuristen oder einen Abgeordneten sinnlich vorstellen? Das Wort stammt aus dem Zeitalter der Aphrodite.

DIE STIMME:

Keinen Historismus! Konkrete Beispiele!

BEISPIEL I:

Ich bin der Mann über sechzig Jahre, denken Sie, daß ich mir die letzten Monate von meiner Frau verkümmern lasse? Nette Person, aber hier geht's um Weiterungen. Wenn es zu Ende geht, muß man in den Rinnstein kriechen, dann fällt man nicht mehr tief. Was kann einem denn noch passieren? Ehescheidung? Delirium? Kindbettfieber scheidet sowieso aus – der Tod ist eine solche infame Sache, wer einem das anzubieten wagt als Ausklangsfülle, der hat einen schiefen Taktstock.

ALFRED:

Einwandfrei, was der Mann sagt. Cilly, was meinst du?

CILLY:

Erst mal weiterhören.

BEISPIEL I:

Und mit welchen Kalibern hat man diese sechzig Jahre verbracht? Gehen Sie doch bloß mal durch die Straßen – was für ein Affentheater! Die Restaurateure stehen vor der Tür und möchten, daß die Vorübergehenden Durst und Hunger haben, die Zahnärzte, daß die Pulpa eitert, die Schuhfabrikanten, daß das Oberleder platzt, die Geistlichen, daß die Hölle deutlicher hervortritt, die Juristen schreien nach Mord – alle schreien nach Rollen, großen, abendfüllenden mit Erträgnissen und Lorbeerähnlichem, keiner kann in Ruhe sagen: Ihr könnt mir alle, oder wie Tao es ausdrückt: Wirke durch dein Wesen. Dabei sind es alle keine niederziehenden Menschen, eher entgegenkommende Leute, Naturliebhaber, sie möchten an den Königssee, mit steilen Felsenwänden.

CILLY:

Da liegt was drin.

BEISPIEL I:

Mit so was haben Sie die Jahre verbracht. Gesichter, Gesichter! Seh' ich da einen Herrn ins Lokal kommen, hat ein wunderbares Cachenez, gesteppte Handschuhe, zieht alles so aufmerksam aus, glättet es förmlich alles an die Haken, als ob es die Epoche halten würde. Sitzt dann auch so selbstgefällig da, der Mond wird offenbar für ihn aufs Spalier gezogen. Ein Konglomerat das Ganze – Zähne 'raus, Mandeln 'raus, Blinddarm 'raus, Gebärmutter 'raus, geprägte Form, die prophylaktisch sich zerstückelt. Und am Nebentisch wie ist der Herr froh, wenn ein Freund der Gattin ans Knie faßt – eine Art Bestätigung. Nach meiner Meinung sind das alles Schrottdiebe, Buntmetall-kaschuben, gehen auf die Toilette, montieren die Pissoirs in den Rucksack – Schnaps durch die Gurgel, Fäulnis in der Leber, Zucker aus der Harnröhre –, aber nun der fromme Mensch, der alles abründet – wohl ihm – zu einem sinnvollen Erlebnis, ist denn das der fromme Mensch? – nein, er ist nur der beschränkte –

DIE STIMME:

Abwarten!

BEISPIEL I:

Also nun haben diese Wesen Gesichter, tragen sie vor sich her durch die Anlagen, in der Wohnstube, auf Reisen – Fronten sind das! Gierig, zerfetzt, grau von Nichtgelingen und Notdurft, und da wissen Sie ein Gesicht, das Sie nahe haben möchten, trinken möchten, ein einziges Gesicht, ein bestimmtes Gesicht – meinen Sie, daß ich mich davon abhalten lassen würde, zu ihm zu gehen? Wenn das Hei-lige in allem ist –

BERTHOLD:

Ich habe das letzte mitangehört. Aber wie wäre es, wenn Sie einmal mit Ihrer Frau sprächen? Vielleicht ist sie gar nicht so beschränkt, wie Sie denken –

BEISPIEL I:

Ich fürchte, dann verlöre das Ganze seine Spannung.

CILLY:

Aber wissen Sie, Sie haben, unter uns gesagt, auch ein Gesicht –

BERTHOLD:

Ist nicht auch das Heilige nur eine Abstraktion mit Orgel-
bässen?

DIE STIMME:

Darüber später. Berthold, deine Beispiele!

BEISPIEL II:

Ich bin der Pensionär, Reichsversorgungsgesetz – nicht
viel, aber hinreichend für ein schönes Drohnenleben. Beginnt der Tag mit Regen: Du kannst zu Hause bleiben.
Beginnt der Tag mit Sonne: Man setzt sich auf die Bank.
Alt – schon, aber erst sollen die anderen sterben, es sind
noch viele da. Ich muß Verdienste haben oder gehabt haben, daß man mich so pflegt – vergessen –, heute schub-
bert man richtig durch die Tage, da ein Blick hin, dort ein
Blick hin, und man fragt sich: Welches ist nun die Bestimmung des Menschen? Fahrten wie Odysseus, sieben Jahre
Kalypso, mit Circe in der Hängematte, Nausikaa ins Auge
geblickt – oder das Polareis beklopft wie Nansen, oder
fünfzig Jahre Büro mit den Grundsätzen der alten Schule:
strikte Innehaltung des Urlaubs und pünktliche Abholung
des Gehalts? Gestern habe ich mir ein Paar Schuheinlagen
verschreiben lassen – nicht, als ob ich ohne sie nicht gehen
könnte, aber das Hin und Her vertreibt die Zeit.

BEISPIEL III:

Ich bin die Inhaberin eines Salons, Sie verstehen schon,
nicht als ob ich unsittlich wäre, aber die Herren haben
bestimmte Wünsche, und man hat alle Hände voll zu tun,
daß alles klappt, abends ist man wahrhaftig wie[1] aus dem
Wasser gezogen. Im wesentlichen Vormittagsbetrieb – ein
Sprung vom Büro oder vom Lieferwagen – bitte etwas

DIE STIMME HINTER DEM VORHANG

entfernt parken! –, die meisten sind einfach, aber dann kommt einer und will die Schülersituation mit Langschäftern und Rohrstock. Witterung, meine Damen! Einige Herren wünschen als Einleitung gebildete Unterhaltung – Meran oder so –, ich meine dazu: Wenn eine Frau klug ist, ist das ganz schön, aber wenn sie es nicht ist, ist das für das Spiel ebenso unbeachtlich, als wenn ein Geiger heiser ist. Meine Damen sind nicht unzufrieden bei mir, nur manchmal murren sie: so viel Laufmaschen; die Ritter haben nicht alle gepflegte Hände. Vier Paar Perlon in der Woche, das kann man nicht als Werbekosten angeben wie beim Finanzamt. Einige Herren kommen morgens früh um acht, das hängt wohl mit ihren geschäftlichen Konstellationen zusammen, so erlebt man das Auf und Ab von Handel und Industrie.

BEISPIEL IV:

Ich bin der Hauswirt, nichts für ungut. Ein Mietshaus heil durch den Krieg gerettet und eine elegante Villa mit Grundstück desgleichen, letztere dann gut verkauft. Blödes Mieterpack! Immer im Keller gesessen, Posten aufgestellt, die Brandbomben gelöscht – unsereins konnte sich in gesundheitlich günstigeren Gegenden aufhalten. Jetzt wollen die Kakerlaken Warmwasser, wohl sogar die Untermieter, könnte ihnen passen, sich in meinen Heizströmen leiblich zu reinigen, müßte drei Rohre reparieren – – und mein neues Landhaus in Düsseldorf? Im Zimmer, wo ich die Querulanten empfange, ein zerrissener Sessel – nehmen Sie Platz, Vorsicht, da sehen Sie, wie ich alles für Sie opfere. Aber wenn sie frech werden, regnet durch und so weiter – Auftreten! Er hat noch nie die Furchtsamen beglückt, der alte Gott – jeden Abend bete ich im Sinne Dehmels: gib sie mir, gib sie mir – die Mietserhöhung.

DIE STIMME:

Ganz nette Typen – alle etwas beschränkt. Am freiesten der Pensionär, das mit Circe in der Hängematte will ich nachlesen.

ALFRED:

Und in allem ist das Heilige. Das muß man sich merken. Alles, was geworden ist: Pyramiden, Märtyrer, Dome, Präludien ist auch in ihnen. Wie reimt sich das zusammen? Eine große Verwobenheit muß irgendwo bestehen. Für eine Weile ist alles zu Ende, und nach einer Weile ist alles wieder da. Man kann nicht aufhören und man kann nicht anfangen. Im Winter beginnt etwas anders als im Sommer. Im Sommer dringt etwas Intensiveres durch alle Ritzen, im Winter weniger. Aber immer haben wir den Sack überm Kopf und tasten uns höchstens weiter.

BERTHOLD:

Man weiß aber auch zu wenig. Erfuhr ich doch erst in meinem fünfzigsten Lebensjahr etwas über Mausefallen. Die müssen different behandelt werden: Für Feldmäuse, die gegen menschliche Witterung sehr empfindlich sind, müssen sie nach erfolgreicher Benutzung ausgekocht werden, während die kleine Hausmaus und die große Brandmaus als echte Haustiere das nicht verlangen. Enorme Erfahrungen stehen dahinter bei Mensch und Maus, Beobachtungen, Vergleiche, Maßnahmen und Instinkte, eine Welt für sich, und sie war mir fremd geblieben.

DONATH:

Auch mit den inneren Dingen steht es so. Haben Sie schon einmal erlebt, wie aus schwachen, fast geringgeschätzten Menschen Ihnen eine große Kraft erblüht? Sie sind ver-

DIE STIMME HINTER DEM VORHANG

bandelt mit einer Kellnerin, bedient Gäste, unfreie Persönlichkeit, es entstehen Krisen, Spaltungen, Doppelzüngigkeiten, ja Zusammenbrüche. Und plötzlich nehmen Sie aus dieser unfertigen Hand, die Tische deckt, Geschirr 'ranträgt, Gläser vorsetzt, eine wirkliche Wärme, einen Zustrom entgegen, und Sie kommen weiter.

ALFRED:

Und dies Sichausbreiten von zarten Dingen. 1738 wurde die Kamelie aus Japan eingeführt – was für Frühlingszeiten! Eine Blume eingeführt! Jetzt gibt es die Kameliendame, die jeder kennt, La Dame aux camélias – Trauerarien, herzzerreißende Synkopen – manchmal versinke ich in Kamelien, ihrem Namen, im Süden im Freien, der Strauch im Topf, den man nicht anrühren darf, plötzlich fällt die Blüte ab, schlägt hart herunter, man hört es – ein Traum dahin – ich breche zusammen.

DIE STIMME:

Zart, zarter, am zartesten. Keine weichen Stellen!

BEISPIEL I:

Um noch mal von mir zu reden, alles vergeudet, die Kraft zu Ende, aber noch einmal dies Gesicht, das ich erwähnte, versinken sehn, sie schließt die Augen – sein Innerstes von sich schleudern, glühend und heimlich, und in der Nähe die Wärme und die Klarheit und das Glück. Sie lieben vielleicht Ihre Frau, aber wenn Sie bei der anderen sind, werden Sie von ihr hingerissen, und wenn Sie allein sind, denken Sie an keine von beiden. Die eine steht Ihnen nahe wie Ihre Weste und die andere wie Ihre Krawatte, und Sie können doch bestimmt nicht unbekleidet gehen –

BEISPIEL III:

Vielleicht kann ich Ihnen in aller Demut dienen, sagen
Sie mir Ihren Typ, die Stimmung dieses Gesichts, sein
Drum und Dran, rotblond oder Pfeffer und Salz, und der
Nacken, der Nacken –

BEISPIEL II:

Sie rühren da an ein seltsames Problem. Der Körper ist
es nicht, der Geist noch weniger, eine meiner größten Leidenschaften hatte nie den Namen Nietzsche gehört, und
ich bin ein Spatengehirn, ich grabe um. Ich habe die schönsten, die klügsten, die zauberhaftesten Frauen gesehn und
blieb doch bei ihnen nicht bis zum Ende. Aber auch Min-
derwertiges verliert in diesem Zusammenhang seinen Sinn
und bekommt andere Gewichte. Was ist also das Ganze?
Ein Anfall, ein Vorfall, ein Zufall –

BEISPIEL III:
Ein Unfall.

BEISPIEL I:
Dann müßte es dagegen Versicherungen geben.

BEISPIEL III:

Mein Salon ist eine Versicherung und bei bürgerlichen
Preisen.

ALFRED, BERTHOLD, DONATH:
Nun wollen wir die Arien singen.

ALFRED:

Noch einmal so sein wie früher: unverantwortlich und
nicht das Ende wissen, das Fleisch fühlen: Durst, Zärtlichkeit, Erobern, Verlieren, hinüberlangen in jenes andere –

DIE STIMME HINTER DEM VORHANG   423

in was? Abends dasitzen, in den Schlund der Nacht sehn,
er verengert sich, aber am Grund sind Blumen, es duftet
herauf, kurz und zitternd, dahinter natürlich die Verwe-
sung, dann ist es ganz dunkel und du weißt wieder dein
Teil, wirfst dein Geld hin und gehst –

BERTHOLD:

Früh stehen Hortensien vor dem Fenster der Badestube,
rosa Köpfe, eine äußerst lautlose Blume, es ist die Morgenröte, die mich in ihnen begrüßt. Manchmal kam schon
eine Melodie aus einem der Häuser, teilweise sogar schon
ganz orgiastisch – das waren die Sommer. Es erscheint mir
jetzt ganz unverantwortlich, daß es so was gibt, was doch
auch andere sahen und sehen werden, später und einst und
immer wieder – es sollte einem so unwiederbringlich Verlorenes nie vor Augen kommen.

DONATH:

Oder es ist tropisch, die Luft befeuchtet Ihnen die Haut,
die Getränke die Gewebe. Dieser Dunst! Immer führt
er meine Gedanken zu Frühzeiten, vor Farnblätter und
Bildungen von Flözen. Am Nebentisch wiederum drängen
sich Salatplatten und Coca-Cola ins Auge – so ergänzt
sich das Leben und versucht ein Gesamtbild. Aber immer
gleitet man von allen Dingen nach vorwärts, nach rückwärts in eine unpersönliche Ferne.
Das Augenblickliche – und nichts halten können, herum-
sehen und alles läuft weiter. Sie lieben eine Frau, Sie sind
bei ihr, Sie lieben sie wirklich, nichts als Sie beide, keine
Welt, nur die Nacht und die Worte zwischen Ihnen beiden, diese Worte von gottweißwoher, die ersten Worte
wie aus Eden, die letzten Worte, die sowohl binden wie
zerstören – ich sagte, keine Welt ist da, nur Sie beide –,

aber wo das Kissen aufhört, was schlägt Sie da ins Auge?
Ich frage Sie, ich will nichts sagen –

(Beide Glocken läuten.)

ALFRED, BERTHOLD, DONATH:

Wieso kosmisch? Das verstehe ich nicht.

DIE STIMME:

Pardon, ich war eingeschlafen und warf sie auf die Erde.

ALFRED:

Sie sehen durch eine Balkontür über Geranien in die
Nacht. Nun fächert sie sich vor Ihrem Tiefblick: oben die
weißen Nächte Stockholms; in Sevilla tanzen sie Fandango,
die Rose im Haar; in Charleston werfen die Damen und
Herren die Zigaretten in die Hibiskuskübel und strömen in
den Zuschauerraum zurück – alles wie immer, kein Wechsel
in den Breiten, wieviel lange Dinge gibt es, nur bei Ihnen
ist es sicher, daß Sie den Rauch nicht unbegrenzt durch die
Nase blasen werden.

BERTHOLD:

Mit beschränkten Mitteln, ohne Natur, wohnen Sie in einem
Stadtteil, der an Sommersonntagen öde daliegt. Müssen
Sie sich dann noch eingestehen, daß selbst solche Sommer-
sonntage nur noch wenige sein werden, entsteht ein Druck.
Dann fahren Sie hoch, begeben sich an einen der schönen
Seen, überfüllt, aber Wasser und Segel und Dunst – die
Haut entzündet sich, der Wind streift über Ihre Teile,
fremdes Wesen, es ist das andere, die Natur – auch die
braunen langen Beine von weiblichen Lässigkeiten in Kör-
ben und Stühlen beschäftigen Sie ablenkend, schöne Stun-

DIE STIMME HINTER DEM VORHANG

den, freie und ermüdend, aber eben: Stunden – doch das
Ganze, woran halten Sie sich da?

DONATH:

Oder Sie streichen an einer Terrasse vorbei, alles besetzt.
Die Gesichter der Damen geben sich hin an die Nacht, an
den Mann, an die Liebe, die Facies der Herren ist ge-
schmeidig und imposant. Weich diese Gesichter der Damen, schmerzlich, gebeugt und süß dem Schicksal entgegen.
So verlaufen die Nächte. Gläubigkeit, Liebe, Schmerzbe-
reitschaft aus einem großen Gefühl – dann verfällt es, sei
es aus Zeitvergänglichkeit oder frühem Betrug.

CILLY:

Ihr seid ja blöd. Sprecht mal über mein braunes Kostüm,
kann ich den Mantel noch tragen oder sieht der Rock vor –
und dann die neuen Muffen, alles andere kommt von
selbst, wir machen ja gar keine Schwierigkeiten.

ALFRED:

Zum Ansehen ist manches zu schön und zum Ausdeuten
manches zu wenig – es besteht ein leidvolles Dilemma
zwischen Blick und Hirngespinst.

BERTHOLD:

Oder der Mond steht sonderbar am Himmel, im Verwelken, aber noch groß. Über allen Straßen sein riesiges Oval,
es mahnt Sie an Stürme, Welken, an Enden und verdunkelte Stunden. Dort möchten Sie helfen und Glück bringen, aber dann verletzen Sie Ihr Inneres, das auf Berau-
schung und eigenes Entzücken zielt, auf Gestaltung und
auf Vollendung. Gezwungen zu einem Wort des Mitleids
zu unrechter Zeit an einen anderen, zerstören Sie alles,

und die Leere ist wieder da – diese unbegreifliche Schwach-
heit über allem, diese Welt der Güte einerseits und andererseits etwas, das unberührbar bleiben möchte.
Großer Vater, sagen Sie ein Wort.

DIE STIMME:
Was soll denn sein?

DONATH:
Oder gewisse Herbstabende, Nebel und dahinter etwas
Goldgelb, eine Brücke verliert sich und verschleiert ihre
Bögen. Tritt zurück, sagt die eine Stimme, mache dich
weit für die Verluste – behalte dich, sagt die andere, führe
über alles weiter deinen sammelnden Blick.

BEISPIEL I:
Lassen Sie mich mitsingen. Da ist eine Tanzfläche, ein weiches Paar, die Füße gehen konform, in der Mitte züngeln
sie umeinander, oben bereits Vermischung, er singt den
Text mit in ihren Mund, der Mund hat weiße Zähne, er
läßt sie unter seinen Armen durchtanzen – das ist süßer
als Orgasmus.

BEISPIEL III:
Wenn das nicht sinnlich ist –

BERTHOLD:
Beispiel I, was sind Sie von Beruf?

BEISPIEL I:
Obsthändler – saure Trauben und Pferdeäpfel.

DIE STIMME:
Die große Verwobenheit – so soll es sein.

II

DIE SONNTAGSZEITUNG

EMIL:

Großer Vater, ich bringe dir eine Sonntagszeitung, der Tag des Herrn ist untergebracht, wenn du durch bist; sie liefert Mensch und Tier und grünes Kraut, sie enthält alle seine Werke. Diese Sonntagszeitungen sind enorm! Sie orientieren dich über das kleine und das große Licht, den Nebel, der das Land feuchtet, die Wasser des Mohrenlandes und das Wasser des Hiddekel, sie vertreten den Baum des Lebens und den Baum der Erkenntnis, sie werden den sieben Schöpfungstagen gerecht auf nur sechsunddreißig Seiten.

Wir bedürfen der Inhalte, wenn wir weiterwollen, nur aus Produktivität regeneriert sich das Formwollende nicht, es bedarf der Stoffe. Viele Jahre lebt der Künstler gleichmäßig, gleichgültig, still dahin und schöpft aus seinen Beständen. Aber dann können nur Erschütterungen ihn weiterführen, Eindrücke, reiches Wissen und Berichte – hier sind sie, großartig angeboten, belehrend und gefällig – er greife in die Fundgrube, bereichere sich am Detail und walte seiner Gesichte.

Beginnen wir mit Seite eins. Dabei kommt einem der Gedanke, als ob der Mensch so angelegt ist, daß bei ihm alles schiefgeht: er kann die Kriege nicht verhindern, er kann keine gerechte soziale Ordnung einführen, und wenn er zu denken anfängt, wird es tragisch.

CILLY:

Seite eins ohne mich. Kannst du nicht gleich mit Frauen-

leben anfangen? Vorigen Sonntag war etwas mit Char-
lotte Buff, Beamtenehe und jetzt ein verwahrlostes Grab,
sehr schmerzlich, hast du nicht so was?

EMIL:

Modefarben in Paris 1792: altflohfarben, fliegensteiß-
farben, Pariser Straßenschmutzfarben – kommt noch alles,
Cilly, sei ruhig. Also Seite eins. Es sind wieder verschiedene Noten ausgetauscht, und verschiedene Rate hielten
Vollsitzung ab. Das muß natürlich so sein. Die Bedeutung
gewisser Meerengen steht außer Zweifel, und die Geschichte verlangt es.

DIE STIMME:

Emil, ich finde deine Art ganz unangebracht. Die Masse
hat immer recht, die Presse hat immer recht, wie sollen
denn die Annoncen unter die Leute kommen, wenn nicht
vorher so was steht? Außerdem hat der heutige Mensch
ein genau so echtes Bedürfnis nach Meinungen und Stellungnahme wie der frühere nach Riten, der Nachrichten-
austausch ist der heutige Kosmos der weißen Erde.

EMIL:

Sehr wahr, Papa, gehen wir nun auf Seite drei über zu den
Kongressen. Die Tagung stand unter dem Thema „über
die Grausamkeit von Märchen". Gestützt auf bittere reale
Grausamkeitserlebnisse gab der Redner eine erschreckende
Statistik der Grimmschen Märchengreuel, deren Eliminie-
rung er forderte. Frau K., die wohl bedeutendste heutige
Expertin der Märchenliteratur, konnte Deutungen geben,
die aus historisch-psychologischer Sicht heraus die Frage
erhellten. Die tiefe Kinderangst vor Stiefmutter und
schwarzem Mann –

CILLY:

Weißt du was davon? Ich kann mich an nichts erinnern.

EMIL:

Halt doch den Mund, hier sprechen Experten. Weiter: „Die anwesenden Psychologen Prof. T. und Dozent Dr. Z. wiesen auf das irreale Element hin."

CILLY:

Wieso irreal? Ich denke, man will hier was kurieren.

EMIL:

Aber es gab auch beglückende Berichte, auch beglückende Mitteilungen, auch beglückende Hoffnungen – die Bundesbahn und der PEN-Club sind an der Arbeit, und das sind wohl Kräfte! Vor allem trat Schneewittchen in ihrer ganzen Grausamkeit hervor, Ortega y Gasset hatte sich auch dazu geäußert. Über die Ilias und Heines „Drei Grenadiere" sprach man nicht, dagegen wies ein Diskussionsredner auf das pädagogisch Bedenkliche des Röhrens der Hirsche hin und warnte vor Waldwanderungen im Oktober (Beifall).

DIE STIMME:

Wie waren die Blumenarrangements?

EMIL:

Nur Fleißiges Lieschen und Männertreu. Beim Festessen pries einer die *Roh*kost und wurde streng verwiesen, verboten war *Rotkäppchen*sekt und Henkell-*Brut*.

DIE STIMME:

Wir stehn hier offenbar vor der Frage der Prophylaxe.

Prophylaxe von wem, für wen, gegen was, aus welcher Stellung in welche Richtung. Hier nähert sich ein Krisenpunkt.

EMIL:

Aber erst die Annoncen! Ich liebe die Annoncen für kleine Leute.

CILLY:

Wir sind alle kleine Leute.

EMIL:

Dazu muß ich die Lupe nehmen. „Ich trage wo ich gehe stets eine Uhr von Knak bei mir" – das spielt auf Löwe an, Löwes Balladen, setzt viel voraus. „Hirschgeweihe, Geweih von Reh, Nashorn, Elefantenzähne" – die Tropen stehen vor der Tür. „Kikeriki – Huhn und Hahn suchen alte Porzellane, Porzellanbesonderheiten mit plastischen Blüten –" wir brauchen nicht in die Salons zu gehen, auch hier sprechen Handel und Industrie. Wir sind eine fabelhafte Nation! Was elegant ist, kommt vom Ausland, was reizvoll ist, von d'outre mer. Wir sind überhaupt nicht mehr vorhanden, aber die Annoncen sind gebildet.

DONATH:

Elf Uhr und noch kein zweites Frühstück. Für mich brauchst du nicht weiterzulesen. Eine Zeitung ist wie die andere. Man kennt das doch alles. Die Gefühle beim Akt und die Gefühle beim Flug, die Lichter von Paris und die vorfabrizierten Häuser am Rande der Salzwüste, die Gruppierung für die Vergangenheit und die Perspektiven für das Jahr 2000, man schüttelt sich das schon aus dem Ärmel, es ist eine große Kartei, in der alles drinsteht.

BERTHOLD:

Zugegeben! Aber mit dem Reden ist es doch noch viel
schlimmer. Erzählen, lachen, die Zigarre vorstoßen, die
Damen haben auch so elegante Handbewegungen – das
geht vielleicht noch für einen kleinen Tisch. Aber unter
weiteren Gesichtspunkten, da kann doch die Jugend nicht
mehr mit dem Alter reden, dort ist Trieb, hier Erfahrung,
und wenn das Körperliche nicht mehr so drängt, kommen
andere Resultate. Es kann der Religiöse mit dem Welt-
kind nicht reden, wem das Geschenk des Glaubens nicht
zuteil ward, der denkt flächig und linear. Es kann die
Mutter mit der Tochter nicht reden, denn die Tochter verschweigt ihre Genüsse und ihre Scham. Es kann der Künstler mit dem Politiker nicht reden, der letztere ist jetzig,
und der andere ist achronisch. Der Industrielle spricht von
Kühlschränken und der Gefahr übertriebenen Exports –
wer hört da zu? Ein Herr war in Arosa – von Donnerstag
bis Montag Schneefall: „Ich muß ehrlich sagen, das war
zuviel" – ob ehrlich oder unehrlich, wozu ethische Gesichtspunkte, er muß mit Witterungsunbilden rechnen,
wenn er sich in solche Höhen wagt – kurz: Was soll dies
Beieinander, wir wissen ja, alles ist antinomisch – oder
ich bin eingeladen zu jemandem, der gibt als Adresse an
„Im Schwarzen Grund", das klingt nach Morast, Wild-
schweinen und langen Anmarschwegen, hinterher soll man
sich unterhalten, wie kann er mir das zumuten, dafür habe
ich keine Sandalen.

ALFRED:

Tohuwabohu, aber keiner will es wissen, eine große Um-
lage, aber keiner will sie zahlen. Zwielicht, im blauen
Riesel der Vornacht weißelt die Stunde, weder Eule noch
Lerche, weder Fledermaus noch Hahn. Zickzack. Ich sah

von einem Hotelfenster auf hohe Bäume. Ein Glückszufall hatte mich in dies Haus geführt. Barkarole – Wipfel, darunter die kanadische Quitte, die ein Kapitän vor hundert Jahren hier eingeführt hat, blaue Wogen und Sterne und das Hereinrauschen der Nacht. Ich dachte an meine Sünden. Welches ist der Maßstab für Sünden? Auf meinem Tisch lag eine Sonntagszeitung, darin hatte ich Goethes Wort aus seinem achtzigsten Jahr gefunden: „Es gehört Mut zum Glück, habe diesen Mut!" Nicht also zur Trauer, zur Entsagung, zur Askese gehört Mut – zum Glück! Aber sagt der alte Herr, was Glück ist? Meine Glücke waren, wenn ich genau bin, alle mit Verbrechen verkuppelt: Ehebruch, Rausch, Treulosigkeit, Elternhaß, Falschheit, doppelte Moral, auch fiel mir die Wendung von Hamsun ein: „Es gibt nur eine Liebe, die gestohlene" – eines der wahrsten Worte der Menschheitsgeschichte –, konnte Goethe das empfehlen? Aber weiß man bei ihm überhaupt jemals, was er meint – meinte er überhaupt was? Ich warf die Zeitung ärgerlich hin, hinsichtlich meiner wußte ich nur, mein Gehirn war zeit meines Lebens über eine ungeheuer harte Unterlage gespannt, nun sendet es superdestruktive Geschoßköpfe – oder ahnt außer mir noch jemand, wie ungeheuer nahe die Substanz, die Reife, die Innerlichkeit am Stumpfsinn liegt –, faktisch führt nur das Verbrechen weiter.

DIE STIMME:

Der Krisenpunkt!

EMIL:

Jetzt kommt etwas für dich, Cilly, aus „Gesellschaftliches", ergreifend, das überträgt sich von selbst als moderne Ballade, wie schon anfangs gesagt, der Künstler findet hier Stoffe – ich beginne:

DIE STIMME HINTER DEM VORHANG

Little old lady
in a big red room
little old lady –
summt Marion Davies,
während Hearst, ihr Freund seit dreißig Jahren,
in schwerem Kupfersarg unter dem Schutz einer
                                    starken Eskorte
und gefolgt von zweiundzwanzig Limousinen
vor dem Marmormausoleum eintrifft,
leise surren die Fernkameras.

Little old lady, großer roter Raum,
hennarot, sanft gladiolenrot, kaiserrot (Purpurschnecke).
Schlafzimmer in Santa Monica Schloß
à la Pompadour –

Louella, ruft sie, Radio!
Die Blues, Jitterbug – Zickzack!
Das Bürgertum im atlantischen Raum:
heiratsfähige Töchter und obliterierter Sexus,
Palazzos an den Bays, Daunendecken auf den Pfühlen,
die Welt teilen sie ein in Monde und Demimonde –
ich war immer letzteres –

Louella, meine Mischung – hochprozentig!
Was soll das alles –
gedemütigt, hochgekämpft, hündisch gelitten –
die Züge, häßliche Züge, mit denen jetzt der Kupfer-
                                    sarg Schluß macht,
überrann ein Licht, wenn er mich sah,
auch Reiche lieben, zittern, kennen die Verdammnis.

Hochprozentig – das Glas an den Silberapparat,

er wird nun stumm sein zu jener Stunde,
die nur wir beide wußten –
drollige Sprüche kamen aus der Muschel,
„in Frühstücksstuben entscheidet sich das Leben,
am Strand im Bathdress hagelt es Granit,
das Unerwartete pflegt einzutreten,
das Erhoffte geschieht nie –"
das waren seine Stories.

Schluß mit der Promenade! Nur noch einige Steinfliesen,
auf die vorderste das Glas
hochprozentig, Klirren, letzte Rhapsodie –
little old lady,
in a big red room. –

CILLY:

Und weißt du, wie das weitergeht? Die Familie bootete
sie aus, nach zehn Tagen wurde das Testament eröffnet,
und sie war Universalerbin. Nach sechs Wochen heiratete
sie einen eleganten amerikanischen Marineoffizier.

EMIL:

Dann hätte ich aber wirklich nicht so schön zu dichten
brauchen. Großer Vater, das ist wohl ein Lebenswechsel.

DIE STIMME:

Was soll denn sein?

FERDINAND:

Erst auf Seite fünf! Diese Zeitungen haben etwas Un-
heimliches. Nimm sie fort! Alles Welten, die du nie gesehen. Zimmer aus wolkenroten Steinen; Landschaften,
in denen wenig Bewegung ist, etwas Rauch aus einer

DIE STIMME HINTER DEM VORHANG

Ranch, ein pfeiläugiger Vogel. Die abgestreifte zellophan-
dünne Haut einer Schlange liegt quer über dem Weg, große
stagnierende Teiche, über ihnen reglose Falter. Wildkat-
zen, betrunken vom Saft der Tollkirsche, schreien, heulen,
torkeln – wohin blickst du? In Dinge, die du niemals
warst, niemals wirst, du reichst nicht hin – Welten von
solchen Dingen – unerträglich!

EMIL:

Und draußen beginnt der Angriff auf die Tropen. Westafrika im Vordergrund, aber auch Nigeria. Hier im Han-
delsteil: „Nigeria sucht Filzhüte." Wo bisher achthunderttausend Menschen lebten, können nun zehn Milliarden ernährt werden – ein Hinströmen! Aber wer strömt hin – etwa
du? Ereignisreiche Umwelt! Neusüdwales hat seinen kältesten Tag seit neunundsiebzig Jahren – Schnee in Canberra;
kurzlebige Armeerevolten in Honduras – und du? Du
kennst die Wendung von der Tagesordnung, die ohne weiteres über was hinweggeht. Dem indischen Zoo wird ein
Riesensalamander als Zeichen der Freundschaft von Nippon angeboten, in der Wissenschaft besteht Hoffnung,
ein vom Blasenwurm befallenes Auge sicherer erhalten zu
können, und du? Sagen wir es ruhig: nur spurweise vorhanden! Und wo verläuft die Spur? Im Neige d'antan.

GERHARD:

Ja, nimm die Zeitung weg, das ist zu bitter. Fluten von
Unvermögen und Versagen bringen sie über das Herz,
Fluten von Heimweh und November, Fluten von Lands-
end und Finisterre. Asien, Afrika, Honolulu ersticken
deine Flamme – Granite, Massive, Eisflächen, Tulpen-
inseln gehen mit frechen Erlebnissen über dich hin, du

bist verloren, hast du die körperlichen Kräfte, zu ihnen zu gelangen – hast du das Geld? Ich übe mich jetzt im Radardenken und führe euch vor

BEISPIEL V:

Ich bin der Radardenker. Hier gibt es keine Stoffzudringlichkeiten, ich peile an. Der Mann am Fenster, der Gedankengänger im Eigenheim. Auf die Straße sehn, sich einstellen auf gewisse Einzelheiten, aber sofort zurück in die Mansarde. Ich mache meine eigene Kausalität, ich halte mir den Kopf frei, darin muß immer ein Hohlraum sein für die Gebilde. Meine Apparatur arbeitet mit Methode: immer wieder auf sich allein zugehn, sich selbst an den Gaumen halten, auf der Zunge schmecken, sein Paprika sein, in sich selbst die Kätzchen pflücken, viel Ding an sich und eine Prise Säkulum-Hallo, das ist der Radardenker!

Zu meinen Grundsätzen gehört: Fliehen Sie die Ferne, fliehen Sie die Fülle, wenn Sie nämlich das alles lesen, kommt immer wieder die Frage: wenn es nicht dazu gekommen wäre: Atomzerspaltung, Dynamit, Insulin, entbitterte Lupine – was dann, wie sähe die Sache dann aus, aber erstens wäre dann vermutlich etwas anderes dazugekommen oder es wäre zweitens nichts anderes dazugekommen, doch änderte das etwas an den Grundsätzen der Welt? Nein, fliehen Sie die Ferne, fliehen Sie die Dauer, verflechten Sie sich mit Ihren inneren Beständen – peilen, loten, horten, aber sofort zurück zu den Gebilden. Lesen Sie die Zeitungen, aber sublimieren Sie die Matrizen. Vom Schatten aus auf die leuchtenden Bäume und Blumen sehn – dies japanische Gartenprinzip – das bietet Ihnen mein Fenster. Sich im Schatten halten, sich verhalten, es verhält sich die Welt.

HERWARTH:

Wohl ein Verwandter von Beispiel II, Pensionär. Damit
kommen wir auch nicht weiter. Dieser Autobrodler ist
antiquiert. Odol, Aspirin, Pyramidon, wie das alles Leben
gewinnt, weil es so viele benutzen. Unzeitgemäß dieser
Hohlraum. Unsere Großeltern konnten radardenken, da
gab es feine Stellungen: Syndikus, listige Verträge und
Neuemissionen oder Facharzt für Hals-Nasen-Ohren, bißchen Rachen pinseln und nachts werden Sie nicht gerufen –
Vertreter für Suchardschokolade, stark gefragt, Sie brauch-
ten nur den Hörer abnehmen und die Aufträge notieren,
heute müssen Sie Tag und Nacht die Krallen draufhalten,
Schufte finanzieren, anklopfen, sich drehn und wenden
schleimig und drohend, Inserate verfolgen, zackig 'rum-
wedeln – studieren Sie den Tonfall in der Stimme des
Chefs, der abends aus dem Büro geht: „sonst noch was?"

ISAAK:

Alles in allem, der halbe Sonntag ist 'rum, und überall
nur prekäre Lagen. Ein Gewimmel von Gedanken, Thesen, Strebungen und keine Antwort. In jeder Sonntags-
nummer denkst du, du findest eine Antwort, ein Ave
Maria, eine Liturgie, aber immer nur diese Interpunk-
tionszeichen und nichts dahinter. Du liest die Zeitung von
Anfang bis zu Ende, auch das Kleingedruckte, und dann
trittst du in den Tag, und wenn du etwas gewinnen willst,
mußt du es angehn mit deinem nacktesten Herzen.
Ich denke manchmal, der Schöpfer hat sich gesagt, die
brauchen nur fünf Finger, damit kommen sie aus, und er
hat im wesentlichen recht behalten – also haben wir vielleicht auch im Inneren diese fünf Finger, aber die haben
wir nicht, diese Organisation hat nur Flügel und Flossen,

die Bewegungsbehelfe in unbestimmten Medien. Mit voller Sicherheit bewegt sich nur das Fleisch. Aber das Ganze einschließlich Geist und Stil und Sitte – was ist denn das?

DIE STIMME:

Was soll denn sein?

ISAAK:

Großer Vater, darf man denn gar nicht mehr von der Zeitung aufblicken und noch etwas Allgemeines fragen, darf man gar nicht mehr fragen, was mit dem Schöpfer eigentlich los ist, zum Beispiel im Tiger und Leoparden ist ihm doch das Mörderische und die Blutgier gut gelungen, aber auch in unserem Inneren ist manches, wie es nicht sein soll und wie es auch nicht sein möchte. Sie wissen, was das heißt, daß einem das Herz bricht. Meistens betrifft es Sie selber gar nicht, sondern jemanden anders, den Sie zerstörten, meistens einen guten Menschen, einen Gläubigen, dem Sie alles nahmen. Sie können natürlich sagen, Glauben ist Schuld, man soll mit dem Furchtbarsten rechnen in jeder Lage, aber wozu sind dann alle die Lieder da, die so süß klingen auf dem Akkordeon oder auf der Gitarre – etwas außerhalb des Furchtbaren muß es doch geben. Man liest alle Zeitungen durch, man abonniert auf immer neue, aber man findet nicht weiter, man hat den Sack über dem Kopf, man schlägt um sich, wendet sich an den Schöpfer, man betet zu G . . .

DIE STIMME:

Lassen Sie G . . . aus dem Spiel. Wenn ihr euch eure Gummisohlen durchlauft, deswegen ist der noch kein Flickschuster.

ISAAK:

Das nicht, aber man denkt doch öfter an ihn. Bald kommt die Stunde, wo Sie das Gesicht ins Dunkel halten müssen, in den großen schwarzen Schwamm, dann stürzen über Sie die Schatten, und aus den Schatten können Sie nichts mehr gutmachen und nichts mehr sühnen. Sie leben nur weiter in dem, was man von Ihnen bis dahin sah und weiß – vergleiche Nachruf –, sollte man nicht danach leben, ehe die Schatten fallen?

DIE STIMME:

Geh ins Kloster, Ophelia.

ALFRED:

Aber, Großer Vater, nun stehn schon wieder Tannenzweige auf den Klavieren, auch Kätzchen, vorzeitig, lesen Sie doch die Adventsartikel, die Jahreszeiten und christlichen Feste jagen um uns herum – noch einmal und noch einmal – aber dann, Großer Vater, was ist denn dann – sagen Sie doch ein Wort.

DIE STIMME:

Was soll denn sein?

BERTHOLD:

Und die Schallplattenbesprechungen, diese Schlager: der Hafen von Adano und die Beine von Dolores wirbeln einem um den Kopf, ein Ansturm von Zeitschönheiten, labilen süßen Stimmungen, dieses Jahr und noch ein Jahr, aber dann, Großer Vater, was ist denn dann?

DIE STIMME *(drohend):*

Was soll denn sein?

KATJA:

Man läßt den einen für den anderen, gut, der eine ist
jung, der andere ist alt, man glaubt an jeden – „Als ein
Gott kam jeder gegangen" (Ariadne, Strauß), aber wenn
er dann weggeht, man ist allein und liest wieder die Heiratsannoncen und die Falten kommen, die ruhelosen
Nächte, die Menopause – wo ist denn dann das Heilige –
was ist denn dann?

DIE STIMME *(brüllend):*

Was soll denn sein, wer seid ihr denn, geschaffen und
geworden, die Augen unter Tränen und die Herzen hin
und her? Schluckt doch endlich euer Inneres und eure Beine
und haltet die Schnauze über eure Kaldaunen oder wie
der Psalmist sagt: meine Seele ist stille zu Gott.
Was soll denn sein, ihr nennt schon heilig, was ich nur
doof nenne, ihr billiger Krimskrams mit Gemüts- und
Blasenpanik – immer schnell aufs Töpfchen! Wenn ihr
ahnen könntet, was eine Äone ist – aber woher sollt ihr
das wohl ahnen?
Ihr intellektuellen Schimpansen, betreibt nur weiter euren
Ausverkauf – Rentner, Huren, Hausbesitzer, alles Frei-
platzschnorrer, wiehern auf der Galerie, wenn in der Szene
die Herzen sterben – was soll denn sein, wieviel Nächte
habt ihr denn alleine durchgestanden, welche Trauer ohne
Geschwätz getragen – das Nichts, euer Nichts war immer
noch durchklimpert von Gebetsmühlen und Schuhschnal-
len – wenn ich euch nun sagte: im Dunkel leben, im Dunkel tun, was wir können – *das soll sein?*
Was ereifere ich mich überhaupt? Ihr sagt, ich hätte euch
gezeugt? Das ist wohl zu persönlich gesehen und zu me-
chanisch. an euch habe ich bestimmt nicht gedacht, als ich

mit eurer Mutter ging, ich habe an ganz was anderes gedacht, ihr Gesicht wurde immer so schön bei der Liebe.
Kinder sind fremde Leute, ihr müßt euch an Älteres halten
als an mich, wenn ihr von der Zeugung redet.
Hier habt ihr auch eure beiden Glocken, das ist auch nur
solch eine intellektuelle Farce *(wirft sie über den Vorhang)*,
ich will mir den Bart mit ganz was anderem beschmieren,
ich will einen Garten im Sommer sehn und will sehn, wie
Schnee fällt, weiter gar nichts.

Alle singen aus der Sonntagszeitung:

Ist ein fremder alter Strom geflossen
etwas weißer, etwas blauer Nil,
schließlich unter unsere Haut ergossen,
sich verzweigt zu Denk- und Liebesspiel.

Viel ererbt und einiges erworben,
alter Quell, doch Neues auch eräugt,
unser Vater ist schon lang gestorben,
doch er hat uns gut und still gezeugt.

In den großen Wald ist er entschwunden,
in den buschigen, auch dunkelgrün,
hat sich durch das Unterholz gewunden
ernst und männlich und wir preisen ihn.

III

MELANCHOLIE
UND NEONBELEUCHTUNG

BEISPIEL I:

Zwei Monate später. Wir sind ja nun alle sittlich und geistig gereift. Von dem Gesicht, das ich trinken wollte, habe ich mich getrennt, ich habe ihr gesagt, sie soll bei ihrem neuen Freund bleiben, mit dem sie mich betrogen hat, ein Gurkenhändler. Ich rief an, die Stimme klang so sonderbar, ich komme gerade aus dem Bad, sagte sie, ich wußte Bescheid. Nimm dein Gebiß 'raus, schrie ich, zeige dem Mann, daß du nur noch zwei Zähne im Oberkiefer hast, ich liebte dich trotzdem, bei ihm erscheint es mir fraglich – das nahm sie übel. Ich halte mich an meine Frau, eine famose Person, mein sicherer Port, von dem aus unternehme ich meine Vorstöße – zickzack. In Neukölln ist eine Bar mit Tischtelefon und Saalpost, da strebe ich heute hin.

CHOR:

Das ist der Lebenswille, der unbändige.

BEISPIEL IV:

Die Mietserhöhung ist abgelehnt, aber da ich das Warmwasser verweigere, spare ich das Wassergeld, schon sechs Jahre lang, à propos, hat keiner von den Dusseln bemerkt, das hätte natürlich eine Klage rechtfertigen können. Mein neues Haus in Düsseldorf ist etwas klein, muß drei Teppiche übereinanderlegen, aber dann weiß dort keiner, was ich habe, auch da wird es Stänker und Querulanten geben, die Welt wimmelt von Mietern. Dem hiesigen Ver-

DIE STIMME HINTER DEM VORHANG

walter habe ich Auftrag gegeben, nichts zu leisten, er soll
sie schikanieren, bis sie Öl pissen, kein Fahrstuhl, kein
Fensterglas, kein Ziegel auf das Dach – lachhaft diese
moderne Zivilisation für solche Raumschmarotzer, die
Wohnungen sind großartig verglichen mit Hundehütten.
Servus, nichts für ungut.

CHOR:

Das ist der Erwerbssinn, der staatenbildende.

BEISPIEL II:

Inzwischen habe ich mir auch noch zwölf Ultraschallungen
verpassen lassen, man muß mit der Zeit mitgehen.

CHOR:

Das ist der Lebensabend, im Schatten der Wohlfahrts-
eiche.

BEISPIEL III:

Die Polizei benahm sich prima, blieb im ersten Zimmer
so lange, bis aus den anderen das Werkzeug entfernt
werden konnte, Peitschen, Stricke, Fesselbandagen. Zum
Schluß sagten sie, Madame, Ihre Wohnung hat nur drei
Räume, als Mieterinnen gemeldet haben Sie fünf Täub-
chen, wo träumen die fünf Damen nach des Tages Müh
und Last? Im siebenten Himmel, sagte ich, und die Herren
lachten. Die Frauenvereine sind hinter der Sinnlichkeit
her, aber das waren tadellose Exekutivvertreter.

CHOR:

Das ist die Liebe mit allen Abarten, von der schon ein
Chor bei Äschylos sagt: „O Eros, du im Kampf nie Be-
siegter."

CHORFÜHRER:

Das sind einige Beispiele, aber sind sie schön? Ist das alles ausgerichtet auf den *tiefen* Menschen? Wer ist ein tiefer Mensch? War Sokrates ein tiefer Mensch? Er verführte nach Auffassung des Staates die Jugend und starb heiter. Alexander, Mahomet, Eisenhower – ist das Elementare tief oder das Sublime, ist die Güte tief oder das Verbrechen? Hätte es nur Märtyrer und Büßer gegeben, wo hielten wir dann? Und wenn wir alle schwiegen? Kein Großer Vater mehr, der uns berät!

„So sinke denn, man kann auch sagen, steige" (Faust) – was heißt denn das nun wieder? Offenbar gibt es Wägungen, die sind positiv und negativ. Irgendwo flammt etwas auf, und irgendwo erlischt etwas, irgendwo eine Nova, und irgendwo ein Korn Staub mehr in der Asche der Welt. Wo stehen wir, an welchem Punkt der Fauna, durch welche Flora windet sich unser Schritt? Vieles spricht dafür, es ist ein Herbsttraum, die Rosen neigen ihr Glas: leer, ein letztes Rinnsal noch an der beschlagenen Wand, die Gärten wispern braun und lila, durchgesichtig in flaches Ferngelände.

Diese Rosen sinken also, aber aus Wohnungen vom Typ E 2 in Wohnblocks auf Pfeilern mit Ladenstraßen, Bädern, Restaurants und sogar einem Hotel für Hausbesuch wird man auf den neuen Flieder blicken. Was fragen wir noch, was soll denn sein, wir müssen zum Schluß kommen. Nur noch ein Wort zu unserer geographischen Lage. Man könnte sagen, wir sind Lokalgrößen, abgeschnürte Inselnigger, Sturmböcke – nein, in ganz Europa sieht es so aus. Ein Diplomat aus dem gesichertsten Land der Erde, kein Deutscher, durch hohe Posten international bekannt, schreibt gutachtlich folgendes: „Bereits war das deutlichste

DIE STIMME HINTER DEM VORHANG

Anzeichen für die völlige und katastrophale Umwandlung der Epoche in jenes letzte Stadium getreten, in welchem plötzlich alle Namen, alle Worte ihren Sinn verloren, die Zeichen, die der Geist errichtet hat in Architektur wie in den Werken der Musik, nicht mehr wahr sind, alles lügt, alles verblaßt, um dann plötzlich ausgelöscht zu werden und völlig zu verschwinden." Ungeheuerliche Worte! Hier lotet ein Diplomat! Einer aus berühmter Familie alten Stils, bestes Europa in der Strenge des Hierarchischen und mit der Weiträumigkeit der Golfsitten, er spricht sich mit Einzelheiten über das letzte Stadium der Epoche aus. Nein, wir sind keine Lokalgrößen, keine Sonder-Polis, es ist der Erdteil, über den es geht, der hat sein Joch gebrochen und seine Seile zerrissen.

So geht alles durcheinander, Blut, Speichel, Tränen, Samen, wer will sagen, was das Richtige, was das Wichtige ist? Wir wogen nach allen vier Himmelsrichtungen, die Windrose ist viel zu klein. Die große Verwobenheit, das Heilige in allem. Immer wieder sein Schicksal auf sich nehmen, Trauer und Licht, Melancholie und Neonbeleuchtung, Hoffart, Unzucht, Ausbeutung und dann die hohen Dinge: der Becher mit Schierling und die Dornen am Kreuz. Vor wem sollen wir noch knien? Der Alte hat uns auch im Stich gelassen, die Lage ist bitter. Immer wieder sein Schicksal auf sich nehmen – ihr, Beispiele und Sprecher, wovor könnten wir noch knien? Höchstens doch vor seinem seltsamen Wort: „Im Dunkel leben, im Dunkel tun, was wir können" – aber wie ist das wohl zu deuten?

Ende

EDITORISCHER BERICHT

Die Erscheinungsfolge der einzelnen Bände dieser ersten
Gesamtausgabe der Werke Gottfried Benns, vor allem
aber die Absicht des Verlegers, den Lesern zu ermöglichen,
bevorzugte Bände auch einzeln zu erwerben, machen es
notwendig, in jedem Band kurz über die editorischen
Grundsätze zu berichten, nach denen gearbeitet wurde. Die
auf diese Weise unvermeidlichen Wiederholungen sind allerdings keine große Belastung der Ausgabe; und andererseits ergibt sich so die Gelegenheit, die Auskünfte über
das Prinzipielle am konkreten und bandweise doch unter-
schiedlichen Material zu orientieren.
Vollständige und zuverlässige Darbietung des Werkes ist
das Ziel, das sich Herausgeber und Verlag gestellt haben.
Die Ausgabe enthält außer sämtlichen schon einmal in Buch-
form erschienenen Texten Gottfried Benns auch die bisher
noch in Zeitschriften und Zeitungen verstreuten Texte (von
den Stücken dieses Bandes gehören *Nocturno* und *Heinrich
Mann. Ein Untergang* in diese Gruppe) und den gesamten
Nachlaß (hier: *Der Radardenker* und die folgenden klei-
neren Stücke), soweit es sich nicht um Texte handelt, die
sich noch im Stadium des Entwurfs, der vorbereitenden
Notiz, des noch nicht zu erkennbarer Gestalt gediehenen
Fragments befinden. Die Veröffentlichung sämtlicher Text-
splitter hätte die Ausgabe ungebührlich belastet und auf-
gebläht, wäre auch wegen der notwendigen Entzifferungs-
arbeit im gegenwärtigen Zeitpunkt noch nicht möglich gewesen. Eine willkürliche Auswahl dieses Materials zu veröffentlichen erschien nicht sinnvoll; deshalb wurde ganz

PROSA UND SZENEN

darauf verzichtet. Aufgenommen wurden also sämtliche
Texte, die Werkcharakter angenommen haben, das heißt,
die so weit durchgearbeitet sind, daß man sie zumindest
als erste vorläufige Fassung ansprechen kann.

Darunter sind auch Texte, die Benn nicht zur Veröffentlichung vorgesehen oder zurückgestellt hat (die Nachlaßstücke dieses Bandes), oder an deren Wiederveröffent-
lichung er nicht gedacht hat (*Nocturno, Heinrich Mann*).
Die Gründe, die Benn bestimmt haben, einen Text nicht
oder nicht wieder zu veröffentlichen, werden, so sie sich
noch ausmachen lassen, in den Anmerkungen vermerkt.
Es können inhaltliche und stilistische Bedenken sein. Es
kann auch daran gelegen haben, daß sich der Text keinem
Zusammenhang einfügen ließ. Schließlich ist denkbar, daß
sich Benn an einen Text nicht mehr erinnert hat. Im übrigen kann als grobe Orientierungsregel gelten, daß die
Rangordnung, in der Benn seine Texte sah, sich aus der
Häufigkeit ihrer Veröffentlichung ergibt. Texte, die ihm
wichtig erschienen, wie zum Beispiel die Prosastücke des
Rönne-Komplexes, sind immer wieder in neue Buchausgaben aufgenommen worden.

Das gesamte Textmaterial wurde nach Sachgruppen geglie-
dert, aus denen sich zunächst die Bandeinteilung, dann aber
auch die Gliederung der einzelnen Bände ergab. Auf die
Schwierigkeiten der Abgrenzung wird im Nachwort dieses
Bandes kurz eingegangen. Innerhalb der einzelnen Sachgruppen sind die Texte chronologisch geordnet. Davon wurde
nur abgewichen, um eine Textgruppe geringeren Ranges
auszusondern. Die kleinen Nachlaßstücke diese Bandes stehen am Schluß der Abteilung Prosa und hinter dem großen
Prosastück *Der Radardenker,* weil es sich hier um Texte
handelt, die Benn wahrscheinlich als unbefriedigend emp-
funden hat. Die chronologische Ordnung richtet sich nach

EDITORISCHER BERICHT

der Entstehungszeit der Texte oder nach dem Zeitpunkt der ersten Veröffentlichung, wenn, wie bei den frühen Stücken, die Entstehungszeit nicht mit Sicherheit festzustellen ist. Der zeitliche Abstand zwischen Entstehung und Erstveröffentlichung eines Textes dürfte bis 1934 in der Regel gering sein. Die Datierungen der frühen Stücke in den Bänden *Frühe Prosa und Reden* (1950) und *Essays* (1951) stammen von Benn selbst, sind aber offenbar nach dem Gedächtnis gemacht worden. Da sie sich in vielen Fällen als falsch erwiesen haben, wurde nicht auf sie zurückgegriffen.

Zur Textgestaltung wurden sämtliche Buchausgaben sowie die zeitlich vor den Büchern liegenden Veröffentlichungen des Textes in Zeitschriften und Zeitungen herangezogen, nicht dagegen die Abdrucke nach Buchausgaben. Bei einigen Texten konnten außerdem die von Benn selbst korrigierten Druckfahnen und Umbruchbogen und bei den nach 1937 entstandenen Stücken das als Druckvorlage an den Verlag geschickte Typoskript benutzt werden. War noch irgendwo Anlaß zur Vermutung, daß es sich um eine verdorbene Textstelle handele, wurde rückgreifend bis zur ersten Reinschrift des Textes der gesamte Typoskriptbestand verglichen; so zum Beispiel bei *Weinhaus Wolf*.

Maßgebend für die Textgestaltung war der jeweilige Text letzter Hand. Die letzte Fassung, die Benn seinen Texten gegeben hat, wurde im Textteil abgedruckt. Mit Hilfe des Variantenverzeichnisses, das sämtliche Abweichungen zurück bis zur Erstveröffentlichung aufführt, kann aber auch die Textgeschichte genau verfolgt und jedes Stadium rekonstruiert werden. Bei den Stücken dieses Bandes geschahen die meisten und bedeutendsten Änderungen 1928, als der Band *Gesammelte Prosa* erschien. Oft wurden seitenlange Partien gestrichen, wobei meist die ursprüngliche

Gliederung des Stückes aufgegeben wurde. Viele kleinere Partien wurden geglättet. Außerdem wurden die Stücke durchweg mit Mottos versehen. Auf diesen Zustand wurde dann 1950 bei der erneuten Veröffentlichung zurückgegriffen.

Bei der Herstellung des richtigen Wortlautes mußten zahlreiche Fehler verbessert werden. Die frühen Ausgaben (zum Beispiel *Gehirne,* München 1916, oder *Die Gesammelten Schriften,* Berlin 1922²) enthalten Entstellungen, die oft durch sämtliche späteren Ausgaben mitgeschleppt wurden oder später nach Gutdünken flüchtig korrigiert und auf diese Weise weiter entstellt wurden (zum Beispiel: „Inhalt: sachlicher Postwert"/„Inhaltsachlicher Postwert"/„inhaltsachlicher Postwert"). Verdorbene Textstellen, die sich durch den Vergleich mit früheren Veröffentlichungen des Textes oder durch Rückgriff auf das Manuskript eindeutig identifizieren ließen, wurden stillschweigend verbessert. Wenn – was aber nur selten und mit größter Zurückhaltung geschehen ist – auf Grund indirekter Beweise (stilistische und logische Erwägungen, Vergleich verwandter Stellen) eine Textstelle korrigiert wurde, dann ist das mit Angabe der Gründe angemerkt. Wo Zweifel bestanden, ob es sich um einen Fehler oder um eine bewußte Veränderung handelt, ist die frühere Fassung als Variante notiert. Grammatische und syntaktische Fehler, die sich ohne Abweichung bis zur Erstveröffentlichung und, wo vorhanden, bis ins Typoskript zurückverfolgen ließen, wurden nicht korrigiert. Stillschweigend verbessert wurden orthographische Fehler, ferner falsche Schreibweisen von Namen und Begriffen, die bei Benn, der darin gleichgültig war und offenbar nach Gehör schrieb, geradezu die Regel sind. Wenn allerdings stilistische, klangliche, rhythmische Gründe dabei im Spiele waren, wurde selbstverständlich nicht kor-

EDITORISCHER BERICHT 451

rigiert. Weder verbessert noch vermerkt wurden sachliche
Fehler (der Nachweis wäre Aufgabe einer kommentierten
Ausgabe) und schließlich sprachliche Eigenheiten Benns
(zum Beispiel überzähliges s in Zusammensetzungen wie
„Heimatslied", „Abfahrtszeit", fehlende Beugung wie bei
„dem Nachbar").

Die Verweiszahlen stehen hinter dem Wort oder der Text-
passage, zu der es eine Variante gibt, und vor dem ab-
schließenden Satzzeichen. Stehen sie hinter dem abschlie-
ßenden Satzzeichen, dann handelt es sich um einen gestri-
chenen Text, der ursprünglich an die markierte Stelle an-
schloß.

Bei der Zeichensetzung läßt sich eine Tendenz zur allmäh-
lichen Mäßigung feststellen. Die expressiven Häufungen
von Ausrufungszeichen, Fragezeichen, Gedankenstrichen
werden seltener und weniger drastisch. Dieser Tendenz
entspricht es, daß Benn später den Limes Verlag autorisiert
hat, die Zeichensetzung zu normalisieren. Das geschah aber
erst bei den zweiten Auflagen folgender Texte: *Weinhaus
Wolf, Roman des Phänotyp, Der Ptolemäer, Drei alte
Männer, Die Stimme hinter dem Vorhang*, bei denen Benn
selbst Korrektur gelesen hat. Dabei wurde allerdings auch
die für Benn charakteristische Kleinschreibung nach dem
Doppelpunkt der Duden-Regel entsprechend korrigiert
(also Großschreibung, wenn wörtliche Rede oder selbständiger Satz folgt). Da das dem Duktus der Sprache Benns
nicht gemäß ist und ihn häufig stört, ist hier der originale
Zustand wiederhergestellt worden.

ANMERKUNGEN UND LESARTEN

Nocturno

Zur Textgestaltung wurde benutzt:
Der Sturm III, Nr. 144/45 (1913) S. 254 (einzige Veröffentlichung).

Heinrich Mann. Ein Untergang

Zur Textgestaltung wurde benutzt:
Die Aktion III, 16 (1913) Sp. 431–433 (einzige Veröffentlichung).

Gehirne

Erstveröffentlichung in: Die weißen Blätter II, 2 (1915).
Das Motto hat der Text 1928 in der Gesammelten Prosa
erhalten.

Zur Textgestaltung wurden benutzt:
Die weißen Blätter II, 2 (1915) S. 210–214 (= WBl). –
Gehirne, Leipzig 1916, 35. Band der Bücherei Der Jüngste
Tag (= G). – Gesammelte Prosa, Potsdam 1928 (= GesP).
– Frühe Prosa und Reden, Wiesbaden 1950.

1 WBl: *fuhr im Sommer vorigen Jahres*

2 WBl, G: *diesem*

3 WBl: *Geschehenen*

Die Eroberung

Erstveröffentlichung in: Die weißen Blätter II, 8 (1915).
Das Motto hat der Text 1928 in der Gesammelten Prosa
erhalten.

ANMERKUNGEN UND LESARTEN   453

Zur Textgestaltung wurden benutzt:
Die weißen Blätter II, 8 (1915) S. 950–956 (= WBl). –
Gehirne, Leipzig 1916, 35. Band der Bücherei Der Jüngste
Tag (= G). – Gesammelte Prosa, Potsdam 1928 (= GesP).
– Frühe Prosa und Reden, Wiesbaden 1950.

1 WBl, G: *Eroberung*

2 WBl, G: *als versenke er sich, – das tiefe, gedehnte
Glück.*

3 WBl, G: *umstanden zu sein*

4 WBl, G: *aus diesem Bild entstehen kann!*

5 WBl, G, GesP: *o die Zahl, wie liebe ich die Zahl*

6 WBl, G: *gelegentlich aufzucken*

7 WBl, G, GesP: *als Recht*

8 WBl: *aller der Rätsel*

Die Reise

Erstveröffentlichung in: Die weißen Blätter III, 6 (1916).
Das Motto hat der Text 1928 in der Gesammelten Prosa
erhalten.

Zur Textgestaltung wurden benutzt:
Die weißen Blätter III, 6 (1916) S. 244–251 (= WBl). –
Gehirne, Leipzig 1916, 35. Band der Bücherei Der Jüngste
Tag (= G). – Gesammelte Prosa, Potsdam 1928 (= GesP).
– Frühe Prosa und Reden, Wiesbaden 1950.

1 WBl: Die Figur heißt hier *Herr Jansen.*

2 WBl, G: *Jubel brach aus*

3 WBL, G, GesP: *handele*

4 WBl, G folgt mit neuem Absatz:
*Wie einsam steht es um die Straße, dachte Rönne, sie
ist eindeutig fixiert und wird entwicklungsgeschicht-*

lich kaum durchdacht; aber schön und sicher ist es, hier zu wandeln, so dicht am Leib mündet sie, und eigentlich ist es kein Gehen mehr, sondern ein Träumen auf dem Rücken des Zwecks.

Dann prangten zwischen Pelz und Locken Damen in den Abend ihr Geschlecht. Blühen, Züngeln, Fliedern der Scham aus Samt und Bänder über Hüften. Rönne labte sich an dem Geordneten einer Samtmantille, an der restlos gelungenen Unterordnung des Stofflichen unter den Begriff der Verhüllung; ein Triumph trat ihm entgegen zielstrebigen, kausal geleiteten Handelns. Aber – und plötzlich sah er die Frau nackt – diese nicht; es müßte die Ernüchterte sein, die sich noch einmal krümmen ließe.

Die Insel

Erstveröffentlichung in: Gehirne, Leipzig 1916.
Zur Textgestaltung wurden benutzt:
Gehirne, Leipzig 1916, 35. Band der Bücherei Der Jüngste Tag. – Die weißen Blätter III, 12 (1916) S. 241–250 (= WBl).

1 Es müßte wohl heißen: „den die Öffentlichkeit“. In beiden Vorlagen ist aber das Relativpronomen falsch bezogen.

2 WBl: – – *letzte stille Schlafe, treuer Stunden –*

3 WBl: *eine Wissenschaft*

4 WBl: *Gestählt drang er in den Garten. Starr standen die Büsche. Jetzt kam es über ihn:*

Der Geburtstag

Erstveröffentlichung in: Gehirne, Leipzig 1916.
Das Motto hat der Text 1928 in der Gesammelten Prosa erhalten.
Zur Textgestaltung wurden benutzt:

ANMERKUNGEN UND LESARTEN 455

Gehirne, Leipzig 1916, 35. Band der Bücherei Der Jüngste
Tag (= G). – Gesammelte Prosa, Potsdam 1928 (= GesP).
– Frühe Prosa und Reden, Wiesbaden 1950.

1 G: *Er hatte sich nie viel um es gekümmert, es war
Lehrerin und mußte abends noch in Hefte sehen.*

2 G: *gänzlich*

3 G: *zwei rote Kaviarkörner*

4 G folgt mit neuem Absatz:
*Auge, fernevolles, Blut, traumrauschend, rief er sich zu,
deine Mittagsflüge, wehe sie! muß Rönne schon vergehen, unverschanzt?:
Große Woge ist die Frau, gute Mutter, die die Fische
wendet hin und her, auf dem Rücken sind sie braun
gefleckt, Bröckel Blütenstaub und Samenpulver?
Eines Rahmens wert erschien das schlichte Bild: Ein-
brecher, böser Mann am Kassentisch, die brave Besitze-
rin niedergeschlagen, letzter Blick vom Boden gilt dem
Hund??:
Und du ins Gras gelümmelt, Mittagshengst – und jetzt
schon Überwölkung??? Dreißigjährig – und Kahl-
kropf ungefiedert??*

Diesterweg

Erstveröffentlichung: Diesterweg, Berlin 1918.
Das Motto hat der Text 1928 in der Gesammelten Prosa
erhalten.
Zur Textgestaltung wurden benutzt:
Diesterweg. Eine Novelle, Berlin 1918, 8. Band der Samm-
lung Der Rote Hahn (= D). – Die Gesammelten Schriften,
Berlin 1922² (=GesS). – Gesammelte Prosa, Potsdam 1928
(= GesP). – Frühe Prosa und Reden, Wiesbaden 1950
(= FPuR).

1 D, GesS folgt hier: *Seit drei Jahren spielte sich das Dasein innerhalb eines Koordinatensystems ab, dessen*

Basis der Begriff des Gemeinnützigen war. Seit drei Jahren bedienten sich der Jugend, in deren Entwicklung dieser Zustand fiel, die Bedürfnisse des betont Völkischen.
In tiefer Einordnung lebte daher die ganze Zeit über,

2 Der Text ist offenbar in allen Vorlagen verdorben. Hier wurde die Fassung von D übernommen, in der *sich* noch an *lehnte* gebunden ist, während es in GesS, GesP und FPuR heißt: *lehnte das andere Leben wieder hinein, in der Nuance sich oder Grenzfall zum Verweilen lud.* Unklar ist ferner die Wendung *in der Nuance (sich) oder Grenzfall zum Verweilen lud.* Sinnvoller wäre „das in der Nuance" oder „in dem Nuance".

3 D, GesS folgt mit neuem Absatz:
Verglich in solchen Augenblicken der in Frage stehende Arzt den jetzigen Zustand mit dem früherer Zeiten, so konnte er sich eines leichten Unbehagens nicht erwehren und alle Wehmut war dahin.
Denn bei dem früheren Meditieren war eben doch immer ein gewisses Maß von Chaos, von Ungeklärtheit, ja, Problem zurückgeblieben, das einer restlosen Unterordnung unter gemeingenössische Ideen widerstanden hatte –: hier aber herrschte geordnetes Vorstellungsleben und das Wort, das Erzeugnis gesellschaftlichen Daseins, ganz seinem Sinne zurückgegeben.
Hier konnte man sich ganz ohne Erröten jener Tatsache erinnern, die namhafte Forscher in jahrelangen mühe- und gefahrvollen Forschungen in wilden Ländern ans Licht gezogen hatten, daß nämlich, während die untergeordneten Lebearten durch ihren Lärm nur eine allen gemeinsame Empfindung hervorriefen, der Mensch durch das Gespräch eine Atmosphäre schuf, und andererseits war man hier ganz im Mittelpunkt der Alten Welt, demgegenüber noch zum Beispiel in den südamerikanischen Dörfern Makakis, Indianer oder noch

ANMERKUNGEN UND LESARTEN 457

*tiefer stehende Gruppen vor ihren Lagerfeuern bis
tief in die Nacht hinein ihre Gespräche fortzusetzen be-
liebten, deren geistiger Inhalt und Gewinn, wie die Forscher ausführten, sich vielleicht in einigen kurzen Sätzen
hätte genügend darstellen lassen. Doch hier: – und er
horchte prüfend weiter herum – wie nuancenreich die
Rede, die Themen wie wendungsreich, die Stirnen wie
gezeichnet vom Ausdruck des Einzelnen, Chlor, Wasser-
straßen, Hypothesen klangen auf und traten ab. Dazwischen aber auch die letzten Dinge, seit der Mythus
sich begab; nein, die Erscheinungen genügten nicht,
es mußte etwas geben, dahinter, in den Schleiern, wo
der Demiurg die Welten mischte: eine Seele, ein Letztes,
eine Ordnung, einen Sinn. Und, als der Zeiger rückte,
Rauch das Licht verdunkelte, und die Fenster gingen
auf, – waren auch die Sterne da.*

4 Das zweite *daß er*, fehlt in GesP und FPuR und wurde
analog zu D und GesS hier wieder eingesetzt.

5 D, GesS folgt: *Alsdann den Bart gestutzt, Bescheiden-
heiten, Aufblick an die alternden Gemächte – National-
dienst! Damit wir sollen können, ist die Welt gemacht
(Fichte!).*

6 D, GesS: *Schnüffele! Schniefe ein wenig Flüssiges*

7 D, GesS folgt: *Nun er wieder eintrat in die Gemeinschaft, wollte er wissen, wo sie stand. Die Gegenwart,
in der alles endete; der letzte Strand, an den alles
schlug: Gorgonenköpfe und ephesinische Kapellen, Pen-
takeln, Räucherungen, die Mandelmeere, der Wirrwarr
aller schon vergangenen Welt.
Die Zeit des Irdischen schien ihm gekommen.
Kneter, Walzer, Werkzeug in den Händen, das Mine-
ralische bepressend; Schlote, die rauchten, das Erdige
angehend. Nichts aus dem alten Schlund war genügend,
wie es war: bearbeitet wurde es.*

Ganze Stände sannen über ein Metall; Dampfverhält-
nisse genossen der Forschung; Gase, vormals von ein-
fachem Atem hin und her gesogen, wurden Gegenstände
eines Instituts.
Uralt der Kampf des Ich um seine Welt. Doch neu dies
Fieber, die Erde zu befingern: schlürfend strich der
Ländler durch die Salze; Meistern wuchs der Bart grau
über Mikroskope; Hartgummi wurde Lehrgegenstand,
denn man konnte Funken aus ihm wischen. –
Diesterweg tritt in das Laboratorium von Mahn. Hier
kann vieles d i f f e r e n z i e r t werden.
Eiweiß und Zucker, auch Schwierigeres: Aceton, der
ganze Purinstoffwechsel – alles mittels F l ü s s i g -
k e i t e n.
Oder: überschüssige Säuren (bei Zuckerkranken) mittels
P u l v e r n. Oder: Verweilen von Arzneimitteln in
Körpersäften: K o c h p r o b e.
Mahn hält zwei Spitzgläser in der Hand: Reaktion.
Mahn machte gerade die für die wissenschaftliche Welt
in der Tat ungeheure Entdeckung, daß das Wesen der
Reaktion – was bisher völlig schleierhaft war – in Zu-
sammenhang steht mit dem Dispersitätsgrad der Glo-
buline.
Was geht vor sich? Mahn schafft eine äußerste Fixie-
rung. Er übersieht und faßt zusammen. Äonen; Aus-
zitterungen. Dispersitätsgrad der Globuline. Stier-
nackig: eine neue Formulierung. Triefend noch von
Mutterbluten, dem Chaos ausgerissen, doch nun einge-
mahlen ins Widerspruchslose: Mahn schafft Wirklich-
keit.
Durch dies Zimmer geht der äußerste Saum des Wirk-
lichen, fühlt Diesterweg. Abgerungen. Triumphgesänge.
Menschengröße, Dispersitätsgrad der Globuline.
Ist es in ihm? Was rauscht da? Hohngelächter? Ein
übles Maul: Schinder! Verscharrer! Ein süßer Unter-
gang: Bürgerhäuser! Grüne Bohnen! Und da ein Ant-

*litz: phrygischer Kinäde, Aufbau abgeschaumt von
Tänzerknaben, verkehrtem Lustrausch, Rattenhandel –
gräßliche Vision.*

*Diesterweg versteht nicht die Zusammenhänge. Er wen-
det sich wieder Mahn zu. Der demonstriert einen A p -
p a r a t.*

*Mittels dieses kann man einen Gegenstand e i n d e u -
t i g isolieren. Klar herausstellen. Hintergrund: Gat-
tungsbegriff; Vordergrund: Einzelwesen. Restlose Ent-
hüllung. Kausale Wollust.*

*Diesterweg spürt ein Schwindelgefühl im Hinterkopf.
Die Herren alle: so lauterstes Bewußtseinsleben, so
sauberste Schöpfungskrone – o, denkt er, das Leben
leben! Die Astern tauchen in die Herbste; man kann es
gar nicht anders sagen, um das Allmähliche zu sagen.
Tauchen und Blätterndes und des Namenlosen Traum.*

*Die Kollegen unterstehen gerade: Klärung. Betreffend:
prinzipieller Standpunkt. Wie sich die Herren auf-
bauen, denkt Diesterweg! Sie weisen einander dies und
jenes nach, sie bekämpfen grundsätzliche Anschauungen,
greifen ganze Voraussetzungsreihen an – wie scharf
stehen sich hier Vertreter diesbezüglicher Auffassun-
gen gegenüber!*

*Er tritt auf eine Gruppe zu. Meine Herren, sagt Mahn,
wer bezweifelt, daß seit Nikolaus von Cusa Fortschritt
und Entwicklung die Grundpfeiler unseres Weltge-
bäudes sind? Nun, wenn hier der Hammer meines Ap-
parates niederfällt, so hämmert aus seinem Gelenk der
Fortschritt, und wenn es in den Räderchen schnurrt und
surrt, es treibt Entwicklung durch seine Speichen.*

8   D, GesS folgt mit neuem Absatz:
    *Zurückgesunken und dunkler Tag. In Winteranfang an
    nördlicher Küste. Meer, Land und Wolke – eine
    Schlacke; ein Grau, gewälzt, Kadavernuancen – Licht,
    Atem, Himmel dieser Stadt.*

Standort von Diesterweg. Kanonen schlagen um sein Haus. Um große Dinge muß es sich handeln, sagt er sich, daß es so laut zugeht; es muß sozusagen etwas auf dem Spiele stehn, dessen Verlust in Frage käme. Ich will vor die Tür treten. Was gibt es?

Metallisches scheint wieder sehr im Vordergrund zu stehn. Roheisen, bei bestimmter Flugbahn, schafft Verheerung; wer etwas hinhält, hat Verwundung. Ohne Frage. Was sonst noch?

Knaben und Alternde ziehn mit Gesängen in die Schlacht. Sie glänzen, daß es an ihnen läge, daß sie es trügen, Schicksal oder Fluch. Doch hinter ihnen rauschen die Maschinen, da brüllen Erze, röcheln die Zylinder, hin mäht sich die erhabene Menschheit selbst.

Angebaut in diesen Rieselbreiten, wo der Himmel tropft wie eine Greisenfresse alten kalten Speichel; in diese Kellerprovinzen, wo vor Feuchtigkeiten die Stirn auswächst in Denk- und Seelentrieben.

Nun rächt sich Chiles regenlose Küste, grobe Berge angehäufter Vogelexkremente: künstlicher Dünger; nun Metalldrehbank, nun Bohrmaschine, nun Benzol, aus Buchenteeren isoliert, nun Gauß und Weber sich durch den Kupferdraht begrüßend und nun des letzten Glücksjahrs dieser Erde schmutzigstes Residuum, die Kohle! –

Ist es Schauer vor den einschlagenden Geschossen, ist es Erregung oder Laune, jedenfalls in dieser Weise befaßt sich Diesterweg mit den Ereignissen. Er ist gerötet, das Blut steigt ihm zu Kopfe, etwas Geblähtes liegt über ihm.

In eine Zeit geboren, keucht er, die zu Ende geht, ohne Möglichkeiten, zu entweichen, abgetrieben an Genossenschaften, in die Höhe profiliert durch Schöpfungskrone – ah, wie tief wittere ich den Gasgestank dieser Lydditgranate – zermatscht, verschmiert muß eine Menschheit werden, die in Maschinen denkt.

ANMERKUNGEN UND LESARTEN   461

*Zwei Herren treten aus dem Haus. Sie tragen Gläser
vor den Augen und ein Hörrohr in der Jacke.*

9 D, GesS, GesP: *die Wirklichen*

10 D, GesS, GesP: *Ihrer*

11 D, GesS folgt mit neuem Absatz:
*Die Herren werfen sich ein Lächeln zu, halten das Ge-
spräch in Fluß; der eine stammt aus dem Süden, der
andere aus dem Norden, daraus ergeben sich manche
Differenzen; Lebensführung, Gattin, Verschiedenes erklärt Manches.*
*Pack, kreischt Diesterweg! Geschmeiß! Ich priestere, ich
tue mein Möglichstes, ich bin Diesterweg, ein Herr in
reiferen Lebensjahren, ich darf wohl einer Ansicht
Ausdruck verleihen im Sinne der Überzeugung – und
Sie wüsten mich derart an?! Jawohl, Wüste, roter Staub,
Hyänen, um Herz und Knie – hört es: auch die Johan-
nen sind überwunden, die Welt t r ä u f t ihre Götter,
ich will schlafen gehn. –*
*Er ging nicht schlafen, er ging und tat den Dienst. Er
tat den Dienst des Arztes Diesterweg, der im Krieg
war, vormals unerinnerlich; der hintrieb und vielleicht
zu Ende ging.*
*Jetzt trat er ins Kasino ein. Doch wenn es dann zu Ende
geht, spann er seine Ideen weiter, so ist es voll und
ganz gewesen. Ich sozusagen selber spielte vielleicht
nur eine Rolle im Leben dieses Herrn, doch er war still
vollendet, reif und trug sich selbst; er war der Herr,
der jetzt den Dienst getan, nun tritt der muntere Tisch-
mann herfür und nach dem Essen mittels Bande einem
Balle beigekommen (Billard).*

12 D, GesS: *Rande*

Querschnitt

Erstveröffentlichung in: Die weißen Blätter V, 3 (1918)
unter dem Titel: Die Phimose. Eine Novelle.

462   PROSA UND SZENEN

Das Motto hat der Text 1928 in der Gesammelten Prosa
erhalten.
Zur Textgestaltung wurden benutzt:
Die weißen Blätter V, 3 (1918) S. 139–154 (= WBl). –
Die Dichtung, Hrsg. Wolf Przygode, I, 4, München 1919,
S. 38–49 (= D). – Die Entfaltung. Novellen an die Zeit,
Hrsg. Max Krell, Berlin 1921, S. 265–278 (= E). – Die
Gesammelten Schriften, Berlin 1922² (= GesS). – Gesam-
melte Prosa, Potsdam 1928 (= GesP). – Frühe Prosa und
Reden, Wiesbaden 1950.

1 WBl: *der*

2 WBl, D, E, GesS: *blüht etwas*

3 WBl, D, E, GesS: *Kolonialvertrag: nein, die Boto-*
   kuden!! Brotbäume! Schlingpflanzen! Kurz: Gesichts-
   felderweiterung

4 WBl, D, E, GesS: *wand er sich, gleich danach, auf*
   dem Gange und allein; es eitert in der Kuppe, nichts
   Entscheidendes trat ein, so muß ich mich denn ent-
   scheiden.
   GesP: *wand er sich ab.*

5 WBl fehlt: *Ververtikalte!*

6 WBl, D, E, GesS folgt: *Das Lasso: um die Rose, alle*
   Nacken, das Lasso! – Würgemale! Doch ich will über
   dich, dich grasen, fressen, noch einmal will ich heim,
   Mondhengst, Somnambule, die Schere in die Faust!
   Rasch trat er ein. Es war alles noch beim alten. Der
   Kranke wollte Rettung, Geräte fixierten Absichten, Pin-
   zetten legten Maßnahmen des Vorgehens fest – da:
   groß und unterworfen schob er die Sonde in das
   Fleisch!
   Welch ein Opfer, fühlte er. Wie milde stimmt mich
   Arbeit mit der Sonde. Wie freiwillig trete ich in die
   Demut des Fixierten. Das Jod wie hären!

ANMERKUNGEN UND LESARTEN 463

Doch: Menschen-Umgang! Doch: Bruder-Umgang! Wo-
hin aber blicke ich denn immer? Immer stehe ich, ein
Maure, vertrieben, das Gesicht nach Granada. Immer
fühle ich den Golfstrom, einen blauen Fluß in der
dunklen See; er kommt vom Kap her, er schwingt um
die Küste, dann geht er den Äquator entlang, er grüßt
die Insel, umarmt die Bai, er wärmt, er schattet die
Frucht ins Land. – Doch was ist Granada?
Ich will mir einen Leuchtturm errichten. Ich will mir
eine Einfahrt schaffen, einen Hafen, Arzt und Opera-
teur. Querschnitt, ich will landen! Äußerster Fels,
letzter Stein des Dammes! In Gürteln und Ginster-
schuhen, die das Ausgleiten verhüten, was die Rettungs-
gesellschaft liefert!
Und sieh! ha! Schon die Quaddel ist gerötet? An der
Wurzel des Organs ist Abnormes schon im Gang?
Wirklich: Röte? Entzündungsröte? Auch kein Flieder-
schimmer aus den Gärten? Keine abendliche Reflexion
des Weltgestirns? Wirklich: die halbe Spritze, der
N o r m a l wert nicht vertragen? Wirklich A b a r t ?
Letzte Fragen! Abgrund über Abgrund! Denn hat die
Tulpe das? Mitnichten! Oder der Iltis? Das sei ferne!
Doch hier enthüllt sich das Variable. Auf mich stürzt
sich die Nuance. Hier schwankt Organ zwischen Nor-
malwert und Idiosynkrasie; mehr: es sprüht, es schil-
lert: mit einem Wort, und ich sage wohl nicht zuviel:
hier enthüllt sich das Persönliche, ja vielleicht bereits
ein Fall: schlechthin.
Wie es rankt! Fast eine Wildnis! Fast: Liane von Baum
zu Baum, über Flußarm, Steig der Dolde! Fast erglüht
schon Selbstbestimmung. –*
Ihren Kiefer, holder Jüngling! Kaum bedarf es noch
des Querschnitts! Denn es will sich schon entspitzen,
sich behaaren, jetzt verbreitern. (Soldat, Sie weisen
Großes vor: so Regressives!)
Eis-Zertauer! Gletscher-Sprenger! O, wir Menschen-

464 PROSA UND SZENEN

*unterkiefer, an unserer Innenseite ist ein Dorn, da fraß
ein Strang sich fest, der klappert uns! Hundert Nean-
dertalmenschen: jeder nur eine kleine Unebenheit: da
tastete der Klumpen sich heran, jetzt: Dorn: bereits
lateinisch untergebracht, und bürgerlicher Muskel!
Doch Sie, zur Selbstbesinnung unterwegs, Ihre Quaddel
glüht so still! Still über Sündenfälle, Flüche, Paradies-
äpfel – alles alte Backobst, und daß wir in Hauptworten
denken mußten – welch Blut, welch Grauen! Sie erst
mußten es neu fordern: Strömendes und Modulation,
vielleicht: Verbales, – Sie erst sehen klarer: Dinger
an sich? Nein, verkommene Jahrmilliarde –: f l a c h
– b l ü h e n und e r f ü l l t !*
*WB1: Selbstbestimmung, kleiner wird der Genioglos-
sus!

7 WB1: *einem*

8 WB1, D, E, GesS: *Donner der Synthese*

9 WB1, D, E, GesS folgt mit neuem Absatz:
*Man kann nicht mehr denken. Das ist alt. Der Geist in
jener Form, die den Menschen hochgebracht hat, ist erschöpft. Selbst der Stein der Weisen ist gefunden, das
kleine Elixier, die weiße Tinktur: der Übergang der
Elemente ist erwiesen, die Atome werden abgelöst
durch Gase oder Elektronen. Dies ist der wahre Stein.
Später kommt der unumstößliche. Das wäre belächelns-
wert.*

10 WB1, D, E, GesS: *Auch die Sprache*

11 WB1 folgt mit neuem Absatz:
*Wann fing es an? Sehr weit zurück. Denn dunkel war
der Garten meiner Jugend, morsch die kleinen Brücken
und die Bretter fielen ein. Von Anfang an war alles
Schwere da, aller Kummer so von selbst, so vorbereitet
war ich früh, daß es galt, eine kleine Weile zu bestehen,
wo es keine Hoffnung gab.*

ANMERKUNGEN UND LESARTEN 465

*Kam man nach den langen Ferien dann zurück in das
ärztliche Institut, wo man erzogen wurde, dann kam
man selbstbesinnlich aus dem Dorf. Aber die andern,
die auch zurückkamen, die kamen aus Baden oder Düsseldorf, freie, helle Städte. Sie hatten Sängerinnen gehört und waren auf die Promenade gegangen mit ihren
Müttern, welche schöne Frauen waren. Auf, hebe die
funkelnde Schale, sang einer, still, zwischen den Lippen,
als habe er etwas erlebt, des Sommers Wert, in der
Ferne und entzückend.*

*Wie seine Mutter ein Herr ins Auto hob, zeigte einer
Bilder, und man sah Schleier und Chauffeure, kurz
etwas, das nach Nizza ging. Väter, noch rasch und ver-
wegen um Frauen; Familien von allgemeinerer Bedeutung; helle Selbstverständlichkeiten des Lebens; Wein-
güter mit des Ahnen kleinem Haus, ehrerbietig unbe-
rührt; Terrassen in das Land hinein und Stimmen
die klangen. Dem gegenüber: man: angewiesen sich auf
das Unangreifbarste zurückzuziehen, Lächerlichkeiten
oder Verzicht.*

*Gerade wollte er eine Naht anlegen, da überfuhr ihn
ein Schauer: der Herr mit der Aktenmappe erlebt nichts
mehr. Mit kleinem Geschlechtsorgan und großem Be-
griffsbildner entfernt er sich vom Gegenstand. Selbst
die neueste Theorie der Gehirnphysikalisten kann ihn
nicht mehr retten. Was nützt ihm die Aktionspsycholo-
gie, die das Intellektuelle an die Gelenke zurückführen
will; er seinerseits ist abgegraben, kein Sommer, kein
Gefälle und nicht fähig mehr des Spiels.*

*Ich aber kann noch wählen, rief er aus! Ich will eine
reiche Frau heiraten und ein Haus an einem Lago. Hei,
wie will ich die Ufer hervorscharwenzeln, natürlich
alles voll Mandelbaum und mit Myrte, kaum erwehr-
bar. Da werden die Augen langbüscheln, zwei Eich-
hörnchen, Mann und Frau, froh, braun und knackend.*

Auf! Welches ist das wirksamste Insertionsorgan? Pro-
spekte! Gewerbliche Vermittlung Herzenswunsch!!

12 WBl, D, E, GesS folgt: *Denn natürlich darüber ließ sich*
ganz verschiedener Meinung sein, ob an den Schluß eines
kräftigen, also geradezu vielleicht eines etwas robusten
Essens ein Abschluß vielleicht in Gestalt eines Plätz-
chens oder, wenn man will, auch Muses zu setzen als
der Verdaulichkeit am zukömmlichsten im allgemeinen
bezeichnet werden müsse, oder ob nicht vielmehr ge-
rade der Nachgeschmack dieser gleichsam etwas haus-
männischen Kost das Wünschenswertere sei; aber wem
käme es denn gleich bei, darüber die vielen verbinden-
den Fäden, das Gemeinsame, um es nochmals zu be-
tonen, aus einem immerhin doch unbedeutenden Anlaß
heraus aus dem Auge zu verlieren?

Ganz abgesehen davon, daß es sich hierbei doch um ein
Gebiet handelt, an dem von vornherein die persönliche
Besonderheit, die kleinen, kaum analysierbaren Mo-
mente des Gefühlslebens ganz hervorragend beteiligt
waren, ein Gebiet, dessen sich doch bereits das Sprich-
wort, also doch der Volksmund sozusagen, in dem Sinne
bemächtigt hatte, daß er ein Gegenstand des Streites
nicht sein könne?

Ja, aber und ganz im Gegenteil war nicht vielleicht ge-
rade diese Art – selbstverständlich in bescheidenster Form
hervorgebrachter – persönlicher Heraushebung, also bei-
spielsweise des Plätzchens gegenüber der Hausmanns-
kost, geeignet, die Teilnahme an dem Antwortstehen-
den wachzurufen, das Verständnis für den Mitmenschen
und Mitlebenden zu vertiefen, mit einem Wort die
Achtung vor dem Nächsten zu erwecken, die doch die
Grundlage aller menschlichen Kultur wenigstens bis
zum heutigen Tage gebildet hatte? Und nun vollends –
denn zu welcher Vielseitigkeit erwuchs nicht jegliches
Problem unter den nachdenklichen Blicken des forschen-

ANMERKUNGEN UND LESARTEN 467

den Geistes – enthüllte nicht vielleicht gerade dieser
Vorgang in hohem Maße jenes reizvolle Spiel der Spal-
tung der Persönlichkeit gegenüber der Umwelt, und
kam damit nicht auch noch ein sozusagen ästhetisches
Moment zu allem übrigen hinzu?
Erwuchs nicht vielleicht in der nur auf Besuch hier
weilenden Frau des Chefarztes die Vorstellung, daß es
hier auch Menschen gab, Vollpersönlichkeiten, auf der
Höhe ihrer Zeitströme – –, nahm sie nicht vielleicht mit
nach Osterode den Eindruck von etwas Abgeschlossenem
und doch Lebendigem, etwas Nachgiebigem und doch voll
über den Wert seines Wesens Wachendem? Nicht um-
sonst hatte der griechische Weise jene dunklen Worte
geraunt, nicht vergeblich war das schlichte Kreuz von
einer bestimmten Kuppel gestürzt und der Halbmond
aufgepflanzt; voller Triumph ihr, der sauberen, geord-
neten Denkungsart, die die Vollendung gebracht hatte –
alles dies, würde es nicht mit nach Osterode gehen,
verschlungen in ihm, sozusagen einem Repräsentanten,
einer Art Abschluß, der nun dahinschritt frisch und
doch besinnlich?

13 WB1, D, E, GesS: *er*

14 WB1, D, E, GesS: *in vier Tagen zwanzig Stunden*

15 WB1 folgt: *Das Middelburger Glas! drängte es ihn*
auszurufen mit einem schelmischen Ausdruck, der den
Stationsarzt vollends verwirrte. Aber, meine Herren,
das Middelburger Glas und Zacharias Jansen nie ge-
hört? Eine kleine holländische Stadt ist es doch, von der
der Zauberschlag ausging, der den Sinn für die wissen-
schaftliche Forschung anbahnte und in der die Wiege des
heutigen Kulturmenschen auftrat, um mich einmal eines
etwas bildhaften Ausdrucks zu bedienen. Aber, meine
Herren, ich ziele doch auf jenes Gebild, das Wunder-
auge doch wohl, mit dem wir Sterblichen in das ge-
heimnisvolle Walten der Urkräfte einen wenn auch be-

468 PROSA UND SZENEN

scheidenen so doch exakten Einblick erhalten. Denn dringt das Fernrohr und die Spektralanalyse in die fernsten, ja man kann wohl sagen: allerfernsten Fernen des Weltalls aufklärend, erhellend, erforschend und weiß noch sonst jemand etwas mit er-? So eröffnet das Mikroskop die Ära jener vielseitigen und großartigen Errungenschaften, welche der heutige Kulturstrom eben diesem Instrument verdankt.

16 Dieser Abschnitt ist erst seit GesP in Klammern gesetzt.

17 WBl: *fort*

18 WBl folgt: *Mit dem silbernen Ring nun wiederum wölbte sie sich – mit Verlaub und bildlich – in Metallwarenfabriken, Silberhütten des Erzgebirges, ja Walzwerke des Ruhrgebietes vor, um über die Fischbeinspitze des Bügels des Gestells von einem Walfisch ausgehend über Grönland nach Gretna Green einen Seidenstoff zu spannen, der in Chemnitz von vielen fleißigen Händen gewebt worden war.*

19 WBl, D, E, GesS folgt: *Journale: zarten, taufrischen Teint, jugendliche Schönheit und eine samtweiche Haut gewährleistet das Toilettenwasser in den Preislagen des Mittelstands; Holzzement, sofort lieferbar, Korkspunde, beschlagnahmefrei*

20 WBl, D, E, GesS folgt mit neuem Absatz:
Und über dem allen wir: die Instrumententräger, schlicht und sauber, hütend die Flamme des Lebens, die heilige Glut sozusagen des Urstroms, die hehrsten Güter des einzelnen wie der Gesamtheit – Mahn! Umschlungen! Dithyrambe! Albrecht der Bär – Ulrich von Hutten – Caspar Hauser –: lauter Gipfel –: hier stehe ich und kann nicht anders: es ist eine Lust zu leben in dieser vorgeschrittenen Zeit!*
*WBl fehlt: *in dieser vorgeschrittenen Zeit!*

21 WBl: *sie*

ANMERKUNGEN UND LESARTEN   469

22 WBl: *Doch dies war nur ein Blitz.*

23 WBl, D, E, GesS folgt mit neuem Absatz:
*Und sowenig natürlich der Chefarzt persönlich daran
Schuld oder Anteil hatte und so sehr er mit Mahn zusammen zwei mehr liebenswürdige Profile bot, so war
er doch der Anlaß einer Erscheinung, die jäh enthüllte
das Krankhaft-Abschlußmäßige, das Irrweg-Erfüllerige
einer vieltausendjährigen Verstrickung: wie der mit
dem Wollhemd bedeckte Zentraleuropäer, blind und
lüstern, auf dem fabelhaften Raubzug der Begriffs-
erfassung die letzte übergeordnete Einheit zu erzwin-
gen trachtete, und wie ihm alle Sicheln und Morgen-
sterne, die er erhob, nur die eigene Stirne zerrissen.*

Der Garten von Arles

Erstveröffentlichung in: Die Dichtung II, 1 (1920).
Das Motto hat der Text 1928 in der Gesammelten Prosa
erhalten.
Zur Textgestaltung wurden benutzt:
Die Dichtung, Hrsg. Wolf Przygode, II, 1, München 1920,
S. 154–162 (= D). – Die Gesammelten Schriften, Berlin
1922² (= GesS). –
Gesammelte Prosa, Potsdam 1928 (= GesP). – Frühe Prosa
und Reden, Wiesbaden 1950.

1 D, GesS: *synthetischen*

2 D, GesS: *zu begrifflicher Fixierung*

3 D, GesS folgt mit neuem Absatz:
*Wer zum Beispiel im Hinblick auf die heutige Situation
und sich erinnernd der Ausführungen Macaulays, daß
es schwer gewesen sein würde, Seneca davon zu überzeugen, daß die Erfindung einer Sicherheitslampe keine
eines Philosophen unwürdige Beschäftigung sei, ge-
dächte nicht der merkwürdigen Tatsache, daß Nernst
heute diese Lampe konstruiert hatte und als Ordina-*

rius über Atomistik las, ein kosmologisches Kolleg? Noch war die Zeit pragmatisch, Erkenntnis galt motorisch subfluiert, noch war Comte der Brave, der sich repräsentativ erinnerte in bezug auf seine wichtigsten Erkenntnisse nacheinander ein Gläubiger als Kind, ein Metaphysiker als Jüngling, ein naturwissenschaftlich Forschender als Mann gewesen zu sein, noch arbeitete der Drang nach dem äußersten Begriff, denkökonomisch orientiert, mit maschinellen Analysen, mit atomisierten Empirien, aber die Syzygiologie tritt auf als neues Wort, die Zusammenhangslehre, und zwar dies in der Medizin, als personale Synopsie.

Noch herrschten die voluntaristischen Systeme; noch hieß es, das phrasenhafte Phantom eines irgendein hedonistisches Sollen verwirklichenden Geistes an die Stelle zu setzen, die das Erkenntnis fordernde und Erkenntnis setzende Ich gegen solche Art „Phalanx gottesstaatlich gewillter" Männer bisher im Lauf seiner Geschichte allerdings noch nicht zu verteidigen die Notwendigkeit gesehen hatte; noch durften die Utilitarier, davon schmarotzend, daß das Milieu médiocre wurde, sich selbst für Philosophen erklären und eine Verkomfortabelung der Menschheit ausrufen, um ihre Plattheit in Pentateuche zu verstauen – aber wer sollte ihnen auch entgegentreten, da die Erkenntnistheorie nichts war als eine Philologie der Antinomien und in der Geschichte des Ich die Erstarkung des Gefühls der Selbständigkeit des individuellen Subjekts nach des Physikers Relativierung von Raum und Zeit, des Positivisten reiner Erfahrung, des Expressionisten glühenden und tragischen Farben um des Philosophen längst erlittenes „als ob" historisch, erledigte Manifestation des supremen menschlichen Ingeniums.

4   D, GesS: *ja ja die Ober-, nein nein die Unterlippe, das Wort, ungesund, T. f., travaux forcés*

ANMERKUNGEN UND LESARTEN 471

5 D, GesS: *Verbrecherstirn: kotz – kotz – kotz auf alle
Um- und Abwelt: der Idiot von Arles.*

6 D: *seine*

7 D, GesS: *Schädelreusen – Kreuzzug gegen die Kreuzspinne.*

8 D, GesS folgt: *– auf, Diadochen, zu des Mazedoniers
Dionysie.
Kant, dachte er, logischer Verkünder des Rechtsanwalts,
des Faktum, des Stabil-Bourgeoisen, da Begriff verdankt sich Majorität – Kant, Marburger Schule, Stür-
mer nicht empirischer Transzendenzen, Wogenvoller,
Symbol des blütenfeuchten Fieri.*

9 D, GesS folgt: *Gazelle hellgelb, Kamel, Halbbruder
Strauß; Sandwelle ockergelb, ganz allgemeiner Herbst
– nun spannt das Renntier in die Flechtenwälder, Skor-
pion, Orion, helles Südgestirn – Asche und Nebel:
Felsenfarben.*

10 D, GesS: *bei*

11 D, GesS: *muß ich*

12 D, GesS folgt: *– was dulden Sie nur, was dulden Sie
nur, meine Herren: zwei Greise im Café, die sich an-
nuffeln und Pfefferkuch verzehren: abknappern, abknus-
pern; klein, kleiner, krümelig, minimalerisch – Befas-
sung mit Fixationsmethoden, orientiert zur hypotheti-
schen Idee –: ich danke, sagt das Absolut!
Aber dahinter fühlte er dumpf das Land, die ganze
Brotfrucht, das Behauerische, die reine Sonntagsschürze,
die sanfte Stuhlgangskurve –, dies Weltbild*

13 D, GesS: *überall, wo Tablette ist oder die Originalstaude mit Pottasche für den Coquero.*

14 In D und GesS fehlt dieser Satz.

472 PROSA UND SZENEN

15 D, GesS: *Noch achtbare*

16 D, GesS, GesP: *der des Nachts*

Das letzte Ich

Erstveröffentlichung in: Der Anbruch IV, 3 (1921).
Das Motto hat der Text 1928 in der Gesammelten Prosa
erhalten.
Zur Textgestaltung wurden benutzt:
Der Anbruch IV, 3 (1921); stand als Fotokopie zur Ver-
fügung (= A). – Die Gesammelten Schriften, Berlin 1922²
(= GesS). – Gesammelte Prosa, Potsdam 1928 (= GesP). –
Frühe Prosa und Reden, Wiesbaden 1950 (= FPuR).

1 A, GesS: *einen*

2 A, GesS, GesP: *Wort*

3 A, GesS: *der Lude*

4 A, GesS: *wie;* GesP, FPuR: *gleich wie.* Benn hat offenbar 1928 (GesP) *wie* durch *gleich* ersetzen wollen, wobei
   versehentlich *wie* stehengeblieben ist.

Alexanderzüge mittels Wallungen

Erstveröffentlichung in: Der Querschnitt IV, 4 (1924).
Das Motto hat der Text 1928 in der Gesammelten Prosa
erhalten.
Zur Textgestaltung wurden benutzt:
Der Querschnitt IV, 4 (1924) S. 185–188 (= Qu). – Gesam-
melte Prosa, Potsdam 1928 (= GesP). – Frühe Prosa und
Reden, Wiesbaden 1950 (= FPuR).

1 Qu: *Ein zartes blasses Licht*

2 Qu: *wohl auch*

3 Der Satz wurde nach der Erstveröffentlichung im Qu
   wiederhergestellt, da die Fassung *galt es dem Individu-*

ANMERKUNGEN UND LESARTEN 473

ellen oder dem Katastrophalen, die sich in GesP und
FPuR findet, offenbar durch versehentliche Auslassung
der jeweiligen Gegensatzbegriffe entstanden ist und
den Gedanken nur noch entstellt wiedergibt.

4 Qu: *der Stadt*

Urgesicht

Erstveröffentlichung in: Die Neue Rundschau XL, 3 (1929).
Zur Textgestaltung wurden benutzt:
Die Neue Rundschau XL, 3 (1929) S. 391–399. –
Fazit der Perspektiven, Berlin-Stuttgart 1930. –
Frühe Prosa und Reden, Wiesbaden 1950.

Saison

Erstveröffentlichung in: Fazit der Perspektiven, Berlin–
Stuttgart 1930.
Zur Textgestaltung wurden benutzt:
Fazit der Perspektiven, Berlin–Stuttgart 1930. – Essays,
Wiesbaden 1951.

Weinhaus Wolf

Entstanden 1937.
Das älteste Typoskript ist im Besitz von Herrn Dr. F. W.
Oelze, Bremen. Es trägt die handschriftliche Eintragung:
G. B. 17/5/38, vermutlich das Datum der Abschrift (= T_1). –
Ein Typoskript im Besitz von Frau Dr. Ilse Benn, im
Dezember 1943 durch Carl Werckshagen angefertigte Ab-
schrift, handschriftlich signiert mit Gottfried Benn, trägt
die Jahreszahl 1937 (= T_2). – Die gleiche Jahreszahl trägt
auch das an den Limes Verlag als Druckvorlage geschickte,
nicht signierte Typoskript (= T_3).
Erstveröffentlichung in: Der Ptolemäer, Wiesbaden 1949.
Zur Textgestaltung wurden benutzt:
Der Ptolemäer, Wiesbaden 1949 und 1956^2 (= Pt, Pt^2). –
Ferner die Typoskripte T_1, T_2, T_3.

1 T_1, T_2: *fülle*

2 Pt, Pt², T_3: *Führung*. Es handelt sich um einen Schreibfehler, der in T_1 und T_2 noch nicht enthalten ist.

3 Die Parenthese muß selbstverständlich auf die *verschiedensten zeitgebundenen Strömungen* bezogen sein. Der
Satz müßte also lauten: „Dieses Grundgefühl, das sich
mit den verschiedensten zeitgebundenen Strömungen
durchflocht – mit d e r religiösen bei Dürer, d e r
moralischen bei Tolstoi, d e r erkenntnismäßigen bei
Kant . . ."
In sämtlichen Vorlagen ist aber der Satz schon falsch
konstruiert.

4 T_1, T_2, T_3: *über*

5 T_1, T_2, T_3: *über*

6 T_1, T_2, T_3: *also etwas Romanisches*

Roman des Phänotyp

Landsberger Fragment, 1944

Im Nachlaß fand sich ein Einzelblatt mit einem Anord-
nungsversuch der für den *Roman des Phänotyp* vorge-
sehenen Stücke. Es ist auf der Schreibmaschine geschrieben,
die Gottfried Benn nach Angabe von Frau Dr. Ilse Benn bei
seiner Flucht im Januar 1945 in Landsberg an der Warthe
zurückgelassen hat. Sie hat Kursivschrift. Außerdem entspricht die Papierqualität der der anderen aus dieser Zeit
erhaltenen Typoskripte. Demnach hat sich Benn 1944 das
Buch abweichend von seinem heutigen Aufbau und Inhalt
wie folgt vorgestellt:

Roman des Phänotyp

 I Der Stundengott
 II Ambivalenz

ANMERKUNGEN UND LESARTEN 475

III	Gestützt auf Pascal	
IV	Das Jahrhundert:	1. Cotroceni
		2. Borussisch
		3. Cisleithanisch
		4. Aspasiatisch

V	Der Existentielle
VI	Nicht rein pessimistisch das Ganze
VII	Halt!
VIII	Bedenken gegen Nietzsche
IX	Dialektik
X	Verneinung
XI	Blicke
XII	Völliger Gegensatz zu Schifferkreisen
XIII	Stadtpark
XIV	Libellen
XV	Summarisches Überblicken
XVI	Geographische Details
XVII	Die Geschichte
XVIII	Bordeaux
XIX	Blöcke
XX	Pilger, Bettler, Affenscharen
XXI	Zusammenfassung

Nr. IV erhielt später den Titel *Studien zur Zeitgeschichte des Phänotyp*, Nr. V den Titel *Statische Metaphysik*. Die Nr. VI und VII wurden ausgeschieden und stehen hier unter den kleinen Nachlaßstücken (siehe unten).
Der Roman des Phänotyp ist in der Zeit vom 20. 3. 1944 bis zum 20. 6. 1944 entstanden.
Erstveröffentlichung in: Der Ptolemäer, Wiesbaden 1949.
Zur Textgestaltung wurden benutzt:
Der Ptolemäer, Wiesbaden 1949 und 1956² (= Pt, Pt²). – Ferner das als Druckvorlage an den Limes Verlag geschickte Typoskript (= T₁), dessen Wortlaut mit zwei weiteren im Besitz von Frau Dr. Ilse Benn befindlichen Typoskripten übereinstimmt.

1   Pt, T1: *wenig*

2   Pt, T1: *schwerwiegender sein*

Der Ptolemäer

Entstanden April bis September 1947.
Das als Druckvorlage an den Limes Verlag geschickte Typo-
skript enthält die handschriftlichen Eintragungen Benns:
G. B. April 1947 (Lotosland, S. 14); GB. VIII/47 (Der
Glasbläser, S. 28); G. B. 30. IX 47 (Der Ptolemäer, S. 37).
Die gleichen Datierungen im Typoskript von Herrn Dr.
F. W. Oelze, Bremen.
Erstveröffentlichung in: Der Ptolemäer, Wiesbaden 1949.
Zur Textgestaltung wurden benutzt:
Der Ptolemäer, Wiesbaden 1949 und 1956[2]. – Ferner das
Typoskript des Limes Verlages.

Der Radardenker (Nachlaß)

Entstanden Oktober–November 1949.
Von den beiden vorhandenen Typoskripten ist das Original
im Besitz von Herrn Dr. F. W. Oelze, Bremen (= T1) und
der Durchschlag im Besitz von Frau Dr. Ilse Benn (= T2).
Er trägt die handschriftliche Eintragung: G B. X/XI 49.
Nach Angabe von Frau Dr. Ilse Benn hat Gottfried Benn
den *Radardenker* mit der Bemerkung zurückgelegt: „Das
wird jetzt noch nicht veröffentlicht." Stilistische oder inhaltliche Bedenken scheinen dabei nicht im Spiele gewesen zu
sein. Kleinere Partien wurden später im *Doppelleben*, in
den *Problemen der Lyrik* und vor allem in der *Stimme
hinter dem Vorhang* verwendet.
Textgestaltung nach T1 und T2.

1   In T2 ist der Passus *noch nicht entnazifiziert, Sommerheim am Wasser, dort heute (Sonntag), Chirurg, Knochenarbeit, Donnerstags nachmittags frei, aber zu müde*
mit Rotstift durchgestrichen. Es ist aber fraglich, ob
es sich dabei um eine Korrektur Benns handelt.

ANMERKUNGEN UND LESARTEN 477

2 T₁, T₂: *Zirrhus* – Das sinnlose Wort ist offenbar ein
Flüchtigkeitsfehler Benns und muß wohl „Zitrus" heißen, wie hier korrigiert wurde.

3 T₁, T₂: *Hierarchen* – Wahrscheinlich ein Schreibfehler.
Er wurde analog dem Wortlaut der gleichen Stelle im
vorletzten Absatz der *Stimme hinter dem Vorhang* korrigiert. T₂ enthält eine nicht sicher zu entziffernde handschriftliche Eintragung Benns. Danach ergibt sich folgende Variante: *noch in der Enge des Hierarchen,
aber schon in der Weiträumigkeit der Golfsitten.*

Kleinere Stücke aus dem Nachlaß

Nicht rein pessimistisch das Ganze. Halt! (ursprünglicher
Titel *Phraseologisch*). Feminismus. Erkenne die Lage! Persönlichkeit. Oberfläche. Der Turm von Siloah. Weltwende.

Entstanden vermutlich 1944 in Landsberg an der Warthe.
Im Besitz von Frau Dr. Ilse Benn sind Einzelblätter, geschrieben auf der in Landsberg zurückgelassenen Schreibmaschine (Kursivschrift). Außerdem entspricht die Papierqualität der der anderen aus dieser Zeit erhaltenen Typoskripte.

Nicht rein pessimistisch das Ganze und *Halt* waren ursprünglich als Nr. VI und VII für den *Roman des Phänotyp* vorgesehen (siehe oben).

Im Nachlaß fanden sich ein Entwurf zu einem Inhaltsver-
zeichnis von *Ausdruckswelt* aus dem Jahre 1944 (Kursivschrift) und eine handschriftliche Aufstellung der Titel,
die unter *Aphoristisches* in *Ausdruckswelt* aufgenommen
werden sollten. Dort sind die übrigen kleinen Nachlaßstücke wie folgt eingeordnet:

Aphoristisches. (1944)
Enkel
Die Zeitalter

Ausdruckswelt
Lyrik
Feminismus
Natur u. Kunst
Erkenne die Lage
Cyclen
Persönlichkeit
Oberfläche
Die geschichtliche Welt
Wiederkehr des Gleichen
Der Turm von Siloah
Gottfried Benn hat sie später, offenbar nach neuer kritischer Durchsicht, wieder ausgeschieden.
Die kleinen Nachlaßstücke sind so eng miteinander verwandt, daß es nicht sinnvoll erschien, sie entsprechend der versuchsweisen Einordnung in den *Roman des Phänotyp* und *Ausdruckswelt* zu trennen und auf Band I und II dieser Ausgabe zu verteilen. Da der Band *Ausdruckswelt* (Wiesbaden 1957[3]) im Unterschied zum *Roman des Phänotyp* eher eine lose Zusammenfügung verschiedener selbständiger Stücke als ein geschlossenes Buch ist, erschien es gerechtfertigt, sie hier zusammenzufassen, sozusagen als weitere Belege zur Schaffensperiode des *Phänotyp*. Sie stehen, obwohl früher entstanden als der *Radardenker,* am Ende der Abteilung Prosa, da es sich um ausgeschiedene und nicht mehr zur Veröffentlichung vorgesehene Texte handelt.

Ithaka

Erstveröffentlichung in: Die weißen Blätter I, 7 (1914).
Zur Textgestaltung wurden benutzt:
Die weißen Blätter I, 7 (1914) S. 672–680 (= WBl). – Die Gesammelten Schriften, Berlin 1922[2].

1 WBl: *was das Feuer*

2 WBl folgt: *runterkratzen . . .*

ANMERKUNGEN UND LESARTEN 479

3 WBl folgt:
*RÖNNE: Was sagen Sie? Das Blut . . . ? Das Meer . . . ?
Das Blut ist warm. Die Meere waren warm, das habe
ich auch gehört. Dann wäre es zu heilen, wenn sie zurück an die Meere gingen?*

4 WBl folgt: *Ich will dir eine Tat tun, bleibe, bleibe!
O, was ist / Kerker und was ist Tod. Rausch, Rausch
ist stärker / als der Tod. (Ergreift den Professor)*

Etappe

Erstveröffentlichung: Etappe, Berlin 1919. Enthält die No-
tiz: Geschrieben Februar 1915 zu Brüssel.
Zur Textgestaltung wurden benutzt:
Etappe, 50. Band der Sammlung Der rote Hahn, Berlin
1919. – Die Gesammelten Schriften, Berlin 1922[2]. – Frühe
Lyrik und Dramen, Wiesbaden 1952.

Der Vermessungsdirigent

Erstveröffentlichung: Der Vermessungsdirigent, Berlin
1919. Enthält die Notiz: Brüssel, März 1916.
Das Motto „Immer hinter dem Fremden her" fehlt seit
1922.
Zur Textgestaltung wurden benutzt:
Der Vermessungsdirigent, 9. Band der Aktions-Bücher der
Aeternisten, Berlin 1919 (= V). – Die Gesammelten Schrif-
ten, Berlin 1922[2] (= GesS). – Frühe Lyrik und Dramen,
Wiesbaden 1952 (= FLuD).

1 V: *vor sich!*

2 V, GesS: *fünfter*

3 V: *brennessele*

4 So in V; in GesS und FLuD steht *Eisatmen,* was wahrscheinlich ein Druckfehler ist, da auch im folgenden
lauter Substantive stehen.

480 PROSA UND SZENEN

Karandasch

Entstanden: Brüssel, März 1917.
Erstveröffentlichung in: Die weißen Blätter IV, 5 (1917).
Das Motto: „Ein Mungo, wer noch linear lebt" fehlt seit
1922.
Zur Textgestaltung wurden benutzt:
Der Vermessungsdirigent, 9. Band der Aktions-Bücher der
Aeternisten, Berlin 1919 (= V). – Die Gesammelten Schrif-
ten, Berlin 1922[2].

1 In V steht anstelle von *Sternheim* überall *Der Dramatiker.*

Drei alte Männer

Entstanden 1948.
Das Werk trägt die Widmung: *Herrn F. W. Oelze in
Dankbarkeit und Freundschaft.*
Das als Druckvorlage an den Limes Verlag geschickte
Typoskript (T1) enthält auf S. 13 die handschriftliche Ein-
tragung: Berlin-Schöneberg, den 17. 8. 1948 Gottfried
Benn. Das im Besitz von Herrn Dr. F. W. Oelze, Bremen,
befindliche Typoskript enthält die Eintragung: Gottfried
Benn 18. VIII. 1948.
Erstveröffentlichung: Wiesbaden 1949.
Zur Textgestaltung wurden benutzt:
Drei alte Männer, Wiesbaden 1949 und 1955[2]. – Ferner
die Druckvorlage T1.

Die Stimme hinter dem Vorhang

Entstanden 1951.
Das Werk trägt die Widmung:
*Gewidmet meiner Frau, / eine Generation jünger als ich, /
die mit zarter und kluger Hand / die Stunden und die
Schritte / und in den Vasen die Astern ordnet.*
Das als Druckvorlage an den Limes Verlag geschickte Typo-
skript (T1) enthält die handschriftliche Eintragung: Gott-

ANMERKUNGEN UND LESARTEN   481

fried Benn XII/51, ebenso ein weiteres Typoskript im Besitz von Herrn Dr. F. W. Oelze, Bremen.
Erstveröffentlichung: Wiesbaden 1952.
Zur Textgestaltung wurden benutzt:
Die Stimme hinter dem Vorhang, Wiesbaden 1952 und 1957[3] (= StV, StV[3]). – Ferner T_1 und Fahnen und Umbruchkorrektur zur 1. Auflage.

1   StV, T₁: *wahrhaftig aus dem*

NACHWORT DES HERAUSGEBERS

Gottfried Benn ist ein Dichter der Grenz- und Zwischen-
formen. Gerade die in diesem Band versammelten Texte
lassen sich mit traditionellen Begriffen nicht genau bestimmen, wenngleich der alte Katalog der dichterischen Grund-
formen als Einteilungsschema für das Gesamtwerk noch
tauglich und trotz seiner Mängel sogar unverzichtbar ist.
Worum handelt es sich aber hier, sieht man die einzelnen
Stücke genauer an: Novelle, Roman, Drama? Er selbst hat
sich dieser Begriffe bedient. Doch sie stimmen nicht.
Das ist allerdings kaum noch ein Ausnahmezustand. Moderne Kunst hat sich so weit von den traditionellen Formen
entfernt, daß man etwa auf die Frage, woran ein moderner Roman zu erkennen sei, zunächst einmal antworten
könnte: daran, daß er kein regelrechter Roman mehr ist.
Dieser Band enthält dafür ein extremes Beispiel mit dem
Roman des Phänotyp. Benn sagt, daß er reichlich unverständlich sei, „ganz besonders dadurch, daß ich ihn als
Roman bezeichne". Es handelt sich um eine Folge kurzer,
äußerlich unverbundener Prosastücke, die sämtlich Ausle-
gungen der Bewußtseinslage des heutigen Phänotyps sind,
man kann verdeutlichend sagen, des für die gegenwärtige
geschichtliche Stunde repräsentativen Menschen. Das allein
hält sie zusammen. Benn gebraucht den Begriff „Orangen-
stil" zur Veranschaulichung dieser Struktur. Alle Sektoren
tendieren zur Mitte, „nach der weißen zähen Wurzel",
dem Phänotyp. Ein interessantes Gebilde, zentripetal konstruiert. So wird schon durch die Struktur das Fehlen einer
fortschreitenden Handlung und jeder inneren Entwicklung

NACHWORT DES HERAUSGEBERS 483

ausgedrückt. Daß es noch als Roman bezeichnet wird, geschieht nur, um den Abstand von den traditionellen Formen zu markieren. Aus dem gleichen Grunde wird auch
der *Ptolemäer,* der eher ein großer Monolog ist, im Untertitel eine Novelle genannt. Auch die frühen Stücke des
Rönne-Komplexes, so genannt nach der gemeinsamen Mittelpunktfigur, dem jungen Arzt Werff Rönne, sind keine
Novellen, die gleichzeitigen Szenen keine Dramen, und
vollends unbestimmbar mit den Mitteln der traditionellen
Terminologie sind Stücke wie *Der Garten von Arles, Das
letzte Ich* und *Urgesicht.* So trägt dieser Band den allgemeinen Titel *Prosa und Szenen,* ein weiter Spielraum für
viele verschiedene experimentelle Formen.
Die Abgrenzung gegen die Essays in Band I war in einzelnen Fällen schwierig. *Das moderne Ich,* formal dem
Garten von Arles nah verwandt, wurde in Band I aufgenommen, weil es von Benn ursprünglich als Essay bezeichnet worden ist. Es gibt keinen zwingenden Grund, sich
über diese Bestimmung hinwegzusetzen. Man würde die
Vielfalt der Möglichkeiten verschleiern, die Gottfried Benn
der Kunstform des Essays gewonnen hat, wenn man einen
Grenzfall wie *Das moderne Ich* nicht zu ihr rechnen wollte. *Saison* wäre hier wie dort möglich gewesen und konnte
deshalb aus dem äußerlichen Grunde einer besseren Gewichtsverteilung in diesen Band übernommen werden.
Pallas gilt seit je als Essay und hat dort inhaltlich eine
bedeutende Position inne. So steht es in Band I. Aber es
ist auch interpretierbar als ein Stück „absoluter Prosa", das
heißt nach Benn „als Kunst an sich", ein Text, der nichts
will als die Schönheit und Ausdruckskraft geordneter
Worte und Sätze, geformter Sprache. Sieht man Pallas vor
allem so an, dann gehört es in diesen Band.
Diese Einteilungsschwierigkeiten zeigen die Unzulänglich-

keit des traditionellen Katalogs der dichterischen Grund-
formen. Sie ist unübersehbar. Deshalb fragt moderne Li-
teraturwissenschaft, anstatt einen Text in das Prokrustes-
bett der normativen Begriffe zu zwängen, wirklichkeits-
näher nach seinem Charakter, seiner vorherrschenden
Ausdruckshaltung. Eine Novelle kann lyrischen, ein Drama epischen, eine Erzählung dramatischen, ein Roman
essayistischen, ein Essay rhetorischen Charakter haben.
Und unbegrenzt viele Mischformen sind möglich.

Die Prosastücke Gottfried Benns, auch die Szenen muß man
essayistisch nennen, wenn Einverständnis darüber herrscht,
daß essayistisches Denken ein experimentierendes Denken
ist, das seinen Gegenstand untersuchend bewegt, in wech-
selnde Konstellationen rückt, ihn durch die Extreme treibt.
So muten die einzelnen Stücke des Rönne-Komplexes wie
die Experimente einer Versuchsreihe an, in der Benn mit
fortschreitender geringfügiger Variation der Bedingungen
die Möglichkeit, Schwierigkeit, Unmöglichkeit, in der vorhandenen Welt zu leben, durchprobiert. Der junge Arzt
Dr. Rönne, der bis auf biografische Einzelheiten genau
dem jungen Arzt Dr. Benn entspricht, ist seine Testfigur,
die in einer Reihe exemplarischer Situationen, den einzelnen Stücken, vorgeführt wird, ähnlich auch der gleichzeitige Pameelen in den Szenenfolgen *Karandasch* und
Der Vermessungsdirigent, der Dozent der Philosophie im
Garten von Arles, der *Ptolemäer* und der *Radardenker* in
den gleichnamigen Stücken des Spätwerkes.

„Wie soll man da leben?" Die Frage des Epilogs der *Gesammelten Schriften* (Band IV), der 1921 die Rönne-Phase
beschließt, hat alle diese Versuche und Existenzmodelle
hervorgebracht.

Flucht aus der entfremdeten Welt in Zustände des Ich-
verlustes, rauschhafte, vorrationale Einsfühlungserlebnisse

NACHWORT DES HERAUSGEBERS 485

und der Versuch, den Verlust der Umweltbeziehungen, die Verödung der Außenwelt durch äußerste Anstrengung der imaginativen Kräfte auszugleichen und sich, wie in dem Prosastück *Der Geburtstag,* eine blühende, surreale Welt zu erschaffen, auf *Alexanderzüge mittels Wallungen* zu gehen – das ist, formelhaft verkürzt, bis etwa 1930 das existentielle Thema. In dem Essay *Zur Problematik des Dichterischen* (Band I) formuliert Benn sein bis dahin erreichtes Selbstverständnis. Die folgende Phase ist im vorliegenden Band nicht dokumentiert. In ihr wird der rauschverfallene Irrationalismus überstiegen mit einem Bekenntnis zu Form und Zucht als den Prinzipien des schöpferischen Geistes, imperativen, antimaterialistischen Prinzipien, die Benn 1933 auch im „neuen Staat" zu erblicken glaubt und begrüßt. Die Essays und Reden (Band I) und die Selbstdarstellung *Lebensweg eines Intellektualisten* (Band IV) belegen die gedankliche Bewegung, die, weit ausholend, durch diesen kurzen, aber schwerwiegenden Irrtum hindurchführt.

Erst 1937 mit dem Prosastück *Weinhaus Wolf* setzt dieser Band wieder ein. Die jetzt erreichte Position, wiederum seit langem vorbereitet, ist die These eines unüberbrückbaren Gegensatzes von Geist und Leben. Aber wie soll man da leben? Die Frage steht immer noch offen und ist dringlicher denn je. Erst später findet Benn die Antwort, formuliert bewußt und thesenhaft, was er allerdings praktisch seit langem schon gelebt hat, das „Doppelleben" des Ptolemäers. Es ist ein problematisches, aber glaubhaftes und realistisches Existenzmodell. Die Entfremdung wird akzeptiert und erträglich gemacht. Doppelleben ist eine Technik bewußter Selbstaufspaltung, die es erlaubt, in der Welt zu leben, ohne ganz in ihr anwesend zu sein, eine soziale Rolle zu spielen, ohne durch sie definiert zu werden. Hinter sorgfältig konformistischer Außenfläche – der Ptolemäer ist als Inhaber eines Schönheitsinstitutes Spezialist für schönen Schein – wird unbegrenzte geistige Freiheit möglich, Spielraum für die Entstehung der künstlerischen Formen, die als das einzig Reale gelten. Ein solches Verhalten setzt eine tiefe Gleichgültigkeit gegenüber der Umwelt voraus, ein erworbenes, eintrainiertes Vermögen, bei sich selbst zu bleiben, nicht mehr polemisch oder protestierend Stellung zu beziehen und als Bekenner aufzutreten. Alles, was ringsum geschieht, ist rein phänomenal. Die Wirklichkeit ist hier nur noch ein ästhetisches Phänomen.

Es handelt sich also nicht um ein gerichtetes, intentionales, sondern um ein punktuelles Existieren. Das Leben hat keinen außerhalb liegenden absoluten Bezugspunkt, keinen Pol, auf den die innere Kompaßnadel des Wünschens, Wollens, Hoffens, Wertens orientiert ist, sondern nur den zufälligen Standort, das qualitätslose X, das die Person gerade besetzt hält. So der *Radardenker* des gleichnamigen Nachlaßstückes. Radardenken heißt, von allen Seiten Informationen und Signale empfangen, für alles offen sein, zwischen den Dingen sein. Der Radardenker sammelt den Weltstoff als Material zu artistischen Arrangements. Er hat keine Welt mehr, keinen ihm zugeordneten Bewandtniszusammenhang, in dem jedes Ding seinen Ort und seine Bedeutung hat, sondern steht mitten in einer verwirrenden Mannigfaltigkeit zusammenhangloser Fakten. Schon im *Roman des Phänotyp* wird gegen das kausale Denken, also die spezifisch wissenschaftliche Form der Verknüpfung von Fakten, angemerkt: „heute ist das Nebeneinander der Dinge zu ertragen und es zum Ausdruck zu bringen auftragsgemäßer und seinserfüllter." Eine Herausforderung an die Systematiker und

NACHWORT DES HERAUSGEBERS 487

Ideologen, die „schrecklichen Vereinfacher" jeder Färbung. Die Neigung, den Ordnungsgrad der Realität zu überschätzen, in der Herrschaftswillen und Sicherheitsbedürfnis sich äußern, wird durch eine Kunst der Zusammenhanglosigkeit ironisch verwirrt. Ein sokratisches „Ich weiß, daß ich nichts weiß" ist dabei im Spiele oder auch Nietzsches Lust, sich den Rätselcharakter des Daseins nicht nehmen zu lassen, aber es ist die Optik der Entfremdung. Welt ist bedeutsame, sinnvoll vermittelte Wirklichkeit. Hier ist sie zerfallen in ein Gewirr disparater Einzelheiten. Sie drängen sich auf in purer Tatsächlichkeit und gehen so ins Absurde über. „Von den Breiten des Tran bis zu den Ländern der schleimigen fetten Pulque – Wirklichkeiten eine Masse, aber ich bin nicht schlau aus ihr geworden", sagt einer der *Drei alten Männer* in dem gleichnamigen Dialogstück. Dies gilt es zu bestehen, das Nebeneinander der Dinge, die Unvereinbarkeiten, die Zusammenhanglosigkeit und auch die Konsequenz dieser Fremdheit: sich selbst nicht mehr zu kennen. Wer sind wir? Wo sind wir? Wo gehen wir hin? Die drei alten Männer bestimmen den Menschen als „die Gestalt im Dunkel". Mit der Maxime „Im Dunkel leben, im Dunkel tun, was wir können" aus der *Stimme hinter dem Vorhang* wird diese Lage endgültig angenommen.

Der existentielle Prozeß, der hier endet und dessen treibende Unruhe die Frage „Wie soll man da leben?" ist, beginnt in der Rönne-Phase als Kontaktverlust, Verhaltensunsicherheit und tiefes Befremden vor dem Alltäglichen. Rönne kann nicht mehr leben, das Selbstverständliche gelingt ihm nicht mehr, das Gewohnte beängstigt ihn. So in dem Prosastück *Die Reise*. Eine Unterhaltung bei Tisch, die flüchtige Begrüßung eines Bekannten auf der Straße, eine Reise von Brüssel nach Antwerpen sind für ihn Probleme, an denen er sich qualvoll erschöpft. Er ist, wie Benn im *Lebensweg eines Intellektualisten* (Band IV) schreibt, ein „Flagellant der Einzeldinge", ein Mann, „der eine kontinuierliche Psychologie nicht mehr in sich trägt". Die Dinge verbinden sich ihm nicht mehr zu Sach- und Sinnzusammenhängen, in denen man sich mit der imponierenden Geläufigkeit eines „Herrn" bewegen kann. Pameelen, die Parallelfigur Rönnes, erinnert sich in der Szenenfolge *Der Vermessungsdirigent* hilflos an einen Herrn, „der sah auf seine Uhr, und da kam ihm der Gedanke an einen kürzlich gefaßten Regierungsbeschluß, über Papiergeld und den Antrag Bayard. Wie glücklich war dieser Herr! Wäre er doch hier! Er hülfe mir!" Hier also verweist eins auf das andere und in diesen Beziehungen und Zusammenhängen spielt sich das Leben ab. Rönne, der wieder teilnehmen will an diesen Abläufen, versucht in dem Prosastück *Die Eroberung* die verlorenen Zusammenhänge zu rekonstruieren, indem er an jede Einzelheit, die ihm begegnet, Realität anzulagern versucht. „Man muß nur an alles, was man sieht, etwas anzuknüpfen vermögen, es mit früheren Erfahrungen in Einklang bringen und es unter allgemeine Gesichtspunkte stellen, das ist die Wirkungsweise der Vernunft, dessen entsinne ich mich."

Aber dieser Versuch, die Welt der Herrn zu rekonstruieren, macht nur ihre Phantomhaftigkeit sichtbar und bestätigt die Entfremdung. Benn benutzt Rönnes Anstrengung zu einer ironischen Demonstration der Nichtigkeit dessen, was von den Herrn als Realität behauptet und bewohnt wird. Das wird vollends deutlich, wenn Rönne flüchtig in verschiedene Rollen schlüpft, der Herr wird, der etwas vergessen hat, der Jäger, der einen Standhauer begutachtet, der Vater, dem ein Kind erkrankt. An sol-

NACHWORT DES HERAUSGEBERS 489

chen Stellen wird der Text zur unverhüllten, ja drastischen
Parodie. Das Erproben verschiedener Möglichkeiten des
Existierens, das den Texten Benns den essayistischen Charakter gibt, geht unversehens in kabarettistische Präsenta-
tion von Schablonen über. Die Szenenfolgen *Karandasch*
und *Der Vermessungsdirigent* sind das Extrem. Verständlich sind sie nur als ingrimmiges Kabarett über das
Thema Realitätszerfall. Jede Szene ein Sketch, in dem die
Brüchigkeit, Haltlosigkeit, Nichtigkeit der erprobten Ver-
haltens- und Denkschablonen vorgeführt wird.
Aber noch einmal zu Rönne. Was er mit Hilfe „der Wirkungsweise der Vernunft" erobert, ist nur die tote Fakten-
welt des Empirismus oder, wie es später heißt, „das naturalistische Chaos". Diese ironische Demonstration enthält in Kürze die ganze spätere Kulturkritik Benns, seinen
leidenschaftlichen Protest gegen den fortschreitenden Auf-
klärungs- und Zivilisationsprozeß, der die Welt materia-
listisch zur Tatsachenwirklichkeit verödet hat. Die Flucht
in Rausch und Entformung und das in dialektischer Konsequenz folgende Bekenntnis zu Form und Zucht sind Versuche, das „naturalistische Chaos" auszulöschen oder zu
überwinden. Es ist der heimliche Utopieglanz des mit so
ausschweifender Bewegung gesuchten Sehnsuchtsziels einer
ganz anderen Menschheit, der ihn 1933 verblendete.
Erst nach diesem Irrtum, der als ein schwerer Schock, eine
tiefgreifende Bewußtseinskrise von Benn erlebt wurde,
beginnt die Stunde des Artisten. Er akzeptiert den Realitätszerfall. Die Welt ist eine bunte Sammlung von Ab-
surditäten, vielfältig, interessant und sinnlos. In der
Stimme hinter dem Vorhang steht dafür die „Sonntagszeitung". Nicht mehr ist darüber auszumachen als der Witt-
gensteinsche Satz: „Die Welt ist alles, was der Fall ist."
Der Artist treibt sein Spiel mit diesem Material. Er zer-

stört die noch bestehenden konventionellen Zusammenhänge, versammelt es neu in verblüffenden Arrangements, kontrast- und beziehungsreich, voller ironischer Analogien. „Das war eine Fontaine von notierten Sachen, studierten Einzelheiten und dann schleuderte ich sie hin." Die spielerische Freiheit der späten Prosa Benns, vor allem im Ptolemäer, die Intelligenz seines Stils ist bewundernswert. Eine überwältigende Fülle heterogenen Stoffes wird leicht, fast tänzerisch bewegt. In immer neuen Figuren der Anschauung: Summarisches Überblicken und plötzliche Nahsicht, Ineinandersehen des zeiträumlich Getrennten, Durchblick auf Hintergründe durch Anspielung und verstecktes Zitat, rascher Perspektivenwechsel. Die Bewegung wechselt Tonart und Realitätsgrad so mühelos wie die Gegenstände, ist diskontinuierlich und hat doch hinreißenden Fluß, ein Kontinuum aus Fragmenten, eine endlose, schweifende Meditation. Und immer interessant. Man bewegt sich zwischen den Dingen, befreit von den als Sachlichkeit eintrainierten Schablonen des Sehens. „Sieht man wie ich seitlich in die Dinge hinein, sieht man jedenfalls Buntes."

Ein neuer Stil ist immer Realisation einer neuen Erkenntnis. Sein Schöpfer will vielleicht nur „mit Worten faszinieren" und arbeitet doch an einem neuen Muster der Wirklichkeit. Gerade der Artist, dem die Sprache nicht das Vehikel einer Idee ist, der nichts verkünden will, ist frei, eine neue Wahrheit zu vernehmen, die ihre Sprache sucht. In der Faszination, der er folgt und die deutlicher wird, bis seine Worte sich halten, meldet sie sich. Eine Stilanalyse, die ernsthaft ist, wird deshalb notwendig philosophisch werden. Die Frage nach der Wirklichkeit ist das Stichwort, das die Prosa Gottfried Benns erschließt.

INHALT

PROSA

Nocturno 7

Heinrich Mann. Ein Untergang 9

Gehirne 13

Die Eroberung 20

Die Reise 28

Die Insel 37

Der Geburtstag 48

Diesterweg 61

Querschnitt 72

Der Garten von Arles 84

Das letzte Ich 95

Alexanderzüge mittels Wallungen 102

Urgesicht 107

Saison 119

Weinhaus Wolf 127

Roman des Phänotyp 152

Der Ptolemäer 205

Der Radardenker (Nachlaß) 258

Kleinere Stücke aus dem Nachlaß 275

    Nicht rein pessimistisch das Ganze 275

    Halt! 276

    Feminismus 279

Erkenne die Lage! 281

Persönlichkeit 282

Oberfläche 284

Der Turm von Siloah 285

Weltwende 288

SZENEN

Ithaka 293

Etappe 304

Der Vermessungsdirigent 322

Karandasch 351

Drei alte Männer 379

Die Stimme hinter dem Vorhang 413

EDITORISCHER BERICHT 447

ANMERKUNGEN UND LESARTEN . . . 452

NACHWORT DES HERAUSGEBERS . . . 482

Aus technischen Gründen laufen die Seiten dieser Neuauflage mit der ersten nicht durchweg gleich, wodurch sich für das Begriffsregister (Band IV) folgende Änderungen ergeben: Cäsaristische, das II 157; Substanz II 265.